हिन्दी दलित साहित्य का विकास

हिन्दी दलित साहित्य का विकास

सम्पादक

डॉ. प्रमोद कोवप्रत

वाणी प्रकाशन

प्रकाशन के उत्कृष्टतम 61 वर्ष

सजिल्द पहला संस्करण : 2016
सजिल्द दूसरा संस्करण : 2024

vaniprakashan.com

वाणी प्रकाशन

4695, 21-ए, दरियागंज, नयी दिल्ली-110 002

फ़ोन : +91 11 23273167, 23275710

शाखाएँ

अशोक राजपथ, पटना-800 004, बिहार
कॉफ़ी हाउस कैम्पस, महात्मा गांधी मार्ग, प्रयागराज-211 001, उत्तर प्रदेश
महात्मा गांधी अन्तरराष्ट्रीय हिन्दी विश्वविद्यालय, वर्धा-442 001, महाराष्ट्र
36/ए, शेक्सपियर सरणी, रानी बिरला गर्ल्स कॉलेज के पास, कोलकाता-700 017, प. बंगाल

sales@vaniprakashan.in
vaniprakashan@gmail.com

HINDI DALIT SAHITYA KA VIKAS
edited by Dr. Pramod Kovprat

ISBN : 978-93-5072-836-9
Criticism/Dalit Literature

मूल्य : ₹ 595

जी.एस. ऑफ़सेट द्वारा दिल्ली-110 095 में मुद्रित

वाणी प्रकाशन का लोगो मक़बूल फ़िदा हुसेन की कूची से

ओमप्रकाश वाल्मीकिजी
तथा
उन समस्त हाशियेकृत, पीड़ित,
शोषित, कुचले हुए इंसानों को

अनुक्रम

भूमिका

पिछले कुछ समय से हिन्दी तथा भारतीय साहित्य में ही नहीं सम्पूर्ण विश्व साहित्य में भी गरम बहस का विषय रहा है दलित विमर्श। विश्व साहित्य की अपेक्षा भारत का परिवेश तथा दलित लेखन की पृष्ठभूमि कुछ अलग ही रही है। भारतीय समाज बहुस्वरता का है जिसमें अनेक संस्कृतियों का संगम है। विविधता में एकता के साथ एकता में विविधता भी उसका सौन्दर्य है। उसी में समरसता एवं समन्वय के लिए काफी गुंजाइश है। जाति, सम्प्रदाय, धर्म, रीति-रिवाज़, वेशभूषा, खान-पान, रहन-सहन, आचार-अनुष्ठान आदि हर बात में वैविध्य भारतवर्ष में देखा जा सकता है।

भारतीय समाज की अहमियत यह रही है कि वह वर्णों में बँटा हुआ था। कर्म के आधार पर विभाजन किया गया था, पर बाद में जातिवाचक बन गया और उच्च-निम्न जाति के लोगों की सृष्टि भी हुई। चार वर्णों में ब्राह्मण, क्षत्रिय, वैश्य और शूद्र आते हैं, जिनके अन्दर कई उपजातियों की परिकल्पना की गयी। सबसे निचले स्तर के शूद्र माने गये और उनका काम अन्य तीनों वर्णों की सेवा बताया गया। गन्दगी भर सारे काम मजबूरन उन्हें करने पड़े। शिक्षा, स्वतन्त्रता, समता आदि से उनको दूर ही नहीं, वंचित भी रखा गया। साथ ही सवर्णों के उत्पीड़नों को सदियों तक झेलना पड़ा। भारतीय दलित साहित्य इन्हीं सामाजिक परिवेश की उपज है।

स्वतन्त्र भारत में अम्बेडकर की प्रेरणा से ही दलित आन्दोलन का उदय होता है और दलित जागृति भी होती है। अम्बेडकर ने शिक्षा, संगठन तथा संघर्ष पर बल दिया। उनकी वाणियों से तथा अनुभवों से दलित समुदाय ने ऊर्जा ग्रहण कर ली। उसकी ऊष्मा हम दलित विमर्श में देखते हैं। उत्तराधुनिक समय में हाशियेकृत वर्ग का परिधि से केन्द्र की ओर आना एक महान घटना है। भारत में मराठी से शुरू होकर दलित लेखन अन्य भाषाओं में विस्तार पाया है। हिन्दी दलित लेखन तकरीबन तीन दशक पुराना है। दलित रचनाकार सहानुभूति को नहीं, स्वानुभूति को महत्त्व देते हैं। भोगे हुए यथार्थ की भट्ठी में वे रचना के कच्चे माल को पकाते हैं और जिसके द्वारा सहृदयों में समाज की कुरीतियों तथा कुव्यवस्थाओं के प्रति घृणा पैदा करने की कोशिश करते हैं, जो विशाल अर्थ में जनजागृति की पृष्ठभूमि तैयार

करने में सहायता देती है।

खैर, मेरी दलित साहित्य पर दिलचस्पी पिछले दस-पन्द्रह सालों से रही है। कई पुस्तकें इस विषय पर हिन्दी में उपलब्ध हैं, पर, बार-बार लगा कि हिन्दी में दलित साहित्य की विविध विधाओं के ऐतिहासिक विकासक्रम पर पुस्तकों का अभाव है। उसी सोच का परिणाम है यह पुस्तक। इसमें चौदह आलेख शामिल हैं, जो अलग विषय एवं विधाओं पर केन्द्रित हैं। जो कहा है उससे अधिक कहने के लिए बाकी है। पर पाठकों के लिए आगामी यात्रा के लिए दिशासूचना अवश्य मिल जाएगी। यह भी संयोग और सौभाग्य है कि दलित साहित्य के शीर्षस्थ रचनाकारों के आलेख इसमें शामिल हैं। ओमप्रकाश वाल्मीकि, जयप्रकाश कर्दम, सुशीला टाकभौरे तथा अन्य सभी विद्वानों के प्रोत्साहन एवं सहयोग के लिए हृदय से आभारी हूँ। वाणी प्रकाशन ने इसे प्रकाशित करने का बीड़ा उठाया है। श्री अरुण माहेश्वरी के प्रति विशेष रूप से आभारी हूँ। पाठकों की प्रतिक्रिया की आशा के साथ।

कालिकट विश्वविद्यालय

डॉ. प्रमोद कोवप्रत
एसोसिएट प्रोफेसर
हिन्दी विभाग, कालिकट विश्वविद्यालय
मलप्पुरम जिला, केरल-673635
मोबाइल-09447887384
ई-मेल : drpramodcu@gmail.com

दलित साहित्य : आलोचना का संकट

–ओमप्रकाश वाल्मीकि

दलित लेखकों की यह कोशिश हमेशा रही है कि वे अपने जीवन-अनुभवों, दृष्टिकोण, प्रतिक्रियाएँ, सरोकार, आशय अपनी पूरी ईमानदारी के साथ मूल रूप में बिना किसी शास्त्रीय आवरण के सृजन में अभिव्यक्त करें। इसीलिए उनकी अभिव्यक्ति में जो खुरदुरापन गैरदलित लेखकों, आलोचकों को दिखाई देता है, वह उस परिवेश के कारण है जहाँ दलित लेखक ने अपने जीवन-अनुभव अर्जित किए हैं। इसीलिए उनकी भाषा में परिवेशगत संस्पर्श की अधिकता होती है, जो उनकी अभिव्यक्ति को यथार्थवादी तो बनाती ही है, साथ ही उसे जीवंतता भी प्रदान करती है। क्योंकि भाषा का यह रूप उनके जीवन का यथार्थ है, जिसमें विपन्नता, शोषण से उपजी विद्रूपता, संघर्ष और आक्रोश उनकी सृजनशीलता को तीव्रता प्रदान करते हैं। उनकी रचनाओं में शब्दों की चुभन, खुरदरापन, जिसे गैरदलित आलोचक अभिव्यक्ति की अपरिष्कृतता कहते हैं, दरअसल वह हजारों साल की चुप्पी के टूटने की अनुगूँज है, जो भट्टी में धधकती आग की तरह है, जिसे समझे बगैर दलित रचनाओं की अन्तःवेदना को ठीक-ठीक समझा नहीं जा सकता है। क्योंकि किसी भी रचना के आन्तरिक भावबोध और उसकी अन्तःचेतना को जाने बगैर उसके साथ साधारणीकरण की स्थिति निर्मित ही नहीं होगी। दलित रचनाओं में चाहे कविता हो, कहानी, आत्मकथा या कोई अन्य विधा, उसके आशय को अनदेखा नहीं किया जा सकता है।

यहाँ हिन्दी के दो महान आलोचकों के विचार जानना जरूरी लगता है। डॉ. रामविलास शर्मा कहते हैं– 'दलित लेखन को साहित्यिक भाषा सीखनी और विकसित करनी होगी। क्योंकि सिर्फ गाली-गलौज और आक्रोश से साहित्य नहीं बन सकता।' यहाँ डॉ. रामविलास शर्मा का आग्रह उस शास्त्रीय भाषा से है, जो निराला की "राम की शक्ति पूजा" में इस्तेमाल की गयी है। यह आग्रह क्यों है? साहित्य के लिए शास्त्रीय भाषा की पैरवी क्यों? जन-भाषा में साहित्यिक अभिव्यक्ति क्यों नहीं हो सकती है? एक समय था जब हिन्दी कविता में ब्रज और अवधी का वर्चस्व था। उस वक्त खड़ी बोली में लिखी गयी कविता को भी इसी तरह नकारा गया था,

लेकिन आज वही खड़ी बोली हिन्दी का मानक रूप बन कर समूचे हिन्दी साहित्य की अभिव्यक्ति का माध्यम बन चुकी है। आज भले ही गैरदलित-दलित लेखकों की भाषा पर सवाल उठा रहे हों, लेकिन आने वाले समय में यही भाषा हिन्दी साहित्य की पहचान होगी।

लेकिन इस सन्दर्भ में डॉ. मैनेजर पांडेय का मानना है— 'दलित लेखकों के पास भले ही कला न हो, लेकिन उनके मन में कुछ कहने की, अपनी भावनाएँ व्यक्त करने की बेचैनी है। उनकी आत्माभिव्यक्ति की आकांक्षा को समझे बिना, कला की माँग करना उनके साथ ज्यादती है।'

इस संदर्भ में चन्द्रभान सिंह यादव लिखते हैं, "दलित साहित्य की कलात्मकता और भाषा-संवेदना को लेकर सवाल उठते हैं। भाषा-संवेदना एवं सार्थक रचनात्मक प्रयोग द्वारा दलित आत्मकथाएँ करारा जवाब देती हैं सवर्णवादी आलोचकों को। इन आत्मकथाओं की भाषा में सजीवता, जीवंतता के साथ प्रवाहमयता भी है। लोकोक्ति-मुहावरे एवं आंचलिकता के पुट से इनमें प्रामाणिकता आती है। भोगे हुए प्रसंगों का चित्रण और घटनाओं का वर्णन वैयक्तिक होकर भी सामाजिक है।"

हिन्दी आलोचना की पहचान बन चुके डॉ. नामवर सिंह की राय हिन्दी दलित लेखन पर और अधिक तीखी है। वे कहते हैं— "साहित्य में आरक्षण नहीं हो सकता और न हो सकेगा। साहित्य का एक सिद्धान्त रहा है कि रचना को देखो रचनाकार को नहीं। कबीर ने कहा था कि ...जात न पूछो साधु की, पूछ लीजिए ज्ञान... देखो यह है रचना, क्या कहती है यह। साहित्य का सिद्धान्त रहा है और इसे मैं मानता हूँ।"

यहाँ मैं नामवर जी का ध्यान पाठ्य-पुस्तकों की ओर दिलाना चाहता हूँ जो हमें स्कूल, कालेजों में पढ़ाया गया जिसमें रैदास चमार थे, कबीर जुलाहा और मीरा ठकुराइन। शायद ही कोई रचनाकार हो जहाँ उसे कुलीन, सूर्यपारी, कान्यकुब्ज आदि विशेषणों से गर्वोक्ति के साथ उसका परिचय न दिया गया हो। यहाँ तक कि रसखान कवि का मुस्लिम और कृष्ण भक्त होना, गर्व के साथ बताया जाता रहा है। दलितों का प्रश्न आते ही इतिहास का झुठलाना शुरू.. यह है हमारी आलोचना की असली तस्वीर जिसे हम देखने से इनकार करते हैं।

अभी हाल ही में कमला प्रसाद जी का निधन सभी को शोकाकुल कर गया। उनके बारे में कहा जा सकता है कि वे जातीय संकीर्णता से कहीं ऊपर थे। 'हमारे कमांडर डॉ. कमला प्रसाद' शीर्षक से विश्वनाथ त्रिपाठी जी का लेख अनेक जगहों पर छपा जिसमें एक पंक्ति की ओर ध्यान आकर्षित करना चाहता हूँ— विश्वनाथ त्रिपाठी जी लिखते हैं— 'कमला प्रसाद जी का जन्म मध्यप्रदेश के सतना नगर के पास के गाँव में एक निम्न मध्यवर्गीय ब्राह्मण परिवार में सन् 1938 में हुआ।' यानि एक व्यक्ति जो जीवन भर साहित्य ही नहीं साहित्यिक गतिविधियों के द्वारा भी जूझता रहा, उसका परिचय भी बिना ब्राह्मण बताए पूरा नहीं होता है। इस परिचय को कोई

दलित या कट्टर हिन्दुत्ववादी नहीं दे रहा है, हिन्दी के स्वघोषित मार्क्सवादी विद्वान दे रहे हैं। इसे आप सब के विवेक पर छोड़ते हैं कि आप इस कैसे जस्टीफाई करेंगे?

जब मनुष्य की हैसियत उसके मनुष्य होने के बजाय उसकीं सामाजिक स्थिति के आधार पर निर्धारित होती है, तो यह एक ऐसी सामाजिक चेतना है जो अन्यायपूर्ण और असमानतावादी व्यवस्था को बरकरार रखने में मददगार होती है। इस चेतना को अधिरचना का सवाल कह कर टाला नहीं जा सकता है। इसका उस विचारधारा से भी गहरा सम्बन्ध है, जिसके महत्त्व को मिथ्या कह कर नकारा जाता है। भारत के सन्दर्भ में इस विचारधारा के महत्त्व की गहरी परख और उसकी कड़ी आलोचना डॉ. अम्बेडकर के साहित्य में मिलती है। वह सामाजिक चेतना मदद दे, इसीलिए डॉ. अम्बेडकर के साहित्य में जहाँ एक ओर 'स्वतन्त्रता, समानता और भाईचारे' की दृष्टि मिलती है, वहीं ब्राह्मणवादी विचारधारा का कड़ा प्रतिवाद भी मिलता है। यही कड़ा प्रतिवाद उनसे कहलवाता है– 'मैं हिन्दू धर्म में पैदा हुआ, यह मेरे बस में नहीं था। पर मैं इस धर्म में मरूँगा नहीं।' और यही प्रतिवाद उन्हे बौद्ध धर्म की ओर ले जाता है। बौद्ध धर्म ने इस असमानतावादी ब्राह्मणवाद का गहरा और व्यापक प्रतिवाद किया है। बौद्ध धर्म में जाने से पहले बौद्ध धर्म के साथ-साथ अन्य धर्मों की भी पड़ताल डॉ. अम्बेडकर करते हैं और पाते हैं कि जातिवादी उत्पीड़न के विरुद्ध जितना गहरा प्रतिवाद बौद्ध धर्म में मिलता है, उतना अन्य धर्मों में नहीं। दूसरे बौद्ध धर्म का स्वतंत्र चिन्तन और लोकतंत्र (गणराज्य) के प्रति आग्रह भी उन्हें बहुत आकर्षित करता है।'

हिन्दी के कुछ आलोचकों की हर पल यही कोशिश रही है कि वे साहित्य को उसके सामाजिक सरोकारों से दूर रखे और कला एवं सुन्दरता के दायरे में रहकर ही साहित्य को देखे। स्थापित रचनाकारों के प्रति हिन्दी आलोचना में एक अजीब तरह का मोहवाद है। ऐसे रचनाकारों के विरुद्ध यदि कोई एक शब्द भी लिख देता है, तो अजीब तरह की प्रतिक्रियाएँ देखने को मिलती हैं। विशेष रूप से प्रेमचन्द को लेकर तो यही स्थिति है। प्रेमचन्द के साहित्य में किसी भी प्रकार के अन्तर्विरोध को देखने की कोशिश नहीं की गयी है। यदि उन अन्तर्विरोधों को कोई रेखांकित करता हैं, तो हिन्दी आलोचकों का एक समूह है जो इन अन्तर्विराधों पर कतई सुनना नहीं चाहता है। विशेष रूप से प्रेमचन्द के दलित दृष्टिकोण को लेकर।

डॉ. चमन लाल लिखते हैं– 'प्रेमचन्द ने अपने जीवन में सन्तुलित नजरिया अपनाने का भरसक प्रयत्न किया और उनका दलित विमर्श इसी सन्तुलन और वस्तुगत दृष्टिकोण का परिचायक है।'

जबकि दलित लेखकों की राय इससे भिन्न है। विशेष रूप से 'कफन' कहानी और 'गोदान' के सिलिया-मातादीन प्रसंग को लेकर, जिस पर दलित लेखक लगातार लिखते रहे हैं। लेकिन हिन्दी के विद्वान आलोचक अपनी मान्यताओं से नहीं हटे,

आज भी 'कफन' सर्वश्रेष्ठ कहानी कही जा रही है। जबकि दलित लेखकों का कहना है कि यह कहानी हिन्दू पूर्वाग्रहों और मान्यताओं को ही सुदृढ़ करती है, तथा दलित जीवन का नकारात्मक चित्रण करती है।

दलित साहित्य को लेकर हिन्दी साहित्यकारों की चिन्ताएँ और सरोकार भी जानना जरूरी लगता है। भगवान सिंह का मानना है– 'अभी दलित लेखकों ने केवल सवर्णों के सन्दर्भ में अपने अनुभवों को केन्द्र में रखकर लेखन किया है, जिसकी कुछ सीमाएँ हैं। जिस दिन उस दलित मानस के समाजीकरण और उसके प्रति प्रतिरोध के अभाव को केन्द्र बनाकर दलितों की कुन्द बना दी गयी और कुन्द हो चुकी सम्वेदना को केन्द्र में रखकर उनके अपने परिवेश को चित्रित करेंगे और महिलाओं के अपने पतियों और परिजनों द्वारा शोषण को चित्रित करने का साहस जुटाएँगे, उस दिन सम्वेदनशून्यता से उत्पन्न क्रूरता के नए रूप सामने आएँगे।'

भगवान सिंह का यह कथन सीधे-सीधे दलित लेखन को नकारने और उसकी अन्तःचेतना पर शंका करने की कोशिश है। भविष्य में दलित-लेखन किस तरह सामने आएगा, उसे लेकर चिन्तित होने और उस पर आरोप लगाने से अच्छा होता कि समकालीन दलित लेखन पर कोई गम्भीर टिप्पणी करते। यह समस्या और चिन्ता सिर्फ भगवान सिंह जी की ही नहीं है, और भी अनेक हिन्दी के विद्वान हैं जिनके गले दलित-लेखन नहीं उतर रहा है। यह एक गहरे क्षोभ का कारण है कि साहित्य में आने वाले किसी नए विचार को आप भले ही जल्दी स्वीकार न करें, लेकिन उसकी आन्तरिकता और उसके सामाजिक मूल्यों को जानने-समझने की उम्मीद तो की ही जा सकती है। कब तक आप अतीत-गौरव की पोटली सिर पर उठाए, एक था राजा, एक थी रानी पीढ़ी-दर-पीढ़ी तोते की तरह रटते रहेंगे। दलितों ने जो लेखन अब तक किया है वह तथाकथित सवर्णों पर नहीं, बल्कि समाज-व्यवस्था से उत्पन्न सामाजिक अवरोधों पर किया है अपने अनुभव समाज के सामने रखे हैं। जिस व्यवस्था की महानता का डंका अपने मुँह से दुनिया भर में पीटा जाता रहा है वह दलितों के साथ कितनी क्रूर और अमानवीय है, सिर्फ यह बताने की कोशिश की है। यदि इसे सवर्णों पर लिखा साहित्य कहकर खारिज करने की नीयत है तो साहित्य के मानदडों पर फिर से एक बार पुनर्विचार और पुनर्विश्लेषण की आवश्यकता है तभी साहित्य के मानवीय पक्ष और उसकी जिम्मेदारी को ठीक से समझा जा सकता है।

हिन्दू मानस के एक सांस्कृतिक व्याख्याकार डॉ. रामस्वरूप चतुर्वेदी कहते हैं, 'हिन्दू मानस के अनेक अन्तर्विरोधों में सबसे दिलचस्प है सूक्ष्म अद्वैत-दर्शन' और जड़ीभूत जाति-व्यवस्था का सह-अस्तित्व।' उनके इस वक्तव्य में दो शब्द ध्यान आकर्षित करते हैं– 'सबसे दिलचस्प' और 'सह-अस्तित्व', डॉ. राजेन्द्र कुमार इस पर अपनी प्रतिक्रिया व्यक्त करते हुए कहते हैं कि, 'ध्यान देना चाहिए कि जो 'सह-अस्तित्व' एक अभिशाप की तरह दलित-वर्ग की जिन्दगी में मँडराता रहा और

उसे नरक बनाता रहा, उसके बारे में पं. रामस्वरूप चतुर्वदी यह नहीं कहते कि वह सबसे भयानक है, बल्कि कहते हैं, 'सबसे दिलचम्प' है, सबसे दिलचस्प कहने का कारण शायद चतुर्वेदी जी के इस विश्वास में निहित है कि 'एकत्व का परम रूप इस अद्वैत में और वैविध्य की बहार जाति-प्रथा में है।' चतुर्वेदी जी इसे एक व्यावहारिक सच मानकर चलना चाहते हैं कि 'ये दोनों छोर हिन्दू-व्यवस्था में बड़े इत्मीनान के साथ समाये हुए हैं।' दलित चेतना का यथार्थ इसे व्यावहारिक सच मानने की कोई गुंजाइश ही नहीं छोड़ता। दलितों ने इसकी विडम्बना भोगी है। इसलिए वे 'हिन्दू-व्यवस्था' में बड़े 'इत्मीनान की जगह बड़ी खलबली पैदा करना ही अधिक रचनात्मक मानते हैं।' बड़े इत्मीनान का एहसास अपने मन में सुरक्षित रखने के लिए चतुर्वेदी जी सरीखे हिन्दू व्यवस्था के आधुनिकतावादी पंडित यह भ्रम पालते हैं, कि मनु के विधान में अम्बेडकर के लिए स्थान नहीं था, जबकि अम्बेडकर के विधान में मनु के लिए पूरा स्थान है। ऐसा भ्रम पालना चतुर्वेदी जी सरीखे विद्वानों की तथाकथित आधुनिकतावादिता की अपनी निजी मज़बूरी भी है। दलित चेतना का यथार्थ तो यह है कि 'अम्बेडकर और मनु वस्तुतः दो विपरीत मानसिकताओं के प्रतीक हैं। विरोध ही स्वाभाविक है, सामंजस्य नहीं।'

हिन्दी के विख्यात आलोचक आचार्य रामचन्द्र शुक्ल की कविता की ये पंक्तियाँ समाज में स्थापित जातिवादी सोच और मानसिकता का उदाहरण है—

चीथड़े लपेटेंगे चना चाबेंगे चौखट पर
चाकरी करेंगे नहीं चौपट चमार की।

इन पंक्तियों में जातीय अहंकार कूट-कूट कर भरा है। जो समाज के साथ-साथ साहित्य में परिलक्षित होता है।

'दलित चेतना, दलित सम्वेदना और दलित चित्रण के भाव को समझने की ज़रूरत है, सारा विवाद इन नामबन्धों के अर्थ, उनकी प्रकृति, उनकी ऐतिहासिकता और प्रयोग में है। यदि कोई दलित आलोचक यह कहता है कि प्रेमचन्द दलित चेतना के लेखक नहीं हैं तो क्या इससे प्रेमचन्द की लेखकीय ऊँचाई घट जाती है। यदि यह कहा जाए कि प्रेमचन्द दलित सम्वेदना के लेखक हैं और उनके कथा-साहित्य में दलित जीवन स्थितियों का मार्मिक चित्रण मिलता है तो दलित चेतना और वैचारिकी का मुद्दा उठेगा ही नहीं। इस फर्क को न समझने की भूल करने वाले गैरदलित आलोचक प्रेमचन्द और निराला को अनावश्यक विवाद में घसीट लाते हैं। ऐसी अस्पष्टता और सोच से दलित और गैरदलित के बीच दूरियाँ और बढ़ेंगी ही। हिन्दी आलोचकों को पुनर्विचार करना चाहिए। समस्या का हल प्रतिक्रियावाद से नहीं किया जा सकता। हजारों साल की उपेक्षा, अपमान, प्रताड़ना के कारण आक्रोश के चेतना में रूपान्तरित होने की प्रक्रिया को थाम कर संजीदगी से समझने की जरूरत है।'

हिन्दी के कई आलोचक दलित-लेखन की आलोचना करते हुए कहते हैं कि

उसमें गहराई नहीं है। इनमें पात्र परिस्थितियों से संघर्ष नहीं करते। आक्रोश और अपने दम्भ का उद्घाटन तथा अहम का विस्फोट करते हैं। दलित लेखक यथार्थ के नाम पर गाली-गलौज, घृणा की प्रवृत्तियों की ओर ले जाते हैं। इस तरह के आरोपों का कोई आधार नहीं होता है।

डॉ. के.पी. सिंह इस सन्दर्भ में लिखते हैं– 'जो लोग इस पतनशील व्यवस्था के सहयोगी बन कर सभ्यता, संस्कृति और साहित्य के उत्कर्ष की बात करते हैं, वे मूर्खों के संसार में रहते हैं। उनकी दृष्टि में साहित्य का कोई सामाजिक उद्देश्य नहीं होता। वे साहित्य को स्वांतः सुखाय मानते हैं और इस प्रकार साहित्य का सम्बन्ध समाज से काटने का प्रयास करते हैं। यथार्थवाद को विकृत रूप में प्रस्तुत करने में उनकी दिलचस्पी होती है। उनकी राय में यथार्थवाद मनुष्य और समाज की विकृतियों के चित्रंण और अध्ययन का नाम है। वे यह भी मानते हैं कि कल्पना की ऊँची उड़ान से ही साहित्य में सार्वभौमिकता और श्रेष्ठता उत्पन्न होती है, लेकिन जब उनसे इस प्रश्न पर बात करने का प्रयास किया जाता है और पूछा जाता है कि वे कौन-से नियम हैं जो साहित्य को श्रेष्ठ और सार्वभौमिक बनाते हैं, तो वे तर्कसंगत उत्तर देने के स्थान पर आकर्षक वाक्जाल का सहारा लेते हैं। वे साहित्य और समाज के अन्तःसम्बन्धों को, उलटबासियों के माध्यम से अभिव्यक्त करते हैं।'

ऐसे आलोचक साहित्य को भाववादी दृष्टिकोण से देखते हैं और भ्रमित करने वाले भारी-भरकम शब्द-जाल का प्रयोग करके साहित्य को शास्त्रीय रूप देने की कोशिश करते हैं। अनुभूति की गहराई, शाश्वतता, व्यापकता आदि शब्दों के द्वारा साहित्य को जीवन से दूर करने की कोशिश होती है।

दलित चिन्तक कंवल भारती का मानना है कि 'जो कवि जनता की भाषा में नहीं लिखता है, उसका विकास सामन्ती परिवेश में हुआ होता है।' बुद्ध का सन्दर्भ देते हुए कंवल भारती कहते हैं कि 'बुद्ध ने अपने भिक्षुओं को हिदायत दी थी कि वे कभी भी बुद्ध वचनों को छांदस (तत्कालीन सामन्ती भाषा) में न लिखे, सदैव प्राकृत (यानि जनभाषा) में ही लिपिबद्ध करें।' आगे कंवल भारती का यह भी मानना है कि किसी भी सामन्ती भाषा के कवि के विचार जनवादी नहीं हो सकते। सामन्ती भाषा के स्तर पर यही अन्तर जयशंकर प्रसाद और प्रेमचन्द में था। दोनों समकालीन थे, परन्तु प्रसाद पुनरुत्थानवादी ही बने रहे, जबकि प्रेमचन्द अगली शताब्दी तक प्रगतिशील धारा को ऊर्जा देते रहे।'

हिन्दी के ब्राह्मणवादी आलोचक यह सिद्ध करने का प्रयास करते हैं कि साहित्य का राजनीति और विचारधारा से कोई सम्बन्ध नहीं होता है उनका यह भी कहना है कि जो साहित्य किसी विचारधारा पर आधारित होता है, वह साहित्य नहीं सिर्फ नारेबाजी होता है। उनका मानना है कि साहित्य का आदर्श उच्च होता है। वह ऊँचे और आध्यात्मिक मूल्यों की खोज करता है। उसका कार्य बाह्य संसार का चित्रण

करना नहीं है। बल्कि व्यक्ति के आन्तरिक संसार का प्रामाणिक चित्रण करना है। इसी के साथ वे ये भी मानते हैं कि रोजी-रोटी, जात-पाँत के संघर्ष की बात करना साहित्य को अपवित्र करना है। सच्चाई यह है कि इस शब्दावली के बीच शोषणकारी प्रवृत्तियों से बचकर निकलना चाहते हैं, ताकि ब्राह्मणवादी व्यवस्था का वर्चस्व बना रहे। ऐसे यथास्थितिवादी किस्म के लोग पुरातन मूल्यों के ही पक्षधर होते हैं। इसीलिए दलित साहित्य को लेकर उनका रवैया नकारात्मक ही होता है।

ऐसे विद्वानों की हिन्दी आलोचना में कमी नहीं है। आकर्षक शब्दावली और तर्कजाल के साथ शास्त्रीयता के नियम, उपनियम, व्याख्याएँ बताने में सिद्धहस्त होते हैं। इनकी एक और बड़ी और विशिष्ट विशेषता होती है कि ये विद्वान सिखाने के लिए पैदा होते हैं सीखने के लिए नहीं। ऐसे यथास्थितिवादी एवं आत्मसन्तुष्ट लोग अध्ययन से बचते हैं। सामाजिक संघर्ष की वस्तुगत परिस्थितियों के अध्ययन में इनकी रुचि नहीं होती है, जो विचारों और भावनाओं का निर्धारण करने में महत्त्वपूर्ण है। ऐसे विद्वान आलोचक दलित साहित्य को ही नहीं, दलितों को भी हेय समझते हैं।

हिन्दी साहित्य में एक वर्ग ऐसे लोगों का भी है जो अपनी रचनाओं में प्रगतिशील, जनवादी दिखाई देते हैं। लेकिन वर्तमान की सामाजिक संरचना, धार्मिक विचारधारा, जातिवाद, जाति-उत्पीड़न की घटनाओं पर इनकी चुप्पी इन्हें विशिष्ट बनाती है। जो वर्चस्ववादी, ब्राह्मणवादी, सामन्तवादी, शब्दजाल में अपने तर्कों को लपट कर जिस तरह भ्रमित करते हैं, वह देखने लायक होना है। इनके ये तर्क इतने गोलमोल होते हैं कि समझने वाला स्वयं ही भ्रमित होकर इनकी विद्वत्ता के आगे नतमस्तक हो जाएगा। ऐसे लोग 'अपनी धार्मिक आस्थाओं से जुड़े होते हैं और कुलीनतावाद, जातिवाद को छोड़ नहीं पाते हैं। वैचारिक दृष्टि से ऐसे लोग समानतावादी, मार्क्सवादी होने का इजहार पूरे विश्वास के साथ करते हैं। साथ ही तुलसीदास और रामचरितमानस के प्रति गहरी आस्था रखते हैं।

शरण कुमार लिम्बाले कहते हैं-- 'कला नामक संकल्पना अस्थिर और परिवर्तनशील होती है। कला का स्वरूप असीमित होने के कारण उसकी निश्चित कसौटी देना सम्भव नहीं है। बदलती संस्कृति के साथ साहित्य भी बदलता है। यदि ये कसौटियाँ बदलती नहीं हैं तो साहित्य और समीक्षा दोनों का रिश्ता टूट जाएगा। भारत में आस्वाद के भिन्न-भिन्न स्तर और प्रक्रिया बहुत बड़े पैमाने पर हैं। एक को जो आस्वादनीय लगता है वह दूसरे को भी आस्वादनीय ही लगे, ऐसा नहीं है। ऐसी परिस्थिति में निश्चित कसौटी का आग्रह करना उचित नहीं होगा। साहित्य के अनुसार समीक्षा भी विकासशील है। साहित्य की यात्रा जैसे अलग-अलग युग में बदलती आ रही है, वैसे ही समीक्षा का स्वरूप भी बदलता आ रहा है। किसी के लेखन को साहित्य कहना हो तो उस पर हमारे साहित्य की कसौटियाँ ही लागू होंगी, ऐसा कहना सांस्कृतिक तानाशाही का लक्षण है।"

यहाँ वेलिंस्की के सन्दर्भ में देखें तो 'समीक्षा क्या है? यह कलाकृतियों का मूल्यांकन है। कौन-सी स्थिति में यह मूल्यांकन सम्भव है? या और भी ठीक से कहें तो यह मूल्यांकन कौन-से नियमों पर आधारित है? यशस्वी विद्वान कहेंगे, सौन्दर्यशास्त्र के नियमों पर। लेकिन ऐसी कौन-सी पुस्तक है जिसमें ये सारे नियम दिए हुए हैं? किसने उसे जारी किया? और किसने उसका अनुमोदन किया? और किसने उसे ग्रहण किया? कृपया मुझे कला की आधार संहिता की पुस्तक दिखाइए, जिसमें सौन्दर्यशास्त्र और साहित्य सम्बन्धी सारे कायदे-कानून दिए हों, जिनमें दिए गये सिद्धान्त, मानव के अन्दर सृजनशीलता के सिद्धान्तों की तरह, शाश्वत और अटल सिद्धान्त हो तथा जिसके प्रावधान सभी परिस्थितियों के अनुकूल हों, नियमों की साफ-सुथरी और सम्यक व्यवस्था निर्मित करे, और सृजनात्मक कार्यों के असीम तथा बहुमुखी संकट को अपने अन्दर समेट ले।"

वेलिंस्की यह भी कहते हैं– 'कुछ समीक्षक, जो विद्वान हैं, लेकिन जिनमें सौंदर्यबोध का अभाव है, उस वास्तविक प्रतिभा को कम करके देखते हैं जो उनके पंडिताऊ मानदंड की परिधि से बाहर पड़ती है, और उनकी भूरि-भूरि प्रशंसा करते हैं जो भड़कीले शब्दों के सौदागर भर हैं। यही वजह है कि उनके प्रयास अक्सर विफल होते हैं।"

दलित साहित्य ने सामाजिक जीवन के उस अनछुए कोने को चित्रित करने का साहस दिखाया है जिसे हिन्दी के रचनाकारों ने अनदेखा किया। यदि कभी उसे स्पर्श करने की हिम्मत भी दिखाई तो उसमें भी बचकर निकल जाने की प्रवृत्ति ही ज्यादा रही है। ऐसा कोई पात्र वे सृजित नहीं कर पाए जो धार्मिक जड़ताओं, सामाजिक विषमताओं, विसंगतियों, अवहेलनाओं, प्रताड़नाओं से सीधे टकराने की हिम्मत रखता हो। जबकि दलित जीवन में ऐसे पात्र हमेशा रहे हैं। जब दलित रचनाकार ऐसे पात्रों की रचना करता है तो आलोचक उसे स्वाभाविक नहीं मानते हैं, क्योंकि उनके संस्कारों में दलित बेहद डरा हुआ, अपने भीतर सिमटा हुआ, असभ्यता और अमानवीयता का नमूना, उज्जड़, आदि के रूप में ही विद्यमान है। उनमें मानवीय सम्वेदना का उदात्त रूप भी हो सकता है, यह उनकी कल्पनाओं की सीमा से बाहर है। इसी संस्कारशीलता के कारण, सूरदास, घीसू-माधो का चित्रांकन होता है। इसी चेतना के तहत कालीचरण (धरती धन न अपना) गाँव छोड़ देता है, परिशिष्ट (गिरिराज किशोर) का नायक पागल हो जाता है। क्योंकि ये पात्र सीधे-सीधे टकराव की स्थितियों के निकट होते हुए भी, नहीं टकराने की स्थितियों में डाल दिए जाते हैं। या उन्हें यथास्थितिवाद की चपेट में उलझाकर कमजोर कर दिया जाता है।

इसीलिए गैरदलित जब दलित पात्र से साक्षात करने की कोशिश करता है तो वे जीवन के यथार्थ से कोसों दूर होते हैं। उनकी आलोचना करते हुए गैरदलित आलोचक, जिनमें वे दलित आलोचक भी शामिल हैं जो दलित चेतना-विहीन हैं,

अपनी मूल्यहीनता और जीवन दृष्टिकोण को सामाजिक और सांस्कृतिक क्रिया-कलापों में समाहित करके उसे निष्प्राण कर देते हैं। इस सन्दर्भ में जार्ज स्टेनर के सन्दर्भ से यह कहना भी अप्रासंगिक नहीं होगा कि– समकालीन साहित्यिक आलोचना एवं सिद्धान्त स्वभावतः अन्तर-अनुशासनिक हैं तथा दूसरे अनुशासनों जैसे दर्शन, मनोविश्लेषण तथा भाषाविज्ञान पर आश्रित हैं। यह प्रायः ऐसे तर्कों तथा पदों का प्रयोग करता है जो अपरिचित, अस्पष्ट तथा भ्रामक हैं।

दलित आलोचना जीवन और उसके यथार्थ को मानवीय दृष्टिकोण से देखने की समर्थक है। किसी भी रचना को आशय और उसके उद्देश्य के साथ देखा जाना चाहिए। रचना की अन्तर्वस्तु और उसकी विधा यदि जीवन से जोड़ने के बजाय उसे अलग करती है तो साहित्य की भूमिका बदल जाती हे। ऐसे विचारों से लैस आलोचक चाहे दलित हो या गैर-दलित, वे समाज में विघटन करने वाले, ब्राह्मणवादी परम्पराओं के पोषक तथा पुरुषवादी समाज के और संस्कृति के पक्षधर होते हैं जिनसे न साहित्य का भला होता है न समाज का। दलित साहित्य संपूर्णता में सामाजिक बदलाव की हिमायत करता हे। इसीलिए उसने यह रास्ता चुना है।

सौंदर्य के सवाल और दलित साहित्य

–डॉ. जयप्रकाश कर्दम

सौंदर्य दो प्रकार का होता है– प्राकृतिक सौंदर्य और मानव रचित सौंदर्य। प्राकृतिक सौंदर्य– वन, पहाड़, समुद्र, नदियाँ, जीव-जंतु आदि के निर्माण में मनुष्य का कोई योगदान नहीं है। प्रकृति मनुष्य की मित्र और उसके जीवन का आधार है। मानव जीवन की बहुत सारी आवश्यकताएँ प्रकृति से ही पूरी होती हैं। किंतु, वनों की कटाई, नदियों पर बांध, जीव-जंतुओं का शिकार/हत्या, पहाड़ों में खनन, पर्यावरण प्रदूषण आदि के द्वारा मनुष्य द्वारा कभी-कभी प्राकृतिक सौंदर्य को नष्ट अवश्य कर दिया जाता है। इस क्षति की पूर्ति करने हेतु कभी-कभी वैकल्पिक प्राकृतिक दृश्य/वातावरण का सृजन मनुष्य द्वारा किया जाता है। पार्क, बाग-बगीचे, झरने, चिड़ियाघर आदि का निर्माण इसी प्रक्रिया का अंग है। साहित्य और विभिन्न कला-रूपों का सृजन और अभिव्यक्ति मानव रचित सौंदर्य है। विद्वानों और दार्शनिकों द्वारा सौंदर्य की अपने-अपने ढंग से व्याख्या की गयी है। क्रोचे के अनुसार अभिव्यंजना अथवा अंतःप्रज्ञा सौंदर्य है तो फ्रायड की दृष्टि में इच्छापूर्ति अथवा उदात्तीकरण सौंदर्य है। संत टॉमस के अनुसार, 'सौंदर्य वह है जो देखे जाने पर सुखानुभूति कराये।' यहाँ महत्वपूर्ण बात यह है कि देखने वाला अर्थात् साहित्यकार क्या देखना चाहता है, उसकी पसंद क्या है? देखना पसंद या रुचि पर निर्भर करता है। सुरुचिपूर्ण या वांछित वस्तु सुंदर लगती है और उसको देखने पर सुख की अनुभूति होती है। कलात्मक अभिरुचि के व्यक्ति को कलात्मक सौंदर्य की दृष्टि से श्रेष्ठ रचनाएँ अच्छी लगेंगी, जबकि साहित्य से कुछ उपयोगी तत्व या मार्गदर्शन पाने की दृष्टि से पढ़ने वाले व्यक्ति को वे ही रचनाएँ अच्छी लगेंगी जिनमें समाजोपयोगिता के तत्व हों। उसके लिए कलात्मक सौंदर्य गौण रहेगा। सौंदर्य पूरी तरह देखने वाले की दृष्टि पर निर्भर करता है। 'अभिजन अपने ही दृष्टिकोण से देखते हैं, वे किसी बात को सीधे न कहकर, काल्पनिक उपमाएँ देकर उसमें सौंदर्य देखते हैं।' सीधी बात आँख में आँख डालकर की जाती है। इसके लिए नैतिक साहस चाहिए। नैतिक साहस उसी में होता है जिसकी नीयत और मन में खोट न हो, कुटिलता न हो, कोई स्वार्थ, पाखण्ड,

छल-छदम न हो। दलित दमन के षड्यंत्रकारी ब्राह्मण वर्ग में गये नैतिकता नहीं थी, इसलिए अपने विचारों और मनोभावों को सीधे-सीधे अर्थात् अभिधा में अभिव्यक्त न कर उसने काल्पनिक उपमाओं का सहारा लिया और फिर उसे ही साहित्य का सौंदर्य कहकर मुग्ध हुआ। दलितों में सत्य, सरलता और सहजता है। उनमें सत्य को सत्य कहने का नैतिक साहस है, उन्हें अपनी बात कहने के लिए उपमाओं के आश्रय या सहारे की आवश्यकता नहीं है। दलित साहित्य में जो उपमाएँ हैं भी परम्परागत साहित्य में प्रयुक्त उपमाओं से भिन्न अपने जीवन और परिवेश से ली गयी उपमाएँ हैं, जिनमें परम्परागत साहित्य जैसी जटिलता नहीं है।

भारतीय सौंदर्यशास्त्रीय अवधारणा का मूल या उद्गम भरतमुनि के नाट्यशास्त्र में दिखाई देता है। नाट्यशास्त्र में धर्म, यश, आयुष्मता, हित भावना, बुद्धिवर्द्धन, लोकोपदेश और विश्रांति काव्य के प्रयोजन बताए गये हैं। उसके पश्चात वामन ने कीर्ति, और प्रीति अर्थात् आनंद, आनंद वर्द्धन ने आनंद और आचार्य मम्मट ने यश, अर्थ, व्यवहार, ज्ञान, विश्वेतर क्षति, सद्यः परिनिवृत्ति, कांता सम्मित उपदेश को काव्य का प्रयोजन माना है। इन सब में यश, आनंद और अर्थ (धन) कॉमन हैं। इनमें आनंद सर्वप्रमुख है। जो अच्छा लगे वह आनंददायक है। जिस कविता में जितना अधिक आनंद मिले उसे उतना ही ऊंचे दर्जे का समझना चाहिए।' सौंदर्य के विषय में इसी तरह के विचार मौजूदा समय के महत्वपूर्ण आलोचक परमानंद श्रीवास्तव का है। परमानंद जी के अनुसार किसी रचना के वास्तविक मूल्य तक पहुँचने का रास्ता उसके आस्वाद से होकर जाता है। इसलिए किसी रचना का मूल्यांकन प्रथमतः तो उसके आस्वाद मूल्य में ही निहित होता है।' आचार्य केशवदास आनंद को सौंदर्य से जोड़ते हैं, यथा, 'भूषण बिनु न विराजति कविता वनिता मित्त।' जिस तरह आभूषणों से अलंकृत अर्थात् श्रृंगार-सौंदर्ययुक्त स्त्री अच्छी लगती है उसी प्रकार अलंकार या सौंदर्यहीन कविता भी अच्छी नहीं लगती अर्थात् कविता, वनिता या मित्र में अगर थोड़ा भी दोष आ जाए तो वे अच्छे नहीं लगते। संस्कृत आचार्यों द्वारा काव्य के कई दोष बताए गये हैं। इनमें एक दोष है अप्रीति, अर्थात् आनंद का न होना। यह दोष किसी शब्द के शास्त्रीय अर्थ के बजाय लोक-प्रचलित अर्थ को काव्य में प्रयुक्त करने से होता है। दूसरा है ग्राम्य-दोष, अर्थात् काव्य में ग्रामीण भाषा और भावों का प्रयोग। अग्नि-पुराण में कहा गया है कि जो काव्य के आस्वाद में उद्वेग पैदा करता है उसे ही काव्य का दोष मानना चाहिए। काव्य का आस्वाद तो रस, अलंकार और छंद आदि सौंदर्य है। इनका न होना ही काव्य का दोष है। आचार्य भोज के अनुसार काव्य में जो कुछ भी हेय है वही दोष है।' इस दृष्टि से काव्य में प्रयुक्त लोकभाषा और शब्दों के अशास्त्रीय या लोक-प्रचलित अर्थ हेय है।

आनंद को प्रयोजन मानकर लिखे गये साहित्य में भोग-विलासिता पर बल है। कालिदास कृत 'कुमार सम्भव' में पार्वती से शिव की रति क्रीड़ा का लम्बा वर्णन है।

कृष्ण की बाल क्रीड़ाओं से लेकर राधा के साथ उनकी रास-लीलाओं का चित्रण करने वाला साहित्य शिक्षित-सम्भ्रांत वर्ग को आनंद अनुभूति कराने वाला से है। समस्त रीति-काव्य इसी प्रकार की रचनाओं से भरा है। उनमें नायिका के सौंदर्य का अद्भुत चित्रण मिलता है। रस, छंद आदि काव्य के अलंकरण हैं। कविता के आलोचकों को अलंकरण-हीन कविता नहीं भा रही है, अलंकरण-युक्त कविता ही उनको आकृष्ट करती है। डॉ. रामविलास शर्मा पर लिखे अपने लेख 'हिंदी के हित का अभिमान वह, दान वह' में हिंदी के शीर्ष आलोचक डॉ. नामवर सिंह साहित्य-शास्त्र पर चर्चा करते हुए लिखते हैं, 'अलंकार शास्त्र मात्र बाल की खाल निकालने वाला ही शास्त्र नहीं बल्कि वह शास्त्र है जिस पर भारत को गर्व है।'

मेरिक न्यूटन के अनुसार, 'सौंदर्य भूख से और भूख घनिष्ठता से नियंत्रित होती है।' लेकिन रोटी और सेक्स की भूख में अंतर है। रोटी आवश्यकता है, सेक्स वांछनीय है। सौन्दर्य वांछित वस्तु है, सौंदर्य की चाह की जाती है, इसके बिना काम चल सकता है। पेट की क्षुधा से त्रस्त व्यक्ति के लिए रोटी आवश्यक है। रोटी मिल जाने पर उसे सुख मिलता है। कामासक्त या काम की इच्छा रखने वाले व्यक्ति को सेक्स से सुख मिलता है। दोनों के सुख में अंतर है। दोनों की सौन्दर्य-दृष्टि में भी अंतर है।

साहित्य को समाज का दर्पण या जीवन की आलोचना माना जाता है। इसका तात्पर्य यह है कि साहित्य में समाज का जीवन समग्रता में चित्रित होना चाहिए। दर्पण में व्यक्ति का चेहरा वैसा ही दिखता है जैसा वह वास्तव में है। उसी तरह साहित्य में भी समाज वैसा ही चित्रित होना चाहिए जैसाकि वह यथार्थ में है। समाज में शोषण, उत्पीड़न, अन्याय, असमानता और अस्पृश्यता है। इनका विरोध और प्रतिकार भी है। गाँवों में कृषि है, जमींदार, किसान है तो भूमिहीन कृषि मजदूर भी है। बड़ी-बड़ी हवेलियाँ है तो झोपड़ियाँ भी हैं। सुखी-सम्पन्न परिवार हैं तो दूसरों की जूठन पर जिंदा रहने वाले लोग भी। सवर्ण जातियाँ हैं तो दलित जातियाँ भी हैं, जो सवर्णों के अन्याय, उपेक्षा, अस्पृश्यता तथा दमन और हिंसा की शिकार हैं। हिंदी कवि गाँवों पर मुग्ध है। उसे ग्राम्य जीवन अद्भुत दिखाई देता है। तभी वह कहता है "अहा, ग्राम्य जीवन भी क्या है?" (सुमित्रानंदन पंत)। श्रम का महत्व प्रतिपादन करने वाले कवि के लिए गाँव स्वर्ग हैं, क्योंकि वहाँ श्रम करने वाला किसान है, जो समस्त देश के लिए अन्न का उत्पादन करता है। किसान को कवि देवता की पदवी प्रदान करता है और उसकी प्रशंसा में गा उठता है, 'हे ग्राम देवता नमस्कार।' (सुमित्रानंदन पंत)। लेकिन उसी गाँव में दूसरे के खेतों में काम करने वाला भूमिहीन कृषि मजदूर है, जो प्रायः 'निम्न-जातीय दलित है। किसान के पास अपनी कृषि-भूमि है। वह अपने खेतों में हल चलाकर फसल उगाता है और उस फसल को बाजार में बेचकर अपना जीवन-यापन करता है। किंतु दलित कृषि-मजदूर के पास अपने खेत

नहीं हैं, वह किसान नहीं है। वह जिन जमींदार या बड़े किसानों के खेतों में काम करता है, उनके द्वारा नकद अथवा अनाज आदि के रूप में दी जाने वाली मजदूरी पर जीवित रहता है। निम्न-जातीय होने के कारण वह अनेक प्रकार के निषेध और वर्जनाओं का शिकार है। वर्ण-व्यवस्था और जातिगत रूप से निम्न, उपेक्षित और अस्पृश्य तथा आर्थिक शोषण रूप से दरिद्र दलित कृषि मजदूर नारकीय जीवन जीने को विवश हैं। किसी प्रकार का कोई सम्मान उसे नहीं हैं। कवि की दृष्टि में जो गाँव स्वर्ग का पर्याय है दलित के लिए शोषण का कारखाना है। शोषण के इस कारखाने में उसके लिए क्या अच्छा या सुंदर है, क्या अपना है, जिस पर वह गर्व करे। दलित कवि को गाँव ऐसा ही दिखाई देता है। इसलिए वह लिखता है, 'मेरा गाँव, कैसी गाँव? ना कहीं ठौर, ना कहीं ठाव।' (सूरजपाल चौहान)। दलित व्यक्ति को गाँव आदमखोर लगता है और यहाँ उसका दम घुटता है। 'सच मानिए/इस आदमखोर गाँव में/मुझे डर लगता है/बहुत डर लगता है।'

सवाल यह है कि क्या कारण है कि गाँव का चित्रण करने वाले सवर्ण कवि को गाँव में किसान तो दिखायी देता है दलित कृषि मजदूर दिखायी नहीं देता। जबकि दलित कवि को दलित कृषि मजदूर का जीवन साफ-साफ दिखाई दे रहा है। क्या सवर्ण कवि गाँव की सच्चाई से अनभिज्ञ है या वह ग्रामीण जीवन के केवल उसी पक्ष को देखना चाहता है जो उसे पसंद है या जिससे वह परिचित है? प्रायः वही वस्तुएँ अधिक सुंदर और आकर्षक लगती हैं जिनसे व्यक्ति परिचित होता है, क्योंकि उनको ही वह बार-बार देखने का अभ्यस्त होता है और वे ही उसकी चेतना में बैठी हुई होती हैं। एक ही गाँव में रहते हुए भी सवर्ण और दलित अलग बस्तियों में पृथक समाज, समुदाय और देश के रूप में रहते हैं, जहाँ सवर्ण दलितों से दूरी बनाकर रखते हैं, क्योंकि दलितों के साथ मिलने-जुलने से उनकी शुचिता भंग होती है। 'हमारे गाँव में भी/कुछ हरि होते है/कुछ जन होते है/जो हरि होते हैं/वह जन के साथ/न उठते हैं/न बैठते हैं/न खाते हैं/ न पीते हैं/यहाँ तक कि जन की/परछाईं तक से परहेज करते हैं।' गाँव पर मुग्ध होने वाले ब्राह्मण कवि को क्या यह सत्य दिखायी नहीं देता है? मानवीय गरिमा को खंडित कर चूर-चूर करने वाले या मानवीयता की खुली हत्या करने वाले इस सत्य को नजर-अंदाज कर ब्राह्मण कवि गाँव पर मुग्ध होता है तो इससे यह बात सिद्ध होती है कि दलितों की दुनिया और उनके जीवन से सवर्णों का खास परिचय नहीं है, या उसके लिए उनका कोई महत्व नहीं है।

सवर्ण कवि की सम्पृक्ति सवर्ण सरोकारों के साथ है, दलितों के साथ उसका सम्पर्क और संवाद बहुत कम है इसलिए साहित्य का सृजन करते समय दलित उसकी चेतना से बाहर रहता है। उनके दुख, तकलीफ और संघर्ष की इच्छा, सुख को समझता है, दलित के दुःख, और त्रासदी को नहीं समझता। यही कारण है कि गाँव का चित्रण करने वाले ब्राह्मण कवि को किसान में देवता दिखाई देता है,

क्योंकि देवता ब्रह्म का अंश या उसका रूप है और कवि ब्रह्म को सत्य और उससे जुड़ी वस्तुओं को सुंदर मानता है। किसान ग्राम-देवता है लेकिन कृषि मजदूर दलित क्या है, जिसे उसी गाँव में मनुष्य भी नहीं माना जाता। दलित कवि गाँव में ब्रह्म या उसके अंश को नहीं इसी दलित व्यक्ति को ढूंढता है और उसकी त्रासदी को अभिव्यक्त करता है। क्योंकि उसके चिंतन में मनुष्य सर्वोच्च या केंद्रीय सत्ता है। कुछ लेखकों, आलोचकों की दृष्टि में किसान को देवता मानना श्रम को महत्व प्रदान करना है या हो सकता है। किंतु यहाँ फिर सवाल पैदा होता है कि क्या किसान और कृषि-मजदूर एक या एक-समान हैं? यदि नहीं तो एक किसान और कृषि-मजदूर के श्रम में क्या अंतर है? और यदि हां तो श्रम के महत्व-प्रतिपादन में श्रम का प्रतीक किसान ही क्यों, भूमिहीन दलित कृषि-मजदूर क्यों नहीं? जैसा पहले ही कहा जा चुका है यह रचनाकार की दृष्टि है, जिसकी चेतना में कृषि मजदूर कहीं नहीं है, और न कृषि मजदूर में उसकी कोई स्तर है।

मेटाफर या परम तत्व को साहित्य का आधार माना जाता है। यह परम तत्व ब्रह्म है, जिसके ईश्वर, भगवान, परमात्मा आदि अनेक नाम हैं। भारतीय (हिंदू) चिंतन ब्रह्ममय है, उसमें सर्वत्र ब्रह्म का वास है। बिना ब्रह्म के वह दो कदम नहीं चल सकता। हिंदी साहित्य का सौंदर्यशास्त्र, जो संस्कृत और पाश्चात्य सौंदर्यशास्त्र से मिलकर बना है, का आधार भी 'सत्यम, शिवम, सुंदरम' है। अर्थात् जो सत्य है, वही शिव (अच्छा) है, और जो अच्छा है वही सुंदर है। इस सौंदर्यशास्त्रीय दृष्टि में सर्वाधिक महत्वपूर्ण है– सत्य। भारतीय (हिंदू) दर्शन परम्परा में ब्रह्म को सर्वोच्च सत्य माना गया है, यथा– 'ब्रह्म सत्यम, जगत मिथ्या।' इसका तात्पर्य यह है कि वह साहित्य सौंदर्यपूर्ण है, जिसमें ब्रह्म की स्वीकृति, ब्रह्ममय सत्ता एवं संस्थाओं के प्रति सम्मान तथा उसके समर्थन एवं पोषण के मूल्यों के प्रति सकारात्मकता का भाव हो। ऋग्वेद के अनुसार पुरुष ब्रह्म के शरीर के विभिन्न अंगों से उत्पन्न मानी जाने वाली वर्ण-व्यवस्था, उससे निकली जाति-व्यवस्था और इसके आधार पर होने वाले ऊंच-नीच के भेदभाव, शोषण, अस्पृश्यता की स्वीकृति इस सौंदर्यशास्त्रीय अवधारणा का महत्वपूर्ण पक्ष है। सवर्ण, विशेषतः ब्राह्मण की चेतना ब्रह्म पर अटकी रहती है, उससे ऊपर नहीं उठ पाती। प्रत्येक वस्तु या व्यक्ति में उसे ब्रह्म का अंश दिखाई देता है। श्रेष्ठ या शास्त्रीय कही जाने वाली साहित्यिक कृतियों में किसी न किसी रूप में ब्रह्म के स्वरूप, सत्ता और उसके मूल्यों की स्थापना का प्रयास है। ब्रह्म की सत्ता में दलित-आदिवासियों के लिए कोई समानता या सम्मानजनक जगह नहीं है। रामायण में राम द्वारा अपने हाथों से शम्बूक की हत्या और महाभारत में द्रोणाचार्य द्वारा एकलव्य का अंगूठा काटे जाने का समर्थन इसके ज्वलंत उदाहरण हैं। इसके उपरांत राम और कृष्ण का महिमा-गान करने वाले ग्रंथ क्लासिक या श्रेष्ठ साहित्यिक रचनाएँ हैं, क्योंकि इनमें रसों का प्रवाह, छंदों की छठा, उपमाओं

का अनुपमता, अलंकारों की आभा और भाषा का सौष्ठव है, अर्थात् ये सौंदर्ययुक्त है। शम्बूक की हत्या के रूप में शूद्रों-दलितों के मानवीय अधिकारों का हनन करने वाले राम को मर्यादा पुरुषोत्तम के रूप में प्रतिष्ठित करने वाले 'रामचरित मानस को श्रेष्ठ या सद्साहित्य और इसके रचियता तुलसीदास को लोकनायक कहकर प्रशंसित किया गया है। मुंशी प्रेमचंद के शब्दों में, 'हम रामायण को इसलिए सद्साहित्य नहीं समझते कि उसमें विचार या दर्शन भरा हुआ है बल्कि इसलिए कि उसका एक-एक अक्षर सौंदर्य के रस में डूबा हुआ है, इसलिए कि उसमें त्याग और प्रेम और बंधुत्व और मैत्री और साहस आदि मनोभावों की पूर्णता का रूप दिखाने वाले चरित्र हैं।' सौंदर्य रस का आनंद शायद यह कहने की आवश्यकता नहीं है कि कला-सौंदर्य के आधार पर ही तुलसीदास को स्वीकार किया गया और कबीर को खारिज किया गया।

सत्य का संबंध यदि ब्रह्म से न मानकर सामाजिक संदर्भों में लिया जाए तो भी 'सत्यम, शिवम, सुंदरम की अवधारणा में एक अन्य महत्वपूर्ण तथ्य यह है कि परम्परागत साहित्य में समाज के जिस सत्य की अभिव्यक्ति हुई है क्या वह सम्पूर्ण समाज का सत्य है? इसका उत्तर हां में कदापि नहीं है। ऊपर गाँव के चित्रण का जो उदाहरण दिया गया है वह इस बात को पुष्ट करता है कि परम्परागत साहित्य में चित्रित समाज का सत्य अधूरा सत्य है। परम्परागत साहित्य के समाज में दलित नहीं है, और यदि कहीं हैं भी तो अपने संघर्ष, जिजीविषा और अस्मिता बोध के साथ कहीं नहीं हैं। यहाँ तक कि उनका दर्द, द्वंद्व, कसमसाहट और आक्रोश उसमें नहीं है। दलितविहीन समाज के अधूरे सत्य पर आधारित सौंदर्य को साहित्य का सौंदर्य स्वीकार नहीं किया जा सकता। क्योंकि 'अलंकारों, छंदों, रसों व शब्दों की कलात्मकता के माध्यम से रचा गया संवेदनशून्य, वायवीय व मानसिक व्यभिचार का साहित्य सत्यं, शिवं, सुंदरम की कसौटी पर खरा नहीं उतर सकता।'

साहित्य के सौंदर्य पर विचार करते समय यह भी विचारणीय है कि क्या कला या सौंदर्य साहित्य की आवश्यकता है, या उसकी वांछनीयता है? वांछनीयता रुचि पर निर्भर करती है। कोई व्यक्ति जिस परिवेश में जीता है जैसा देखने-सुनने का अभ्यस्त होता है, उसी के अनुरूप उसकी रुचि विकसित हो जाती है। अभाव-ग्रस्त व्यक्ति या समाज की कोई अभिरुचि नहीं होती। भूखा-नंगा, अभाव-ग्रस्त व्यक्ति दिन-रात पेट भरने की चिंता में डूबा रहता है, और कुछ देखने-सुनने या जनाने की फुर्सत ही उसे नहीं होती। ऐसे में उसकी रुचि विकसित कैसे हो। और यदि उसकी कोई रुचि होगी तो उसके अपने परिवेश के अनुरूप ही होगी। सुरुचि वास्तव में शिक्षित-सम्भ्रांत वर्ग की होती है या कहिए सुरुचि शिक्षित-सम्भ्रांत वर्ग का विशेषाधिकार है। शिक्षा पर ब्राह्मणों का एकाधिकार रहा है। अन्य सवर्ण जातियाँ भी बाद में शिक्षित हुई हैं। इसलिए सौंदर्य की अवधारणा ब्राह्मण आचार्यों द्वारा अपनी चेतना और अभिरुचि के आधार पर विकसित की गयी है। साहित्य के द्वारा उन्होंने अपने भाषायी और

शिल्प-ज्ञान और कौशल का प्रभाव दिखाने के लिए कलात्मकता पर बल दिया। तथा अपना सामाजिक-सांस्कृतिक वर्चस्व बनाए रखने के लिए अपनी इस कलात्मकता को परम सत्ता के साथ जोड़ा और उन्हीं विषयों का चयन साहित्य लेखन में किया जो उनके सामाजिक वर्चस्व का समर्थन और पोषण करें। सुख-सम्मान का जीवन जीने के अभ्यस्त सवर्ण-ब्राह्मण लेखकों की दलितों के दुःख, दर्द और वेदना-संवेदनाओं आदि के साथ कोई सम्पृक्ति नहीं रही, इसलिए सामाजिक और मानवीय सरोकारों का उनके लेखन में प्रायः अभाव मिलता है। सामाजिक और मानवीय सरोकारों की अभिव्यक्ति के लिए कला की नहीं संवेदना की आवश्यकता है।

हिंदी साहित्य के सौंदर्यशास्त्र के संबंध में सबसे पहली बात तो यह कि हिंदी साहित्य का अपना कोई सौंदर्यशास्त्र नहीं है। हिंदी साहित्य का मूल्यांकन जिस सौंदर्यशास्त्र के आधार पर किया जाता है वह संस्कृत काव्यशास्त्र अथवा संस्कृत काव्य का सौंदर्यशास्त्र है। इसका आधार शायद यह हो कि हिंदी को संस्कृत से उद्भूत माना जाता है और दोनों की लिपि एक है। हालांकि यह भी सर्व स्वीकृत मत नहीं है। विद्वानों के एक वर्ग का मत यह है कि हिंदी संस्कृत से नहीं निकली है, इसका विकास पालि-प्राकृत से हुआ है। इस विषय को एक ओर छोड़कर विचार किया जाए तो भी संस्कृत काव्यशास्त्र के सिद्धांतों को हिंदी साहित्य पर लागू करना असंगत है। क्योंकि दोनों भाषाओं का समाज और संस्कृति अलग है। संस्कृत देवभाषा (अर्थात् देवों/ब्राह्मणों की भाषा) है, जबकि हिंदी जन-भाषा (जन-सामान्य की भाषा) है। शूद्रों, अंत्यजों के लिए देवभाषा संस्कृत का पढ़ना-पढ़ाना वर्जित रहा है। यहाँ तक कि मनुस्मृति के अनुसार देवभाषा संस्कृत में लिखे वेदों को पढ़ने पर शूद्रों की आँखें फोड़कर उन्हें अंधा बनाने, सुनने पर कानों में पिघला शीशा डालने और इसका उच्चारण करने पर जिव्हा काट लेने का आदेश या व्यवस्था है। इसी मनु-स्मृति में शूद्रों के साथ अस्पृश्यता का व्यवहार किए जाने का निदेश भी है। देवभाषा की संस्कृति वर्चस्व और अलगाव की संस्कृति है। साहित्य का असली उद्देश्य समाज का निर्माण करना तथा उसमें एकता और सद्भाव बनाए रखना है। जबकि देवभाषा की संस्कृति और इसमें लिखा साहित्य समाज का निर्माण करने में असमर्थ है। समाज समानता पर आधारित होता है, जबकि वर्ण-जाति-व्यवस्था को जन्म देने वाली तथा स्पृश्यता का विधान बनाने वाली देव-संस्कृति का आधार असमानता है।

ब्राह्मणों द्वारा लिखे ग्रंथों (जो स्वाभाविक रूप से संस्कृत में लिखे गये हैं) को शास्त्र और ब्राह्मणों द्वारा विकसित कलाओं को शास्त्रीय (क्लासिकल) घोषित किया गया है। क्योंकि ये विशेष और वर्चस्वशाली क्लास द्वारा सृजित या विकसित हैं। देवभाषा में अथवा देव-संस्कृति की परम्परा और उसके वर्चस्ववादी मूल्यों का निर्वाह व्यक्तिगत रूप से मैं शास्त्र और शास्त्रीयता के विरुद्ध हूँ। साहित्य को सही मायनों में किसी क्लास (विशिष्ट वर्ग या जाति) का नहीं मास (Mass) का होना चाहिए।

दलित साहित्य 'मास' (जन-सामान्य) का साहित्य है, इसलिए विशिष्ट वर्ग की अपेक्षा जन-सामान्य के लिए उपयोगी तथा जन-सामान्य द्वारा पसंद किए जाने वाले साहित्य को श्रेष्ठ माना जाना चाहिए और ऐसी रचनाओं को क्लासिक (Classical) के बजाए मासिकल (Massical) कहा जाना चाहिए। क्लासिकल का तात्पर्य यदि श्रेष्ठता से है तो एक विशिष्ट वर्ण, वर्ग या जाति द्वारा अपने वर्ण या जातीय दृष्टिकोण से लिखे गये उस साहित्य को श्रेष्ठ कैसे माना जा सकता है जिसका जन-सामान्य से दूर-दूर तक कोई संबंध नहीं है। क्लासिक निठल्ली ब्राह्मणवादी संस्कृति का चिंतन है, जिसमें श्रमिक जीवन और उसके मूल्यों का कोई महत्व नहीं है। दूसरों की कमायी पर पलने वाला यह निठल्ला वर्ग रात-दिन इसी खुराफाती उधेड़बुन में लगा रहता है कि किस प्रकार वह स्वयं को श्रेष्ठ सिद्ध करे और जन-सामान्य से उसे मनवाए। ब्राह्मणवादी चिंतन से निकले समस्त शास्त्र, शास्त्रीय कलाएँ और साहित्य सबके पीछे मुख्य प्रयोजन यही है।

शास्त्रीयता का यह आग्रह है कि लोग शास्त्रों को श्रेष्ठ मानें, उनका सम्मान और अनुकरण करें। शास्त्रों पर कोई प्रश्न नहीं करें। शास्त्रों को परम सत्ता या ब्रह्म से जोड़ा गया है। वेद तो अपौरुषेय हैं ही। और भी बहुत से ग्रंथों को शास्त्र ही कहा जाता है। पण्डे-पुरोहितों और धर्माचार्यों द्वारा जन-सामान्य को प्रवचन, उपदेश देते समय या किसी भी धार्मिक-सांस्कृतिक चर्चा में प्रायः यह कहते सुना जाता है ऐसा शास्त्रों में लिखा या कहा गया है। ब्राह्मणों द्वारा अपनी सृजित या विकसित कलाओं को शास्त्रीय कहा गया है। नाट्य-शास्त्र, साहित्य-शास्त्र, तर्कशास्त्र आदि। जिस किसी भी विधा में, जिस किसी भी विषय पर ब्राह्मणों ने लिखा वह सब शास्त्र है और उनके द्वारा कही गयी प्रत्येक बात शास्त्रीय है। शास्त्रीय नृत्य, शास्त्रीय संगीत, शास्त्रीय गायन, शास्त्रीय वादन आदि के नामकरण इसके उदाहरण हैं। इस संदर्भ में एक महत्वपूर्ण बात यह भी है कि समस्त शास्त्रीय नृत्य, गीत और संगीत मंदिर या धर्म से हुड़े हैं। कोई भी शास्त्रीय नर्तक या नर्तकी चाहे वह इस कला में कितना ही कुशल हो, जब तक वह मंदिर में देवता के समक्ष नृत्य नहीं करता या करती तब तक उसे संतुष्टि नहीं मिलती। यही स्थिति शास्त्रीय गायन और वादन की है। शास्त्रीयता को स्वीकार करने का तात्पर्य ब्राह्मण वर्चस्व को स्वीकारना है। इसलिए प्रथम तो शास्त्र और शास्त्रीयता का विचार उपयुक्त प्रतीत नहीं होता। दूसरे हिंदी साहित्य का अपना कोई स्वतंत्र सौंदर्यशास्त्र निर्मित नहीं हुआ है। हिंदी साहित्य के मूल्यांकन का यदि कोई मानदण्ड है तो वह सौंदर्य-बोध हो सकता है। तीसरे, दलित साहित्य हिंदी साहित्य की परम्परागत धारा से भिन्न एक नयी चेतना और बोध का साहित्य है। इसलिए हिंदी साहित्य के परम्परागत मूल्य-बोध या सौंदर्य के मानदण्डों के आधार पर दलित साहित्य का मूल्यांकन नहीं किया जा सकता। वैसे भी, समय के साथ सामाजिक, आर्थिक, राजानीतिक परिस्थितियों और मूल्यों में

बदलाव आता है। जिसके साथ साहित्य की चेतना में भी बदलाव आता है। सैकड़ों वर्ष पूर्व निर्मित सौंदर्यशास्त्र के मानदण्डों के आधार पर आज लिखे जा रहे साहित्य का मूल्यांकन करना जड़ता का सूचक है। पहले से बने-बनाए मानदण्डों के आधार पर साहित्य का सृजन नहीं किया जा सकता, लिखा जाने वाला साहित्य स्वयं अपने सौंदर्य-बोध का निर्माण करता है। उसी सौंदर्य-बोध के आधार पर उसका मूल्यांकन किया ज़ा सकता है।

सौंदर्यशास्त्र के विषय में दूसरी महत्वपूर्ण बात यह है कि संस्कृत में काव्यशास्त्र है, यानी वहाँ भी सौंदर्यशास्त्र केवल काव्य का है, गद्य का नहीं। नाटक पर काव्यशास्त्र के सिद्धांत लागू हो सकते हैं क्योंकि नाटकों में गीत या गीतात्मक संवाद होते हैं। गद्य की अन्य विधाओं पर काव्यशास्त्र के सिद्धांत लागू नहीं हो सकते। गद्य और पद्य की बुनावट और तकनीक अलग होती है। पद्य में भी काफी बदलाव आ गया है। जिस समय काव्यशास्त्र के सिद्धांतों की रचना हुई तब कविता गेय अथवा छंद में लिखी जाती थी। काव्यशास्त्रियों द्वारा सौंदर्य को इतना अधिक महत्व प्रदान किया गया है कि उसे वेदों के साथ जोड़ा गया है। शिक्षा को वेदों की नासिका, छंद को चरण, व्याकरण को मुख, निरूक्त को कान, ज्योतिष को आँख तथा कल्प को हाथ बताया गया है।' छंद को छंदशास्त्र भी कहा गया है। उस समय बिना छंद के कविता की कल्पना शायद नहीं की गयी थी। आज कविता छंद के बंधन से मुक्त है, वह गद्यात्मक हो गयी है। छंदबद्ध कविता के मूल्यांकन के मानदण्ड छंदमुक्त या गद्य-कविता पर लागू नहीं हो सकते हैं? जहाँ तक दलित साहित्य का संबंध है दलित साहित्य की आधार, चेतना और भाव-भूमि परम्परागत साहित्य से भिन्न है। जीवन में राग-रस हो तो साहित्य में भी रागरस होता है। जीवन में शुष्कता और सूनापन हो तो साहित्य में भी वही होता है। दलित साहित्य स्वानुभूति का साहित्य है। इसमें स्व-अनुभवों पर बल है, और स्व-अनुभवों की सशक्त अभिव्यक्ति आत्मकथा अथवा आत्मकथात्मक शैली में लिखे साहित्य में ही सर्वाधिक सम्भव है। इसलिए दलित साहित्य का गद्य भी अलग तरह का है।

नाट्यशास्त्र के सिद्धांत दलित साहित्य पर (दलित नाटक सहित) लागू न होने के कई कारण हैं। इनका संक्षिस्त परिचय नाट्यशास्त्र के कतिपय लक्षणों के आधार पर दिया जा सकता है, यथाः नाटक दुःखांत नहीं होते। दलितों के जीवन में सुख है ही नहीं तो दलित नाटक सुखांत कैसे हो सकते हैं। बेलछी, खैरलांजी, मिर्चपुर, गोहाना आदि दलित उत्पीड़न की जघन्यतम घटनाओं पर लिखा गया कोई भी नाटक दुखांत ही होगा, सुखांत नहीं। क्योंकि इन घटनाओं का अंत दुखद हुआ है। इसलिए सुखांत नाटक होने का सिद्धांत यहाँ पूरी तरह खारिज हो जाता है। नाटकों में संवादों के साथ भाव प्रधान श्लोक आते हैं। किंतु जिन दलितों का जीवन ही बुझा हुआ हो, जो भय और आतंक के साए में जीने को बाध्य हों, उनके साहित्य में भावों की प्रधानता कैसे हो सकती है। दूसरे,

श्लोक और सूक्तियों की परम्परा संस्कृत की है, और इन श्लोकों का उच्चारण करने की अनुमति या अधिकार दलितों को नहीं है, तो वे श्लोक कैसे बोलेंगे? इसलिए इस आधार पर भी सौंदर्यशास्त्र के सिद्धांत यहाँ फेल हो जाते हैं। नायक का ब्राह्मण अथवा राजा होना अनिवार्य है। सुखांत कथा में नायक की जीत या उसका जयकारा होता है। उदाहरण के लिए प्रथम खेला गया नाटक 'देवासुर संग्राम' था, जिसमें असुरों पर देवों की विजय को दर्शाया गया है। 'देवासुर संग्राम' के द्वारा साहित्य में समाज के विभाजन का जो सूत्रपात हुआ वह आज तक कायम है। क्योंकि साहित्य के सौंदर्य या मूल्यांकन के उन्हीं मानदण्डों को ब्राह्मणवादी साहित्यकारों आलोचकों द्वारा अपनाया जाता रहा है। दलित साहित्य समानता के मूल्यों का प्रबल पक्षधर और उनकी स्थापना के लिए प्रतिबद्ध है। यह ब्रात्मणवाद या सामंतवाद का जयकारा नहीं है।

नाट्यशास्त्र के अनुसार नाटकों में आनंद और शोक दोनों का मिश्रण होता है। विदूषक अपने हाव-भाव और मूर्खता से दर्शकों का मनोरंजन करता है। दलित जीवन में प्रायः शोक है, आनंद नहीं। आनंद यदि कहीं है भी तो उसकी मात्रा इतनी कम है कि उसे नगण्य ही कहा जाएगा। नाटकों में मौत का दृश्य नहीं दिखाए जाने का प्रावधान है। किंतु दलित आये दिन हिंसा और हत्या के शिकार होते हैं। उनकी निर्ममतापूर्ण हत्याएँ की जाती हैं। यह उनके जीवन का सत्य है और स्वाभाविक रूप से यह सत्य उनके साहित्य में अभिव्यक्ति होगा। नाटकों की विषय-वस्तु ऐतिहासिक पौराणिक कथा अथवा उन पर आधारित होनी चाहिए। दलितों का इतिहास दमन और शोषण का इतिहास रहा है। उनकी रचनाओं में जब भी अपने दमनकारी इतिहास का चित्रण किया जाएगा उसमें शोषक और उत्पीडक सवर्ण-ब्राह्मण वर्ग की क्रूरता निर्ममता और कुटिलता की ही अभिव्यक्त होगी। आनंद के प्रयोजन की पूर्ति के लिए अधिकांश नाटकों में प्रेम प्रमुख विषय होता है। जीवन में प्रेम तब फूटता है जब जीवन तनाव-दबाव, भय और अभाव से मुक्त हो। दलित निरंतर भय और आतंक के साए में जीते हैं अभाव और तनावग्रस्त रहते हैं। उनकी अधिकांश रचनाओं का विषय प्रेम कैसे हो सकता है। उनकी रचनाओं में प्रेम के स्थान पर ब्राह्मणवादी वर्ग के प्रति घृणा और आक्रोश भरा हो। प्रकृति को भी सौंदर्यशास्त्र में बहुत महत्त्व दिया गया है। वन और बगीचे के सौंदर्य में अंतर है। बगीचे में फूल के पौधों को व्यवस्थित रूप से आया जाता है, उचित खाद-पानी देकर निरंतर सींचा जाता है। जबकि जंगलों और वनों में फूल के पौधे स्वतः उगते हैं और बिना किसी देख-रेख के बड़े होते हैं। सवर्ण समाज बगीचा है और दलित समाज जंगल है। जंगल के फूल का सौंदर्य बगीचे के फूल से कम नहीं है।

इस प्रकार देखा जा सकता है कि परम्परागत साहित्य सवर्ण समाज के हित-संरक्षण का एक साधन रहा है। इस प्रयोजन से लिखे जाने वाले ब्राह्मणवादी साहित्य में मानवीय मूल्य, साधारण जन की भाषा, उनके गान, संस्कृति, परम्पराएँ,

विश्वास, सामाजिक जीवन और अंतरविरोध का अभाव है। 'साहित्य का कभी भी कोई एक लक्ष्य नहीं हो सकता। लक्ष्य या प्रयोजन हमेशा बदलते रहते हैं। जैसे-जैसे मनुष्य के सामाजिक जीवन में बदलाव आता है, उसका संघर्ष बदलता है मुद्दे बदलते हैं, जीवन-व्यवहार बदलता है तो साहित्य का लक्ष्य भी बदलता है। उसे बदलना चाहिए, अन्यथा वह मृत साहित्य की श्रेणी में मान्य होगा।' साहित्य यदि मनुष्य के लिए लिखा जाता है, उसका लक्ष्य मनुष्य है तो साहित्य का दायित्व या उद्देश्य मानव-समाज को सुंदर बनाना है। किंतु यह कहते हुए खेद होता है कि वर्णों, जातियों, उपजातियों में विभक्त भारतीय समाज यथार्थ में समाज न होकर मानव समूह है। कितने ही जोर-शोर से 'वसुधैव कुटुम्बकम' की बात कहकर भारतीय संस्कृति पर गर्व किया जाए, किंतु पूरी वसुधा की तो बात छोड़िए भारत-भूमि पर रहने वाला मानव समुदाय ही एक 'कुटुम्ब' नहीं है। कहने की अवश्यकता नहीं है कि दलित साहित्य मनुष्य को बेहतर मनुष्य बनाने हेतु प्रयत्नशील ताकि समाज का निर्माण हो सके। 'एक बेहतर मानवीय समाज का साहित्य ही नए और गतिमान सौंदर्य मूल्यों का निर्माण कर सकता है।

सौंदर्य के दो पक्ष हैं स्वीकार और नकार। किसी वस्तु को वह जैसी है उसी रूप में स्वीकरना और उस वस्तु उसी रूप में स्वीकार न करना या नकारना, दोनों में अंतर है। यही अंतर दोनों की सौंदर्य दृष्टियों में है। स्वीकार यथास्थिति का समर्थन करना है जबकि नकार परिवर्तन और नव-निर्माण के लिए अवसर पैदा करता है। अमेरिका में नीग्रो लोग जिस रंग भेद के शिकार रहे तथा शोषित, उत्पीड़ित और गुलाम रहे। अपने उसी काले रंग पर उन्होंने गर्व करना सीखा। 'Black is beauty' कहते ही वे न केवल काले रंग के हीनताबोध से मुक्त हो जाते हैं अपितु उनके अंदर यह आत्म-विश्वास पैदा हो जाता है कि हम किसी से कम सुंदर नहीं हैं। यदि गोरों को अपना रंग अच्छा या सुंदर लगता है तो लगा करे, हमें अपना रंग सुन्दर लगता है। इसी आत्मविश्वास और आत्म-बोध की चेतना के बल पर उन्होंने गोरों के सौंदर्यशास्त्र को नकार कर नए सौंदर्य-बोध का निर्माण किया। दलित साहित्यकारों द्वारा ब्राह्मणवादी सौंदर्यशास्त्र के मानदण्ड और मूल्यों को नकार कर नए सौंदर्य-बोध की आधारशिला रखे जाने के पीछे ब्लैक लिटरेचर' की इस सौंदर्य चेतना का कहीं न कहीं प्रभाव है।

सौंदर्य के संबंध में मुद्राराक्षस जब यह कहते हैं कि 'कभी-कभी यह तो कहा गया है कि रचनाकार को सौंदर्य का मानदण्ड बदलना चाहिए पर यह स्वीकार करने में हमेशा संकोच बरता गया कि सौंदर्य एक गैर-जरूरी चीज है।' तो उनका संकेत भी इसी ओर होता है कि सौंदर्य आवश्यकता नहीं है। और आवश्यक इसलिए नहीं है क्योंकि आवश्यक वस्तुओं की तुलना में सौंदर्य की उपयोगिता नहीं या नगण्य है। इसके लिए मुद्राराक्षस जी ने फूल का उदाहरण दिया है। 'फूल बहुत सुंदर होता है पर वह खाने के काम नहीं आता, सजावट के काम आता है। थोड़ी-बहुत हैसियत

बनाने बढाने के अलावा उसका व्यावहारिक पक्ष कुछ नहीं होता।' इस दृष्टि से सौंदर्य एक लक्जरी आइटम है, जो लक्जरी क्लास के लिए है, जन-सामान्य के लिए नहीं है। यदि साहित्य केवल लक्जरी क्लास के लिए है तो यह क्लास अपने साहित्य के लिए, अपनी पसंद और रुचि के अनुसार, सौंदर्य का कैसा ही भी मानदण्ड तय कर सकता है। यह उसका विशेषाधिकार है। इसमें किसी को क्या आपत्ति हो सकती है। किंतु, यदि साहित्य का संबंध सम्पूर्ण समाज से है तो साहित्य के सौंदर्य के मानदण्ड जन-सामान्य की आवश्यकता और उपयोगिता के आधार पर ही तय किए जा सकते हैं। क्योंकि जन-सामान्य की रुचि या पसंद उसकी आवश्यकता पर ही टिकी होती है। वस्तुतः सौंदर्य एक मूल्य है। मूल्य वह है जो उपयोगी है। अनुपयोगी वस्तु या विचार का कोई मूल्य नहीं है इसलिए उसे सौंदर्ययुक्त नहीं माना जा सकता। काव्याचार्यों/सौंदर्यशास्त्रियों द्वारा काव्य के नौ रसों का उल्लेख किया गया है और किसी भी कविता में इन्हीं रसों को देखते, ढूंढते हुए वे कविता का मूल्यांकन और आलोचना करते रहे हैं। जहाँ तक रस का संबंध है, सुख, सम्मान और समृद्धिशाली समाज के जीवन में रस की धारा बहती है। रसपान का व्यसनी वर्ग प्रत्येक वस्तु और प्रत्येक काम में रस ढूंढता रहा है, इसलिए स्वाभाविक रूप से उसका साहित्य भी रसयुक्त होगा। परम्परागत साहित्य का सौंदर्यबोध भोगवादी है, इसलिए साहित्य में रस पर अत्यधिक जोर देने वाले आचार्यों में रस वासना काम करती है। किंतु जिस दलित समाज का जीवन पूरी तरह लुंज-पुंज, शुष्क और रसहीन है, उसके द्वारा रचित साहित्य में रस कैसे हो सकता है। इसलिए दलित साहित्य का मूल्यांकन इन रसों के आधार पर नहीं किया जा सकता है। दलित साहित्य में व्यक्त आक्रोश और क्रांति जैसे महत्वपूर्ण भावों की प्रधानता को देखते हुए आचार्य जावड़ेकर द्वारा क्रांति को दसवां और यदुनाथ थत्ते द्वारा 'आक्रोश' को ग्यारहवां रस घोषित किया गया है।

दलित साहित्य के सौंदर्यशास्त्र के संबंध में डॉ. नागेश्वर लाल का कहना है कि 'इनके लेखन के लिए सौंदर्यशास्त्र के बदले संघर्षशास्त्र की जरूरत है, क्योंकि ये पहले विध्वंस करना चाहते हैं जिससे ऐसा सृजन किया जा सके जो सच में साझेदारी का हो, जिससे किसी को अमानुष मानकर बाहर न किया जाए। इस स्थिति में यह प्रतीति अटपटी नहीं कि संस्कृति और साहित्य के दायरे में वर्तमान दलित साहित्य एक मानी में नये देवासुर-संग्राम की उद्घोषणा है।' बेशक डॉ. नागेश्वर लाल ने यह व्यंग्यार्थ में कहा हो, किंतु उनके कथन में यह स्वीकारोक्ति है कि दलित साहित्य ने अमानवीय शोषण के विरुद्ध संघर्ष का जो स्वर बुलंद किया है उसकी अनुगूँज दूर-दूर सुनी जा रही है। इसने संघर्ष की एक नयी जमीन तैयार की है तथा एक नए सौंदर्यबोध का निर्माण किया है, जिसका आधार श्रम, शोषण, संघर्ष, स्वप्न और जिजीविषा है। और इस सौंदर्यबोध को समझा जा रहा है। इस सौंदर्यबोध के अपने प्रतिमान है। भूख, श्रम, संघर्ष, परिवर्तन, पक्षधरता या लोकजीवन की गाथाओं के

नए बिंब, प्रतीक उपमाएँ होती हैं, जो सुख, ऐश्वर्य, भोग-विलास और यथास्थिति या वैदिक-पौराणिक गाथाओं आदि में चित्रित बिंब, प्रतीक और उपमाओं से भिन्न है। दलित साहित्य में प्रयुक्त नए बिम्ब और प्रतीक नूतन हैं क्योंकि ये आज के समाज और बदलते सामजिक और मानवीय मूल्यों के अनुरूप हैं। ओमप्रकाश वाल्मीकि ने अपनी पुस्तक 'दलित साहित्य का सौंदर्यशास्त्र' में दलित जीवन-मूल्यों का उल्लेख इस प्रकार किया है: 'दलित विद्वानों द्वारा इन जीवन मूल्यों को दलित साहित्य में सूक्ष्मता के साथ पिरोया गया है। ये जीवन मूल्य हैं--

1. समता, स्वतंत्रता, बंधुता, न्याय के जीवन-अनुभव, अनुभवजन्य आशय, तथा उस आशय की अर्थपूर्ण अभिव्यक्ति।

2. संस्कृति और धर्म के नाम पर वास्तविकता को छिपाकर रखे गये ढोंग को नकारना।

3. कल्पनाजन्य प्रतिमानों का निषेध। जैसे 'अमृत' मधुर पेय की कल्पना लेकिन उसका आस्वाद किसी ने नहीं जाना।

4. नित्य परिवर्तनीयता के आधार पर जीवन-मूल्यों का मूल्यांकन।

बंधन-मुक्त अभिव्यक्ति और अनुभवों का सच्चापन, जैसा देखा, भोगा उसका वैसा चित्रण। शब्द केवल माध्यम है। शाब्दिक निर्णय में असमर्थ।

दलित साहित्य 'आशय' को महत्व देता है। अभिव्यक्ति और शिल्प दूसरे स्थान पर आता है। जीवन अनुभवों की प्रामाणिकता 'आशय' को अर्थ गम्भीर बनाती है।'

कहने की आवश्यकता नहीं है कि परम्परागत साहित्य का बल जहाँ कला पर और कला-सौंदर्य के द्वारा साहित्य को सुंदर बनाने पर है, वहीं दलित साहित्य का उद्देश्य मानववादी मूल्यों की स्थापना के द्वारा मानव को सुंदर बनाना है। समानता, स्वतंत्रता, न्याय, नैतिकता और भ्रातृत्व अथवा सद्भाव मानववाद के आधार हैं, और ये ही दलित साहित्य के सौंदर्यबोध के भी आधार हैं।

संदर्भ

1. डॉ. रामकीर्ति शुक्ल, सौंदर्य का तात्पर्य, पृष्ठ-5
2. डॉ. सी.बी. भारती, दलित चेतना साहित्य, सम्पादक-रमणिका गुप्ता, पृष्ठ-53
3. महावीर संचयन, महावीरप्रसाद दिवेदी के निबंध, पृष्ठ-150
4. परमानंद श्रीवास्तव, प्रतिमानों के पार, पृष्ठ-26
5. हिंदी के प्रहरी-- डॉ. रामविलास शर्मा, सम्पादक : विश्वनाथ त्रिपाठी/अरूण प्रकाश, पृष्ठ -417
6. डॉ. रामकीर्ति शुक्ल, सौंदर्य का तात्पर्य, पृष्ठ-6
7. मलखान सिंह, सुनो ब्राह्मण, पृष्ठ-11
8. मलखान सिंह, सुनो ब्राह्मण, पृष्ठ-34

9. प्रेमचंद, साहित्य का उद्देश्य, पृष्ठ-28
10. डॉ. सी.बी. भारती, दलित चेतना साहित्य, सम्पादक-रमणिका गुप्ता, पृष्ठ-54
11. भारतीय काव्यशास्त्र परम्परा (काव्य का रचनाशास्त्र-2), आचार्य संजीव वर्मा 'सलिल'
12. सूरज बड़त्या, सत्ता संस्कृति और दलित सौंदर्यशास्त्र, पृष्ठ-126
13. वही, पृष्ठ-127
14. लेख-सौंदर्य को खारिज करते हुए, साक्षात्कार, मई, 2001, पृष्ठ-48
15. वही, पृष्ठ-48
16. संपादक-डॉ. पुरुषोत्तम सत्यप्रेमी, दलित साहित्य सृजन के संदर्भ, पृष्ठ-28
17. ओमप्रकाश वाल्मीकि, दलित साहित्य का सौंदर्यशास्त्र, पृष्ठ-50

भारत के दलित लेखन का मौजूदा परिदृश्य

–डॉ. बजरंग बिहारी तिवारी

जैसे-जैसे दलित साहित्य लेखन और आंदोलन का विकास हो रहा है, वैसे-वैसे उसकी जटिलताएँ, मुश्किलें और अंतर्विरोध उभर कर सामने आ रहे हैं। दलित रचनाकारों की जो युवा पीढ़ी इन दिनों सक्रिय है वह एक साथ तीन स्तरों पर बहस कर रही है। पहले स्तर पर जातिवादी-वर्चस्ववादी हैं। इनसे इनकी बहस की पुरानी भाषा, परंपरागत तर्क और अति परिचित तेवर नाकाफी लग रहे हैं। इसलिए नयी भाषा, नये तर्क और नये तेवर इस्तेमाल किये जा रहे हैं। जातिवादियों की घेरेबंदी तितरफा है। एक तरफ वे दलित बस्तियों, व्यक्तियों और स्त्रियों पर सीधे हमले कर रहे हैं, दूसरी तरफ 'प्रतिभा' की मनमाफिक अलंघ्य दीवार खड़ी कर दलितों को पुरानी स्थिति में स्थिर कर देना चाह रहे हैं और तीसरी तरफ, साहित्य और कला की दुनिया में 'सौंदर्य' का तर्क देकर दलित लेखन को ही नकार रहे हैं। लेकिन, परिवर्तन का पहिया गतिमान है। दलित चुप नहीं हैं। वे प्रतिरोध, प्रत्याक्रमण और प्रत्याख्यान कर रहे हैं। उनका प्रतिरोध नवनिर्माण के लिए, प्रत्याक्रमण मजबूरी में और प्रत्याख्यान अपने दोनों अर्थों अस्वीकार और उपेक्षा के साथ है।

दूसरे स्तर पर उनकी बहस उन लेखकों, चिंतकों, कार्यकर्ताओं से हो रही है जो अपने को क्रांतिकारी विचारधारा से जोड़ते हैं। उनका सीधा सा सवाल है आपकी प्राथमिकता में जाति का प्रश्न कहाँ है। सबका एक ही निष्कर्ष रहा वर्ग के चश्मे से वर्ण को ठीक-ठीक नहीं देखा जा सकता। जाति बनाये रखकर आप साम्यवादी समाज की दिशा में नहीं बढ़ सकते। जाति आधारित उत्पीड़न बना रहे और क्रांतिकारिता भी चलती रहे यह संभव नहीं। मार्क्स और आंबेडकर को मिलाकर मुक्ति की एक साझी जमीन तैयार की जा सकती है। मगर, मार्क्सवादी इसके लिए तैयार होंगे? फिर, अंबेडकरवादी ही यह जिम्मा क्यों लें?

तीसरे स्तर पर यह बहस स्वयं अपने से पूर्ववर्ती पीढ़ी के दलित लेखकों से है। पहली पीढ़ी के दलित लेखकों ने जो रणनीतियाँ बनायीं, जो व्याख्याएँ तैयार की, जिन रचना-प्रविधियों को आविष्कृत किया, उन पर पुनर्विचार का वक्त आ गया

है। उपलब्धियों पर गर्व होना चाहिए लेकिन कमियों, हकों को बहस के बीच लाना जरूरी है। नयी राह इसी से खुलेगी। जब वर्चस्ववादियों के हमलों का स्वरूप बदल गया हो तो पुरानी रणनीति काम नहीं करेगी। नयी पीढ़ी का दलित रचनाकार इसे बहुत शिद्दत से महसूस कर रहा है।

दलित लेखकों की पूर्ववर्ती पीढ़ी में आक्रोश और आक्रामकता भरपूर है। यह उस अवसर विशेष की माँग थी। इसके अभाव में न तो उनकी बात सुनी जाती और न ही दलित लेखन को कोई पहचान मिलती। लेकिन, नयी पीढ़ी के दलित लेखकों ने उनमें जो कमी रेखांकित की वह थी लोक राग की। दलित समुदाय के दमन और दुर्दशा का चित्रण जरूरी है लेकिन उसकी जीवनी-शक्ति पर चुप्पी क्यों? उसके दुखों और चीत्कारों को शब्द दिये गये परंतु उल्लास और आनंद के क्षणों की उपेक्षा क्यों की गयी? कन्नड के युवा दलित लेखक मोगल्ली गणेश कहते हैं कि इस उपेक्षा ने दलित लेखन को एक लंबा शिकायती पत्र बना दिया (कथादेश, अप्रैल, 2006 पृ. 60)। दलितों का अपना सांस्कृतिक जीवन, नृत्य, गीत, किस्से, चित्रकला, मूर्ति शिल्प, वाद्यकला पर्याप्त समृद्ध और सवर्ण लोक से कुछ लिये बिना ही बहुत-कुछ स्वायत्त है। इस सांस्कृतिक जीवन से गहरी रागात्मकता ही दलित सौंदर्य बोध के निर्माण का आधार होगी। मराठी के वरिष्ठ दलित लेखक गंगाधर पानतावणे का कहना है : 'जब हमने साहित्य-रचना शुरू की तब हमारा जोर निषेध पर था। जब एक समाज पुराने बंधनों को तोड़कर नये दौर में पदार्पण करता है तो शुरू में उसकी आवाज बहुत तेज हुआ करती है। दबा हुआ पानी बहुत जोर से निकलता है। इसलिए यह स्वाभाविक ही था कि हिंदू समाज के प्रति जोरदार विद्रोह हो। उसे नकारा जाये। हमारा प्रोटेस्ट 'इन ह्यूमैनिटी' के खिलाफ था, अछूतपन के खिलाफ था। हमने पुराने मूल्यों को नकारा। दूसरे दौर में हम इस प्रश्न की ओर मुड़े कि ऐसा हुआ कैसे? हम इस गुलामी में क्यों रहे? आज (तीसरे दौर में) यह साहित्य प्रशांत जल की तरह चिंतन की मुद्रा में है।' (कथादेश, जुलाई 2003, पृ. 63) पानतावणे जी का यह विश्लेषण समझने के लिए हम दलित आत्मकथनों का उदाहरण ले सकते हैं। प्र.ई. सोन कांबले का आत्मकथन आठवणींचे पक्षी (यादों के पंछी, मूल मराठी, 1979) या शरणकुमार लिंबाले का अक्करमाशी (1984) झकझोर देने वाली गुस्सैल अभिव्यक्ति है। जबकि नये दौर में लिखी गयी आयदान (उर्मिला पवार, 2003) सर्जनात्मक सौंदर्यबोध और लोक राग की ऊष्मा लिये हुए है। हिंदी में मोहनदास नैमिशराय की अपने-अपने पिंजरे (1995) से तुलसीराम की आत्मकथा मुर्दहिया का अंतर साफ तौर से देखा जा सकता है। मुर्दहिया अभी 'तद्भव' पत्रिका में धारावाहिक रूप से छप रही है। उसके चार अंश आ चुके हैं। अपने-अपने पिंजरे में जहाँ आक्रोश समन्वित विवरण है वही मुर्दहिया में गहन लोक-संपृक्ति। आक्रोश यहाँ चिंतन में घुलमिल गया है और लोक का अंतरतम आत्मगत रूप में लेखक के

भरोसे की रोशनी से जगमगा उठा है। इस आत्मकथन को पढ़ते हुए लग रहा है कि प्रस्तुत विधा में अभी बहुत संभावनाएँ हैं। जरूरत उस लेखकीय अंतर्दृष्टि की है जो इन संभावनाओं को टटोल सके। तेलुगु दलित कवि शिवसागर ने दलित कविता के 'मोनोटनस', बनने की आशंका जतायी थी (तेलुगु साहित्य में दलित दस्तक, नवलेखन प्रकाशन, हजारीबाग, प्रसं 2001, पृ. 194)। इस मोनोटनी को दो तरह से तोड़ा जा सकता है नये प्रश्नों, सरोकारों को शामिल करके तथा दलित समुदाय का सम्यक अवगाहन व चित्रण करके। दलित रचनाकारों ने दोनों स्तरों पर काम किया है। नये सवालों, नयी चिंताओं को साहित्य में प्रवेश मिला है और दूसरी ओर, दलित समाज का संपूर्ण चित्र भी उभरने लगा है। तुलसी राम का लेखन इसी का उदाहरण है। लेकिन 'संपूर्ण चित्र' पर बल देने में एक साजिश भी देखी जा सकती है। जिस लोकराग या गहन संपृक्ति की बात की गयी उसी से यह चित्र अपूर्ण बनता है। वैचारिक तल्खी को अपने भीतर समोती, उसे मुखर होने से रोकती लोकरंग में डूबी भाषा अपनी सर्वजनात्मकता में पाठकों की संख्या में विस्तार करती, उन्हें आविष्ट करती, बांधती है लेकिन टीसती-चिलकती निर्भ्रांत लक्ष्योन्मुखता में बाधा भी पैदा करती है। अभी-अभी प्रकाशित ओमप्रकाश वाल्मीकि के काव्य संग्रह, अब और नहीं... (राधाकृष्ण प्रकाशन, 2009) की एक कविता 'अच्छा ही हुआ' की कुछ पंक्तियाँ हैं :

मरते-मरते मेरा बाप
थमा गया
मेरे हाथ में कलम
झाडू की जगह
कालग्रस्त अंधेरों की सिसकियाँ
और मुक्ति का घोषणा-पत्र
लिखने के लिए।

यह दलित कवि का दायित्व-बोध है, जो उसे कालग्रस्त अंधेरों की सिसकियों के अतिरिक्त कुछ दूसरा सुनने-सुनाने से बरजता है। इन 'सिसकियों' पर लिखना उनके लिए बेहद असुविधाजनक है जो दलित-समाज से नहीं आयी हैं। वे अनजाने या जान बूझकर उन चीजों को उछालने या प्रशंसा करने में लग जाते हैं जो उन्हें सहूलियत जैसी लगती हैं। पंजाबी दलित लेखक बलबीर माधोपुरी की आत्मकथा 'छांग्या रूक्ख' की भूमिका में (गैर दलित) वरिष्ठ पंजाबी लेखक सतिन्दर सिंह नूर ने यही किया है। अपनी पूरी प्रस्तावना में वे आत्मकथा की रचनात्मक भाषा, लय, बिंब काव्यत्व की तारीफ करते रहे लेकिन सिख समाज के अंदरूनी घोर जातिवाद पर एक शब्द भी नहीं कहा। (विगत, 24 मई 2009)। विएना में रविदास पंथ के (डेरा सचखंड) संत निरंजनदास पर जानलेवा हमले और संत रामानंद की हत्या के बाद दलित सिखों ने जो उग्र प्रदर्शन किये उससे यह सचाई सबके सामने आ चुकी

है। सम्मोहनकारी कथात्मकता, जादुई काव्यात्मकता में छिपी इसी आशंका को भांप कर कि आलोचक रचना के शिल्प, भाषिक गठन, लोकरंग को ले उड़ेंगे, ओमप्रकाश वाल्मीकि अपनी एक अन्य कविता में कहते हैं : 'बहुत कोशिशों के बाद भी नहीं सुना सका मैं। गाँव देहात के किस्से। कथावाचक की तरह। हालांकि अभी भी जिंदा है। मेरा देहातीपन। खुदा हुआ है। रेशे-रेशे पर। गाँव-देहात का आड़ा-तिरछा। ऊबड़-खाबड़ नक्शा। मटमैली लकीरों में।... करता हूँ कोशिश। भूल जाने की। जंग खाये दिनों की। बीभत्स यादों की। जो शूल सी गड़ी है। सीने में। पसीना और लहू। दाहकता भूलकर। हो गये हैं रंगहीन।' (पूर्वोक्त पृ. 71-72)

दलित साहित्य में इधर जिन नये विषयों पर फोकस किया गया है उनमें दो प्रमुख हैं पहला दलित स्त्री का सवाल' दूसरा भूमंडलीकरण का मुद्दा। दलित स्त्री के सवाल को प्रमुखता मिलने की शुरुआत तब हुई जब स्वयं दलित स्त्रियों ने लिखना आरंभ किया, एक्टिविस्ट के रूप में सक्रिय हुईं। दलित स्त्रियों पर अंदर-बाहर सब तरफ से हमले हुए। सारी कायनात उनके खिलाफ खड़ी हो गयी। गैर दलितों ने तो उनकी भरसक उपेक्षा की। दलित लेखकों के लिए वे तब तक रास्ते पर थी जब तक जाति के विरुद्ध बोल रही थी, लेकिन पितृसत्ता पर उंगली रखते ही आलोचना के केंद्र में आ गयी। आरोप लगाया गया कि इस प्रवृत्ति से व्यापक दलित एकता टूटेगी, 'मूल लक्ष्य' से ध्यान हटेगा। दलित स्त्रियों ने इस आलोचना की ज्यादा परवाह नहीं की और पितृसत्ता को उन्होंने बहस का विषय बना दिया। उन्हें एक स्वतंत्र कैटेगरी के रूप में भी मान्यता मिलनी शुरू हुई। प्रमुख दलित लेखिकाओं में मराठी की बेबी कांबले, कुमुद पावडे, ज्योति लांजेवार, प्रजा लोखंडे तथा सुलभा पटोले; तेलुगु की चल्लापल्ली स्वरूपारानी, दारिशे शशि निर्मला, जाजुला गौरी, विनोदिनी, विजयश्रीय तमिल की बामा, पी. शिवकामी, सुगिर्त रानी; गुजराती की ऊषा मकवाणा, प्रियंका कल्पित, दक्षा दामोदराय बांग्ला की मंजूबाला, कल्याणी ठाकुर, सुषमा मैत्रा सरकार, सुजाता विस्वासय उड़िया की अंजूबला जेना, स्मृतिप्रभा जेना; हिंदी की सुशीला टाकभौरे, कुसुम मेघवाल, विमल थोरात, रजनी तिलक, रजतरानी मीनू, अनिता भारती आदि ने पितृसत्तात्मक जातिवादी समाज का अछूता सच उजागर किया है। रजनी तिलक अपनी एक कविता में कहती हैं : 'सखी, चुप रहने की कहानी है। हमारे परिवार। चुप रही, झुकती रही। त्याग करो और घुट-घुट कर मरती रही। ... उत्पीड़न के बल पर टिका है घर-बार। चुप्पी टूटी तो बिखरा हमारा संसार" (अन्यथा, जून, 2008, पृ. 176)। नवोदित रचनाकार पूनम तुसामड अपनी एक कविता में उस परिवेश को प्रस्तुत करती हैं जिसमें एक स्त्री दलित स्त्री रहने को बाध्य है : 'मेरे सोने से पहले। और जागने पर यकायक। क्यूं कस जाता है शिकंजा चारों ओर। शायद। कोई चक्रव्यूह-सा। जिसे चाहकर भी मैं। तोड नहीं पाती हूँ। न जाने कौन-सा डर। समा जाता है मन में। वह डर भी मेरा नहीं है। वह भी मिला है विरासत में...'

(बयान, जनवरी 2009, पृ. 27)। परिवर्तन का संकेत देते हुए सुशीला टाकभौरे खुले आसमान वाली छत की नहीं, पूरे आसमान की माँग कर रही हैं (हमारे हिस्से का सूरज, शरद प्रकाशन, नागपूर, 2005)। अब जबकि दलित स्त्री के स्वर को सुनने और विश्लेषण करने का समय है उसे अनसुना करने, विकृत करने तथा हतोत्साहित करने का षड्यंत्र चल रहा है। और इस अभियान में दोनों पक्षों के लोग शामिल हैं। हम उदाहरण के तौर पर मूर्धन्य आलोचक नामवर सिंह का कथन देख सकते हैं– 'स्त्री लेखन में अपेक्षाकृत बेहतर स्थिति है पर उसमें भी दलित स्त्रियों द्वारा लिखा हुआ ऐसा कुछ महत्वपूर्ण नहीं है। मैं समझता हूँ कि यह सतही चीज है' (तदभव, अंक 18, पृ. 121)। ऐसे बयान, अगर कोई उन्हें गंभीरता से ले, मनोबल तोड़ने वाले होते हैं। यह सही है कि दलित स्त्रियों का लेखन सुरुचि-संपन्नों के मुताबिक नहीं हो रहा। हो भी नहीं सकता। इस लेखन की चिंता ही बद्ध संस्कारों को तोड़ने की है। सुशीला टाकभौरे की एक कविता सनातन कथा-परंपरा को कुछ यों देखती है : 'सुनो विक्रम। कब से लादे हो। तुम। कंधों पर। कथाओं का बेताल। आदर्श, प्रेम, राजा, न्याय के अतिरिक्त बहुत किस्से हैं। ज़रा अपनी नजर से भी देखो। निर्णय देने से अधिक कठिन है। कथा को दिशा देना। अब तुम सुनाओ कथा बेताल को। सवार होकर कंधों पर। और पूछो सवाल। अधिकतम कितना मूल्य है। किसी निरीह महिला को। सरेआम नंगा करने का?। दलित इंसानों को। बेबसी की अंतिम सीमा तक। पहुँचा देने का?' (पूर्वोक्त, पृ. 79)

भूमंडलीकरण के सवाल को दलित लेखन में एक समय तक ज्यादा महत्व नहीं दिया गया। इस समाज की अंदरूनी समस्याएँ ही इतनी विकराल और असामधेय सी हैं कि अलग ध्यान न जाना स्वाभाविक लगता है। लेकिन, कालांतर में समस्याओं की परस्पर सम्बद्धता समझी जाने लगी है। गुजराती दलित चिंतक और रचनाकार हरीश मंगलम ने लिखा, 'वर्ण-व्यवस्था खत्म करना महत्वपूर्ण अवश्य है, किंतु वही एकमात्र प्रश्न नहीं है। आज राष्ट्रीय-अंतरराष्ट्रीय स्तर पर जो नये डरावने सवाल हमारे समक्ष खड़े हो रहे है, उन्हें भी दृष्टि में रखना पड़ेगा।' (प्रतिध्वनि, नवभारत प्रकाशन, दिल्ली? 2008, पृ. 29) भूमंडलीकरण यही डरावना सवाल है। बहुराष्ट्रीय कंपनियाँ जिस तरह अपने पांव पसार रही हैं, राष्ट्र को अपनी गिरफ्त में ले रही हैं उसमें सबसे अधिक घाटा दलितों को ही होने वाला है। इस देश के वर्चस्ववादियों की आर्थिक एकाधिकारवादियों से बनती-संवरती 5, औठ-गांठ क्रमशः समझ में आने लगी है। भूमंडलीकरण को मीडिया के रथ पर बैठाकर बहुराष्ट्रीय कंपनियों का दिग्विजय अभियान किसकी गरदन से होता हुआ गुजरेगा, अब यह रहस्य का विषय नहीं है। नवोदित गुजराती दलित कवि सत्यम बरोट बताते हैं :

वैश्वीकरण यानी
अमेरिका में बैठे-बैठे

प्रमुख वहाँ से फूँक मारता है
और भारत के
आखिरी गाँव के
आखिरी कोने में
जलता
अंतिम चूल्हा
बुझ जाता है।

(दलित कविता का विद्रोही स्वर, सं. विमल थोरात)

दलित लेखन का नया दौर पविर्तनकामियों को आश्वस्त करते हुए बेहतर भविष्य के लिए चल रहे संघर्ष में साझेदारी का आह्वान करता है।

दलित साहित्य की अवधारणा

–डॉ. एन. मोहनन

दलित साहित्य सचमुच दलित विद्रोह का साहित्य है। दलित साहित्य की चर्चा के पहले दलित साहित्य के दर्शन पर चर्चा करना वांछनीय है। सबसे पहला प्रश्न यह है कि कौन है दलित? दलित सामान्यतः समाज की निम्न श्रेणी के लोगों की ओर इशारा है। भारत वर्ण-व्यवस्था का देश है। यहाँ का मानना है कि ईश्वर ने मनुष्य को चार श्रेणियों में विभाजित करके प्रस्तुत किया है। पर वैदिक काल में यह वर्ण-व्यवस्था नहीं थी। वहाँ सबके सब समान थे। कोई किसी भी प्रकार का कार्य करने के लिए स्वतन्त्र था। वहाँ जाति के नाम पर भेदभाव नहीं था।' बाद में जाति व्यवस्था स्थापित हो गयी। यह पूर्णतः मनुष्य निर्मित है। इसमें ईश्वर की या किसी अतीन्द्रीय शक्ति की भूमिका नहीं है। इसलिए हम निसन्देह कह सकते हैं कि यह जाति-भेद एक सामाजिक विकृति है। यह मानवीयता के स्थापन में बाधक तत्व है। जाति-भेद की भीषणता को भोगनेवाले सचमुच समाज की निम्न जाति के लोग ही हैं याने कि दलित वर्ग। दलित युग-युगों से उत्पीड़ित, उपेक्षित एवं शोषित वर्ग है। उन्हें शिक्षा के अधिकार से, धन-धरती के अधिकारों से युग-युगों से वंचित रखा है सवर्ण वर्गों ने। इस सामाजिक अन्याय के खिलाफ बहुत सारे विरोध प्रकट किये गये हैं प्राचीन तथा आधुनिक युग में। आधुनिक सन्दर्भ में शिक्षित आवर्णों ने संगठित होकर इस अन्याय एवं अत्याचार के खिलाफ आवाज उठाई इसका परिणाम है समकालीन दलित साहित्य। यह साहित्य सचमुच दलितों की आत्मपहचान का साहित्य है। इसके मूल में विद्रोह की भावना है। विद्रोह किसी प्रवृत्ति के खिलाफ नहीं बल्कि वर्तमान व्यवस्था के प्रति है जो उन्हें मानवोचित जीवन बिताने के अधिकार से या अवसर से वंचित रखती है। इसलिए हम निस्सन्देह कह सकते हैं कि दलित उस वर्ग को सूचित करता है जिसे सामाजिक एवं ऐतिहासिक कारणों से अस्पृश्यता

और शोषण की अमानवीय व्यवस्था को झेलना पड़ा है और अस्पृश्यता के नाम पर सामाजिक, आर्थिक एवं शैक्षणिक संस्थाओं से दूर रखा गया है। भारतीय संविधान ने उन्हें सामाजिक एवं ऐतिहासिक कारणों से दबाया गया वर्ग मानकर आरक्षण का प्रावधान प्रदान किया है। दलित वह है जो सदियों के उत्पीड़न, शोषण आदि को सहने वाला है और समाज के हर क्षेत्र में उपेक्षित, उत्पीड़ित, दमित, सताया हुआ और रौंदा हुआ है। उनकी मुक्ति को लक्ष्य करके उनके जीवन यथार्थ की तपिश को संवेदित करने का साहित्य है दलित साहित्य। दलित साहित्य की चर्चा के पहले दलितों की स्थिति तथा दलित मुक्ति के पीछे सक्रिय तथ्यों पर विचार करना अनिवार्य है।

दलितों की स्थिति

भारतीय दलितों की स्थिति भारत के तथाकथित इतिहास से प्राप्त नहीं है क्योंकि उसमें आम आदमी लगभग उपेक्षित है। उसमें राजा-महाराजाओं, रईसों एवं जमींदारों की वीरता एवं शृंगारिकता का बखान हुआ है। उन ग्रन्थों में दलितों का अगर कहीं कोई जिक्र है तो वह अछूत एवं गुलाम के रूप में। पुराणों में तो एक ऐसे अयाचित वर्ग के रूप में जो इस पवित्र देश को अपवित्र करने के लिए सृजित किया गया हो। इस प्रकार दलित समाज के सवर्णों एवं प्रशासकों की दृष्टि से आँख की किरकिरी ही रहा है। दलित भी मनुष्य हैं, उनकी भी सामाजिक, आर्थिक, राजनीतिक एवं सांस्कृतिक उन्नति आवश्यक है, इस यथार्थ को मानने के लिए यहाँ के सवर्ण वर्ग तथा उनके लेखक-इतिहासकार तैयार नहीं थे। इसलिए भारत का इतिहास एक वर्ग का याने कि वरेण्य वर्ग का अभिलेख मात्र रह गया। कंवल भारती ने इस अमानवीय वृत्ति की ओर इशारा किया है, "भारत के इतिहास को पढ़ते वक्त यही चित्र आपके सामने उभरता है कि भारत में एक संस्कृति रही है। राजे-महाराजे राजनीतिक तथा वंशगत बैर के आधार पर आपस में लड़ते रहे हैं। इस इतिहास में सिर्फ शासक जातियों के उत्थान-पतन, उनके धर्मसंस्कार और उनके जीवन के सिवा अन्य जातियों, वर्गों और समुदायों के जीवन दिखाई नहीं देते। इसलिए भारत के इतिहास में न तो दलित उपस्थित है और न उसका संघर्ष नजर आता है।"

दलितों की सामाजिक स्थिति अत्यन्त दयनीय थी। प्राचीन भारत में उन्हें हाशिये पर छोड़ दिया गया था। वे मनुष्य के रूप में जीने के सभी अधिकारों से वंचित थे। हिन्दू धर्म-व्यवस्था में इन्हें कोई स्थान नहीं दिया गया। चातुर्वर्ण्य व्यवस्था में दलित सबसे नीचे रहे। वे अछूत हैं, अस्पृश्य हैं, नीच हैं, चंडाल हैं। उच्चवर्ग

इन्हें अपने गुलाम के रूप में मानते थे। सभी प्रकार के अत्याचारों, अनीतियों एवं शोषणों को सहते हुए जीने के लिए अभिशप्त थे दलित। वैदिककाल में जातिव्यवस्था नहीं थी। वर्गव्यवस्था थी। काम के आधार पर वर्ग निश्चित हो जाता था। पर काम के बदलने के आधार पर यह परिवर्तनशील भी था। वहाँ जातिभेद नहीं था। अन्तर्वर्गीय विवाह भी होता था। याने कि वर्गों में भेदभाव नहीं था। आनेजाने का हमेशा हुआ था। पर बाद में ये वर्ण में बदल गये और वे अपने में बन्द भी हो गये। वहीं से वर्ण-व्यवस्था का उदय हुआ। वर्ण-व्यवस्था में वर्ग वर्ण में बदल गया। सबसे पहले उच्चवर्ग ने ही अपने को अलग और सारा सत्ताबद्ध कर लिया। इसी के तहत अन्य वर्गों ने भी अपने को वर्ण बना लिया और धीरे-धीरे वे सब अलग-अलग जाति बन गये। परिणामतः निम्न वर्ण के लोग जिन्हें शूद्र कहा जाता है उनका धर्म उच्च वर्ग की सेवा ही निर्धारित किया गया। सचमुच ये ही सभी प्रकार के शारीरिक और श्रमसाध्य कर्म करते थे। अन्न उगाना, धर बनाना जैसे सभी प्रकार के कठिन एवं परिश्रमी काम करनेवाले ये ही थे। पर इन्हें मानवोचित हैसियत देने, सम्मान देने या समान मानने के लिए सवर्ण वर्ग तैयार नहीं थे। इसके बदले वे इनका हर प्रकार से शोषण ही करते रहे। मात्र शोषण नहीं इन्हें उत्पीड़ित एवं अपमानित भी करते थे। जब जातिव्यवस्था कठिन होने लगी तो छोटी-छोटी असंख्य जातियों का उद्‌भव एवं विकास होने लगा। काम के आधार पर जाति निश्चित होने लगी। सामाजिक जीवन के लिए आवश्यक काम करनेवाले सबको निम्न जाति में रखा गया। इन्हें अल्पज भी कहा गया। उनके साथ घोर अन्याय भी किया गया। अस्पृश्य बनाकर समाज के एक कोने में रख दिया गया। वेद-पुराण, उपनिषद, इतिहास आदि से दूर रखा गया। इन्हें पूर्णतः शिक्षा से वंचित रखा गया तथा उन्हें समझाया गया कि इन्हें ज्ञान निषिद्ध है। वेद-पुराणों को सुनना भी पाप है। पूजा-पाठ करने का अधिकार नहीं। याने कि इन्हें ईश्वर से भी अलग रखा गया। धीरे-धीरे इनके अलग ईश्वर उत्पन्न हुए जो सवर्णों के ईश्वर नहीं। इस प्रकार दलितों के लिए अलग नियम बनाया गया, दंड नीति निर्धारित की गयी। कुल मिलाकर दलितों का सामाजिक जीवन अत्यन्त दयनीय एवं अमानवीय बन गया। उन्होंने सोचा कि यही उनकी नियति है। ईश्वर ने उन्हें ऐसा जीवन बिताने के लिए सृजित किया है।

'शिक्षा के क्षेत्र से इन्हें दूर रखा गया। शिक्षा प्राप्त करना मना था। अगर कोई शिक्षा प्राप्त करने का प्रयत्न करे तो उसे कठोर दंड दिया जाता था। कोई वेद मन्त्र सुन ले तो उसके कानों में गरम सीसा डाल दिया जाता था। कोई

अक्षर पढ़े तो उसकी जीभ काट दी जाती थी। मन्दिरों में प्रवेश नहीं था। पूजा का अधिकार सवर्ण को ही था। इस प्रकार दलितों को सभी क्षेत्रों से दूर रखकर उनका शोषण ही किया जा रहा था। रमणिका गुप्ता जी इस असामाजिक वृत्ति पर प्रकाश डालते हुए कहती हैं, "एक समूह को अमीर, अभिजन, सवर्ण भी, उच्च और श्रेष्ठ घोषित किया और दूसरे विशाल समूह को गरीब, नीच, हेय, घृणित, अस्पृश्य एवं निकृष्ट बनाया। एक बड़ी जमात को भौतिक सुख से वंचित रखने में संतुष्ट रहना और बिना फल के कर्म करना सिखाया और दूसरी जमात को श्रम से विमुख रखना भी श्रम से घृणा करना। इसलिए एक और मापक भी गढ़ दिया कि जो श्रम करे वह छोटी जाति का, श्रम न करके श्रम करनेवालों की कमाई खाये वह बड़ी जाति का। ब्राह्मण पढ़ेगा, पढ़ाएगा पर शारीरिक काम नहीं करेगा। यानी उत्पादन नहीं करेगा। हल छुएगा तो जाति से बाहर जाएगा। वैश्य व्यापार करेगा, लड़नेवालों, पढ़नेवालों को आर्थिक सहायता देगा, उत्पादन करनेवालों से माल खरीदेगा, खुद पड़ेगा भी लेकिन दैहिक श्रम नहीं करेगा।' "इस प्रकार सामाजिक दृष्टि से दलितों की स्थिति बिलकुल प्रतिकूल थी। अज्ञान के कारण वे सारे अत्याचारों एवं अन्यायों को सहते रहे। उनके पास न मिट्टी है, न धन है और न मकान। ये लगभग निरर्थक जीवन ही बिता रहे थे। सामाजिक पिछड़ेपन के परिणामस्वरूप वे आर्थिक दृष्टि से भी विपन्न थे। आर्थिक विपन्नता ने उन्हें गरीब बनाया। सही मायने में श्रमिक वर्ग है दलित पर उन्हें उचित पारिश्रमिक नहीं मिलता। अन्य श्रमिक वर्ग से दलित की स्थिति भिन्न है। वे वर्ग भेदभाव और अपमान का शिकार नहीं। दलितों को काम करना चाहिए पर मिलती है निन्दा। अतः जाति रूपी राक्षस को जब तक मार नहीं दिया जाता तब तक न तो कोई राजनीतिक सुधार संभव है और न ही आर्थिक सुधार। स्वतन्त्र भारत में दलितों की आर्थिक स्थिति को सुधारने के लिए अनेक योजनाएँ बनायी गयीं पर उचित कार्यवाही के अभाव में उसको वांछित फल नहीं मिल पा रहा है। अम्बेडकर ने इसीलिए जान-बूझकर आरक्षण की माँग की थी कि दलितों की आर्थिक स्थिति सुधर जाए जिससे वे अन्य समस्याओं से एक हद तक संघर्ष कर सकें। पर खेद की बात यह है कि दलितों की आर्थिक स्थिति अब भी खराब है। स्वाधीनता प्राप्ति के इतने साल बाद भी अनेक योजनाओं के बावजूद दलित आर्थिक दृष्टि से विपन्न ही है। समकालीन सन्दर्भ के उदारीकरण की नीति भी दलित अर्थव्यवस्था को बिगाड़नेवाली है।

राजनीति के स्तर पर भी दलित उपेक्षित है। दलितों के लिए राजनीतिक अधिकारों की माँग अम्बेडकर ने शुरू की थी। 1930 में उन्होंने ब्रिटीश सरकार

से दलितों के लिए पृथक प्रतिनिधित्व की माँग की। इसका उद्देश्य यह था कि दलितों के प्रतिनिधि सत्ता प्रतिष्ठानों में बैठकर दलितों के हितों की रक्षा करेंगे तथा उनकी समस्याओं को हल करेंगे। दलितों को अपनी सत्ता के लिए सवर्ण नेताओं पर निर्भर न रहना पड़े। अम्बेडकर ने साफ-साफ कहा था कि दलितों के दो दुश्मन प्रमुख हैं वे ही उनका सभी प्रकार का शोषण कर रहे हैं– "मेरे विचार से देश के दो दुश्मनों से कामगारों को निपटना होगा। ये दो दुश्मन हैं, ब्राह्मण ावाद और पूँजीवाद।"

भारत में दलितों को एक ओर देश की स्वाधीनता के लिए संघर्ष करना पड़ा था तो दूसरी ओर जातीय भेदभाव के खिलाफ। इस प्रकार उन्हें बाह्य उपनिवेश और आन्तरिक उपनिवेश से समान रूप से लड़ना पड़ा। दलितों के राजनीतिक अधिकार को लेकर गाँधीजी और अम्बेडकर के मत भिन्न थे। गाँधीजी वर्ण-व्यवस्था को बनाए रखते हुए सामाजिक समता स्थापित करने के पक्ष में थे। पर अम्बेडकर दलितों को राजनीतिक अधिकार के रूप में सामाजिक समता स्थापित करने के पक्ष में थे। उन्होंने दलितों के लिए अलग निर्वाचन मंडल की माँग उठाई। पर बाद में दोनों में समझौता हो गया। गाँधीजी हरदम परिवर्तन के पक्षधर थे। अम्बेडकर राज्य के हस्तक्षेप के द्व ारा सामाजिक समता एवं आर्थिक विषमताओं को दूर करने के पक्ष में थे। उन्होंने इसीलिए रिपब्लिकन पार्टी ऑफ इंडिया का गठन किया। पर बाद में उसका पतन हो गया। काँग्रेस हमेशा दलितों को अपने साथ जोड़ना ही चाहती थी। जगजीवनराम ने इसके लिए प्रयत्न भी किया। पर उन्हें काँग्रेस के अध्यक्ष पद से निष्कासित किया गया था। क्योंकि काँग्रेस में सवर्णों का वर्चस्व था। बाद में काशीराम ने भी काफी प्रयत्न किया। लेकिन बाद वाले नेतृत्वों की अदूरदर्शिता एवं दिशाहीनता के कारण दलितों के लिए गठित की गयी राजनीतिक संस्थाएँ पराजित हो गयी। अम्बेडकर के विचार, उनका कथन, उनके योगदान एवं संघर्ष हाशिये पर डाल दिये गये। इसलिए राजनीतिक स्थिति भी दलितों के लिए सम्मानजनक नहीं रही।

धार्मिक परिस्थिति

भारतीय समाज का सबसे बड़ा अभिशाप वर्ण-व्यवस्था है। हिन्दू धर्म की वर्ण-व्यवस्था को दलित समाज के शोषण की उपाधि के रूप में उपयोग किया गया। जातिव्यवस्था सचमुच एक साम्राज्यवाद है जिसको धार्मिक सुरक्षा प्राप्त है। दलित वास्तव में शूद्र से भी नीचे का है जो नाम से जाना जाता है। इन्हें अस्पृश्यता, छुआछूत, जुल्म, अन्याय और अत्याचार, हत्या, अपमान, बलात्कार आदि को दूसरों से अधिक झेलना पड़ा है। वर्णाश्रम व्यवस्था में शूद्र का अन्न,

शूद्र का सम्पर्क, शूद्र से ज्ञान आदि मनुष्य के पतन का कारण माना जाता था। ब्राह्मण का अन्न अमृत है। क्षत्रिय का दूध और वैश्य का अन्न अन्न होता है। शूद्र का अन्न रुधिर के समान अपवित्र है। पराशर स्मृति में शूद्र के दर्शन मात्र से ब्राह्मण के अपवित्र होने और सूर्य दर्शन से शुद्धि प्राप्त करने की बात कही गयी है। इस प्रकार सारे धार्मिक नियम दलित या अछूतों को सामाजिक क्षेत्र से अलग रखने के उपाय निकले।

गाँधी हरदम परिवर्तन के पक्षधर थे। अम्बेडकर ने राज्य के हस्तक्षेप के द्व ारा सामाजिक समता एवं आर्थिक विषमताओं की बात बतायी थी। यहाँ जो धर्म वर्तमान है वह वास्तविक धर्म नहीं। वह उसकी गलत व्याख्या है। भारतीय समाज में व्याप्त घृणित एवं अमानवीय धार्मिक अत्याचारों को मिटाए बिना जातिभेद को मिटाना असंभव है। जब तब जाति-भेद बना रहेगा तब तक दलितों का उद्धार असंभव है। कानून भी इसमें कामयाब नहीं हो सकते। धर्म की सही समझ और मानवीयता का जागरण ही इसके लिए एकमात्र उपाय है, "बिना वास्तविक धर्म की स्थापना के वांछित सामाजिक संरचना की स्थापना संभव नहीं है, चाहे इसके लिए कैसे ही और कितने ही शक्तिशाली कानूनों का निर्माण क्यों न कर दिया जाए।' "यही भारतीय दलितों की सामाजिक, आर्थिक, राजनीतिक एवं धार्मिक स्थिति रही है। इससे दलितों को मुक्त करने तथा अपने वर्तमान से अवगत कराने के बहुत सारे प्रयत्न हुए हैं। इन प्रयत्नों के पीछे कुछ महान चिन्तकों, दर्शनों तथा कुछ संस्थाओं का योगदान महत्वपूर्ण रहा है, जिनके बिना दलित चेतना का रूपायन संभव नहीं हो पाता था। दलित चेतना के रूपायन के पीछे सक्रिय चिन्तकों में प्रमुख थे महात्मा फूले।

महात्मा ज्योतिबा फूले

यद्यपि बाबा साहेब अम्बेडकर से भारत में दलित आन्दोलन की शुरुआत मानी जाती है तथापि उनसे बहुत पहले ही महाराष्ट्र में ज्योतिबा फूले ने ही दलितों की समस्याओं पर काफी विचार किया था। वर्ण-व्यवस्था के परिणामस्वरूप उत्पन्न दासता से दलित एवं अछूत वर्गों की मुक्ति के लिए न्याय, तर्क एवं समानता के आधार पर कोई आवाज उठानेवाला नहीं था। उस समय महाराष्ट्र के एक माली परिवार में ज्योतिबा फूले का जन्म हुआ था। उनके समय में राष्ट्रीय एवं धार्मिक सत्ता सवर्ण वर्चस्व के कटुएपन से मुक्ति का रास्ता दिखता ही नहीं था। उस समय फूले ने शिक्षा के अधिकार के लिए माँग की। उन्होंने यह घोषित किया कि दलितों को शिक्षा प्राप्त करने का समान अधिकार है। उन्होंने जगह-जगह

पर पाठशालाएँ खोल दीं। दलितों की शिक्षा के लिए सुविधाएँ बना दीं। उन्होंने स्त्री शिक्षा पर भी जोर दिया। अपनी पत्नी को शिक्षित करके उसे शिक्षिका बना दिया। सावित्री फूले ने दलित समाज को तथा स्त्रियों को शिक्षा प्रदान करके समाज के ब्राह्मण वर्चस्व को तोड़ दिया। फूले ने 1873 में 'गुलामगीरी' नामक ग्रन्थ लिखकर यह साबित किया कि गुलामी सबसे बड़ी असामाजिक वृत्ति है। उन्होंने उसी वर्ष में सत्यशोधक समाज की स्थापना करके दलितों के अधिकार एवं आत्मसम्मान के लिए संघर्ष किया। संघर्ष के बिना दलितों की उन्नति, आत्मसम्मान एवं मानवाधिकार प्राप्त करना असंभव है। उन्होंने इस सच्चाई से दलित समाज को अवगत कराया। गोया कि फूले के विचारों एवं चिन्तनाओं ने दलित आन्दोलन के प्रादुर्भाव को प्रेरणा दी।

डॉ. बी.आर. अम्बेडकर

अम्बेडकर का जन्म 1891 में इन्टोर के पासवाले मड्ड गाँव में हुआ था। पिता भीमराव तथा माता भीमाबाई थे। अम्बेडकर नवजागरण के युगपुरुष हैं। उन्होंने दलितों की उन्नति के लिए कठिन परिश्रम किया। दलितों की सामाजिक, आर्थिक, धार्मिक, राजनीतिक एवं शैक्षणिक उन्नति को लक्ष्य करते हुए उन्होंने अपना जीवन ही समर्पित किया। उन्होंने ही यह महसूस किया था कि दलितों की समग्र उन्नति के लिए शिक्षा ही अनिवार्य, तथ्य है। उसके बिना दलित अज्ञान के अन्धकार में सदियों तक पड़ा ही रहेगा। शिक्षा के साथ ही उन्होंने कहा हिन्दू समाज में समग्र परिवर्तन भी जरूरी है। उनका मंतव्य यह था कि हिन्दुओं की मानसिकता में परिवर्तन अनिवार्य है। इसके बिना हिन्दू समाज में दलितों की स्वीकृति असंभव है।

उन्होंने दलितों के उद्धार को लक्ष्य करके 1920 में 'मूकनायक' नामक समाचार पत्र का आरंभ किया। दलित समाज में जागृति लाना ही इस पत्र का प्रमुख लक्ष्य रहा है। इसके माध्यम से उन्होंने अपनी योजनाओं, उद्देश्यों को दलित तक पहुँचाने का कार्य किया। यह पत्रिका तीन साल तक चलती रही। अम्बेडकर के विलायत जाने पर वह पत्रिका बन्द हो गयी। वापस आकर 1927 में वही पत्र 'बहिष्कृत भारत' के नाम से निकालने लगे। 1924 में अम्बेडकर ने दलितों के लिए शैक्षिक सांस्कृतिक संस्था 'बहिष्कृत हितकारिणी सभा' की स्थापना की। 1927 में उन्होंने महाड़ के तालाब से पानी का अधिकार प्राप्त करने हेतु किये गये सत्याग्रह का नेतृत्व किया। 1928 में सैमण कमीशन के समक्ष दलितों के लिए मंत्री परिषदों तथा विधान सभाओं में आरक्षण की माँग

की। 1930 में नासिक के कालाराम मन्दिर में प्रवेश को लेकर सत्याग्रह किया। 1930-31 में लन्दन की गोल मेज परिषदों में दलितों के प्रतिनिधि के रूप में जाकर दलितों के लिए पृथक निर्वाचन का अधिकार प्राप्त किया। 1932 में पूना समझौता करके ऐतिहासिक घटना के नायक बने। संक्षेप में दलित चेतना एवं सामाजिक रूपायन के पीछे अम्बेडकर की विचारधाराओं एवं विभिन्न प्रकार के प्रयत्नों की प्रेरणा अवश्य रही है।

बौद्ध धर्म

दलित चेतना और साहित्य के सन्दर्भ में बौद्ध दर्शन की चर्चा का अलग महत्व है। क्योंकि बौद्ध धर्म हिन्दू धर्म की वर्णाश्रम व्यवस्था के खिलाफ का धर्म है। उसने हिन्दू धर्म के अत्याचारों, अनाचारों एवं धार्मिक पाखंडों का खुलकर विरोध किया। वस्तुतः हिन्दू धर्म का शुद्धीकरण करना ही बौद्ध धर्म का लक्ष्य था। इसलिए वह धर्मनिरपेक्षता को प्रश्रय देता था। सचमुच बौद्ध धर्म जनसाधारण का धर्म माना गया। इसमें सभी को समान मान्यता दी जाती थी। बाबा साहेब ने भी इस धर्म पर आकृष्ट होकर 14 अक्टूबर, 1956 को नागपुर में बौद्ध धर्म की दीक्षा ली थी। अतः दलितों के बीच बौद्ध धर्म का बहुत बड़ा प्रभाव रहा। अम्बेडकर के दीक्षा ग्रहण के साथ बहुत सारे दलितों ने धर्मान्तरण के मार्ग को अपनाया। इसके पीछे का उद्देश्य समाज में स्वतन्त्रता के साथ जीने के अधिकार को प्राप्त करना था। बौद्धों को अछूत नहीं समझे जाते थे। इसलिए बौद्ध दर्शन दलितों का आश्रय बन गया। उसने दलित चेतना के रूपायन में बड़ा सहयोग भी दिया। इससे दलित साहित्य के सृजन की प्रेरणा भी बनी।

ब्लैक लिटरेचर तथा ब्लैक पैंथर

दलित साहित्य पर पाश्चात्य दलित चिन्तन का प्रभाव अवश्य पड़ा है। यद्यपि इसकी सामाजिक परिस्थिति अलग थी तथापि दोनों सन्दर्भ में वर्ण-व्यवस्था कायम रही। हिन्दी के दलित साहित्य के मूल -में यहाँ की धर्माश्रित वर्ण-व्यवस्था रही तो अमरीकी समाज में व्याप्त भेदभाव के मूल में वहाँ की वर्ण-व्यवस्था। लेकिन इसका राजनीतिक, सामाजिक, आर्थिक एवं सांस्कृतिक पक्ष अलग है। पाश्चात्य वर्ण-व्यवस्था में अस्पृश्यता नहीं। नीग्रो अस्पृश्य नहीं। उनका शोषण तो अमानवीय ढंग से होता ही रहा है। उन्हें कोई स्वातंत्र्य नहीं था। वे गुलाम थे। बाजार में जानवरों के समान उनकी बिक्री होती थी। पर भारत की स्थिति उससे भी अमानवीय थी कि उसमें अस्पृश्यता थी। अस्पृश्यता दरअसल मानवीयता

का नकार है। भारत की दलित चेतना को उजागर करने, दलित आन्दोलन को रूपायित करने तथा दलित लेखन को उजागर करने के पीछे की प्रेरणा बाबा साहेब अम्बेडकर ही थे।

हिन्दी दलित साहित्य पर नीग्रो साहित्य याने ब्लैक लिटरेचर का प्रभाव पड़ा है। नीग्रो साहित्य सचमुच नीग्रो आन्दोलन के लिए प्रेरक शक्ति बना रहा है। नीग्रो को अफ्रीका से पकड़कर अमेरिका में बेचा जाने लगा। अमेरिकी श्वेत समाज अपने खेतों में काम करवाने के लिए नीग्रो को जानवर की तरह खरीदते थे। उन्हें अपना कोई अधिकार नहीं, कोई आवाज नहीं याने कि मानवोचित कोई हैसियत उन्हें नहीं दी जाती थी। यही नहीं इन्हें कई प्रकार की यातनाएँ भी दी जाती थीं। उन्हें मरने तक मारते थे। जिन्दा गाड़ देते थे। गर्भवती नीग्रो स्त्रियों को कठिन काम करवाने से उनका गर्भपात हो जाता था। इनके हाथों में कीले ठोंककर दीवार में लटकाना, उनका कान काटकर उन्हें खाने के लिए देना आदि यातनाएँ दी जाती थीं। अमेरिका में अफ्रीकी नीग्रो को इस प्रकार की अनेकों कठिन यातनाओं से गुजरना पड़ा है। नीग्रो के मन में अपने वर्ग की तरफ होनेवाले अन्यायों एवं अत्याचारों के प्रति विरोध उत्पन्न होने लगे। उनके मन में श्वेत समाज के प्रति विद्रोह की भावना जल उठी। वे अपने अनुभवों को, अपनी वेदना को ब्लूज, बैलेड, कथा, उपन्यास, नृत्य और संगीत के माध्यम से व्यक्त करने लगे।

अमेरिकी नीग्रो साहित्य का आरंभ लोक साहित्य के माध्यम से हुआ। इसमें उन्होंने अपने भोगे हुए यथार्थ की तीव्रता को अभिव्यक्त किया। 1852 में स्टोव नामक लेखिका ने नीग्रो के जीवन पर 'अंकल टीस केबिन' नामक उपन्यास लिखा। यह उपन्यास बहुचर्चित हो गया और अनेक संस्थाओं ने इसका नाट्य रूपान्तर भी प्रस्तुत किया। 1901 में बुकर टी वाशिंगटन ने 'अपफ्रेम स्लेवरी' नामक पुस्तक की रचना की, जिससे वे काले समाज का हिमायती माने जाने लगे। डब्ल्यू.ई.बी. डयुबाईस की 'द सोल ऑफ ब्लैक फोक' नामक पुस्तक प्रकाशित हुई। इसमें श्वेत समाज के प्रति विद्रोही मानसिकता व्यक्त की गयी। इसके बाद नीग्रो समाज से ही लेखकों का आगमन हुआ जिन्होंने पूरी लगन के साथ निर्भीकतापूर्वक अपने जीवन के अनुभवों को प्रस्तुत किया। इन रचनाओं में नीग्रो जीवन के प्रामाणिक दस्तावेज अभिव्यक्त हुए। 1966 में नीग्रो युवकों ने मिलकर ब्लैक पैंथर नामक संगठन की स्थापना की। इस प्रकार अमेरिका में दलित आन्दोलन को प्रश्रय देने में नीग्रो साहित्य और ब्लैक पैंथर का योगदान महत्वपूर्ण रहा।

दलित पैंथर

ब्लैक लिटरेचर और ब्लैक पैंथर दोनों ने हिन्दी दलित साहित्य को प्रभावित किया है। ब्लैक पैंथर से ही प्रेरणा पाकर दलित पैंथर की स्थापना की गयी थी। दलित समाज की शिक्षित युवा पीढ़ी ब्लैक लिटरेचर से परिचित हो गयी। इससे प्रभावित होकर ब्लैक पैंथर की तरह दलित पैंथर की शुरुआत की गयी। यह सचमुच अम्बेड़करवादी मिलिटेंट युवा संगठन है। इसने युगों से उत्पीड़ित, उपेक्षित दलित समाज को हीन भावना से ऊपर उठाकर अपने अधिकारों की प्राप्ति के लिए उन्हें एकत्रित करने का कार्य किया। दलित समाज को एक संगठित समूह बनाने के पीछे दलित पैंथर का योगदान विशेष उल्लेखनीय है। समता, स्वतन्त्रता और बन्धुता की स्थापना के लिए लड़ना इसका लक्ष्य था। दलित पैंथर मराठी के कुछ युवा साहित्यकारों का संगठन है। उन्होंने उसको नेतृत्व दिया। दलित साहित्य के अधिकांश साहित्यकार दलित पैंथर के नेता, सदस्य अथवा सक्रिय कार्यकर्ता रहे हैं। इसकी वजह से दलित साहित्य में विद्रोह का स्वर और मुखरित हो उठा है।

दलित साहित्य और गैर-दलित साहित्य

दलित साहित्य को लेकर चर्चा अब भी जारी है। साहित्य के क्षेत्र में दलित साहित्य और गैर-दलित साहित्य जैसा भेदभाव कहाँ तक संगत है? इसकी चर्चा में बहुत सारे सन्देह प्रकट किए गये हैं। आधुनिक सन्दर्भ में प्रेमचन्द से लेकर अनेक साहित्यकारों ने दलित जीवन को केन्द्र बनाकर अनेक रचनाएँ की थीं, उनका उद्देश्य दलित समाज का उद्धार ही था। इसमें कोई सन्देह नहीं कि प्रेमचन्द, यशपाल, नागार्जुन, अमृतलाल नागर जैसे प्रतिभाधनी रचनाकारों ने तहेदिल से दलित समाज का उद्धार ही लक्ष्य किया था। उसके लिए उन्होंने अपनी लेखनी का सदुपयोग भी किया था। लेकिन इसमें कमी यह है कि इन्होंने दलित जीवन का यथार्थ चित्रण तो किया है पर वे उनकी-मुक्ति के लिए आवश्यक दिशा-निर्देश देने में असफल रहे। सिर्फ सहानुभूति के स्तर को छूकर ये रचनाएँ रह गयी हैं। इसलिए दलित समाज के लिए सहानुभूति नहीं बल्कि समता चाहिए थी। इसके लिए संवेदनात्मक स्तर पर बदलाव आवश्यक है। याने कि सवर्ण मानसिकता में परिवर्तन लाये बिना दलितों का उद्धार तथा समता संभव नहीं। दलितों के लिए सहानुभूति नहीं चाहिए। उन्हें सामाजिक, आर्थिक विषमताओं से मुक्ति चाहिए। उनमें शोषण और उत्पीड़न के विरुद्ध विद्रोह की चेतना जगानी चाहिए। आत्मसम्मान के साथ जीने की शक्ति तथा आदमी होकर अपनी अस्मिता के साथ जीने का अधिकार

चाहिए। यही सचमुच दलित चेतना है। वही दलित साहित्य की मूल संवेदना है। इसमें सहानुभूति नहीं बल्कि स्वानुभूति तपिश है। वह वर्ण-व्यवस्था में वर्तमान जाति-पाँति, छुआछूत आदि के खिलाफ विद्रोह करता है। इसलिए दलित साहित्य व्यवस्था के प्रति संघर्ष का साहित्य है। वह वर्ण-व्यवस्था को नकारने का साहित्य है। दलित चिन्तक कंवल भारती ने दलित साहित्य की चर्चा के दौरान उठे विवादों पर गंभीर चर्चा की है। उन्होंने कहा, "दलित साहित्य से अभिप्राय उस साहित्य से है जिसमें दलितों ने स्वयं अपनी पीड़ा को रूपायित किया है, अपने जीवन संघर्ष में दलितों ने जिस यथार्थ को भोगा है, दलित साहित्य उनकी उसी अभिव्यक्ति का साहित्य है। यह कला के लिए कला नहीं बल्कि जीवन का और जीवन की जिजीविषा का साहित्य है। इसलिए कहना न होगा कि वास्तव में दलितों द्वारा लिखा गया साहित्य ही दलित साहित्य की कोटि में आता है।

श्री बाबुराज बागुल ने दलित साहित्य की चर्चा करके अपने मत को दूसरे ढंग से प्रस्तुत किया है। उन्होंने कहा, "मनुष्य की मुक्ति को स्वीकार करनेवाला, मनुष्य को महान माननेवाला, वंश, वर्ण और जाति का प्रबल विरोध करनेवाला साहित्य ही दलित साहित्य है।"

डॉ. विमल कीर्ति ने स्पष्टतः कहा है, "दलित साहित्य जातिभेद तथा धर्म पर आधारित उत्पीड़न के खिलाफ तो है ही किन्तु वह आर्थिक शोषण तथा गैर-बराबरी के खिलाफ भी है। इसलिए फूले-अम्बेडकरवादी साहित्य को आज के युग का साहित्य कहा जाता है।

प्रमुख मराठी लेखक शरणकुमार लिम्बाले के अनुसार– "दलित साहित्य अपना केन्द्रबिन्दु मनुष्य को मानता है। बाबा साहेब के विचारों से दलित को अपनी गुलामी का एहसास हुआ, उनकी वेदना को वाणी मिली, क्योंकि उस मूल समाज को बाबा साहेब के रूप में अपना नायक मिला। दलितों की वह वेदना दलित साहित्य की जन्मदात्री है। दलित साहित्य की वेदना मैं की वेदना नहीं, बल्कि बहिष्कृत समाज की वेदना है।"

इस प्रकार दलित साहित्य के सन्दर्भ में स्वानुभूति और सहानुभूति को लेकर काफी चर्चा हुई है। संक्षेप में हम कह सकते हैं कि वस्तुतः दलित साहित्य डॉ. अम्बेडकर के विचारों से ओतप्रोत है। महात्मा फूले इसके अग्रदूत थे। डॉ. अम्बेडकर की विचारधारा ने जाति पर आधारित शोषण को सामाजिक, सांस्कृतिक, आर्थिक और राजनीतिक स्तर पर भारतीय समाज के प्रमुख मुद्दे की तरह उभारा। इसके फलस्वरूप समाज के सबसे निचले स्तर के वर्गों में क्रान्ति की भावना महसूस होने लगी। इस प्रकार नवजागरित दलित वर्ग ने जाति के खिलाफ, शोषण, अत्याचार,

उत्पीड़न आदि के विरुद्ध विद्रोह करने का प्रयत्न किया। इसलिए दलित साहित्यकारों की रचनाओं में सदियों के उत्पीड़न के खिलाफ विद्रोह, आक्रोश, ब्राह्मणवादी व्यवस्था का नकार आदि देख सकते हैं। दलित साहित्य में अम्बेडकर के विचारों का प्रस्फुटन हुआ है। दलितों के मन में संघर्ष की चेतना जगानेवाला साहित्य है दलित साहित्य। इस प्रकार हम देख सकते हैं कि दलित साहित्य के रूपायन के विभिन्न आयाम हैं जो दलित साहित्य के सृजन के लिए प्रेरणाप्रद रहे हैं।

दलित विमर्श के आयाम

–डॉ. रामप्रकाश

21वीं सदी ज्ञान और चिंतन की दिशाओं को विकसित करने वाली सदी होने के साथ-साथ प्रो. नामवर सिंह के अनुसार अस्मिता के खोज की चुनौती प्रस्तुत करने वाली सदी रही है, जहाँ एक ओर फूकूयामा द्वारा इतिहास और विचारों के अंत की बात की जा रही है वहीं दूसरी ओर अस्मिता के खोज के लिए ऐतिहासिकता की खोज के क्रम में अतीत के तथ्यों पर पुनः विचार की प्रक्रिया प्रासंगिकता की दृष्टि से प्रबल रूप में विकसित होती दिखाई दे रही है। इतना ही नहीं भारतीय साहित्य जगत में एक और दलित साहित्य अपने शोषण के विरुद्ध आक्रोश की अभिव्यक्ति के क्रम में भारतीय सभ्यता और संस्कृति के सम्मुख और सम्बद्ध अनेक चुनौतियाँ प्रस्तुत कर रहा है वहीं नारीवादी चिंतन और लेखन पूर्ववर्ती साहित्य और संस्कृति को आधा साहित्य और पुरुष वर्चस्ववादी संस्कृति की संज्ञा दे उसके अस्तित्व को झुठला रहा है। इन परिस्थितियों में अस्मिता की खोज के लिए संघर्षरत दलित साहित्य विमर्श की आवश्यकता स्वतः सिद्ध होती है। चूँकि प्रसिद्ध दलित साहित्यकार जयप्रकाश कर्दम का कहना है कि -विमर्शों से साहित्य को जीवंतता प्राप्त होती है अतः दलित विमर्श के माध्यम से दलित साहित्य सम्बन्धी विविध संदर्भों की समीक्षा आवश्यक हो जाती है। लेकिन यहाँ प्रश्न यह उत्पन्न हो जाता है कि मूल्यांकन के प्रतिमान क्या होंगे।

आज भूमण्डलीय परिप्रेक्ष्य में मानव सभ्यता और संस्कृति के मूल्यांकन, कलात्मक अभिव्यक्ति के रूपों के विश्लेषण, परिवर्तित युग चेतना द्वारा परिवेशानुकूल, साहित्य और संस्कृति में जीवनदायिनी शक्ति को अभिव्यंजित करने वाले प्रतीकों के समायोजन की खोज एवं सामाजिक-सांस्कृतिक चेतनाकारी शक्तियों के उभार की बोधता तथा उपेक्षित वर्ग और वर्ण की संघर्षकारी चेतना और साहित्य की नवीन चेतनकारी शक्ति द्वारा परिचालित मान्यताओं विश्वासों और विचारों के स्तर पर प्रस्तुत की जाने वाली परिवर्तनकारी शक्ति की खोज हेतु नवीनतम मूल्यांकन के प्रतिमानों की आवश्यकता उत्पन्न होना और प्रचलित तथा

मान्य प्रतिमानों में परिवर्तन आना स्वाभाविक है। अतः सम्प्रति साहित्यान्दोलनों के उदय की पृष्ठभूमि में नारीवादी आंदोलन द्वारा वर्ग विशेष के आधार पर शोषण के विरुद्ध उत्पन्न विद्रोह की चेतना और दलित आंदोलन द्वारा सदियों से शोषित, पीड़ित, दमित और अस्पृश्य जातियों की पीड़ा वेदना की भुक्तभोगी अनुभूत्यात्मक अभिव्यक्ति की शक्ति उसकी परम्परा में मूल कारणों और सूत्रों की खोज करते हुए विश्लेषित करने की आवश्यकता है। चूँकि दलित आंदोलन के मूल में अन्तर्निहित जातिवाद विरोधी परम्परा और दार्शनिक चेतना आचार्य चार्वाक से विकसित और महात्मा गौतम बुद्ध द्वारा पोषित तथा सिद्धों, नाथों, संतों द्वारा प्रवाहित होते हुए ज्योतिबा फुले, पेरियार और बाबा साहेब भीमराव अम्बेडकर के विचारों और चिंतन में पड़ाव डालती देखी जा सकती है, इस जातिविरोधी वैचारिक चेतना ने समतावादी दृष्टि से मानवीय समानता हेतु सामाजिक-राजनैतिक आंदोलनों का रूप प्राप्त कर दलित आंदोलन और साहित्य को जन्म दिया है जिससे विकसित जागृत करने वाली चेतना ने सदियों से सुषुप्तावस्था में पड़ी जातियों की अन्तरात्मा को झकझोर है और साथ ही उसे अपने अस्तित्व हेतु संघर्षरत होने और अपनी अवस्था के प्रति सोचने पर बाधित किया है जिसका परिणाम ही आज का दलित विमर्श है। जिसने न केवल दलित आंदोलन के माध्यम से दलितों में अधिकारों के प्रति चेतना को जाग्रत किया अपितु दलितों को अपने अस्तित्व के लिए संघर्ष करने की शक्ति प्रदान की और साहित्य जगत में चेतना के स्तर पर परिवर्तनकारी आंदोलन का रूप ग्रहण कर अपने जीवन से सम्बद्ध होकर सोचने, विचारने, व्यावहारिक जीवन जीने के साथ-साथ दलितों को उनके अपने जीवन की दिशा और दशा निर्धारित करने की शक्ति प्रदान की है।

सदियों से धर्म व्यवस्था की आड में क्रियाशील हिन्दू समाज की क्रूर मानसिकता उसकी असभ्यता का प्रतीक रही है जिसके आधार पर वह अपने स्वार्थों की पूर्ति हेतु समाज में असमानता की स्थिति उत्पन्न कर एक बड़े वर्ग का शोषण करता आ रहा है जिसके कुकृत्यों के शिकार वर्ग में उत्पन्न दीर्घकालीन असंतोष विरोध की सीमा का अतिक्रमण कर विद्रोह का रूप धारण कर चूका है। जिसके मूल में असमानता के आधार पर विकसित धर्म द्वारा परिचालित समाज व्यवस्था में उत्पन्न परिवर्तन की कामना से संचालित युगचेतना ने दलित आंदोलन को प्रेरित किया है जिससे समाज में सुधार द्वारा समानता की स्थापना के स्वप्न को साहित्यिक अभिव्यक्ति मिल रही है, चूँकि बाबा साहेब अम्बेडकर के अनुसार-असमानता ही जाति व्यवस्था की आत्मा रही है– Inequality is the soul of the caste system. इसलिए वे जाति के प्रश्न को मूलतः राजनीतिक प्रश्न मानते हैं वे ऐसे पहले राजनीतिक दार्शनिक रहे हैं जिन्होंने बताया कि अस्पृश्यता का मूल जाति व्यवस्था, जाति व्यवस्था का मूल धर्म, धर्म व्यवस्था का मूल वर्णाश्रम व्यवस्था, वर्णाश्रम ब्राह्मणों का धर्म। ब्राह्मणों का धर्म आधिपत्यवादी या

राजनीतिक शक्ति प्राप्ति का आधार है। अतः इस आधिपत्यवादी शक्ति को तोड़ने के लिए शक्ति संचयन की आवश्यकता को दर्शाया है। दूसरे शब्दों में Power is needed to destroy power. Untouchability is a state of powerlessness or deprivation of political power. इस शक्ति संचयन हेतु युगान्तरकारी चेतना का विकास आवश्यक है जिसका मूल कारक तत्वों में द्वन्द्वात्मकता परिलक्षित होती है, आधार आधेय की दृष्टि से समतामूलक समाज की स्थापना के लक्ष्य के मूल में परिवर्तन की कामना, परिवर्तन की कामना का मूल आंदोलन, आंदोलन का मूल विद्रोह की चेतना, विद्रोह की चेतना का मूल दीर्घकालीन असंतोष, असंतोष का मूल असमानता पर आधारित व्यवस्था, असमानता का मूल शोषण की मानसिकता, शोषण का मूल स्वार्थपरता, स्वार्थपरता का मूल क्रूर मानसिकता, क्रूर मानसिकता का मूल पाशविकता, पाशविकता का मूल असभ्यता रही है अतः शोषण चाहे मानसिक रहे या शारीरिक, सामाजिक रहे या आर्थिक, सांस्कृतिक रहे या धार्मिक उसके विरुद्ध असंतोष उत्पन्न होना और विद्रोह होना स्वाभाविक है और आज विद्रोह की अभिव्यक्ति को प्रस्तुत करने में क्रियाशील साहित्य के रूप दलित और नारीवादी रचनायें और रचनाकार प्रमुख भूमिका निभा रहे हैं।

अतः इस युगान्तरकारी चेतना के बोध हेतु किसी भी आंदोलन के सामाजिक, सांस्कृतिक और धार्मिक संदर्भों की ऐतिहासिक व्याख्या और रचनात्मक पहलुओं की समीक्षा सम्यक् और निष्पक्ष दृष्टि से किये जाने की आवश्यकता है, इतना ही नहीं उसकी वैचारिकता और दार्शनिकता को उभारने वाली सामाजिक तथा धार्मिक आस्थाओं-अनास्थाओं, रूढ़ियों-परम्पराओं, विश्वासों और अंधविश्वासों का अध्ययन चिंतन-मनन उसकी सांस्कृतिकता की समझ और मानवीय अस्मिता की पहचान के लिए नीरक्षीर विवेक की अनिवार्यता होती है। चूँकि दलित आंदोलन की चेतना का मूल लक्ष्य धर्म के नाम पर प्रचलित अंधास्था और अज्ञानता का लाभ उठाने वालों के विरुद्ध, धर्म को स्वार्थपूर्ति का साधन बनाने की मंशा और चतुर मानसिकता के विरुद्ध, समाज को जातिवादी वर्गों में विभाजित कर वर्ण विशेष का वर्णव्यवस्था के ओढ़ में सदियों से अन्याय, अत्याचार, शोषण करने की षड्यंत्र के विरुद्ध, शोषक और शोषण के रूपों की पहचान कर उनके प्रतिकार के भावना को आंदोलित करने तथा रचनात्मक अभिव्यक्ति द्वारा वर्णव्यवस्था की असमानता के विरुद्ध विद्रोह करने में और दलितों को शोषित पीड़ित करने वाली व्यवस्था के रूप और कारक तत्वों की पहचान कर उसके आधार पर विकसित समझ द्वारा उससे मुक्ति की आकांक्षा को प्रस्तुत करना रहा है। इतना ही नहीं भुक्तभोगी यथार्थ जीवनानुभूतियों द्वारा प्रस्तुत रचनाओं की समीक्षा कर दलित आंदोलन की चेतनकारी शक्ति के रूप की समझ प्राप्त करना और दलितों को सुशिक्षित और संगठित होकर संघर्ष करने का मार्ग दर्शाना रहा है, साथ ही दलित जातियों के सम्मुख उसकी अस्मिता की पहचान को

प्रस्तुत कर दलित जाति के उद्धार हेतु बौद्ध धर्म को दलित धर्म के रूप में ग्रहण का मार्ग प्रशस्त कर आचरण द्वारा समतामूलक समाज की स्थापना का लक्ष्य प्रस्तुत करना भी रहा है। यही कारण है कि दलित विमर्श के अन्तर्गत दलित साहित्यांदोलन के विविध पक्षों संदर्भों और पहलूओं के विश्लेषण द्वारा राष्ट्रीय संस्कृति और राष्ट्रीय एकता के सुदृढ़ीकरण की प्रक्रिया को तीव्र करने वाला उद्देश्य अन्तर्निहित रहा है।

दलित विमर्श के सम्मुख प्रमुख प्रश्नों में से आरम्भिक प्रश्न दलित शब्द को परिभाषित करना रहा है चूँकि हिन्दी साहित्य जगत में दलित शब्द के अनेक अर्थ प्रचलित देखे जा सकते हैं जिससे उत्पन्न भ्रामकता की स्थिति से दलित साहित्य को उबारना अनिवार्य है, जिसके लिए हिन्दी साहित्य जगत में प्रचलित मान्यताओं को देखना ज्यादा उचित होगा, सामान्य दलित का शाब्दिक अर्थ-दबा हुआ, आत्म सम्मान और आत्मविश्वास की कमी, अपमान, उत्पीड़न और प्रताड़ना को अपनी नियति स्वीकार कर लेने वाले मानव के अर्थ लिया जाता रहा है यह दलित शब्द का सही अर्थ न होकर अर्थ को विकृत करने वाला कुतर्क माना जा सकता है। इस परिभाषा में व्यक्त कुतर्क को उजागर करते हुए प्रसिद्ध दलित साहित्यकार और चिंतक पुरुषोत्तम सत्यप्रेमी ने दलित शब्द को संवेदना और विचार से सम्बद्ध कर उसका तात्पर्य दबाया गया से लेते हुए उसे दबे हुए से मानना अनुचित ठहराया है, उनके अनुसार दलित शब्द का अर्थ सामाजिक, आर्थिक राजनैतिक सांस्कृतिक दृष्टि से शास्त्र एवं शस्त्र के बल पर दबाया गया मनुष्य से लिया जाना चाहिए चाहे वह किसी भी जाति वर्ण, धर्म, मत एवं भौगोलिक क्षेत्र से सम्बद्ध क्यूँ न रहा हो, सत्यप्रेमी जी की उक्त परिभाषा में विचारकों ने व्यापकता के साथ-साथ दलित शब्द के सामान्यीकरण का दोष देखा है। जहाँ कुछ दलित साहित्यकारों और चिंतकों ने दलित शब्द में डिप्रेस्ट (वंचित) के अर्थ में ग्रहण करते हुए उसके लिए अछूत, शूद्र और हरिजन जैसे पदों का प्रयोग किया है, वहीं दूसरी ओर साहित्य में दलित शब्द का अर्थ धर्म पर आधारित समाज व्यवस्था द्वारा शास्त्र और शस्त्र के बल पर पीड़ित अछूत और अस्पृश्य जातियों के दलन से लिया गया। इसके अतिरिक्त दलित साहित्य जगत में विविध दृष्टियों से दलित शब्द का अभिप्राय लगाने का भी प्रयास होता रहा जैसे—समाजशास्त्रीय दृष्टि से दलित एक सामाजिक श्रेणी तो नृतत्वशास्त्री दृष्टि से सामाजिक-सांस्कृतिक श्रेणी, आर्थिक दृष्टि से एक कमजोर वर्ग स्वीकारा जाना लगा है, यदि दलित शब्द का अर्थ वंचित वर्ग के रूप में लिया जाता है तो इससे दलित श्रेणी की व्यापकता का खतरा उत्पन्न हो जाता है वहीं अछूत वर्ग के अर्थ में लिये जाने पर श्रेणी की सीमितता का खतरा उत्पन्न होने की बात स्वीकारी गयी है, इसके अलावा दलित शब्द का अर्थ हरिजन शब्द से लिये जाने से जाति विशेष की गरिमा के खंडित होने का संकट उत्पन्न हो जाता है।

अतः इस वैचारिक अराजकता की स्थिति में बाबा साहेब अम्बेडकर के विचारों

का सहारा लेना सही होगा, उन्होंने भारतीय संविधान में दलित शब्द के स्थान पर सामाजिक उत्थान हेतु एवं सवैधानिक प्रावधानों के लिए अस्पृश्य जातियों के लिए अनुसूचित जाति पद का प्रयोग किया है, अतः दलित जातियों के रूप में हिन्दू धर्मवादी वर्ण व्यवस्था में सामाजिक उत्पीड़न का शिकार अस्पृश्य जातियाँ को ही लेना ज्यादा सही होगा यदि सामाजिक, सांस्कृतिक, आर्थिक और धार्मिक दृष्टि से पीड़ित सभी जातियों को दलित समुदाय में सम्मिलित कर लिया जाता है तो इससे हिन्दूधर्म की वर्णवादी व्यवस्था की शिकार अस्पृश्य जातियों के प्रति किये गये और किये जा रहे अन्याय और शोषण के प्रति उदासीनता होगी। इस दृष्टि से देखा जाये तो मराठी रचनाकार नामदेव ढसाल द्वारा दलितों में अनुसूचित जातियों के साथ-साथ खानाबदोशों, आदिवासियों और भूमिहीन मजदूरों और गरीब किसानों को सम्मिलित या डॉ. एन. सिंह के विचारानुसार दलितों में शुद्र, स्त्रियों और पिछड़े वर्ग के साथ मानसिक और आर्थिक शोषित सवर्ग जातियाँ सम्मिलित करना अनुचित होगा चूँकि यह परिभाषायें दलित शब्द की अम्बेडकरवादी सिद्धांतानुसार परिभाषा न होकर प्रगतिवादी, जनवादी व्याख्या होगी जिससे न केवल वास्तविक दलितों को और दलित आंदोलन को हानि पहुँचेगी अपितु दलितों के संघर्ष का लाभ और श्रेय दलितेतर छद्म भेषी साहित्यकारों द्वारा उठाया जाता रहेगा और दलित आन्दोलन में सेंध लगाने वालों को बढ़ावा मिलेगा।

अतः दलित शब्द और दलित जातियों के सही रूप की पहचान हेतु दलित वर्ण को जानना होगा। प्रसिद्ध दलित साहित्यकार कंवल भारती ने दलितों को वर्ण व्यवस्था से बाहर अर्थात् पंचम वर्ग या अति शूद्र माना है उन्होंने दलित को हिन्दू नहीं, अपितु अनार्य स्वीकार करते हुए पारम्परिक वर्णव्यवस्था में शूद्र या अतिशुद्रों को ही आधुनिक अर्थ में दलित स्वीकार किये जाने की बात कही है यदि दलित अतिशूद्र वर्ण व्यवस्था से बाहर की अनार्य जातियाँ हैं तो उनकी वास्तविक और ऐतिहासिक पहचान होनी चाहिए, इतना ही नहीं यदि दलित वर्ण व्यवस्था से असम्बद्ध और हिन्दू नहीं है तो फिर दलित स्वयं को हिन्दू समाज द्वारा निर्मित वर्ण व्यवस्था का अभिन्न अंग मानकर उस वर्ण व्यवस्था के विरुद्ध संघर्ष क्यों कर रहा? इसके विपरीत उसे हिन्दू धर्म और वर्ण व्यवस्था पर आधारित समाज से पृथक दलित समाज और दलित धर्म को स्थापित कर दलित संस्कृति के विकास की दिशा में तत्पर होने चाहिए, इतना ही नहीं भारतीय दलितों में अनेक जातियों और उपजातियों का विकास होने के साथ-साथ उनकी जीवन शैली, जीवन मूल्यों, रीतिरिवाजों और मान्यताओं में भिन्नताएँ मिलती है, इतना ही नहीं धर्माधारित दलित समाज-हिन्दू दलित, बौद्ध दलित और क्रिश्चियन दलित, आदि रूपों में विभक्त है जिनके बीच वैयक्तिक और सामाजिक आचार और व्यवहार का प्रचलन नहीं है। एक अन्य धारणानुसार भारतीय वर्णव्यवस्था में हिन्दू धर्मानुसार दलित श्रेणी समाज के पदानुक्रम में निचले स्तर की

कुछ जातियों का समुच्चय माना जाता है, जिनमें अर्थात् दलित जाति समुच्चय में प्रकृति और स्वभाव को लेकर ही अंतर्विरोध परिलक्षित होते रहे हैं, इतना ही नहीं इन जातियों में सामान्यीकृत करने वाली समरूपताओं का भी अभाव मिलता है, इसके अलावा दलित श्रेणी समुच्चय में शामिल जाति समुदाय की आर्थिक ही नहीं सामाजिक-सांस्कृतिक स्थितियों में भी अंतर्भेद और अंतर्द्वन्द्व मिलता है, अतः दलित श्रेणी समुच्चय की समस्याग्रस्तता पर भी दलित विमर्श में विमर्श करने की जटिल चुनौती परिलक्षित होती है।

दलित साहित्यकारों और चिंतकों द्वारा अभिव्यक्त दलित रचनात्मक और विमर्शात्मक लेखन से स्पष्ट होता है कि दलित विमर्श का हिन्दू वर्ण व्यवस्था से गहरा सम्बन्ध रहा है, इसके आधारभूत कारक तत्वों की सही पहचान आवश्यक है, चूँकि दलित विद्वानों ने दलित साहित्य विमर्श में वर्ण व्यवस्था सम्बन्धी पौराणिक आख्यानों को ऐतिहासिक मानने की भूलों को सुधारने के लिए वृतांतों की ऐतिहासिकता को जाँचने के वैज्ञानिक उपक्रमों को विकसित करने की दिशा में भी विचार करने की आवश्यकता को रेखांकित किया है, इतना ही नहीं दलित विमर्श में जाति उत्पत्ति सम्बन्धी किंवदन्तियों की वैज्ञानिक समीक्षा की समस्या और वर्ण व्यवस्था की स्थापना के कारक तत्वों की खोज करने के लक्ष्य को अपनाने की बात कही है। इसके अलावा दलित विमर्श के सामने दलित साहित्य के विवेचन हेतु एक और मुद्दे पर भी विचार करने की चुनौती यह है कि दलित आर्य है या अनार्य, चूँकि अम्बेडकर ने शुक्रों की खोज में प्रमाणों के आधार पर शूद्रों को आर्य क्षत्रिय और क्षत्रियों में भी उच्च तेजस्वी बलशाली के रूप में स्थापना किया है, लेकिन के. नाथ ने आर्य-अनार्य कथायें, एस.एल. सागर ने जाति तोडों में और चंद्रिका प्रसाद जिज्ञासु ने दलित चिंतन में अम्बेडकर विरोधी अवधारणाओं की प्रस्तुति की है इसके कारणों की खोज और प्रामाणिकता की स्थापना की चुनौती भी दलित विमर्श के सम्मुख दिखाई देती है, इसके अलावा दलित विमर्श के सम्मुख भारतीय समाज में प्रचलित किंवदन्तियों या दंतकथाओं के आधार पर स्थापित मान्यताओं की समीक्षा की भी चुनौती है, इतना ही नहीं दलित विमर्श के क्षेत्र में प्रचलित एक धारणानुसार आर्यों के आक्रमण के बाद दास बन गये अनार्यों को शुद्र और जंगलों में भाग गये अनार्यों को आदिवासी मानने की भी मान्यता मिलती है। दलित जातियों की ऐतिहासिकता को यथार्थ तथ्यों के अनुसार विश्लेषित करने की भी चुनौती दलित विमर्श का एक प्रमुख मुद्दा रहा है, चूँकि धर्मानन्द कोसम्बी ने भारतीय संस्कृति और अहिंसा में दासों को राजपूतों से अधिक शूरवीर घोषित किया है, इनके अलावा जातिवाद की उत्पत्ति सम्बन्धी विवाद पर खोजी और विचारक विद्वानों में ऋग्वेद भाष्यकार सर रमेशचन्द्र दत्त, राहुल सांस्कृत्यायन ने कई विदेशी विद्वानों द्वारा भारतीय साहित्य के मंथन द्वारा प्रस्तुत तथ्यों के अध्ययन की आवश्यकता दलित विमर्श के सम्मुख रही है।

जातिवाद की जड़ें वेदों में विशेषतः वेदों में प्रसिद्ध पुरुषसूक्त मिलती है, इसके अलावा चारों वेदों में अर्थात् यजुर्वेद-22, ऋग्वेद-16, सामवेद-7, और अथर्ववेद-16 मंत्रों में उद्धृत होने के प्रसंग मिलते हैं, जिसका अध्ययन और प्रामाणिकता को विश्लेषित करना भी दलित विमर्श का दायित्व बनता है। इसके अलावा प्रसिद्ध इतिहासकार रमेशचन्द्र दत्त के अनुसार भारतीय समाज तीनों वर्ण बाहर से आये आर्यों की संतान रही है, इसीलिए आर्य शास्त्रों में शूद्र जो भारत की मूल जाति रही है उन्हें दैत्य, असुर, राक्षस आदि शब्दों से सम्बोधित किया जाता रहा है जिसकी पुष्टि स्टैनले राइस, कैनेडी, राहुल आदि के लेखन से होने की बात कही है। जातिवाद की जड़ें ब्राह्मणवाद में होने के कारण ब्राह्मणवाद के अंत में ही जातिवाद का अंत और मानवतावाद का विकास परिलक्षित होता है, इसी कारण जातिबाद विरोधी प्रथमाचार्य चार्वाक ने प्रत्यक्ष ही प्रमाण सिद्धांतानुसार अपनी स्थापनाओं द्वारा जातिवाद का विरोध किया है। जिसे अध्ययन, मनन और चिंतन द्वारा आत्मसात करने की भी चुनौती दलित विमर्श का एक मुद्दा माना जा सकता है जिसके आधार पर भी दलित और दलित साहित्य की सही पहचान संभव है।

दलित विमर्श के सम्मुख एक महत्वपूर्ण मुद्दा दलित साहित्य को परिभाषित करने का भी रहा है, दलितों द्वारा लिखा गया साहित्य दलित साहित्य समाज के वहिष्कार, दमन व पीड़ा से उत्पन्न मुक्ति कामना का साहित्य, मनुष्य को मनुष्य न मानने की चोट का, वर्ण के बन्द कमरों में कैद बड़ी आबादी की मुक्ति का द्वार खोजने वाला साहित्य और आत्मबोध का साहित्य होने के कारण दलित साहित्यकारों में सर्वमान्य एवं बहुप्रचलित नाम रहा है, आज दलित साहित्य असमानता पर आधारित भारतीय समाज के बहुजन का साहित्य का रूप धारण कर चुका है, जिसमें विशेष रूप से कथा साहित्य का बहुआयामी रूप मिलता है, इस साहित्य के रूप की पहचान हेतु ओमप्रकाश वाल्मीकि ने सवर्णों द्वारा लिखे गये साहित्य का विरोध नहीं, अपितु उनके साहित्य को सहानुभूति का साहित्य माना है चूँकि उसमें भुक्तभोगी अनुभूति की प्रामाणिकता संदेहास्पद मिलती है अतः जयप्रकाश कर्दम ने सहानुभूति व जातिगत सरकारों से मुक्त होकर वर्णवाद के विरुद्ध आवाज उठाने की शक्ति से परिपूर्ण होने की बात कही है, इतना ही नहीं तुलसीराम ने दलितों के जीवन पर गैर दलितों द्वारा लिखा गया सहानुभूति पूर्ण साहित्य नकली कहा है। प्रेमकुमार मणि ने दलितों के जीवन पर दलितों द्वारा स्वानुभूति पूर्ण लिखे गये साहित्य को ही दलित साहित्य कहा है तथा दलित साहित्य के विरोध को पीड़ित मानवता का विरोध माना है। पुरुषोत्तम सत्यप्रेमी ने दलित साहित्य की उत्पत्ति अपमानित पीड़ा से होने की बात कही है। दलित साहित्य भावों की अभिव्यक्ति की प्रधानता के कारण न केवल स्वानुभूति का साहित्य बन कर रह गया अपितु उस पर कलात्मकता और सौंदर्य की दृष्टि से

कमजोर होने के साथ-साथ स्वाभाविक सौंदर्यबोध के स्थान पर जीवन यथार्थ की अभिव्यक्ति को प्रधान रूप में प्रस्तुत करने वाला साहित्य होने का आरोप भी लगाया गया है। साथ ही स्वाभिमान और आत्म सम्मान पाने हेतु संघर्षशील साहित्य को अनगढ, शिल्परहित व घटिया एवं बटवारे का साहित्य कहने की भी मानसिकता उजागर होती है।

अतः दलित विमर्श के सम्मुख दलित साहित्य त्ही स्वनात्मक तथा कलात्मक श्रेष्ठता को स्थापित करने और गैर दलितों द्वारा रचे गये साहित्य की परम्परा को स्वीकारने की समस्या रही है। इसके अलावा दलित मानसिकता का विरोध दलित साहित्यकारों द्वारा किये जाने और समता की लड़ाई के साहित्य को जातिवादी करार देने के कारणों की खोज करने की भी चुनौती है। इसके अलावा दलित विमर्श के सम्मुख दलित साहित्य के लक्ष्य को निर्धारित करना भी रहा है चूँकि दलित साहित्य का लक्ष्य अम्बेडकर चिंतन की स्वीकृति और हिन्दू धर्म का परित्याग कर बौद्ध धर्म की स्वीकृति और साहित्य के हथियार द्वारा समाज व्यवस्था के विरुद्ध संघर्ष करना तथा जाति विधान से ईश्वरीय विधान तक सामाजिक मनोवैज्ञानिक श्रेष्ठता-निम्नता पर आधारित हिन्दू पद क्रम के निम्न पहलुओं को अस्वीकार करना, जातिवाद और छूआछूत, सामाजिक वैषम्य और सामाजिक अन्याय की परिचायक मानसिकता, समाज, व्यवस्था और मूल्य बदलने का लक्ष्य रहा है। चूँकि दलित साहित्य दलितों के पहचान का साहित्य, जातिविहीन, नये समाज और मानवतावाद का साहित्य है अतः प्रो. चमनलाल ने दलित साहित्य के चिंतन पक्ष, आलोचनात्मक पक्ष, कलात्मक पक्ष और सौंदर्यबोधात्मक पक्ष पर गम्भीर लेखन की आवश्यकता को उजागर किया है।

आज दलित साहित्य अपनी आरम्भिक भूमिका में है अतः उसके प्रति आलोचनात्मक दृष्टि का प्रयोग कर स्थापित मान्य आलोचनात्मक मानदण्डों का प्रयोग करना और आभिजात्यवादी साहित्य के सौन्दर्य मूल्यों को आरोपित कर विश्लेषित करना दलित साहित्य के लिए घातक और अनुचित होगा बल्कि दलित विमर्श के सम्मुख दलित साहित्य के आलोचनात्मक प्रतिमानों की स्थापना हेतु मानदण्डों को निर्धारित कर दलित साहित्य के सौंदर्यशास्त्र, समाजशास्त्र और भाषाशास्त्र को निर्मित की विशद चुनौती भी है क्योंकि पीड़ा वेदना और उत्पीड़न की अभिव्यक्ति करने वाले दलित साहित्यकार से भोगविलासिता से परिपूर्ण शृंगारिक साहित्य की अभिव्यक्ति करने वाले आभिजात्यवार्गीय शिष्ट भाषा के प्रयोग की अपेक्षा करना अनुचित होगा। इतना ही नहीं दलित साहित्य लेखन के आरम्भ के पूर्व लिखे गये साहित्य को विश्लेषित करने से इस बात का बोध होने लगा है कि पूर्ववर्ती साहित्य दलित साहित्य लेखन की दृष्टि से किस सीमा तक प्रासंगिक है इस क्रम में तुलसीराम जैसे दलित चिंतकों ने पूववर्ती साहित्य की प्रतिबद्धता को लेकर प्रश्न उठाते हुए उसकी प्रतिकूलता को रेखांकित किया है जैसे तुलसी राम के अनुसार– प्रेमचन्द

का साहित्य दलित साहित्य नहीं माना जा सकता क्योंकि उनके साहित्य में दलित जीवन का चित्रण होते हुए भी दलित के प्रति सहानुभूति ही नहीं बल्कि दलितों का मजाक भी उठाया गया जैसे— कफन कहानी में दलितों का मजाक का श्रेष्ठ उदाहरण माना गया है। इसलिए दलित चिंतकों ने बौद्ध धर्म की स्वीकृति के कारण राहुल सांस्कृत्यायन को दलित-लेखक स्वीकार किया है। लेकिन दलित साहित्य जगत में प्रेमचन्द को नकार कर जाति की श्रेष्ठता के मानक स्थापित करने वाले दलित साहित्यकारों और चिंतकों पर नए प्रकार के ब्राह्मणवाद के विकास का आरोप लगाया जा रहा है। चूँकि दलित साहित्यकारों और चिंतकों ने प्रेमचन्द की दलित पक्षधरता और सहानुभूति को नकली मान कर दलित साहित्य की स्थापना के उद्देश्य को पूर्ण करने का प्रयास किया और साथ ही हिन्दी में दलित लेखन के आरम्भ में देरी का कारण सवर्ण प्रगतिशील लेखकों द्वारा निरन्तर दलित चेतना का प्रतिनिधित्व और समर्थन को माना है।

सवर्ण साहित्यकारों और आलोचकों ने गोदान में दलितों द्वारा ब्राह्मण के मुँह में हड्डी डालना के प्रसंग, शिवप्रसाद सिंह के आंचलिक उपन्यास अलग-अलग वैतरणी में सुगनी को परिणिता का अधिकार दिलाने के लिए दलितों द्वारा निकाले गये जुलूस के प्रसंग, रामदरश मिश्र के 'जल टुटता हुआ' में दलित कन्या लवंगी नारा उठाये गये यथार्थ को उद्घाटित करने वाले प्रश्नों तथा सवर्ण लेखकों द्वारा अतिदलित मेहतर जाति पर लिखे तीन उपन्यास-नाच्यौ बहुत गोपाल (अमृतलाल नागर), मोरी की ईंट (मदन दीक्षित), आखिरी साँस (यादवेन्द्र शर्मा चन्द्र) आदि के माध्यम से दलित साहित्यकारों और चिंतकों के दृष्टिकोण पर प्रश्न उठाते हुए दलित लेखकों द्वारा सवर्ण लेखकों की पक्षधरता की पूर्ण अस्वीकृति के कारण को जानने की जिज्ञासा व्यक्त की है। इतना ही नहीं रत्नकुमार संभारिया ने अपने लेख अपमान का द्योतक दलित साहित्य में लिखते हैं—दलित शब्द साहित्य की गरिमा को नकारता है, न साहित्य ही दलित होता है और न साहित्यकार, दलित जैसी भावनाएँ सृजन और सृजक को कुंठित करती है और शैलेश मटियानी ने दलित लेखक और दलित साहित्य लेख में अभिजातवादी लेखक की सामंती सोच को प्रस्तुत करते हुए दलित साहित्य के विरुद्ध नकार का षड्यंत्र रचा है।

डा. भीमराव अम्बेडकर के अनुसार- गुलाम को गुलाम होने का अहसास दिलाने पर प्रतिरोध भड़केगा अतः दलित साहित्य दलितों को उनके दलित होने का अहसास दिलाता और उसके कारणों से अवगत कर मुक्ति की प्रेरणा देता है और सामाजिक और धार्मिक अन्याय के विरुद्ध समता के लिए आक्रोशयुक्त संघर्षरत करने का मार्ग प्रशस्त करता है। अतः दलित साहित्य का मूल उद्देश्य दलितों के लिए सम्मानजनक स्थिति प्राप्त करना और उसके मार्ग में बाधक

सम्बन्धों और विश्वासों को समूल नष्ट करना रहा है जिसके लिए दलित साहित्य के विश्लेषण में वस्तुपरक दृष्टि के प्रयोग की आवश्यकता अनुभव की गयी है चूँकि दलित साहित्य का युगीन परिस्थितियों में लोकतांत्रिक दृष्टि से मूल्यांकन कम हुआ है। इसलिए दलित सौंदर्यशास्त्र और आलोचनात्मक मानदण्डों या प्रतिमानों को खोजने की आवश्यकता भी उजागर होती है इसके अलावा दलित साहित्य में अस्मिता के संकल्प और चुनौतियों के विश्लेषण के क्रम में दलित साहित्य में अभिव्यक्त भावों को साम्प्रदायिक और शिल्प की दृष्टि से कमजोर मानने की मानसिकता दलित साहित्य के विकास के लिए घातक दिखाई देती है। इस तरह की आलोचनाएँ न केवल दलित चेतना और साहित्य तथा संस्कृति के विकास के आंदोलनों को कमजोर बनाती है बल्कि सवर्णवादियों के इशारों पर दलित आंदोलन में सेंध लगाने वालों को अवसर प्रदान करती है। चूँकि अनेक सवर्ण चिंतक और आलोचक दलित साहित्यकारों की प्रतिभा पर प्रश्न चिह्न लगाने का षड्यंत्र करते दिखाई देते हैं इतना ही नहीं दलितों में पाठक वर्ग की सीमितता के आधार पर दलित साहित्य लेखन पर प्रश्न उठाने से भी बाज नहीं आते हैं। इसका मूलाधार सवर्ण विचारकों की आधिपत्यवादी, साम्राज्यवादी, अवसरवादी और अभिजात्यवादी वह मानसिकता रही है जो दलित साहित्य में अस्मिता के संघर्ष को अपने सुविधाभोगी साम्राज्य के लिए खतरे के रूप में देखती है। अतः दलित साहित्यकारों और चिंतकों के सम्मुख सबसे बड़ी चुनौती दलित मुक्ति अभियान की सफलता के लिए बाबा साहेब डॉ. भीमराव अम्बेडकर और दलित आंदोलन और संस्कृति के अन्य पुरोधाओं द्वारा प्रस्तुत चिंतन और विचारों के आधार पर दलित दर्शन, धर्म और संस्कृति का मार्ग प्रशस्त करने की दिशा में पहल करने और अपने बीच सक्रिय छद्म दलितों, अवसरवादियों तथा सुविधाभोगियों से दलित आंदोलन को सुरक्षा प्रदान करने की दिशा में संघर्षरत होने की रही है। जिसके लिए उन्हें दलित धर्म की परम्परा के सही रूप में होगा।

बाबा साहेब ने दलितों के लिए जिस दलित धर्म का मार्ग प्रशस्त किया है उसकी अपनी परम्परा के विश्लेषण से बोध होता है कि दलित धर्म का मूल उत्स बौद्ध धर्म में छिपा है। और बौद्ध धर्म अम्बेडकर की खोज रही है जिसे उन्होंने दलित धर्म के रूप में परिवर्तित कर दलितों को अपनी सांस्कृतिक विरासत से जोड़ा है। इस संस्कृतिक परम्परा में संत कबीर और संत रैदास दलितों को बौद्ध धर्म से जोड़ने वाली विरासत की कड़ी के रूप में दिखाई देते हैं, इन दलित नायकों ने गुरुभक्ति की स्थापना कर तद्‌युगीन समाज में व्याप्त छूआछूत और जातिवाद का विरोध किया है। इतना ही नही कबीर और रैदास ने दलित धर्म की स्थापना द्वारा हिन्दुत्व और इस्लाम दोनों से दलितों की रक्षा की है। इससे स्पष्ट होता है कि दलित धर्म की अवधारणाओं का सम्बन्ध

बौद्ध धर्म तथा कबीर इत्यादि दलित संतों की विरासत से रहा है। इस परम्परा में गुरु गोरखनाथ और गुरु नानक देव जी का भी महत्व स्वीकारा जा सकता है इन दोनों गुरुओं के प्रति दलितों में असीम श्रद्धा और पूज्य भाव मिलता है, दलित धर्म में वेदों में अनास्था, यज्ञविरोध, जाति भेद का खण्डन, वर्ण व्यवस्था का विरोध, गुरु की महत्ता स्वीकार करने की परम्परा, स्त्रियों की स्वतंत्रता की पक्षधरता, समतावादी समाज की स्थापना का लक्ष्य, निर्गुण निराकार ईश्वर के अस्तित्व की स्वीकृति, पुनर्जन्मवाद, अवतारवाद, स्वर्ग-नरक की धारणा अस्वीकृति, ब्राह्मणों की श्रेष्ठता और गुरु दीक्षा से इंकार, हिन्दू देवी देवताओं की पूजा से इंकार, भिक्षा का विरोध आदि विशेषताएँ मिलती है। चूँकि हिन्दू धर्म में गुलाम बनाये रखने की मानसिकता के विरुद्ध दलितों द्वारा किये गये विद्रोहों और मुक्ति के प्रयास के क्रम में उन पर किये गये अत्याचारों से स्पष्ट होता है कि हिन्दूत्व के धार्मिक आंदोलनों का मूल उद्देश्य दलितों को हिन्दू धर्म में बनाये रखना, दलित धर्म को विकृत करना और मिथ्या प्रचार द्वारा हिन्दू धर्म की धारणाओं का विकास करने की मानसिकता को बढ़ावा देना रहा है, इतना ही नहीं हिन्दू धर्म में दलितों को अज्ञानी और विवेकहीन बनाकर मूल धर्म से जुड़ने से रोकने की मानसिकता मिलती है। लेकिन दलित धर्म की विशेषताएँ उसके सिद्धांतों, मान्यताओं, विश्वासों और संस्कृति के विकास में जीवित रही है, जिसके आधार पर ही दलित धर्म हिन्दू व्यवस्था के विरुद्ध विद्रोह कर समतामूलक समाज के लिए संघर्ष करने का मार्ग दर्शन प्रशस्त करता है, वास्तव में निर्गुण ईश्वर की अवधारणा दलितों की सांस्कृतिक विरासत, क्रांतिकारी प्रतिरोध की संस्कृति के विकास की और जीवन संघर्ष की प्रेरणादायक शक्ति रही है।

आज दलित साहित्य विमर्श के सम्मुख अनेक वैचारिक मुद्दे हैं जिन पर विचार किये बिना दलित साहित्य अपनी अस्मिता के संघर्ष को आगे नहीं बढ़ा सकता दलित विमर्श में दलित जातियों की सामाजिक समस्या के समाधान हेतु उनके रीतिरिवाजों, परम्पराओं और सांस्कृतिक मूल्यों के अध्ययन की समस्या, बौद्ध धर्म से सम्बन्धों की खोज के आधार पर दलित धर्म द्वारा दलितों की समता की स्थापना को संभव बनाने की चुनौती प्रमुख रही है चूँकि दलितों के धार्मिक विश्वासों और कर्मकाण्डों से पृथक धर्म का अस्तित्व बोध होता है अतः दलित अस्मिता के महानायकों की प्रवृतियों के अध्ययन के आधार पर दलित धर्म की अवधारणा का मानदण्ड निर्मित कर दलित समाज को उसके अपने मौलिक दलित धर्म से जोड़ना होगा जिसके लिए दलित विमर्श को चाहिए कि वह दलित धर्म की पारम्परिक अस्मिता की खोज कर बौद्ध धर्म से उसके सम्बन्ध के मूल्यांकन करे और दलितों की सामाजिक समस्या को उनके धार्मिक-सांस्कृतिक मूल्यों और विश्वासों के आधार पर समाधान तक पहूँचाये और अध्ययन से प्राप्त निष्कर्ष पर आधारित दलित धर्म की स्थापना करे, इतना ही नहीं दलित संतों की मूल वाणियों में ब्राह्मणों द्वारा की गयी घपलों को उजागर

कर, संतों के चरित्रों के बारे में स्थापित भ्रामक गल्पों को समाप्त करने की दिशा में पहल करे और संतों के जाति निर्मूलन के स्थान पर जाति संस्थापक के रूप में स्थापित रूपों को ध्वंस कर उन्हें जाति निर्मूलक रूप में स्थापित करने की चुनौती को गंभीरता पूर्वक परिणति पर पहुँचाने की दिशा में सक्रिय होने की आवश्यकता है, इसके अतिरिक्त जाति के विनाश, जातिविहीन समाज की स्थापना की चाह, सामाजिक समता और सम्मान की प्राप्ति हेतु सामाजिक दृष्टि से विभिन्न धर्मों के अध्ययन द्वारा दलित संतों की परम्परा के रूप में दलितों में मौजूद धार्मिक और सांस्कृतिक मूल्यों का उभार कर दलितों को सम्मान पूर्वक जीवन जीने की राह दिखाने का उत्तरदायित्व दलित विमर्शकारों पर निर्भर है इसके अलावा दलित साहित्य में प्रस्तुत ईश्वरवाद से मुक्ति, वर्णव्यवस्था और जातिभेद से मुक्ति, देवी-देवताओं, अनुष्ठानों, तीर्थों, पूजापाठ से मुक्ति, स्वतंत्रता, समता और बंधुत्व के सामाजिक छद्म, सामाजिक परिवर्तन की स्वीकृति को उजागर कर वैज्ञानिक दृष्टिकोण से दलित धर्म की परम्परा और उसकी मौलिक अवधारणा और विशिष्ट तत्वों की सुरक्षा हेतु बौद्ध धर्म की स्थापना की अनिवार्यता को उजागर करने की आवश्यकता को रेखांकित करना होगा चूँकि बौद्ध धर्म द्वारा ही परलोकवाद, भाग्यवाद, पुनर्जन्मवाद, अवतारवाद, स्वर्ग-नरक, अलौकिक सत्ता के पाखण्डों से मुक्ति संभव है और यह धर्म अनार्यों के अनीश्वरवादी दर्शन के क्रमशः लोकायत-बौद्ध धर्म-सिद्धों-नाथो-संतों में विकास की पृष्ठभूमि लिये हुए है इतना ही नहीं लोकायक के भौतिकवाद और बुद्ध धर्म मध्यममार्ग को दलित संतों ने स्वीकार कर अनीश्वरवाद का विकास निर्गुणवाद के रूप में किया है, यही कारण है कि अधिकांश विद्वान दर्शन की दृष्टि से निर्गुणवाद को अनीश्वरवाद का ही पर्याय स्वीकार करते हैं, किन्तु दलित संतों की निर्गुणवादी धारा को ब्राह्मणवाद ने विकृत कर कबीर के दर्शन को हिन्दू धर्म में परिवर्तित करने का षड्यंत्र रचा है, अतः बाबा साहेब अम्बेडकर के द्वारा दर्शाये गये मार्ग का अनुसरण करते हुए बौद्ध धर्म को दलित धर्म के रूप में स्थापित करने की आवश्यकता का बोध होता है, बाबा साहेब ने बौद्ध धर्म में ही दलित धर्म के सिद्धांतों से पूर्ण संगति दर्शाई है, चूँकि बौद्ध धर्म ही दलित धर्म का नया रूप लेने में सक्षम है अतः कबीर, रैदास के दर्शनानुसार दीक्षा ग्रहण कर ब्राह्मणों द्वारा बौद्ध धर्म को हिन्दू धर्म के ही एक अंग रूप में प्रचारित करने, बौद्ध धर्म को दलित धर्म बनाने से रोकने के लिए बौद्ध धर्म के हिन्दूकरण की साजिश के तहत बुद्ध को विष्णु का अवतार सिद्ध करने और प्रचारित करने के षड्यंत्र के विरुद्ध संघर्षरत होने की आवश्यकता है, इतना ही नहीं कबीर, रैदास, महात्मा फुले, पेरियार, अम्बेडकर की परम्परा में दयानन्द सरस्वती, विनोबा भावे, गाँधी द्वारा भटकाव पैदा कर ब्राह्मणवाद को लाभ पहूँचाने के लिए किये गये प्रयासों के प्रति भी सावधान रहने की आवश्यकता उजागर होती है, इतना ही नहीं हिन्दू धर्म और दलित धर्म की भिन्नता को रेखांकित कर, दलित धर्म की

परम्परा की व्याख्या की समस्या का समाधान दलित विमर्शकारों को प्रस्तुत करना होगा तभी सही मायने में दलित समाज के समतामूलक समाज की स्थापना के स्वप्न को पूरा करने का मार्गदर्शन संभव हो पायेगा और साथ ही भक्ति आंदोलन और साहित्य की जाति उन्मूलन सम्बन्धी चेतना को भी रेखांकित करने की जरूरत है।

इसके अलावा दलित साहित्य के सम्मुख मुख्य चुनौती दोहरी संस्कृति के वास्तविक रूपों को उजागर करने की भी रही है, चूँकि अभिजात संस्कृति द्वारा प्राचीन संस्कृति के झूठे गौरव को जनसंस्कृति पर मंडित कर दो मूल्यों वाली संस्कृति को भारतीय संस्कृति के रूप में स्थापित करने का प्रयास होता रहा है, प्राचीन काल से भारतीय संस्कृति में दो वर्गों, दो मानदण्डों वाली मानसिकता और आचार संहिता प्रचलित रही है अतः भारतीय जनमानस को दो समाजों के सिद्धांतों पर आधारित जीवन जीने के लिए बाधित करने वाली व्यवस्था और दो मूल्यों, जीवन प्रणालियों, मानसिकता, सामाजिकता, राजनीतिक, प्रशासनिक और न्यायिक प्रणाली में विभक्त करने वाले षड्यंत्रों के विरुद्ध विद्रोह का मार्ग अपना कर अपने असंतोष और आक्रोश को व्यक्त करने वाला साहित्य दो रूपों अर्थात् दलित और नारीवादी साहित्य के रूप में अवतरित हुआ है। दूसरे शब्दों में कहें तो भारतीय संस्कृति का अर्थ सवर्णों की सेवा करने के लिए अभिशप्त दलित और पिछड़ों को छोड़कर सवर्णों की सुविधा, सुख और ऐय्यारी, वैभव के लिए रची गयी संस्कृति के अर्थ में लिया जाता रहा है, इसीलिए दलित साहित्य सवर्णवादी प्रतिमानों-मिथकों, मुहावरों को नकार कर नये प्रतिमानों, मिथकों और मुहावरों को गढने के प्रति कटिबद्ध रहा है। जबकि अभिजातवर्गीय साहित्य यथार्थ से असम्बद्ध, आनन्द में मत्त, संसार से निर्लिप्त और मुक्त, अपने में मस्त, दूसरों की असुविधा पर सुविधा भोगने वाली जातियों द्वारा ऐश्वर्य हेतु निर्मित, कुंठाओं, पीड़ाओं और सुख-दुख की चर्चा का साहित्य रहा है जिसमें आम आदमी के कार्यों और उनकी पीड़ाओं की चिंता कभी नहीं रही बल्कि साहित्य में उनकी चर्चा वर्जित रही, इसी कुंठित मानसिकता से परिपक्व चिंतकों द्वारा दलित साहित्यकारों की बराबरी की लड़ाई को मानवता के नाम पर मानव भंजक और जातिवादी करार देने का प्रयत्न होता रहा है, अतः कह सकते हैं– अभिजात वर्गीय साहित्य-स्वांतः सुखाय, आनन्द और संतोष के लिए रचित साहित्य रहा है और दलित साहित्य सच को सच सिद्ध करने और बदलाव लाने के लिए रचित साहित्य होने के कारण उसमें अनुभवजन्य यथार्थ पर आधारित, नये बिम्ब, मिथक और भाषा की संरचना से नई विधा और सौंदर्यशास्त्र के गठन को दशा और दिशा देने का प्रयास परिलक्षित होता है।

आधुनिक चिन्तन के आधार पर दलित साहित्य जातिव्यवस्था से ईश्वरीय विधान तक का विरोध करते हुए सामाजिक मनोवैज्ञानिक श्रेष्ठता-निम्नता पर आधारित हिन्दू पदक्रम के निम्नस्तरीय पहलुओं स्वीकारने से इंकार करता है, अतः दलितों के लिए

सम्मानजनक स्थिति प्राप्त करने और उसके मार्ग के बाधक सम्बन्धों और विश्वासों को समूल नष्ट करने की चुनौती दलित लेखन के सम्मुख रही है। इतना ही नही दलित साहित्य के सम्मुख भारतीय वर्ण व्यवस्था द्वारा परिचालित मानसिकता, समाज, व्यवस्था और मूल्यों को बदलने का नया सौंदर्यशास्त्र और नये मानदण्ड गढने तथा अस्मिताओं को प्रतिष्ठित करने का संकल्प लेने की चुनौती के साथ-साथ विकेन्द्रीकण और वैश्वीकरण के षड्यंत्र, उपभोक्तावाद और अपसंस्कृति से सामना करने की भी दोहरी चुनौती रही है। इसके अतिरिक्त दलित विमर्श के सम्मुख साहित्यिक समस्याओं के अन्तर्गत दलित साहित्य के नामकरण की समस्या, दलित साहित्य के पहचान की समस्या और दलित चेतना के विकास की समस्या, दलित साहित्य और आंदोलन के उद्देश्यों की प्राप्ति की समस्या प्रमुख रही है जिसकी दिशा में दलित विमर्श को सक्रिय होने की आवश्यकता है। तभी दलित विमर्शकार वैश्विक संदर्भ में होने वाले परिवर्तनों के अनुकूल दलित समाज के लिए जीवन को स्थायित्व प्रदान करने में सफल हो पायेगा चूँकि वैश्विक और उपभोक्तावादी विषमताओं से सही शिक्षा और प्रशिक्षण तथा मार्गदर्शन के अभाव में दलित नई तकनीक, मशीनीकरण और बेरोजगारी का शिकार होने लगेगा साथ ही विज्ञापनों की होड से उत्पन्न ललक द्वारा मध्ययुगीन सामंती समृद्धि के प्रति मोह की उत्पत्ति और अंधी आधुनिकता की होड द्वारा आधुनिक प्रसाधनों एवं उत्पादों को जीवन का लक्ष्य बनाने की मुहिम द्वारा दलितों को जड़ों से काटने के लिए होने वाले प्रयासों के प्रति भी सावधान होने की आवश्यकता पीरलक्षित होती है इसके लिए दलितों के सक्रिय सांस्कृतिक कार्यकर्ताओं की लोकप्रिय पुस्तकों, गीतों, आख्यानकों में पायी जाने वाली वैज्ञानिक इतिहास दृष्टि, वस्तुपरकता और प्रामणिकता की कमी को पूर्णता प्रदान कर दलित चेतना के प्रचार-प्रसार हेतु उनका उपयोग करने की दिशा में पहल करने की भी आवश्यकता है। अन्त में यही कहा जा सकता है कि— बाबा साहेब अम्बेडकर द्वारा दर्शाए गये मार्ग पर चलते हुए शिक्षित बनने, संगठित होने और संघर्ष करने में ही दलित साहित्य और आंदोलन की सफलता और शक्ति अन्तर्निहित है।

दलित : विशेष प्रसंगों की जातिवादी राजनीति

–डॉ. प्रमीला के.पी.

दलित शब्द के अर्थ के समाजबद्ध, परिवेशगत, जातिबद्ध एवं सैद्धान्तिक आयाम अन्तरानुशासिक होने के साथ साथ, भिन्न भिन्न भी हो सकते हैं। फिर भी इसको अकादमिक जरूरतों में 'सभी पददलितों' के सूचक के रूप में इस्तेमाल किया जाता है। सभी पिछड़े या किसी भी तरह शोषित कोई भी व्यक्ति या समुदाय इस तरह के अध्ययन की परिधि में आता है। हर समाज व प्रदेश के सांस्कृतिक व सामाजिक स्वरूप में प्रत्येक दलित की विशेषताएँ एवं समस्याएँ अलग ही हैं। दलित विमर्श का सबसे बड़ा वैचारिक द्वन्द्व सामान्य अर्थ में प्रयुक्त उसका व्यापक प्रसंग एवं अर्थ विस्तार है। व्यापक तौर पर जब हम उसका इस्तेमाल करते हैं तब वैचारिक अर्थ में उसका परिसर विस्तृत हो जाता है और वह समाज व समुदाय से उखड़कर सर्वव्यापी बन जाता है। वर्तमान परिसर में दलित विमर्शों की गतिविगतियों व परिसंवादों में इस तरह के व्यापक परिवेश से दृष्टिगत संकट एवं अन्तर्विरोध वर्तमान है। मुक्ति दर्शन के रूप में इस विमर्श पद्धति को, एकसाथ मनुष्य विशेष, जातिविशेष व सार्वदेशीय मनुष्य को समेटना पड़ता है। हालिया हिंदी के एक प्रसिद्ध चिंतक, जो दलितविमर्श में महत्वपूर्ण कार्य करते रहे हैं, पर जन्म से वे सवर्णकुटुम्ब के सदस्य हैं, के स्वागत में भरी सभा में एक बड़े प्रोफसर ने यह कहा था कि 'वे दलित साहित्यकार' है। स्त्री-पर्यावरण विमर्शों की तुलना में, भारतीय प्रसंग में जाति बेंजम के साथ दलित विमर्श का औपचारिक, अनौपचारिक व वैचारिक तालुक्कात, उसे अलग व सीमित परिप्रेक्ष्य देता है, जो सकारात्मक नहीं है।

दूसरे अर्थ में व्यापक या सार्वदेशीय विमर्श पद्धतियों का अहम महत्व हैं। व्यापकता एवं अनेकता को काफी सैद्धान्तिकों ने संभावना के रूप में देखा है। मगर परवर्ती चर्चा में यह भी जोड़ा गया कि विविधता या अनेकता नैसर्गिक है, वह कोई संभवना नहीं, एकदम प्रकृतिसिद्ध सार्वकालिक प्रवृत्ति है।[1] दलितावस्था से किसी भी मनुष्य की मुक्ति उसके अपने मानसिक, वैयक्तिक, पारिवारिक, समुदायिक व समाजिक स्तरों से शुरू करना होगा। उसके बाद ही व्यापक समानता की खातिर

अन्तर-समाजिक लेन-देन की राहें खुल जाएगी। मुक्ति या स्वतन्त्रता, अंततः वैयक्तिक अनुभव है, इसलिए व्यक्ति-व्यक्ति की मुक्तिकामना के अलग-अलग आयाम होंगे। पर जाति-वर्ण-वर्ग के आधार पर होनेवाले सामाजिक व सामुदायिक अत्याचार एवं अन्यताबोध के सामने एकजुट होने के दर्शन के रूप में दलित आंदोलन महत्वपूर्ण सामने आया। अब इसका राजनैतिक पक्ष अधिक मुखर है। इसका व्यावहारिक कारण यह है कि लोकतांत्रिक प्रणाली में वोट बैंक महत्वपूर्ण है। वोट बैंक को सुरक्षित रखने के लिए जाति या धर्म के सामुदायिक पक्ष को प्रक्षेपित करने का कार्य होता रहता है। यह सार्वदेशीय दलित अस्मिता के प्रतिपक्ष में जाता है, क्यों कि इससे जाति का सामुदसयिक-सामाजिक हाशियेकरण स्पष्ट दिखायमान होता है। इस क्रम में व्यावहारिक जीवन में दलित को, जनतांत्रिक परिसर में समान हैसियत हासिल नहीं होता, वह हमेशा 'विशेष स्तर रह जाता है। 'नागरिक' के समान दलित भी सामान्यीकृत संज्ञा है। पर कोई उसे गुलाम समझता है, कोई उससे डरता है, तो कोई उसे 'नाजायज फायदा उठानेवाला' मानता है। विशेष अधिकारों के नाम पर, राशन से लेकर छात्रवृति तक के सरकारी पैसों का सिर्फ जाति के नाम पर वितरण सम्पन्न हो जाता है, तो लोकतांत्रिक समाज में कई इनसे घृणा करने लगते हैं। कुछ समय पहले तक जाति को सार्वजनिक मुद्दा बनाने के लिए समाजवैज्ञानिक बोल रहे थे तो वे ही अब उसके विराट एवं सांप्रदायिक रूप के आगे हैरान रह जाते हैं। इसी सदर्भ में महादलितों का अमूलचूल शोषण होता भी रहता है, जिनमें सभी जाति-धर्म के लोगों के साथ दलित भी सम्मिलित है। पर महादलितों पर होनेवाले जुल्मों के इस पक्ष पर बात करने के बदले मात्र जातीय उत्पीड़न के पक्ष को प्रक्षेपित करने की रीतियाँ अधिक मिलती हैं। केरल में कुछ समय पहले 'दलित हयूमन राइट्स मुवमेन्ट' पर हत्या का एक मामला दर्ज हुआ। दलितों के इस संगठन पर आरोप आ गया कि ये उग्रवादी ग्रूप है। परवर्ती जाँच व विचार विमर्श में यह साफ हुआ कि इनकी समस्या समुदाय के भीतर ही उत्पन्न बाबुगिरी और गुंडागर्दी की है। जाति के नाम पर समुदाय को अलग रखने और उनकी गरीबी को उपकरण बनानेवाली मनुष्य विरोधी तत्व इस तरह अवर्ण समुदायों में बढ़ गया है। अपने भुजबल पर ये मनुष्यविरोधी, समुदायभर को डरा-धमका कर दबाते हैं। बाहर कोई इनके कार्ये में दखल नहीं देता, क्योंकि यह दलितों की वलयित बस्ती में प्रवृत्त होता है। समुदाय के बाहर के लोग या लोकतंत्रीय सत्ता की सरकार इनकी समस्याएँ नहीं देखती या उसका कोई अवसर नहीं होता। अत्याचार का सिलसिला इससे रूढ होता चलता है। एक या कुछ गुंडों की करतूतों के कारण दलित समुदाय को उग्रवादी घोषित किया गया। सच यह था कि यहाँ के दलित लोग अशिक्षा, गरीबी और सामाजिक उपेक्षा से त्रस्त भी थे। उन्हे यह भी पता नहीं था कि इन गुंडों से कैसे निपटाया जाना चाहिए।

कई प्रसंगों में, आरक्षण की अनुपेक्षणीय नीति प्रशासनिक अनुबंध के स्तर से गिर कर, एकदम आर्थिक उपादेयता और जाति को प्रकट-घोषित करनेवाली सरकारी पद्धति बन जाती है। राजनैतिक औजार या सामाजिक उपकरण के रूप में जाति को हर राजनैतिक संगठन इस्तेमाल करता रहता है। सामुदायिक नेता भी जाति के नाम पर स्थान, सम्मान व प्रशासन के अवसर हडपना चाहते हैं। प्रतिनिधित्व की खुशी में जाति की अपनी खुली पहचान हर क्षेत्र में बरकरार रखती है। तभी कई वर्षों तक प्रशासनिक अधिकार और सत्ता का संदर्भ मिलने पर भी दलितोद्धार से बढकर, खुद की मार्बिल की मूर्तियाँ खड़ा करने के लिए करोड़ो रुपये खर्च करनेवाली मुख्यमंत्री पर सर्वोच्य न्यायालय का दखल भी कुछ खास असर नहीं छोड़ पाता है। सार्वजनिक तमाशा यह भी कि इन मूर्तियों के संरक्षण की खातिर वही सरकार आगे भी करोड़ों रुपये खर्च करने को तुली रहती है।

एक ओर आरक्षण या दलित शब्द तक से अनभिज्ञ होकर अनेकों जाति-प्रजातियाँ इसी राष्ट्र में उपेक्षित एवं अज्ञात पड़े हुए रहते हैं। कई प्रदेशों में दलित जातियों के बीच में अछूत आदि सख्त व्यवहृत है। कई समुदायों में अन्तर्जातीय संबन्ध बिल्कुल नहीं है। गुजरात के गाँवों में हुए अध्ययनों के अनुसार निन्यानबे प्रतिशत दलितों में अछूतप्रथा फैली हुई है और 99.1 प्रतिशत गाँवों में अर्न्तजातीय विवाह पर सख्त रोकथाम है। यह आँकड़ा एकमात्र गुजरात की सच्चाई नहीं है।[2] यह धर्मनिरपेक्ष-लोकतांत्रिक राष्ट्र के समाजों व समुदायों में व्याप्त जातिगत असमंजस और धार्मिक अर्न्तविरोध का बयान करता है। ये अज्ञात लोग, कभी तथाकथित अर्थ में नागरिक या सबालर्टन नहीं बन पाते। अकादमिक बहस में दलित शब्द की व्यापक परिभाषा में इन्हें भी शामिल रखने की उदासीन रीतियाँ फैली हुई हैं, मगर ये कभी-व्यावहारिक तौर पर अकादमिक या राजनैतिक तख्त के आसपास तक पहूँचते नहीं। कई गोत्र-प्रजातियों के उन्मूलन की खबर सुनने को मिलती है तो कोई जातिवादी आवाज नहीं उठाते। उदाहरण के लिए अंदमान की आदिनिवासी प्रजातियाँ एक-एक होकर लुप्त हो रही हैं। अखबारी रपट के अलावा इन पर खास जानकारी उपलब्ध नहीं।[3] मतलब साफ है, आपकी जाति या आपकी सामुदायिक पहचान किसी को राजनैतिक लाभ देने का कारण नहीं है तो आप पर बोलनेवाला कोई नहीं होता है। इसी सिलसिले में जी सी स्पिवाक का आलेख 'कान सबालर्टन स्पीक'—क्या दलित बोल सकता है—महत्त्वपूर्ण होकर सामने आया। पर उसके संदर्भ में यह बताया गया कि स्पिवाक द्वारा परिभाषित मशहूर सबालर्टन -दलित-में आदिवासी या अन्य अब-ओरिजिनल्स शरीक नहीं है!

विलक्षण बात बताएँ कि मान्यताप्राप्त 'दलित' बने रहने के लिए जातिजन्य व सांस्कृतिक शर्तें मौजूद हैं। स्त्री को हम विशाल परिभाषा में 'दलित' खेमे में

डाल देते हैं मगर जाति से उच्च होने पर कोई स्त्री को दलित होने का कोई विशेष राजनैतिक-प्रशासनिक हक नहीं मिलता है। ऐसे में हाशिए में पड़ी अन्यान्य चेतनाओं-हिजड़ा, वेश्या, बालमजदूर आदि-की बात मात्र समाजविज्ञान की किताबों में सीमित है। उनके अन्यताबोध पर कोई नहीं सोचता है। भारत में इस तरह अलिखित या बनी बनाई परिभाषा के आधार पर दलित विमर्श की लंबी पंक्ति बनाकर रखी है और उपहास की बात यह है कि कोई इसपर विशाल लोकतंत्रीय दृष्टि से देखने का जोखिम नहीं उठाता है। मानव अधिकार के परिप्रेक्ष्य में मनुष्य को खड़ा करके विमर्श अपनाने के बदले हम किसी को जाति-धर्म या वर्ग-वर्ण का प्रतिनिधि बना कर विशेष अधिकार प्रदान करते हैं! यह कोई समतामूलक दर्शन थोड़ा ही है। सामाजिक असमानताओं से भरा राष्ट्र अकेले राजनैतिक जनतंत्र के बल पर आगे नहीं बढ़ पाता है, अम्बेदकर ने वर्षों पहले इसी बात की पुष्टि की थी। शिक्षित होने या संगठित होने के लिए उन्होंने आह्वान किया था, पर उनका ध्येय मात्र जाति के आधार पर, राजनैतिक जनतंत्र की पृष्ठभूमि तैयार करके सत्ता हथियाना नहीं था।

यह मानी हुई बात है कि स्वतःस्फूर्त दलित अभिव्यंजनाओं– अनपढ़, असभ्य, अशिक्षित और अंधविश्वासी– में व्यावहारिक जीवन संबन्धी दर्शन निहित है। परंपरा एवं वर्तमान के साथ अर्न्तजातीय संबन्धों व सामुदायिक लेनदेन को बढावा देना हर दलित लेखक का कर्तव्य है। आत्ममुग्ध लेखन में 'मैं और 'अपनी जाति' का उत्सव जब संभव होता है, तो उसकी जातीय सराहना होती है। पर धीरे धीरे इस जश्न के भीतर छुपी राजनीति की पोल खुल जाती है। आखर वंचित लोगों के लौकिक व व्यावहारिक ज्ञान के विशाल भंडार को गुणीभूत कराने के लिए कुछ नहीं करना और दुश्मन को पहले तय करके, प्रतिकार और आक्रोश की आवाज में बोलते रहना स्पष्ट रूप से कुछ प्रमाणित करता है। दलितों के नाम पर राजनैतिक बाबुगिरी भारतीय राजनीति की सामान्य बात बन गयी है।

सामान्यतः दलित या सर्वहारा के साथ होना या उनका खुलकर पक्ष लेना किसी भी साहित्यकार के लिए सुरक्षित रचनात्मक तरीका है। हर साहित्यकार सर्वहारा जीवन मूल्यों के संरक्षक होने-रहने के नाते सर्वहारा विषयों को लेता है और धर्मनिरपेक्षता के लहजे में लिखता है। दलितों पर लिखनेवाले साहित्यकार भी जातिवाद और सांप्रदायिकता के खिलाफ आवाज उठाने के क्रम में साहित्य रचते हैं। कभी वे अपने जाति-धर्म के संगठित प्रतिनिधित्व में कुछ लिखकर उसे 'साहित्य' का नाम देते हैं, प्रचारित करते हैं।[4] पर हर संगठित परिश्रम के समान जातिगत संभावनाओं के बीचोंबीच इनकी अपनी सामाजिक सीमाएँ व मानवीय संकट पैदा होते हैं। अन्यताबोध से उत्पन्न रचनाएँ और रचयिता भी जब संगठित राजनीति के प्रतिनिधि

बन जाती हैं, तब तक वे अधिकार एवं स्वामित्व की खातिर कार्यरत अलगाववाद की कुशल प्रचारिकाएँ बन जाती नजर आती हैं। वर्तमान में दलित विमर्श का सबसे बड़ा संकट यही विचारधारात्मक अन्तर्विरोध है। व्यावहारिक तल पर वे खुद उस लक्ष्य के विरोध में जाता है जिसका वे विरोध करते हैं, जिसे वे ध्वस्त करना चाहते हैं। दूसरे समाज और समुदाय को भिन्न और, कई संदर्भें में दुश्मन मानने का यह संकट उन्हें उस अधिकार और अलगाव की राजनीति का कार्यकर्ता बना देता है जिसके विरोध में उनका आदर्श कायम है। कोरे आदर्शवाद में राजनीति चलाने का अब जमाना नहीं रहा। सही है कि आधुनिकता और भारतीय नवजागरण की प्रवृत्तियों ने कई आदर्शों को संगठित-प्रचलित होने के अवसर दिए थे और उनके फलस्वरूप वर्गसंघर्ष के दर्शन को जबरदस्त सामाजिक मान्यता हासिल हुई थी। भारतीय परिसर में जाति के अन्यताबोध को तहसनहस करके, सामुदायिक संबद्धता तथा अस्मिता-रूपायन की तरफ दलितों की जीवनयात्रा तबसे तेज होने लगी थी। जनजातियों में कई अब भी पहचान विहीन और नगण्य रह जाने का अत्यन्त खतरनाक प्रसंग इसकी जातिकेन्द्रित यात्रा की पराजय को सिद्ध करता है। जिनकी सामुदायिक पहचान है, उनके राजनैतिक संगठन हैं, वे राष्ट्रीय एवं प्रशासनिक लेन-देन में सफल बन जाते हैं। उनके लिए भाषण देनेवाले-लिखनेवाले भी होते हैं। तर्क के लिए दलित शब्द की जातिनिरपेक्ष व्याख्या प्रस्तुत करनेवाले भी हैं, पर अस्मिता के जश्न के लिए 'समुदाय' या 'जाति' के स्थान पर उस शब्द का सीमित उपयोग-प्रयोग सबकहीं वर्तमान है।

हर साहित्यकार अपने को सर्वहारे का चितेरा या प्रगतिशील कहना चाहता है। यह साहित्यिक व वैचारिक दबाव साहित्यकारों पर हर युग में रहा भी है। वामपंथी दर्शन के प्रसार के कारण दबाव एक प्रकार की लाचारी-सा बन गया। इस तरह विचार करें तो रचना के पाठनिर्माण में साहित्य का अर्थ ही सर्वहारा-हित बन जाने के कई प्रसंग हैं। विपरीत में लोक और सर्वहारा परिसर से दूर होने से रचनाकारों पर वरेण्य होने का आरोप सुनने को मिलता हैं।[5] असल में दलित शब्द, जाति का उल्लंघन करनेवाला सामान्य नाम था, जबकि भारतीय प्रसंग में जाति इस विभाग के लोगों -की स्वत्व परिकल्पना के लिए अनिवार्य तत्व है। भारतीय समाज में इस विभाग के लोगों के सामाजिक, वैचारिक, राष्ट्रीय व सांस्कृतिक भूमिका को जातिसंगठन नियन्त्रित एवं नियत रखती है। इसी कारण से दलित होने का अर्थ उच्चवर्ण और ब्राह्मणों का दुश्मन बन जाता है। लोकतंत्रीय राष्ट्र में यह धर्मनिरपेक्षता के खिलाफ जानेवाली प्रकिया है। असल में हमारी जरूरत जाति के वर्चस्व को तोड़कर जाति व धर्म से निरपेक्ष समाज का निर्माण करना है। इसके लिए दलित के पक्ष में होने का अर्थ जातिवाद का दुश्मन होना भी है। कुछ समय से यही के अकादमिक, प्रशासनिक

व राजनैतिक परिसर में दलित को ही नहीं, हर समुदाय या जाति के सदस्यों को अपनी अपनी जाति का बोध होने लगा है। समय के आने पर हर मनुष्य, इसी कारण से भीड में जातिजन्य अन्यताबोध में धँस जाता भी है। बदतर यह है कि दो ब्राह्मणों के बीच में पहुँचनेवाला दलित जिस तरह के अन्यताबोध में धँस जाता है उसी प्रकार दो दलितों के बीच में पहुँचनेवाला ब्राह्मण भी 'अन्य' महसूस करता है, भले ही वह अपने को कभी किसी जाति का नहीं मानता है। दो जातियों के सदस्यों के बीच का यह जाति-संकट पुराने समय की तुलना में आजकल अधिक स्पष्ट है। यद्यपि दोनों सदस्य जाति-धर्म-निरपेक्ष व्यवहार करने और जीने का प्रयास करते हैं तथापि जातिव्यवस्था में पलते समाज में ऐसे अनेकों संदर्भ उभर आते रहते हैं जिनमें दोनों जातिमात्र के प्रतिनिधि बन जाते हैं। ग्रामीण समाजों को असंगठित -फाग्मेन्टेड-करने की दिशा में जाति का यह प्रचंड स्वरूप परिवर्तन गंभीर बहस का विषय है। यह प्रवृति साहित्यिक चर्चा में भी देखनेलायक है। गेल ओमवेद ने दलित पान्तेर्स के मानिफेस्टों को उद्धृत करती हुई लिखती है कि दलित, जातीय सूचनाओं का उल्लंघन करनेवाला शब्द है।[6] अतः धर्मनिरपेक्ष संविधान के नीचे प्रवृति जातिगत अस्मिता अपने आप में द्वन्द्वपूर्ण एवं अन्र्तविरोधी भी है। इसलिए कुछ संदर्भों पर 'दलित' काफी सुविधामय शब्द भी है, जिसमें जाति-धर्म के सीमित दृष्टिकोणों को दबा कर, उसके अर्थ को कुछ तो व्यापक आरी बहुल सूचित बनाया जा सकता है। संकट यह है कि वरेण्य या ब्राह्मणवादी व्यवस्था के विरोध में जाने के लिए उसमें भी जातिगत सूचनाएँ जोड़ना जरूरी बन जाता है। तभी उसमें विविधढंगी पददलितों व गोत्र संस्कृतियों का सम्मिलित प्रतिनिधान नष्ट हो जाता है।

दलित-सृजन की चर्चा में, दलित द्वारा अनुभूत एवं दूसरों से अनुवर्तित यथार्थ विवरणों को अलग-अलग मानने की रीतियाँ भी चलती हैं। संवेदनात्मक धरातल पर यह सब मानते हैं, तो भी अभिव्यक्ति पक्ष तक आते आते अनुभवी के दावे भी कभी कभी अनुवर्तितों के पीछे जाने के विरोधी प्रसंग मिलते रहते हैं। अतः दलित कौन है, इस प्रश्न के निर्मित वैचारिक उत्तर के समान दलित साहित्य क्या है, इस प्रश्न के भी कई आयामी उत्तर हो सकते हैं, इनमें कई अतिवादी भी निकल आते हैं। 'दलित' को आप विशेषण-शब्द मानते हैं तो उसकी सार्वजनिक संग्रथित परिभाषा रूपायित होती है। पर वह एक जाति की अस्मिता या पहचान सूचित करता है तो उसमें समायोजित बातों का प्रसंग काफी सीमित है। आजकल दोनों प्रसंगों में दलित शब्द का उपयोग है। सीमित सृजनात्मक परिसर की सूचना के लिए भी यह विशेषण शब्द जैसा प्रयुक्त होता रहता है। जाति से पुकारना या जाति पूछना कानूनी अपराध है, इसलिए दलित शब्द ने जातिवाचक संज्ञा का स्थान ले लिया। जाति को व्यक्त करनेवाले उपनाम या सरनेम को बदलने या

हटाने का आह्वान दलित के साथ दलितेतर लेखकों की कहानियाँ भी करती रहती है।[7] अर्थात् जन्मे जातिजन्य पहचान, समुदाय के बाहर आने-जीने पर भी आपको संकटग्रस्त बना देती है। वहाँ पर वह आपको अलग रखने का कारण बन जाती है। वह धुरंधर सच्चाई होकर, विषलिप्त स्वरूप में मनुष्य के लिए सर्वाधिक प्रिय चयन के अधिकारों व अन्तर्मानुषिक संबन्धों पर आक्रमण करती है। एत्निक प्रदेश संस्कृति में लिप्त होकर जीनेवाले लोगों के उद्धार के नाम पर उनसे अंग्रेजी पढ़ने का आह्वान भी इसी क्रम में आनेवाली अन्तर्विरोधी धारणा है।[8] अम्बेदकर से लेकर कॉचा इलय्या तक के विद्वानों ने दलितों से अंग्रेजी पढ़कर 'कामयाब' होने का आह्वान किया है। अंग्रेजी सिर्फ एक भाषा है, उसे अधिकार का मार्ग बनाने की चालाकी एकदम भिन्न कूटनीति है।

आधुनिकता और भारतीय पुर्नजागरण, सामान्यतः जागृति का समय था। इस समय में दलितोद्धार का द्वार पूर्ण रूप से और सही मायनों पर खोला नहीं गया, जो गलत था। साथ ही समाज सुधारकों की यह गलतफहमी थी कि व्यापक सामाजिक सुधार के सिलसिले में जातिगत अस्पृश्यता खतम होने की संभावना है। पर जातिनियन्त्रित समाज जीवन में उसकी पकड से, व्यक्ति पूर्णतः कभी बच नहीं पाता है। संविधान ने अनुसूचित जाति, जनजाति और आदिवासियों को विशेष अधिकार दिया था। अब इतने सालों के बाद फिर से उसपर देखा जाता है तो साफ पता चलता है कि विशेष प्रावधान देने के प्रशासनिक व राजनैतिक कार्य ने उस तबके के लोगों को थोड़ा बहुत आर्थिक संबल तो दिया ही है। पर साथ ही उसने भारतीय समाजों में पहले ही मौजूद जाति-विघटने को भी तेज कर दिया है। अलग अलग संदर्भों में ही सही, हर जाति के व्यक्ति को इस जाति-ध्रुवीकरण का शिकार होना पड़ता है। साथ में, आरक्षण के कार्यान्वयन की गतिविगतियाँ फिसल जाने के कारण जाति का स्वरूप प्रकट होता जाता है। सवर्णों को प्रतिनायकीय स्वरूप में उछालना और उनपर बराबर जातिचिंतन के पोषक होने का आरोप लगाना आदि से व्यावहारिक तौर पर मुँह मोड़ने के लिए, आजकल के उच्चजातियों में जन्मे नवयुवक अपनी जातिगत अस्मिता को छुपाते हैं और धर्मनिरपेक्ष जीने का पूरा प्रयास करते हैं। वे कभी अपने को किसी वर्ण या जाति का नहीं बताना चाहते हैं। जातिजन्य उपनाम जोड़कर पुकारे जाने पर, चिढनेवाले ऐसे नवयुवक हर शैक्षणिक संस्था में मिलते हैं। विपरीत में दलितों में कई ऐसे है कि जो जातिगत पहचान को हर जगह इस्तेमाल करते हैं और जातिसंकट को बढावा देते हैं।[9] सवर्ण विरोध का यह राजनीतिक खेल समाज को विषलिप्त कर देता है जो न दलित के हित में है, न और किसी के हित में।

प्रशासनिक प्रावधानों का जब विवेकपूर्वक अमल नहीं किया जाता है तब

सामाजिक ध्रुवीकरण बढ़ जाता है। तभी तो मनुष्य जीवन के लिए सुनिश्चित समानता, भाईचारा और सार्वजनिक सौहार्द आदि की जगह जातीय आरक्षण, अलग राज्य, विशेष बस्ती, भिन्न-भिन्न अधिकार और उसके लिए विशेष प्रावधानों पर सोचा जाता है। सबके कारण अब सामुदायिक संकट इतना बढ़ गया है कि जातिगत अस्मिता कोई छोड़ नहीं पाता है। दलित अपनी जातिगत पहचान से ध्वस्त पड़े हैं। उन्हें मुक्ति की सख्त जरूरत है। दूसरी छोर पर ब्राह्मण से पूछिए तो वे बता देंगे कि जाति-धर्मनिरपेक्ष जीने का उसका हर प्रयास जाति-व्यवस्था, किस तरह तबाह करती रहती है। धर्म निरपेक्ष जीने के पूरे श्रम के बावजूद जन्म के आधार पर जातिवादी घोषित किए जाने का खतरा हर सवर्ण मनुष्य के ऊपर मौजूद है। अपने को दलित खेमे के साबित करने के लिए ऐसे वैयक्तिक एवं घिनौने आक्रमण करनेवाले आजकल हर संदर्भ में उभर आते हैं! कोई इस सांप्रदायिकता के विरोध में नहीं बोल पाते, कुछ कर पाते। तलीय दृष्टि में देखा जाता है तो धर्मनिरपेक्ष हो या धार्मिक, दलित हो या ब्राह्मण, जाति व्यवस्था में पलनेवाले नागरिकों व सामाजिकों के विविध आयामी कार्यों व निर्मित पहचानों में जाति का धब्बा अनैतिक एवं अयाचित ढंग में प्रयुक्त किया जाता है, जिससे वे बच नहीं पाते हैं। अधिकाधिक संदर्भों पर यह उसके नियन्त्रण के बाहर की बात होती है। तब भी किसी को इस बात पर शंका नहीं होगी कि जाति-धर्म से निरपेक्ष होने के वैयक्तिक व नागरिक प्रयासों का स्वागत होना चाहिए और जाति चिंता को प्रकट एवं प्रयुक्त की जानेवाली कारगुजारियों की निंदा होनी चाहिए।

गाँधीजी ने जाति को अस्पृश्यता के रूप में भी देखा था और उससे पिंड छुड़ाने के लिए उन्होंने 'हरिजन' शब्द की अभिव्यक्ति दी। पर विडम्बना कहें कि परवर्ती विकास में हरिजन, दलितसूचक संज्ञा बन गया। 'दलित' उस परिप्रेक्ष्य में अगला सवर्ण शब्द प्रयुक्त होने लगा। अकादमिक एवं सांस्कृतिक चर्चा में अम्बेदकरवादी इसे सवर्ण शब्द मानते भी हैं। अच्छा यह है कि जातिबद्ध दीनताओं व विषमताओं की सूचना उस शब्द से नहीं मिलती है। वैसे ही दलित सर्ववाची शब्द के रूप में प्रयुक्त है, जातिजन्य यथार्थ एवं संवाद की संभावना उसके बाहर रह जाती है। भारतीयपरंपरा में दलित एकोन्मुखी संज्ञा नहीं बन सकता है। अम्बेदकर ने राजनैतिक एकजुटता के लिए दलित-राजनीति का प्रवर्तन किया था। अत यही पर दलित जातिवाचक सर्वनाम है। पर अन्तर्राष्ट्रीय अकादमिक परिदृश्य में वह सामान्य सर्वनाम बन जाता है। दलित, लोक आदि शब्दों में अनेकता एवं बहुलता का अनुगूँज जरूर मिलता है, विशेष या अनन्य होने का अंदाजा कम। इस तरह दलितों के इतिहासवाचन के कार्य में उनकी जातिगत-समुदायगत सीमाओं व नकारात्मक प्रवृत्तियों को बाहर रखने के विपरीत,

राष्ट्रीय या वैश्विक परिसर में उन्हें अलग मानने और अ-छूत घोषित करने का एकदिशात्मक एवं आक्रोशात्मक अभियान शुरू हुआ। बाद में कुछ लोगों ने इस ऐतिहासिक भूल को ठीक तरह से पहचाना और उन्होंने विपरीत में हुए सामाजिक परिष्कर्ताओं के सकारात्मम जनहितैषी कार्यों का आकलन भी किया था।[10] पर उनके मंतव्यों को भी सांप्रदायिक दृष्टिकोण में तोड़ा-मरोड़ा गया, धीरे धीरे वैश्विक परिसर में, सबालर्टन शब्द रूढ होता गया और भारतीय प्रसंग में, 'दलित' इसका समानार्थी प्रयोग उपयुक्त किया गया। धर्मनिरपेक्षता को ऐलान करनेवाले इस देश में अब भी दो जातियों का सम्मेलन या जाति के भीतर की उपजातियों का समायोजन दूर की बात है। दलितों की सांस्कृतिक एकजुटता इस अर्थ में दूर का आदर्श बन जाता है जैसे कि बेनेडिक्ट आंडेर्सन ने राष्ट्रीय एकता या राष्ट्रप्रेम के संकल्प को वायवी या आदर्शवादी सपना मान लिया था।[11] यह भी सच है कि बहुजातीय देश में सामाजिक न्याय का कागजी बयान जितना आसान होता है, उनका व्यावहारिक अमल उतना संकटपूर्ण होता है। वैश्विक स्तर पर सबालर्टन समस्याओं को मानव अधिकार संबन्धी प्रसंग माना जाता है, पर यह मत भूलना चाहिए कि किसी भी जाति या वर्ण-वर्ग के उपेक्षित प्रतिनिधि 'वैश्विक मानव' के मापदण्ड तक कभी नहीं पहुँच पाता है! समय व काल के पटल में उसका न कोई नाम या काम दर्ज है, न जगह। इसलिए यह बताया जाता है कि सबार्लटन या दलित, जातिजन्य कटुता से काफी ऊपर परिलक्षित होनेवाला संचित वैचारिक स्वरूप भी है।[12]

अहं की स्थापना और आत्म का आत्मेतर से संघर्ष हर दलित रचना की सामान्य खासियत बताई जाती है। सामान्य अर्थ में दलित रचनाएँ स्व-वर्गीय पहचान छोड़ता भी है। पर सूक्ष्म वाचन में यह स्पष्ट होता है कि उनका 'स्वं किसी एक विशेष जाति या समुदाय का प्रतिनिधान है। अर्थात् सृजन में वह सामान्य होने के अन्दाज में जाति की भी स्थापना कर देता है। बाहरी तल पर उसका स्वरूप सार्वजनिक पददलित के प्रतिनिधित्व में है तो भी उसकी भीतरी खींचतान, जाति-विशेष का राजनीतिक अभियान स्थापित करने की दिशा में कार्य करती है। इस तरह के आत्मकथ्यों से भरी कई रचनाएँ, विशेषकर आत्मकथाएँ, खूब चर्चित हुई। उपेक्षित दयनीयता और जातिजन्य संकटों को उतारते रचनाकार इनमें भावविभोर होकर आत्म में अभिभूत दिखते हैं, आत्म को प्रक्षेपित करने की प्रकिया में वे सामुदायिक व सांप्रदायिक औजारों को अपनाते हुए नजर आते हैं। साहित्य दलित हो या दलितेतर, सांस्कृतिक प्रतिनिधित्व में महत्वपूर्ण भूमिका निभानेयोग्य दखल है या उसे ऐसा होना चाहिए। यह तो सब मानते होंगे कि नानाविध संस्कृति से बढ़कर जातिगत अनुभव साहित्यिक काम में आते हैं तो संग्रथन या समायोजन के बदले अलगाव और अन्यताबोध अधिक जाग जाते हैं।

एडवेर्ड सईद ने 'ओरिएन्टलिज्य' में व्यक्त किया है कि अनुभूत यथार्थ या अनुभव जैसा कुछ नहीं है। सबकुछ क्रमशः रूपायित और विन्यस्त है। सबकुछ उपकरणात्क है। हर एक के सामाजिक स्तर के अनुरूप उसका स्थान व मान निश्चित किया जाता है। कुछ अंश उसमें सार्वकालिक रहते हैं, साथ ही अपने अनुभव एवं रुचि के आधार पर लोग उनसे नए नए रूप निर्मित करते हैं, आगे बढते हैं।[13] पूरी किताब के पुर्नवाचन के दौरान जी सी स्पिवाक ने जोड दिया था कि सईद की किताब हाशिए के अनुभवों पर नहीं है, हाशियाकरण को लेकर भी नहीं है, वह एक स्वरूप के निर्माण का अन्वेषण और उनपर सामाजिक नियंत्रण ों की परख पर है।[14]

सामुदायिक प्रतिनिधित्व की आड़ में 'मैं' का उत्सव जब संपन्न होता है तब आत्मकथा एकदम एकतरफ की रचना बन जाती है। धीरे धीरे इन रचनाओं का सामाजिक दखल कमजोर हो जाने का यही कारण है। मैं की स्फूर्ति, ऊर्जा और निकटता पहले दफा लेखन की शक्ति को व्यक्त करती है तो कुछ समय बाद वह आत्म के प्रक्षेपण की स्वार्थनीति बन जाती है। लेखक के स्व के साथ सामाजिक व सामुदायिक प्रतिनिधान का संघात पैदा नहीं होता तो इस तरह की रचनाओं का महत्व नहीं रहता। आत्मकथात्मक रचनाओं की सबसे बड़ी समस्या यह है कि उनकी अन्दरूनी क्षमता आत्ममुग्धता में बह जाती है। आत्म के प्रक्षेपण को ध्यान आकर्षित करने की लेखननीति बताई जाती है। पर सच तो यह भी है कि हर लेखक, रचना के आख्यान में जानेअनजाने खुद को स्थापित कर देता है। काव्यशास्त्रीय नियमों तक को वे अपने पक्ष में खड़ा किया जाता है। विपरीत में सोचें तो लेखक-पात्र और पाठक-आलोचक आदि के आदान-प्रदान और वैचारिक लेन-देन के बिना कोई रचना आगे जीवित नहीं रहती है। अर्थात् कहानी आत्म की हो या अन्य की, चर्चा एकदम सीमित वैयक्तिक अनुभव की तरफ नहीं बढ़नी चाहिए। कफन पर होनेवाली निरंतर चर्चा देखें। पक्ष में हो या विपक्ष में, कफन दलित एवं दलितेतर दोनो छोरों को जाग्रत रखनेवाली रचना है। रचनात्मक जागृति की बात करें तो कफन का यही उत्कर्ष, रचनाकार के नाते प्रेमचंद की अपराजेय सृजनशक्ति का प्रमाण देता है!

कहने का मतलब यह है कि दलित अनुभव के अभिलेखीकरण की खातिर जब रचना को सामुदायिक या जातीय खाँचे में सीमित करने लगता है, तब उसका स्व और अनुभवक्षेत्र उसी के अनुरूप सिमटने लगता है। संवाद और प्रतिवाद को जगाने की जगह 'विशेष या 'आरक्षित' के अलग अनुभव के रूप में लोग उसे छोड़ देते हैं या सिर्फ औपचारिकता में पढ़ते हैं। इसी सिलसिले में होशियार संपादक व उनकी संस्थागत पत्रिकाएँ विदेशी फटिंग पाने के लिए 'दलित अंक' निकालती

हैं। सिर्फ साहित्यकार ही नहीं, पत्र-पत्रिकाएँ भी दलित स्वर की औपचारिकता को खूब निभाती प्रतीत होती हैं और अपने को दलित के पक्ष में रखने का राजनैतिक कार्य पूरा करती हैं। सामाजिक समानता को व्यक्त करनेवाले लोकतंत्रीय प्रसंगों को ढूँढ निकालने के बदले अलगाव और द्वन्द्व संपन्न होता रहता है। रचनाओं में मिलनेवाला 'मैं' के प्रक्षेपण में अलग व विशेष जातीय पहचान पाने का लालच भी प्रकट मिलता है। पर सोचेंगे तो सबको यह मालूम होता है कि मैं का कोई जातीय स्थायित्व भी नहीं है, वह समय व संदर्भ के अनुसार निर्मित, रूपायित, विकसित व प्रवर्तित व्यवहार स्वरूप है। इसलिए उसके नाम पर होनेवाले आत्मानुभवों का एकोजखी प्रक्षेपण एकदम उबाऊ वृत्ति है।

मात्र किसी जाति का समर्थन करना साहित्य का लक्ष्य नहीं होता। पददलितों के साथ होने के आह्वान करनेवाले तथाकथित प्रगतिशील रचनाकारों ने यह गलतफहमी फैलाई है। जातिव्यवस्था और धार्मिक कट्टरता पर विरोध जताने के बदले उन्होंने ब्राह्मणों का सामुदायिक व वैयक्तिक आक्रमण जारी रखा। रचनाओं को भी इसी पूर्वधारणा पर परखा, पाठाश्रित आलोचना पर ध्यान नहीं रखा। इस मायने से प्रगतिशील होने की पूर्वनिर्धारित स्थापनाएँ हैं। एकोन्मुखी जीवन या उसपर रचनात्मक सहयोग राजनैतिक अर्थ में उपयुक्त-प्रयुक्त होता रहता है। सोचने पर पता चलता है कि प्रत्येक रचना पर नए-नए पाठनिर्माण जरूरी है और यह साहित्य के पक्ष की बात है। साहित्यकारों की खेमेबंदी व स्वार्थ राजनीति में पाठ निर्माण स्वार्थलिप्सा से अभिप्रेरित होता है। औपचारिक प्रतिनिधित्व की दिशा में दलित रचनाएँ हर पत्रिका को अलंकृत करती हैं। यह भी लगता है कि पत्रिका की भीतरी सामग्री प्रतिनिधित्व के हठ में संसद या विधानसभा के अनुरूप कृत्रिमता को अख्तियार करती है। प्रतिनिधित्व की रक्षा मात्र संख्या की बढोत्तरी या उपस्थिति की कृत्रिमता से नहीं होती, सान्निध्य का अर्थ उनके सांस्कृतिक हस्तक्षेप व साहित्यिक लेन-देन से प्रवृत्त होता है। इस पर कोई सोचता क्यों नहीं?

पददलितों की रचनाएँ प्रतिनिधित्व को लेकर भी है, होनी चाहिए। इसलिए स्त्री आत्मकथा, दलित आत्मकथा आदि को व्यक्ति से बढकर समुदाय या वर्ग को केन्द्र बनाकर रचनी चाहिए। सामुदायिक कर्तव्य के नाम पर आत्म की दीनता और मानसिक विच्छिन्नताओं का प्रसारण होता है, तब पूरी रचना में आत्म और कथा की अलग अलग पहचान अनिवार्य बन जाती है। कोरे आदर्शवाद से मुक्ति से ही रचना के सकारात्मक व नकारात्मक भविष्य के द्वार खुलते जाएँगे। दलित रचना होने की पूर्वनिश्चित शर्तें तय करके साहित्य को डिब्बाबंद करने का कार्य जोरों पर है। सच तो यह है कि किसी भी दलित रचना के विविधढंगी कभी दलितविरोधी वाचन भी-- संभव हो सकता है, होना चाहिए। यह गैर-दलित रचनाओं को लेकर ही अब

होता रहता है। यही यह स्पष्ट करना है कि तथाकथित दलित रचनाओं के भी दूसरे या विपरीत पक्षीय विमर्श आने का समय हो गया है। जन्म से दलित होने पर भी रचना में सवर्ण उपबोध होता है तो उसे खोलना विमर्शकार का काम है। दलित होने के प्रमाण में 'मेरी प्रत्येक रचना में अम्बेदकर का जिक्र रहता है' कहने की लाचारी अत्यंत विपर्ययी है।[15] खेमेबंद आलोचकों व संपादकों की प्रशंसा और जाति-धर्मगत पाखंड़ों से मिलनेवाले पुरस्कार, वर्तमानकाल के साहित्यिक-राजनैतिक चंडूखाने का अनिवार्य अंश है। मीनाक्षी मुखर्जी भारतीय दलितलेखन के प्रसंग में दया पवार, लिंबाले, बाबुराव बगुल आदि के कार्यों पर चर्चा करती हुई एक अहम बात सामने रखती हैं। दया पवार की बेटी प्रादना लोखण्डे, जो कि दलित कविता की दूसरी परंपरा में शामिल पुरस्कृत युवाकवयित्री हैं, के दोनों काव्य संकलनों का दलित लेखकों ने धिक्कार किया है। दलित लेखकों की राय में प्रादना की कविता दलित कविता नहीं है। प्रादना का कहना है कि प्रथम पीढ़ी के लोग जिस तरह के अन्याय व उत्पीड़न के शिकार रहे थे, वे प्रादना के सामने नहीं है। अतः उनका स्वर अपने संदर्भ के अनुसार शांत एवं संकलित है। उसका यह भी प्रश्न है कि सामाजिक परिवर्तन एवं सामुदायिक परिष्कार की जगह मात्र आक्रोश दर्ज करने से दलितकविता की पूर्ति हो जाएगी क्या?[16] महानगरों में जाति की पहचान उस अर्थ में नहीं होती, जिस अर्थ में गाँवों में होती है। शहरीकरण की तरफ मुड़नेवाली भारतीय गाँवों की स्थिति जंगली व दूरदराज के इलाकों से भिन्न है। इस तरह गोत्र संस्कृतियों व आदिवासियों की दलितावस्था भिन्न आयामी है। राजनैतिक, अकादमिक व प्रशासनिक परिसर में संगठित राजनीति के अभियान के रूप में अब जो वैयक्तिक एवं जातिवादी आक्रमण 'दलित विमर्श के नाम पर हो रहे हैं, वह न दलित के पक्ष में हैं, ना ही साहित्य के पक्ष में। यह जातिवाद का खुला बयान है। ध्यान आकर्षित करने या आत्मसमर्थन के रूप में इसके पक्ष में वाहवाही होती रहती है पर जातिचिंतन भड़कने में उसका जो घटिया कार्य है, उसका अंतिम फल सामाजिक आतंक का होता है। एक विभाजन का घाव भारतीय आत्मा गये अभी तक भरा नहीं है, तभी हम अनेकों विभाजनों का रास्ता लोग खोज रहे हैं।

दलित व दलितेतर विशेषणों से जुड़ा सबसे अहम मुद्दा अनुभूत यथार्थ को लेकर है। मात्र अनुभव से साहित्य पैदा नहीं होता, उसके लिए परिस्थितियाँ होनी चाहिए, पृष्ठभूमि खोजनी पड़ती है। मान लें कि पददलितों को आवाज देने का कार्य दलित साहित्यकार करता रहता है। सूक्ष्म अर्थ में शिक्षित दलित और अशिक्षित दलित एक जैसे नहीं हैं। शिक्षा मनुष्य को उठाती है। यह जरूरी नहीं कि औपचारिक शिक्षा से मनुष्यत्व की पूरी रक्षा हो जाएँ। उल्टे में शिक्षित होते ही कपट होकर भ्रष्टाचार करनेवालों की तादा देखने को मिलती है। नाम कमाते ही रचनात्मक चोरी करके, पद

एवं पवर के बल पर अपने स्थान-सम्मान बढानेवाले साहित्यकार को कैसे 'दलित' माना जा सकता है। इनकी रचनाओं को दलित अनुभव की अभूतपूर्व दास्तानों से 'अनुमति निर्माण' का कार्य भी संपन्न होता है। हम यह भूल जाते हैं कि आत्मकथा सहित सभी साहित्यक रचनाएँ, निर्मित या विनिर्मित सच को ही पेश करती हैं। जीवनभर अन्यताबोध में गुजरे एडवेर्ड साईद ने इस बात की पुष्टि की है कि कोई भी रचना या संस्कृति 'अलग या 'अछूत' नहीं होती है।[17] दलित साहित्यकार भी लेखन सहित, नागरिक जीवन की संभावनाओं के साथ अपना कार्य करता है जो उसे समाज में उपलब्ध है। यह अनिवार्य नहीं है कि अनुभूत यथार्थ की खातिर कोई कुछ संकट उठाता हो। रचना के अभिधार्थों पर अभिभूत होने के बजाय हर रचना के पाठाश्रित वाचनों का स्वागत करना होगा। रचनाकार को जाति या धर्म का प्रतिनिधित्व देना रचना के पाठ को सीमित करना भी है जो विमर्श की अविरल संभावनाओं को खत्म कर देती है। अंततः यह रचनात्मकता समाज के खिलाफ जाने की प्रकिया बन जाती है।[18] विशाल साहित्यिक दुनिया में अपनी आवाज दर्ज करने में चूकनेवाले साहित्यकार भी कभी दलित के साथ होकर सुरक्षित हो जाते हैं तो उसपर ध्यान देना चाहिए। यह दलित की अवमति के साथ साहित्य का भी अपमान हैं। इस तरह दलित विशेषण जोड़कर रची जानेवाली रचनाओं का पुर्नपाठविश्लेषण अब के समय की जरूरत है।

साहित्य या रचना की अपनी एक देहभाषा होती है जो पाठाश्रित होकर निखर आती है। हीनता, आत्मग्लानि, और अहं से ग्रस्त रचनाएँ भले ही पहले वाचन में स्वत्व व अस्तित्व का अंदाजा जगाती है, दूसरे वाचन में नए अर्थ एवं सच्चाईयों को सामने लाती हैं। प्रकृति से जुड़े जीव के रूप में पसीना और कालापन, हर जाति या झुंड के मनुष्य के लिए अनिवार्य है। इस नैसर्गिकता के साथ हर मनुष्य को जीना है। बदले में इन्हें अपनी जातिमात्र की अनन्यता स्थापित कर देने का प्रयास होता है तो वह किसी स्वस्थ एवं सुरक्षित सामाजिक जीवन का रास्ता नहीं खोल देता है।

गोरी नीतियों से भरे पुंसवादी समाज की स्थापना का अपना घिनौना इतिहास है। उनके द्वारा की गयी मनुष्य की परिभाषा और उसके संदर्भाश्रित अर्थ के आगे मनुष्यत्व की व्याख्या जरूरी है जिसे अबके समय में दलित रचनाओं को उठानी है। अतः नए संदर्भ एवं लोकहित के अनुरूप उन्हें आगे के मनुष्यत्व की जाति-धर्म निरपेक्ष परिभाषा उपलब्ध करनी है। दलित को मनुष्यत्वहीन प्रक्षेपित करना ठीक नहीं है, क्योंकि यह सापेक्ष एवं सीमित सत्य है। उनकी अपनी बताई जानेवाली शुतुरमुगीछृवृत्ति भी दूसरे वर्ण एवं वर्ग के मनुष्यों में दिखाई पड़ती है। जाति एवं वर्ण के आधार पर मनोवैज्ञानिक मुहर लगाने की प्रवृत्ति न किसी को बड़ा बनाती

है, न किसी को छोटा। दलित नाम पर ऐसा अतिक्रमण मनुष्यत्व की हितकारी प्रवाहमयता के खिलाफ है।

कालापन के सौंदर्यदर्शन के रूप में जातिगत अभियान चलाना या जुलूस निकालना सीमित राजनीति का प्रमाण है। आत्मग्लानि या आत्मरति जातिजन्य प्रवृत्तियाँ नहीं है। दलितावस्था के साथ सवर्ण मानसिकता को भी स्थिर एवं पूर्वनिर्धारित करनेवाली रचनाएँ बहुत निकलती हैं। गरीबी, अन्यताबोध, कालिमा, आरक्षण, उपेक्षित जीवन, सवर्ण अत्याचार आदि इनमें वर्णित हैं। ये मुक्ति का मार्ग खोजता नहीं, या तो आसपड़ोस को कोसता रहता है, नहीं तो विरोधी आंदोलन का आह्वान करती हैं। संगठित होने का आह्वान भी कम नहीं है। प्रश्न यह उठता है कि इस विषय पर क्यों कोई कहानी नहीं लिखा जाता है कि अपनी प्रतिभा एवं क्षमता के बल पर कोई दलित लड़की या लड़का भारत के राष्ट्रपति पद तक पहुँच पाता है। इस समाज में ऐसे भी अनेक उदाहरण हैं, अपनी प्रतिभा एवं बुद्धि के कारण कोई जन्म से पिछड़े होने पर भी कार्यकुशलता के बल पर वह उन्नत पद पर पहुँच जाता है। ऐसे भी हमसफर हैं जिन्होंने आरक्षण या दूसरे विशेष अनुबंध की सहायता को छोड़कर, खुद के प्रयासों पर लक्ष्य हासिल करते हैं। आरक्षण या विशेष प्रावधान अवसरहीनों के लिए लक्षित प्रशासनिक प्रविधि है। अब यह बिलकुल वोटबैंक की खातिर प्रयुक्त जाति-धर्म समर्थकों का राजनैतिक उपकरण बन गया है।

जगह खोजना एक प्रकार से अब तक के अप्रत्यक्ष एवं अनुपलब्ध अवसरों को खोजना भी है। मात्र राजनैतिक अवसरों से सामाजिक, पारिवारिक और मनोवैज्ञानिक स्तर ऊँचा नहीं होता। व्यक्ति की कार्यकुशलता उसे नए अवसर तक पहुँचा देती है। उस समय की संस्कृति में प्रत्यक्ष-अप्रत्यक्ष वर्तमान सवर्ण वर्चस्व की पोल खोलने में कबीर का कार्य था, प्रेमचंद का भी। इनकी रचनाओं का महत्व यह है कि इनसे संशय भी उठते हैं। पर संशय को भी खत्म करनेवाले सनसनी और जातिवादी निष्कर्ष कभी कभी दलित कार्ड पर लिखनेवाले सामने-रखते हैं। यही हरकत लेखक व आलोचक के साथ रचना और आलोचना को 'मनुष्यत्व-विरोधी' बनाती है।[19] साहित्य का विनिर्माण, विषय से बढ़कर विषयी की मानसिकता एवं सांस्कृतिक उद्देश्य को बाहर लानेवाली प्रकिया है। इसलिए दलित मुखौटे में या जन्मसिद्ध प्रतिनिधित्व में अपनी मानसिक काई को लिख देने से साहित्य का ध्येय संपन्न नहीं होता। कम प्रसिद्ध लेखक की रचना से चोरी करना[20], नाम और पद के बल पर दूसरे लेखक को तंग करना[21] आदि साहित्यिक साजिश दलित खेमे में भी सामने आई। दलित आंदोलन का सच्चा प्रवक्ता होने के लिए दलित साहित्यकार आमने-सामने हो जाते हैं और राजनैतिज्ञों के समान आत्ममात्र को स्थापित करने लगते हैं। अफसोस की बात

है कि आज इनके समर्थन के लिए राजनैतिक संगठन और इलेक्ट्रॉनिकी नियन्त्रित संचार माध्यम भी कार्यरत हैं।

भारतीय प्रसंग में सामुदायिक परिष्कार के लिए राजनैतिक अधिकार की माँग बहुत पुराना है। राजनैतिक पार्टियों द्वारा इस ओर प्रचलन से उत्पन्न संकटों से अब यह लोकतंत्र मुखातिब हैं। इस ऐलान की दिशा, उस समय से फिसल गयी थी जब यह शुरू की गयी थी। यह बात एकदम गलत है कि सामुदायिक परिष्कार के लिए राजनैतिक अधिकार हमेशा अनिवार्य होता है। यहाँ की परंपरा एवं इतिहास के छोटे-बड़े कई समुदायों के परिष्कर्ताओं ने कोई राजनैतिक या सत्तात्मक अधिकार हथियाना नहीं चाहा था। वे कठिन साहस के आधार पर मनुष्यत्व को खोजने में जुड़े रहे थे। आधुनिक समय में श्रीनारायण गुरु, चट्टम्पी स्वामिकल आदि के पास सत्ता का कोई डंडा नहीं था, पर चेतना, संवेदना और हस्तक्षेप के गुणों से उन्होंने कुछ कर दिखाया था। उनकी वाणी एवं जीवनकार्य अन्तर्विरोधी नहीं थे। बावजूद धीरे धीरे सामुदायिक सौहार्द को जाति का प्रसंग बनाया गया। विविधता के प्रसंग में चर्चा अनिवार्य बताई गयी। पर औपचारिक चर्चा-परिचर्चाओं से कुछ परिणाम नहीं निकलने से लोगों को इस पर भरोसा ही उड गया। असमान विकास और निचले तबकों की गरीबी और निरक्षरता आज भी भारतीय लोकतंत्र पर थूक रही हैं। वे राज्य भी इससे भिन्न नहीं हैं जहाँ बरसों से समाजवादी लोग मुख्यमंत्री बने रहते हैं या दलित प्रतिनिधि प्रशासक पद पर हैं। अतः प्रतिनिधित्व से नहीं, कार्यान्वयन, व्यवहार और प्रकिया से परिष्कार का सकारात्मक साक्षात्कार संपन्न होता है। स्वकथित श्रेष्ठता की नेतागिरी राजनैतिकों में फैल गयी है। यहाँ तक भ्रष्टाचारी न्यायाधीश को बचाने तक के लिए जाति-कार्ड का इस्तेमाल होता जा रहा है! यह लोकतंत्र प्रशासनिक प्रविधि मात्र नहीं है, बरक्स वह सार्वजनिक जीवन का एक व्यवहार -माइंड सेट– भी है जो विविध खेमे के मनुष्यों को समान रूप से अनुभूत होना चाहिए। बहिष्कृत जीवन और दलित स्थितियों का व्यावहारिक जीवन संकट और अकादमिक आक्रोश का अंतर तभी हम पहचान पाते हैं। सरकार किसी की भी क्यों न हो, नक्सली या माओवादी उपद्रव की जड़ें तभी समझ में आ जाएगी।

दलित प्रसंग का महत्वपूर्ण मुद्दा ज्ञान को लेकर है। अब किसी को यह शंका नहीं है कि ज्ञान अधिकार के लिए सहायक उपकरण भी है, इसके उपयोग-प्रयोग के अनेक स्तर हैं। इसलिए ज्ञानसंपदा को हड़पने के लिए दुनिया का हर राष्ट्र तुला रहता है। शिक्षित होने का आह्वान हर जाति के लोग करते रहने का भी यही कारण है। पर भारतीय सदर्भ में अंग्रेजी या औपनिवेशिक लीक पर दी जानेवाली शिक्षा का स्थान है। ज्ञान के सार्वजनिक स्वरूप निर्माण के लिए अंग्रेजी का प्रयोग प्रचुर है। विश्वबधुत्व के पक्ष को उजाड़कर उसे अंग्रेजियत में सीमित

कर दिया जाता है तो सामुदायिक परिष्कार के लिए अंग्रेजी शिक्षा को उपयुक्त करने का आह्वान निजी ज्ञान व उसकी रक्षा का विरोधी रवैया बन जाता है। इस तरह अपनी जड़ें भूलनेवाली युवापीढ़ी या नवधनाढ्य मध्यवर्ग, समुदाय की खातिर नहीं, निजस्वार्थ के लिए बोलता-लिखता है तो संकट और गंभीर हो जाता है। यह उपनिवेशवादी मानसिकता अब हर जाति के लोगों में जबरदस्त विद्यमान है। लोकतंत्र में विश्वास रखनेवाली जनता को ज्ञान स्वायत्त करना है, साथ ही उसे अपनी जामीन के अनुसार सज्जित रखना है, ताकि सभी सदस्य उसका सदुपयोग कर सकें। इसलिए यह बताया जाता है कि शिक्षा संस्थानों में एन्ट्री पोइंट के रूप में आरक्षण अनिवार्य है। सार्वजनिक एवं तकनीकी क्षेत्र में आरक्षण की इस नीति का सही विकास नहीं हो पाया तो 'अणस्किल्ड आरक्षित श्रेणी' का एक तबका रूपायित हुआ, जो आर्थिक सुरक्षा के बावजूद निराशा एवं भेदभाव के शिकार बना रहता है। कुशलताहीन या कामचोर होने की यह स्थिति जातिजन्य सच्चाई के रूप में प्रक्षेपित किए जाने का उल्टा नतीजा इस प्रसंग में सार्वजनिक बन जाता है। अर्थ या धन मनुष्य को सुविधाएँ देता है, मगर भीतरी शांति व जीवन में गतिशीलता के लिए मानसिक तृप्ति व आत्मगरिमा के अवसर मिलना चाहिए। प्रशासनिक अनुबंध के बल पर कोई वेतन पा सकता है, मगर आत्मगौरव नहीं। धन या पैसे को सामाजिक व सारकृतिक स्तर का मानक बनाने की रीतियाँ ऐतिहासक दृष्टि से मनुष्यत्व विरोधी सिद्ध होने लगी हैं।

सूक्ष्म दृष्टि से गोरों के खिलवाड -वाईट प्लेफुलनेस-- का अनुकरण व अनुसरण अपने ढंग में करनेवाली दलित रचनाएँ काफी मिलती हैं। भाषिक स्तर पर सवर्ण भाषिक समन्वय से अभिप्रेरित रचनाओं की संख्या भी कम नहीं है। जीवन-स्तर बदलने या बेहतर होने पर दलित युवा अपने समुदाय को भूल जाते हैं, अवसरवादी बनते हैं जड़ें तोड़ देते हैं। कभी वह अपना ब्याह उच्चजाति से कर लेता है। फलतः व्हाइट गिल्ट धीरे धीरे दलित लोगों में फैलने लगता है। आगे, किसी भी दलित की सवर्ण पत्नी और उनसे उत्पन्न संतानों की अलग अलग समस्याएँ भी होती हैं।

सवर्ण या उच्चजाति के लोगों में एक निचला तबका जीवित है, जो अवसरों के बिना अपनी जाति को कोसते जीते हैं। जन्म से उच्चजाति के होने के कारण इन्हें वे अवसर नहीं मिलते, जो उसके ही पड़ोसी कोई निम्न जाति के युवा को मिलता है। एक ही परिसर के दो युवा-दोस्तों में मानसिक दूरी मात्र इस सच्चाई से बढ़ जाती है, जो अंततः जातिगत सिद्ध होती है। धर्म निरपेक्ष जीने के इनके हर श्रम पर जाति का प्रहार पड़ता है। सवर्ण को दुश्मन के स्थान पर देखनेवाली दलित रचनाएँ सवर्ण तबके के उपेक्षित पात्रों में व्याप्त अन्यताबोध को नकारती रहती हैं। साथ

ही दलितों में भी दलित रहनेवाली औरतों की बदतर स्थितियों व मानसिकताओं से गुजरनेवाली रचनाओं को तिहरी श्रेणी का स्थान है। इस बात पर ध्यान देना चाहिए कि दलितों में कई सवर्ण बन गए, जाति के नाम पर खानेवाले, पानेवाले बन गए। जातिमात्र के बल पर ये प्रतिष्ठा और असवर हडप लेते हैं। इन्हीं के कारण काफी लोग वंचित अवसरहीन रह जाते भी हैं।

रचना का सामाजिक व सामुदायिक दायित्व तभी पूरा कहा जाएगा जब उस समाज में जीवित शोषित-उपेक्षित मनुष्य को यह लगे कि रचना उससे भी संबन्धित है। इस तरह साहित्य का लक्ष्य व्यापक है। इसलिए उसे सामाज का साहित्य कहा जाता है। वह किसी व्यक्तिजन्य अनुभव मात्र नहीं है। लोकतंत्र की बहाली के लिए जातिजन्य मानसिकता का बयान नहीं, आत्मान्वेषण की ताकत, दखल की मानसिकता और वैचारिक लेन-देन से सिक्त जीवन व्यवहार अनिवार्य है। विविधता में पलनेवाले किसी भी समाज में एकपक्षीय भाषण की नहीं, विविधढंगी संभाषणों की अनुपेक्षणीयता है। आत्मकथा, अनुभव और संस्मरण की अधिकाधिक रचनाओं का निहितार्थ, अ-लग या विशिष्ट बने रहने का आह्वान करता है।

हर रचना भाषा और तेवर में साहित्यिक राजनीति को व्यक्त करती है, यह वह राजनीति नहीं होती, जिसका दावा रचयिता करता है। वर्णन में दलित स्थितियों का कारिक्केचर अधिक मिलने या अम्बेदकर का नाम लेने के कारण, कोई रचना दलित रचना नहीं होती। हर जाति की अहम ऐतिहासिक स्थितियों से मिलजुल कर रचनात्मक भाषा के पूर्वार्थों पर पुनर्विश्लेषण करना है। किसी को दलित या सवर्ण सिद्ध करने की जगह भाषा व भाव में दलित पक्ष का पुनर्विश्लेषण जरूरी है। अपने एलिक गुणों के सिक्त भाषा का नवीनीकरण एक जनजाति का नवीकरण है। उसकी कसौटी कभी सवर्णनियन्त्रित प्रामाणिक भाषा या अंग्रेजी की नहीं होती। भाषिक संप्रभुत्व को मानकर, सांस्कृतिक मुक्ति का मोह एकदम वायवी होगा। अपनी मुक्तिभाषा खोजने का संकलित कार्य कुछ रचनाओं में लक्षित है। उनसे नए नए ऐतिहासिक पाठ निकलेंगे और वे भविष्य की ओर प्रवाहित होंगे। इस निरंतर प्रकिया से अन्यताबोध का अनुभव उस जाति के मानसिक पटल से दूर होता रहेगा और वे सिर्फ ऐतिहासिक अनुभव के रूपक बन जाएगा। आशा है तब तक नवरूपकों का समदर्शन उभर आएगा।

ध्यान रखें कि नवीनीकरण का अर्थ कभी भी लिखित व निर्दिष्ट भाषिक तत्वों के साथ मिलना और उसमें रचना करना नहीं है यहाँ पर दिक्कत यह है कि भाषिक समझौता हर दलित रचना को औपचारिक मुखौटा देता है। इस तरह की साहित्यिक यात्रा चाहे वह लोक साहित्य के नाम पर हो या दलित साहित्य के नाम पर, वर्चस्व संस्कृति द्वारा निर्मित भाषा और तेवर में बोलती है। पुरानी जातिजन्य रीति-रिवाजों

में अशिक्षा व अंधविश्वास के साथ अनेकों अच्छे तत्वों का समावेश है जिसे सुरक्षित रखना राष्ट्रीय-सांस्कृतिक संग्रथन के लिए आवश्यक है। बहती जनसंस्कृति के रूप में इनकी निजी विशेषताएँ नष्ट करके, प्रामाणिक व अंग्रेजी भाषिक प्रभुत्व में मात्र गुलामी स्थिति का सामन्यीकरण संभव हो जाता है। ऊपर से धर्मनिरपेक्ष और भीतर से एकदम जातीय और परंपरागत जीनेवाले भारतीय मध्यवर्ग की कपट व अन्तर्विरोधी रिथतियाँ यहीं पर अड़चनें हैं। सबालर्टन हिस्टरी के निर्माताओं ने गुलाम के लिए 'अलग' इतिहास की संकल्पना पेश की, जिसमें व्यक्ति, परिवार या जाति का कोई कर्तृत्व स्थान नहीं था। सामान्य अर्थ में दलितों के मुक्ति संघर्ष को, उनके जातिविरोधी संग्रामों को, सवर्णविरोधी मात्र वाचित किया गया। सच तो यह है कि मुक्तिकामना के कई आयाम हैं। उत्तर भारत में संथालों व आदिवासियों व केरल में छाती ढकने या मंदिर प्रवेश के लिए किए गये निम्न जाति के लोगों के संघर्षों का इस तरह की एकांगी व्याख्या मिलती रहती है। छाती ढकने के अधिकार के लिए निम्नजाति की स्त्रियों ने संघर्ष किया था, पर नियम आ गया तो उसकी उपादेयता पूरी अवर्ण-सवर्ण स्त्रियों को समान रूप से प्रेषित हुई। 1857 के बलवे की स्मृति में पत्र-पत्रिकाओं के विशेषांकों को विस्तार से देखने पर यह पता चलता है कि हर प्रदेश व जाति का रचयिता, भारतीय स्वतन्त्रता-संग्राम की पृष्ठभूमि तैयार करने में अपनी जाति व प्रदेश की खंडित भूमिका स्थापित करने के प्रयास में है! इतिहास की ऐसी रोमांचकारी व्याख्या राष्ट्रप्रेम के नाम पर बिक जाती भी है। पर अगला वाचन, इस अतिरंजनापूर्ण ऐतिहासिक वाचन का विखंडन कर सकती है। अपने प्रदेश की प्रकृति व संस्कृति को प्यार करनेवाले मनुष्य, वह कोई भी हो, उसकी जाति की पहचान कुछ भी हो, एक समय आने पर सत्ता व सत्तात्मक शक्तियों के विरोध में कार्य कर बैठता है। यह वर्चस्व के विरोध में है, राष्ट्रीय आंदोलन नहीं, जातीय प्रेरणा से बढकर इसमें सामुदायिक मानवीयता का उल्लेख करना चाहिएँ इस दृष्टि से 1857 के काफी समय पहले, मध्यकालीन जन-साहित्य में ही जाति विरोधी-सत्ताविरोधी मानवीयता का स्वर भरपूर विद्यमान है।

जन्म से रचयिता का जाति-प्रतिनिधित्व से रचना का स्वर दलित पक्ष में वाचित करने की जुर्रत एकदम पूर्वकल्पित रवैया है। जातियों के एकजुट करके, दलित समुदाय को एक अलग दर्शित करने के पीछे जो राजनैतिक ध्येय है, इसको सांस्कृतिक व सामाजिक समन्वय के रूप में पुनःप्रतिष्ठित करना होगा। इसमें भारतीय समाज बहुत पीछे है। असल में जातियों के बीच संपर्क-संबन्ध व पक्ष-विपक्ष का संवाद -अकादमिक नहीं-- खोलना होगा। जातियों में व्याप्त अंधविश्वासों व पूर्वधारणाओं को सही दिशा देने का कार्य तभी स्फूर्त होगा। बुद्ध, श्रीनारायणगुरु जैसे समाजसुधारकों ने इसी दिशा में कार्य शुरू किया था।

सांप्रदायिक व परंपरागत पूर्वधारणाओं से मुक्ति के संघर्ष के रास्ते कभी कभी सीमित और अस्पष्ट भी होते हैं। जाति के आधार पर न्याय व नीति की माँग, सांस्कृतिक चर्चा के रूप में जातिवाद का प्रक्षेपण, जाति व उपजाति के बीच दुश्मनी की रीतियाँ आदि की चर्चा करते समय यह मत भूलें कि निम्नवर्गीय संस्कृति से ही उच्चवर्ग और सवर्ण समुदाय विकसित हुए थे। इसलिए कालिमा के साथ गोरेपन के वाचन, पुनर्वाचन और पुनराख्यान में इतिहासबोध की जरूरत है। इतिहास सद्यःघटित बातों का संचयन मात्र नहीं, उसमें मानवराशी के आरंभ से लेकर शुरू प्रवाहमयी परंपरा के विभिन्न समय समाहित है। उसके निर्माण व विकास में अन्य किसी भी वर्ग से बढकर कामगार वर्ग का योगदान है। लोक वाणी एवं सामुदायिक परिचर्चाओं में छुपी उनकी साहित्यिक संपदा को ढूँढ निकालने की दिशा में यदि दलित साहित्यकार का कार्य होता है तो वह सकारात्मक है। यह कभी लिखित व अभिलेखों में प्रवृत्त सवर्ण साहित्य के विपरीत में जाता है तो वह स्वाभाविक है। पर तब भी समझें कि मनुष्य का सामाजिक जीवन जातिगत परिधि के बाहर संभव है और ऐसा हुआ भी है। इतिहास के कई समाज सुधारकों को, उनकी जाति या समुदाय ने निष्कासित कर दिया था। विपर्यय है कि मृत्यु के बाद उन्हीं को, जातिवाद के पाखंडियों ने 'जातिपरिष्कर्ताओं के रूप में प्रतिष्ठित किया। केरलीय परिसर में अय्यनकाली, श्रीनारायणगुरु, सहोदरन अय्यप्पन आदि इस ऐतिहासिक अर्नाविरोध के प्रमाण देते हैं। सामाजिक परिष्कार के माध्यम से जातिजन्य विडंबनाओं को दूर करने के लिए इनका आजीवन प्रयास था। इस कार्य में उन्हें सबसे पहले, अपनी जाति के लोगों से लडना पड़ा था। तमाम तरह की संकीर्णताओं का सामना करते हुए उन्होंने जातिचिंता का विरोध किया। पर अब उन्हीं को जाति के प्रतिनिधि-परिष्कर्ता प्रस्तुत करके उत्तराधुनिक जातिवाद खेलने लगता है, जातिचिंता प्रचारित किया जाता है, नई पीढ़ी में विभ्रम और अलगाव फैलाए जाते हैं। कोई भी पार्टि या पार्टि का कार्यकर्ता यह नहीं बताता है कि जातिचिंता बुनियादी तौर पर, व्यक्ति की स्वतन्त्रता के विरोध में जाता है। फलस्वरूप वह धर्मनिरपेक्ष राष्ट्र के समतामूलक सामाजिक जीवन दर्शन के विरोध में है। जाति के नाम पर हो या विचारधारा के नाम पर, हर संगठन समकालीन परिदृश्य में अल्पतंत्रीय ही होता है। जाति के नाम पर होने पर इस अल्पतंत्र का परिणाम और बुरा निकलता है। जातिविशेष पर रचना केन्द्रित होती है, तो भी लोकतंत्रीय परिसर पर उसे पढ़ना, परखना और निरूपित करना विमर्शकार का कर्तव्य है।

अम्बेदकर ने उपेक्षित शिथिल दलित स्वत्वों को संगठित करने का कार्य किया था। राजनैतिक अर्थ में यह ऐतिहासिक उपक्रम था मगर इसी के नाम पर साहित्यिक व सांस्कृतिक अर्थ में दलितों को एकल परिसर पर देखना और मानना उनकी विविधता एवं परिवर्तनोन्मुखता का धिक्कार है। कई जाति-जनजातियों के

उन्मूलन के इस युग में देशज व जातीय विशेषताओं व जनसांस्कृतिक खासियतों को निज परिसर में आंकना है। साहित्य का विषय सीमित होने पर भी उससे जनतांत्रिक मनुष्य चिंतन की वृत्ति व्यापक हो सकती है, इस ऐतिहासिक दायित्व के आगे खड़े होकर दलित साहित्य व विमर्श को कार्य करना है। आशा है इस सामयिक-सांस्कृतिक द्वन्द्व को उसके सही अर्थ में दलित विमर्शकार समझ सकेंगे। कम से कम यह स्वीकार कर लें कि दलित बहुवचनवाची और बहुआयामी शब्द है। उसकी अर्थव्याप्ति में जातिवाद की तुलना में जातिव्यवस्था विरोधी अर्थ एवं स्वर अधिक मुखर है। वितरित दलित संस्कृतियों को बहुलतावादी जनतांत्रिक समाज में स्थान व समान रखने हेतु जाति-धर्म निरपेक्ष, क्रियात्मक चिंतन प्रणालियों का स्वागत करना है।

संदर्भगत सूचनाएँ

1. Diversity is as inevitable and as restrictive as gravity. It is not be deplored, nor to be exalted. It is simply there t be used as a resource' Blommaeot Jan and Jet Vershueren 1998 Debating Diversity Analysing the discourse of tolerances London Routledge p. 14
2. Manas Dasgupta 'Untouchability still prevalent in rural Gjarat'. The Hindu 29.1.2010.
3. मीना गुप्ता की दो रपटों के अनुसार अंदमान के जेरावा और शोंपेन प्रजातियाँ उन्मूलन के कगार पर है। उनका जीवन एकदम हाशिए पर उपेक्षित है। अंदमान में सरकार ने एक ट्रक रोड का निर्माण किया था, उससे इनका जीवन ध्वस्त हुआ। रोड से आवाजाही करनेवालों से फेंके जानेवाले कोला जैसे पदार्थों को पीने से ये रोगग्रस्थ होकर मरते हैं। आधुनिक रासायनिक पदार्थों के उपयोग के लिए इनमें इम्यूनिटी नहीं है। रपटें दि हिंदु में 10.06. 2007, 08.07.2007
4. दलित लेखन में अंधे होकर कोई ऐलान करता है कि दलित लेखन ही यथार्थ साहित्य है' तो कोई दलित रचना को 'मार्डन क्लासिक' घोषित करता है। मात्र प्रतिवाद के लिए कई रचनाओं का शीर्षकों पर दलितवादी लेखन जोड़ना फैशन सा बन गया है। किसी उच्चजाति के रचयिता को बदनाम करने और उन्हें ब्राह्मणवादी घोषित करने के लिए ऐसा किया जाता है तो वह साहित्य के पक्ष में नहीं है। बाहरी ढाँचे में दलित पक्षीय लगने पर भी सूक्ष्म चिंतन में यह जातिवाद का पोषण है।
5. तारसप्तक के प्रकाशन के समय में अज्ञेय व मुक्तिबोध एक ही प्लाटफॉम

के नीचे काम करनेवाले साहित्यकार थे। बाद में दोनों के प्रतिनिधित्व एकदम विपरीत दिशा में हो गए। परवर्ती विभाजन में एक को व्यक्तिवादी और दूसरे को समाजवादी कार्ड मिले। इस पर हरीष त्रिवेदीजी का विस्तार से आकलन है। Harish Trivedi in Reading English, Writing Hindi : English Literature and Indian Creative Writing 1995 Colonial Transactions English Literature and India, Manchester Univrsity Press Newyork p. 176-198.

6. Gail Omvedt 1995 Dalit vision Orient Longman, Hyderabad P. 72
7. देखें– ओमप्रकाश वाल्मीकी की कहानी घुसपैठिये, 2003 राधाकृष्ण प्रकाशन या सारा जोसफ की कहानी वियर्प्पडयालन्गल, इंडिया टुडे वार्षिकी 2000।
8. See Meenakshi Mukherjee 2008 Elusive Terrain Culture and Literary Memory Oxford, New Delhi P. 6
9. अनिल चमडिया अपने अध्यापकीय अनुभव देते हैं। वे इस बात को उदाहरण सहित पेश करते हैं कि उच्चजाति के लड़के आजकल जाति को सूचित करनेवाले उपनाम छोड़ना चाहते हैं। वहीं दलित अपनी जातीय पहचान को गर्व के साथ इस्तेमाल करते हैं। उनके मतानुसार शैक्षणिक संस्थाओं में जातिवाद का जश्न आजकल दलित के संदर्भ में अधिक है। आलेख देखिए, 'प्रगतिशील सवर्णों को भी जातीय उत्पीड़न की आत्मकथाएँ लिखनी चाहिए' कथादेश जनवरी 2010 पृ. 48-49।
10. इंग्लन्ड में रोडनी हिलटन ई पी थॉमसन, एरिक होबसाम और फान्स में जॉर्ज रूद और आलबर्ट सोबोल आदि ने सबालर्टन इतिहास को बहुसंख्यक इतिहास में जोड़ने का कार्य किया था। इसे उन्होंने 'नीचे तबके के इतिहास' या 'जनता का इतिहास' नाम दिया था। भारत में रणजीत गुहा द्वारा यह 1982 में संपादित होकर दस किश्तों में प्रकाशित हुआ है। इनका ऐतिहासिक महत्व है। साथ ही ज्ञान पाण्डेय, शहीद अमन, दीपेष चक्रवर्ती, डेविड हर्डिमेन डेविड आर्नोल्ड और पार्था चाटर्जी ने पददलितों के इतिहास पर विशेष कार्य किया था। इनके कार्यों से निचले तबके के लोगों व उनके नेताओं द्वारा ऐतिहासिक योगदानों को बाहर लाया गया। ज्योतिबा फुले जैसों के कार्य की खोज की गयी और उन्हें इतिहास में प्रतिष्ठित किया गया। गेयल ओमवेद की किताब कल्वर रिवोल्ट इन कोलोनियल सोसाइटी. द नॉन ब्राह्मण मूवमेन्ट इन वेस्टेन इंडिया 1873-1930 में इसका प्रतिपादन है।
11. See, Benedict Anderson 1983 Imagined communities, Verso, Newyork
12. संभवतः भारतीय मूल की आलोचक गायत्री चक्रवर्ती स्पिवाक ने अपने विश्वप्रसिद्ध आलेख-कान सबालर्टन स्पीक में दलितों की कोई आवाज न

उठा पाने की बात दर्ज की। पर परवर्ती दौर में ब्रिन्दा बोस जैसों ने स्पिवाक को प्रथम दुनिया की पण्डिताइन साबित कर दी है। अपने तर्कों के बावजूद स्पिवाक की आलोचना कैसे तीसरी दुनिया के विपरीत में स्थापित हो जाती है, इसका पूरा आकलन बृन्दा बोस पेश करती है। देखिए Brinda Bose in 'The most intimate act' The politics of Gender, Culture and Translation, Translating Desire 2002, Katha, New Delhi p. 264

13. Edward W Said in The Edward Said Reader 2000 Musthafa Baumi and Andrew Rublin (ed) Vintage Newyork p. 186
14. Gayatri Chakravorty Spivak in Poststructuralism, Sarginality, Post coloniality and Value in Peter Collier and Helga Geyer Ryan ends. 1990 Literary Theory Today, Cornell University Press, P. 221
15. रूपनारायण सोनकर का वक्तव्य देखें, अपेक्षा अक्तूबर-दिसंबर 2005 पृ 65
16. Meenakshi Mukherjee 2008 Elusive Terrain Culture and Literary Memory Oxford, New Delhi p. 98
17. All culture are involved in one another, none is single and pure, all are hybrid, heterogeneous , extraordinarily differentiated and un monolithic'. Edward Said 1993 Culture and Imperialism, p. xxix.
18. Once the author is removed, the claim to decipher a text becomes quite futile. To give a text an Author is to impose a limit on that tet, to furnish it with a final signified, to close the writing. Such a conception suits criticism very well, the latter then allotting itself the important task of discovering the author (or its hypostases : Society, history, psyche, liberty) beneath the work : When The Author has been found, the est is explained - victory to the critic, Hence there is no surprise in the fact that, historically, the reign of the Author has also been that of the Critic, nor again in the fact that criticism (be it new) is today undermind alongwith the Author'. Roland Barthes 1977 Image, Music, Text Fontana Press, London p. 147

19 डॉ. धर्मवीर द्वारा लिखित प्रेमचंद सामन्तों का मुंशी पर अनिता भारती का आलेख, महिला विरोधी लेखन के सामन्त की शल्यकिया, अपेक्षा अक्तूबर-दिसंबर पृ 67-73।

20. संजीव खुदशाह ने ओमप्रकाश वाल्मीकि पर आरोप लगाया कि वाल्मीकि ने उनकी किताब 'सफाई कामगार समुदाय' से कई अंश चोरी करके 'सफाई देवता' नामक किताब की रचना की। शिकायत करने पर 'इस लाइन में ऐसा तो होता

ही रहता है' बताकर वाल्मीकि कम प्रसिद्ध और युवा लेखक के पूरे साहित्यिक कर्तृत्व को उदासीन छोड़ देते हैं। देखें– संजीव खुदशाह की प्रतिकिया, न्याय की कसौटी पर साहित्यिक चोरी, अपेक्षा अप्रैल-जून 2008 पृ 87-88।

21. 'आज का सबसे बड़ा ब्राह्मणवादी मानसिकता का दलित लेखक ओमप्रकाश वाल्मीकि है। जो उत्पीड़न बौद्धिक और आर्थिक शोषण ओमप्रकाश वाल्मीकि मेरे जैसे दलित लेखकों का कर रहे हैं, ऐसा उत्पीड़न, शोषण किसी भी गैर-दलित लेखक ने मेरे साथ नहीं किया है।– रूपनारायण सोनकर का वक्तव्य देखें 'एक अम्बेदकरवादी लेखक की पीड़ा' अपेक्षा अक्तूबर-दिसंबर 2005 पृ 64-66

हिन्दी दलित साहित्य का वैश्विक-संदर्भ

–डॉ. भीम सिंह

वैश्विक संदर्भ में अश्वेत साहित्य ने 'ब्लैक पैंथर्स मूवमेंट के मार्फत अमानवीय प्रथाएँ, जैसे–गुलामों की खरीद-फरोख्त, रंगभेद की नीति और नस्लीय श्रेष्ठता के खिलाफ एक नई जंग छेड़ी। इस क्रम में 'अफ्रो-अमेरिकन साहित्य' ने विश्वस्तर पर साहित्य अध्येताओं का ध्यान अपनी ओर आकर्षित किया। विश्व साहित्य की अनुभव-संपदा का विस्तार हुआ और विकल्प (कला, संगीत के स्तर पर) भी तैयार हुआ।

भारतीय साहित्य में दलित-लेखन की एक सुदीर्घ, ऐतिहासिक परंपरा है। भारतीय समाज-व्यवस्था का अधिसंख्यक ढाँचा-जाति और वर्ण पर आधारित है। यह सामाजिक ढाँचा व्यक्ति के गुण, प्रतिभा और योग्यता को अस्वीकार करता है। इस ढाँचे को धर्म सत्ता, सामंती मानसिकता, जाति-व्यवस्था व वर्णाश्रम का चाहे-अनचाहे समर्थन प्राप्त है। भारत में अमानवीय व्यवस्था के खिलाफ लोकायतिकों, बुद्ध, सिद्ध, कबीर, रैदास, दादू, महात्मा ज्योतिबा फूले, सावित्रीबाई फूले, नारायण गुरु, डॉ. बी.आर. अंबेडकर, जैसे– सामाजिक परिवर्तनकारियों और चिंतकों ने निरंतर संघर्ष किया। उसी का प्रतिफलन सर्वप्रथम मराठी भाषा और साहित्य में देखने को मिला। आज दलित-लेखन भारत की पंद्रह भाषाओं में लिखा जा रहा है। भारतीय साहित्य का वास्तविक प्रतिनिधित्व करने में दलित-लेखन की भूमिका सर्वोपरि है। दलित-साहित्य का मूल उद्देश्य-स्वाधीनता के भाव को जगाना, सामूहिकता का प्रसार और सामाजिक परिवर्तन में योग देना है। दलित-लेखन का मूल स्वर-सामाजिक न्याय की आकांक्षा, नागरिक गरिमा से जीना, शांति की पक्षधरता, करुणा व मैत्री के साथ शिक्षा की हिमायत करना है। दलित-लेखन ने व्यक्तिगत अनुभवों को सामूहिक/समाजगत बनाया है। व्यक्ति के घोर आत्मकेंद्रित होने के दौर में दलित-लेखन ने कुछ उम्मीदें जगाई हैं। दलित-लेखन ने हिंदी साहित्य और भाषा में कथ्य और सामाजिक प्रयुक्तियों के स्तर पर इजाफा ही किया है।

हिंदी के दलित साहित्य के मुद्दे

हिंदी के दलित साहित्य के मुद्दों में जो मुद्दा प्राथमिक बनकर उभरा है, वह है– नागरिक अधिकार और सामाजिक न्याय का। भारतीय समाज व्यवस्था का स्वरूप विभेद मूलक है। इसके केंद्र में विषमता है। यह विषमता सामाजिक आधार के साथ छूकर अमानवीयता, असमानता और अन्याय को और पुख्ता करती है। हिंदी के दलित-लेखन ने इस विषमता के खिलाफ लंबा संघर्ष किया है और कर रहे हैं। सर्वप्रथम सिद्ध-कवियों ने इस अन्याय मूलक सामाजिक व्यवस्था के खिलाफ बिगुल बजाया। इसी कड़ी में नाथों और संतों ने मानव-मूल्य को सामाजिक समता के लिए आवश्यक माना। कबीर और रैदास ने अपने सामाजिक-कर्म और व्यवसायिक-कर्म को निकृष्ट नहीं माना बल्कि उसके प्रति गौरव भाव और पहचान के साथ उसे कविता में स्मृत किया है। संतों ने ज्ञान और तर्क का प्रश्रय लेते हुए श्रमण संस्कृति और श्रम की महत्ता को सर्वोपरि माना है। कर्म का संबंध श्रम से जोड़कर देखा गया। कबीर कहते हैं–

क) "सन्तन जाते न पूछो निरगुनियाँ।"

ख) "पोथी पढ़-पढ़ जग मुवा, पंडित भया न कोय
ढाई अच्छर प्रेम के पढ़ै सो पंडित होय।"

ग) "पराधीनता पाप है जान लेहु रे मीत।" (रैदास)

आधुनिक हिंदी साहित्य में विभिन्न कवियों ने अपनी-अपनी कविताओं में अपनी आत्म पीड़ाओं को स्वर दिया है। इन कविताओं में सामूहिक स्वर की अनुगूँज भी प्रतिध्वनित हुई है। पटना के हीरा डोम की 'अछूत की शिकायत' (सितंबर, 1914, सरस्वती पत्रिका में प्रकाशित) कविता में बहुआयामी संदर्भ उपस्थित हुए हैं। जिनमें प्रमुख हैं: सवर्ण-समाज द्वारा अछूत के जीवन का कोई महत्व न आँकना, रोजाना का अत्याचार और अपमान सहना, धर्म-परिवर्तन के विचार का आना, व्यवसाय न बदल पाने की पीड़ा और पेयजल की उपलब्धता का नहीं होना। जैसे–

"हमनी के इनरा के निगिचे न जाइलेजां,
पांके में से भरि-भरि पिअतानी पानी।
पनही से पिटि पिटि हाथ गोड़ तुरि दैलैं,
हमनी के एतनी काही के हलकानी।।"

हिंदी के आधुनिक दलित-साहित्य ने नागरिक अधिकारों में पेयजल की उपलब्धता को बहुत ही गंभीरता और संवेदनशीलता के साथ उपस्थित किया है। हिंदी की दलित आत्म-कथाओं की कथा वस्तु का यह प्रमुख विषय बनकर आया है। पेयजल की उपलब्धता के सामने अनेक कारण सामाजिक और जातीय आधार पर अवरोधक के रूप में इन आत्म-कथाओं में उपस्थित हुए हैं। हिंदी की दलित आत्मकथाओं की

लोकप्रियता और पठनीयता में पानी या जल विषयक प्रसंग प्रभावकारी और महत्वपूर्ण होकर उपस्थित हुए हैं। हीरा डोम की कविता में यह प्रसंग सर्वप्रथम उपस्थित हुआ है। इससे प्रभावित या प्रेरणा लेकर प्रेमचंद ने 'ठाकुर का कुँआ' जैसी क्लासिक कहानी की रचना की। इसी नाम से दिवंगत ओमप्रकाश वाल्मीकि ने कविता भी लिखी। जिसमें दलितों की पहचानहीनता और असंपृक्ति के भाव को गंभीरता से उपस्थित किया है। हिंदी के दलित-साहित्य ने उन सवालों को उपस्थित किया जिन से किनारा करने की आदत औसतन मध्यवर्ग की हो चुकी थी। इनमें जाति का सवाल, जाति के आधार पर पहचान बनाने और पहचान के धूल में मिलने के सामाजिक, जातीय और मनोवैज्ञानिक कारणों को सामने रखने की अनवरत कोशिश आज भी जारी है।

भारत का अधिसंख्यक दलित तबका भूमिहीन है। इस भूमिहीनता ने उसकी आर्थिक और राजनीतिक स्थिति को मजबूत नहीं होने दिया। भारतीय ग्रामीण समाज दलितों के परंपरागत व्यवसायों को बरकरार रखने पर आमदा हो उठा है। इसके कारण दलितों पर अत्याचार और अमानवीय व्यवहार के ग्राफ में बढ़ोत्तरी हुई है। क्योंकि दलित तबका सामाजिक सम्मान और आर्थिक लाभ के वशीभूत महानगरों की ओर प्रवासन को आमदा हो उठा है। जबकि परंपरागत मानसिकता को लिए हुए ग्रामीण भारत उसके विकास और उसके सम्मान को देखने के लिए तैयार नहीं हो पाया है। वह बेगार-प्रथा, सस्ता-श्रम और परंपरागत मानसिकता के साथ उसके विकास का सबसे बड़ा अवरोधक वर्ग के रूप में खड़ा हुआ है। भूमिवान वर्ग का प्रतिनिधि होने की वजह से वह अपनी जमीन के लिए सस्ते श्रमिकों के श्रम को ऐसे ही छोड़ने को तैयार नहीं हो पा रहा है। यह सवाल हिंदी के दलित-साहित्य में प्रमुखता से उभरकर सामने आया है। आज भारतीय सरकार दलितों को भूमि देने की योजना बना रही है। यहाँ यह सवाल उठना स्वाभाविक है कि भूमिहीन दलितों के भूमि प्राप्त होने पर उन पर निरंतर अमानवीय अत्याचार के ग्राफ में बढ़ोत्तरी होगी कि नहीं? परंपरागत मानसिकता लिए हुए ग्रामीण भारत को सस्ते श्रमिक और बेगार करने के लिए बालक, स्त्री, पुरुष और वृद्ध एक साथ मिलने की संभावनाएँ इस योजना से पूर्ण हो सकती है! दलित-साहित्य से पूर्व प्रगतिवादी साहित्य ने बेगार प्रथा का विरोध किया था। दलित-साहित्य से पूर्व प्रगतिवादी साहित्य ने स्त्री-पुरुष के श्रम के बदले एक समान वेतन की बात को प्रमुखता से उठाया था।

हिंदी के दलित-साहित्य ने बालकों के हाथ में कलम को प्राथमिकता दी है। जबकि परंपरागत मानसिकता लिए हुए वर्ग ने दलितों के बच्चों के हाथों में झाड़ू थमाने में कोई कोताही नहीं की है। इसका प्रत्यक्ष उदाहरण है-- 'जूठन' और 'मेरा बचपन मेरे कंधों पर'। हिंदी के दलित-साहित्य ने शिक्षा के परचम को फहराने की वकालत की है। शिक्षा को विमर्श के रूप में उपस्थित करने का कार्य हिंदी के दलित-साहित्य को जाता है। शिक्षा मुक्ति के प्रतीक के रूप में आती है। यही शिक्षा

मनुष्य के व्यक्तित्व के विकास के साथ उसकी चेतना और पहचान के निर्माण में आधारभूत कारक के रूप में उपस्थित हुई है। 'पच्चीस चौका डेढ़ सौ' और 'सिलिया' कहानी के पात्रों की पहचान के मूल में शिक्षा ही है। यही शिक्षा परंपरागत रूप से चली आ रही प्रथाओं के विरोध में खड़े होने की ताकत देती है। इस रूप में 'सलाम' कहानी को देखा जा सकता है। 'तलाश' कहानी में मुकाम पर पहुँचे हुए व्यक्ति के समझौता न करने और संघर्ष की राह पर चल पड़ने के मूल में यही शिक्षा द्वारा प्रदत्त नई चेतना है। इस शिक्षा के द्वारा शोषण के परंपरागत स्वरूप को पहचानने, उसके खिलाफ एकजुट होने और संगठित रूप से संघर्ष करने और नई चेतना का प्रसार करने का हौसला प्राप्त होता है। 'नीला आकाश' उपन्यास शिक्षा द्वारा नई स्थितियों में कैसे दलित समाज के अंतर्विरोधों के मध्य सेतु बनाकर अंबेडकरवादी विचार दृष्टि से एका पनपाया जाए, इसकी संभावनाएँ तलाशी गयी हैं।

भारतीय समाज व्यवस्था का श्रमशील तबका हमेशा से हाशिये पर रहा है। इस हाशिये या सीमांत पर जीवनयापन करने वाले तबकों में दलित तबकों को सामाजिक अपमान, आर्थिक निर्भरता और पहचानहीनता के दौर से आज भी गुजरना पड़ रहा है। दलितों ने साहित्य लेखन के मारफत एक नई चेतना का प्रसार करने में कामयाबी पाई है। शिक्षा और नागरिक अधिकारों के प्रति जागरूकता ने इन्हें समकालीन भारतीय साहित्य का सबसे ताजा, नई अनुभव संपदा और भाषा से युक्त साहित्य का सृजन करने की ओर उन्मुख किया है। इस साहित्य की लोक प्रियता देश और विदेश दोनों स्तरों पर व्यापकता से फैली है। आज के भारतीय साहित्य का पर्याय दलित-साहित्य के रूप में कहा जाय तो कोई अतिशयोक्ति नहीं होगी। दलित-साहित्य के अनुभव, प्रतीक और बिंब तथा इसका दर्शन मनुष्य केंद्रित है। भौतिकता और इहलौकिकता में यह दर्शन यकीन करता है। मनुष्य की मुक्ति की आकांक्षा इसका स्वप्न और लक्ष्य है। मार्टिन लू थर किंग ने एक भाषण दिया था, जिसका शीर्षक था— 'आई हैव ए ड्रीम। दलित-साहित्य के पास भी स्वप्न है और यह स्वप्न अभी भूमंडलीकरण और बाजार की आँधी में अभी विखंडित नहीं हुआ है। इस साहित्य के पास सुदृढ़ विचार-सरणि है। इस विचार-सरणि में वैविध्य है और मनुष्य की स्वाधीनता के भाव को अग्रसरित करने की अदम्य जिजीविषा है। हिंदी के दलित-साहित्य ने हिंदी की जन-पदीय बोलियों और भाषाओं को साहित्यिक साँचे में ढालने में कामयाबी हासिल की है। 'मुर्दहिया' और 'मणिकर्णिका' में भोजपुरी के जन-पदीय स्वरूप के साथ लोक का रचनात्मक व्यवहार आत्मकथाकार ने किया है। उपरोक्त दोनों आत्मकथाओं के नामकरण और शीर्षक में प्रतीकात्मकता अभिव्यंजित हुई है। हिंदी के दलितसाहित्य में जन-कथा का इतिहास प्रवाहमान हुआ है। हिंदी के दलित-साहित्य ने परंपरागत साहित्य इतिहास लेखन को चुनौती देते हुए नये प्रस्थान बिंदु बनाये हैं। हिंदी के दलित-साहित्य ने समानांतर इतिहास लेखन की धारा को

अग्रगामी बनाया है। जैसे– 'वीरांगना झलकारी बाई' नाटक या उपन्यास हो। हिंदी के दलित-साहित्य ने समानांतर प्रत्याख्यान रचा है। इस प्रत्याख्यान में कथा तत्व नहीं छूटा है। पाठकीय नजरिये से कहा जाय तो कथा तत्व व्यक्ति के आत्म का हिस्सा ही नहीं है बल्कि उसमें सामूहिकता और अन्य की भागीदारी से ही पूर्णता आती है। इस रूप में दलित-साहित्य लोक-तांत्रिक और सार्वजनिक दुनिया का हिस्सा बन पा रहा है। 'औरत औरत में अंतर है' कविता में कवयित्री ने औरत को व्यवस्था के परिप्रेक्ष्य में मार्क्सवादियों से इतर और है। यह रचनात्मकता और नया दृष्टिकोण हिंदी के संभावनाशील और अभिनव बनाता है। जैसे–

"औरत औरत होने में
जुदा-जुदा फर्क नहीं क्या?... औरत नहीं मात्र एक जजबात हर समाज का हिस्सा
बंटी वह भी जातियों में
धर्म की अनुयायी है
औरत औरत में भी अंतर है।

दलित स्त्री आंदोलन तथा साहित्य : अस्मितावाद से आगे

–डॉ. बजंग बिहारी तिवारी

भारतीय भाषाओं में दलित स्त्री लेखन को रूपाकार लिए हुए दो दशक से ज्यादा गुजर चुके हैं। यह पूरा दौर दलित स्त्रीवादी कार्यकर्ताओं, रचनाकारों के लिए कठिन संघर्षों का रहा है। सामाजिक बदलाव की दिशा में काम करने वाले तमाम संगठनों, मंचों और समूहों तक अपनी बात पहुँचाने, उन बातों की गंभीरता का अहसास कराने और उनकी कार्यसूची में मुमकिन हद तक अपने मुद्दों को जगह दिला सकने में उन्हें जटिल दिक्कतों का सामना करना पड़ा है। जाति-व्यवस्था के खिलाफ लड़ने वाले दलित संगठनों ने जहाँ इस मुहिम को थोड़े शक की नजर से देखते हुए दरकिनार करने की कोशिश की वहीं स्त्रीवादी संगठनों ने जाति और पितृसत्ता के गठजोड़ को तवज्जो देने लायक नहीं समझा। यह जुझारू दलित स्त्रियों और उनके समर्थकों की सतत और पुरजोर पैरोकारी का नतीजा था कि स्त्री आंदोलन के चौथे राष्ट्रीय अधिवेशन में जाति आधारित यौन-हिंसा और दलित स्त्री के प्रश्नों पर विस्तार से चर्चा हुई। यह अधिवेशन 1990 में कालिकट में आयोजित हुआ था। (1), यह सिलसिला बाद के अधिवेशनों में सघनतर होता गया। जाति के प्रश्न के साथ आदिवासी स्त्रियों का सवाल भी तिरूपति (1994) के राष्ट्रीय अधिवेशन में शामिल हुआ। कोलकाता का 2006 में हुआ अधिवेशन भी उल्लेखनीय रहा। 2, जेण्डर को जाति से जोड़कर देखने-समझने की अकादमिक गतिविधि क्रमशः गति पकड़ती गयी। बेला मलिक ने अपने निबंध 'अनटचेबिलिटी एंड दलित वीमेंस ऑप्रेशन' में 20 दिसंबर, 1998 को दिल्ली में ऑल इंडिया डेमोक्रेटिक वीमेंस असोसिएशन (ए.आई.डी.डब्ल्यू.) द्वारा अस्पृश्यता और दलित महिला के उत्पीड़न पर आयोजित सम्मेलन को खासा महत्व देते हुए लिखा है कि इस सम्मेलन ने जाति उत्पीड़न तथा पितृसत्तात्मक शोषण की जुगल-बंदी की ओर ध्यान दिलाया। 3, इस सम्मेलन में पंजाब, हरियाणा, राजस्थान, हिमालचप्रदेश, उत्तरप्रदेश, बिहार और मध्यप्रदेश की हरजोक दलित महिलाओं ने हिस्सा लिया था। अलग-अलग पृष्ठभूमि से आयी इन समाजकर्मी महिलाओं ने

दलित स्त्री की जिंदगी की वास्तविकता से रू-ब-रू कराया और अपने अनुभवों तथा संघर्षों को बेलाग तरीके से प्रकट किया। इन दलित स्त्रियों में कुछ राजनैतिक रूप से सक्रिय थीं, कुछ कृषि मजदूर थीं, कुछ भवन-निर्माण में दैनिक मजदूरी या ठेकेदार के अंतर्गत काम करती थीं।

बेला मलिक के अनुसार उक्त सम्मेलन ने यह तथ्य रेखांकित किया कि वैसे तो पूरा दलित समुदाय उत्पीड़ित किया जाता है लेकिन उत्पीड़न का अधिकांश दलित स्त्रियों के हिस्से में पड़ता है। घर में भीतर का श्रम विभाजन जोड़ दें और पेय जल तक पहुँच, जलावन तथा शौचादि समस्याओं को ध्यान में रखें तो दलित स्त्रियों की बदतर स्थिति का अनुमान लगाया जा सकता है। अवमानना व हिंसा की घटनाएँ दलित स्त्रियों के साथ सर्वाधिक घटती हैं। उनके उत्पीड़न में ऊँची जाति की स्त्रियों की भागीदारी अक्सर दिखाई पड़ती हैं। (4), दलित महिलाओं पर होने वाले अत्याचारों की प्रकृति को देखते हुए बेला सुझाव देती हैं कि उनकी बेहतर जिंदगी के लिए किए जाने वाले संघर्ष को व्यापक सामाजिक मुक्ति के अजेंडा से जोड़कर देखे जाने की जरूरत है। (5), संगठनों का निर्माण पर्याप्त नहीं, मजबूत और सक्रिय प्रतिरोध अपेक्षित है। सतत संघर्ष के बगैर परिवर्तन की संभावना नहीं बनती।

शर्मिला रेगे सामान्य नारीवादी संगठनों के महत्व को नहीं नकारतीं, लेकिन दलित स्त्रियों के प्रश्न पर दलित स्त्री संगठनों का होना आवश्यक मानती हैं। (6), उन्होंने उचित ही इस बिडंबना की ओर ध्यान खींचा है कि दलितवाद पुरुषीकरण तथा स्त्रीवाद सवर्णीकरण के आशय तक सिमट गया। उनके अजेंडे में दलित स्त्रियों को जगह न मिलने के कारण ही इस आशय की निर्मिति हुई है। 1971 में बने दलित पैंथर में भी दलित स्त्रियों की, उनसे सम्बद्ध मुद्दों की अनुपस्थिति रही।शर्मिला रेगे के मत से वाम झुकाव वाले नारीवादी संगठनों ने जाति को वर्ग में विलीन कर दिया तथा स्वायत्त स्त्री समूहों ने उसे भगिनीवाद में। दोनों ने ही ब्राह्मणवाद को चुनौती नहीं दी। (7), ऐसा नहीं है कि इस (नारीवाद) आंदोलन ने दलित, आदिवसी तथा अल्पसंख्यक समुदायों की स्त्रियों के मुद्दों को उठाया ही न हो। यह मुद्दे उठे जरूर और कुछ ठोस उपलब्धियां भी रहीं मगर इस स्त्रियों को केंद्र में रखने वाली नारीवादी राजनीति उभर नहीं सकी। (8), दलित स्त्री की पहचान वाले स्वतंत्र और स्वायत्त संगठन 1990 के बाद बने। अखिल भारतीय स्तर पर बनने वाले संगठनों में 'नेशनल फेडरेशन ऑफ दलित वीमेन' तथा 'ऑल इंडिया दलित वीमेंस फोरम' (1994) उल्लेखनीय है। 'महाराष्ट्र दलित महिला संघठना' की स्थापना 1995 में की गई। इसी प्रदेश के चंद्रपुर में 1996 में 'विकास वंचित दलित महिला परिषद' का गठन हुआ। इस संगठन ने माँग की कि 25 दिसंबर को 'भारतीय स्त्री मुक्ति दिवस'

के रूप में मनाया जाए। 1927 में इसी तारीख को डॉ. अम्बेडकर ने मनुस्मृति दहन किया था। (9), दलित स्त्रीवाद की वैचारिकी के निर्माण के संदर्भ में गोपाल गुरु के लेख 'दलित वीमेन टॉक डिफरेंटली' की चर्चा की जाती है। यह लेख 'इकॉनॉमिक एंड पॉलिटिकल वीकली' के अक्टूबर 14-21, 1995 के अंक में प्रकाशित हुआ था। इस लेख की पृष्ठभूमि में दो तात्कालिक घटनाएँ थीं। नेशनल फेडरेशन ऑफ दलित वीमेन (एन एफ डी डब्ल्यू) का निर्माण तथा बीजिंग सम्मेलन में दलित महिलाओं की भिन्न समूह के रूप में भागीदारी। दलित महिलाओं की 'बात की भिन्नता' को रेखांकित और स्थापित करना इस लेख में गोपाल गुरु का मकसद है। इसके लिए वे दो कारकों की चर्चा करते हैं बाहरी कारक तथा भीतरी कारक। बाहरी कारकों में वे उन 'गैर दलित ताकतों' का हवाला देते हैं जो 'दलित स्त्री के मुद्दे का समरूपीकरण' कर रही हैं। भीतरी कारकों में 'दलित के बीच पितृसत्तात्मक प्रभुत्व' का होना हैं। सत्य के अवबोधन में सामाजिक अवस्थिति को गोपाल गुरु निर्णायक मानते हैं। उनका कहना है कि इसी तर्क से गैर दलित स्त्रियों द्वारा दलित स्त्रियों के मुद्दों का प्रतिनिधित्व 'कम वैध और कम प्रामाणिक' ठहरता है। वे यह भी जोड़ते हैं कि दलित स्त्री कार्यकर्ताओं के इस दावे का अर्थ नारीवाद की प्रायोगिक बहुलता का उत्सव नहीं है। दलित स्त्रियों ने महाराष्ट्र में नए किसान आंदोलन के शुरूआती दौर में नारीवाद रेडिकल राजनीति का समर्थन किया था। यह समर्थन जारी नहीं रह पाया क्योंकि किसान संगठनों की ऊँची आवाज में दलित आवाज दब गयी। दूसरे, किसान आंदोलन समृद्ध किसानों के पक्ष में चला गया और दलित कृषि मजदूरों के हित भुला दिए गए। गोपाल गुरु जोर देकर कहते हैं कि राष्ट्रीय और वैश्विक स्तर पर स्त्री मात्र की एकता (सॉलिडरिटी) का दावा ऊँची जाति और दलित महिलाओं के बीच मौजूद अंतर्विरोधों पर लीपापोती कर देता है। दलित स्त्रियों ने इसीलिए गैर दलित स्त्रियों के लेखन अथवा भाषण में अपने यदा-कदा उल्लेख (गेस्ट अपीयरेंस) का विरोध किया और अपनी शर्तों पर खुद को संगठित किया। गैर दलित स्त्रियों द्वारा विकसित नारीवादी सिद्धांत को नहीं समेटते। इसकी स्पष्ट अभिव्यक्ति एन एफ डी डब्ल्यू द्वारा स्वीकृत बारह सूत्री अजेंडे में तथा मई 1995 में पुणे में संपन्न महाराष्ट्र दलित वीमेंस कॉनफरेंस में पढ़े गए तमाम पर्चों में देखी जा सकती है। गोपाल गुरु बताते हैं कि दलित स्त्रियों ने दलितपन की व्याख्या कड़ाई के साथ जाति के संदर्भ में की और गैर दलित स्त्रियों द्वारा खुद को दलित मान लिए जाने के दावे को नकार दिया।

आंतरिक कारणों का विश्लेषण करते हुए गोपाल गुरु का कहना है कि उत्तर अंबेडकर काल में दलित नेताओं ने हमेशा दलित स्त्रियों की स्वतंत्र राजनीतिक अभिव्यक्तियों को गौण समझा है और कई बार उनका दमन किया है। कला और

संस्कृति के क्षेत्र में भी दलित पुरुषों का दबदबा कायम रहा है। साहित्य की दुनिया में दलित लेखकों के एकाधिकार की दलित लेखिकाओं ने आलोचना की है। गोपाल गुरु सूचित करते हैं कि दलित लेखक दलित स्त्री रचनाकारों की कृतियों को गंभीरता से नहीं लेते। उनकी प्रवृति इन लेखिकाओं की उपलब्धियों को खारिज करने की होती है। अपने विश्लेषण को सूत्रबद्ध करते हुए गोपाल गुरु तीन निष्कर्ष देते हैं। (क) जाति और वर्ग की पहचान के साथ लैंगिक पहचान भी किसी परिघटना में समान भूमिका अदा करती है (ख) दलित पुरुष उसी मेकनिज्म का पुनउत्पादन कर रहे है, जिसका इस्तेमाल सवर्णों ने उन्हें दबाने के लिए किया था (ग) दलित स्त्रियों का अनुभव बताता है दलित (दायरे) के भीतर का स्थानीय प्रतिरोध कम महत्वपूर्ण नहीं है। कुल मिलाकर, जो स्थिति बनती है, उसमें यह मानने को बाध्य होना पड़ता है कि दलित स्त्रियों की भिन्न बात का दावा सही है। अपनी तरफ से यह साबित करने के बाद कि दलित स्त्री ही दलित स्त्री समुदाय का वैध और प्रामाणिक प्रतिनिधित्व कर सकती है गोपाल गुरु यह चेतावनी भी जोड़ते हैं कि भिन्नता दलित स्त्रियों में भी है। शिक्षा, नौकरी और संगठन में महाराष्ट्र की दलित स्त्रियाँ जितनी आगे हैं कर्नाटक की नहीं। तब प्रतिनिधित्व पर पेंच उलझ जाता है। लेखक ने समाधान के तौर पर इस सुझाव पर अपनी सहमति दी है कि दलित स्त्री आंदोलन को ग्रासरूट स्तर की दलित स्त्रियों से जुड़ना चाहिए। उन्होंने दलित स्त्रियों को इसके प्रति भी सावधान किया है कि उनकी राजनीतिक आकांक्षाओं को स्पेश मुहैया कराने के क्रम में राज्य द्वारा उनका सहयोजन किया जा सकता है। इस आशंका के साथ ही उन्होंने दलित स्त्रियों की राजनीतिक समझ पर भरोसा भी किया है। सबूत के तौर पर उन्होंने भारत सरकार द्वारा निजीकरण और वैश्वीकरण वाली नयी आर्थिक नीति थोपे जाने की एन एफ डी डब्ल्यू द्वारा संघर्ष छेड़ने के संकल्प का उल्लेख किया है। (10), गोपाल गुरु के उक्त लेख पर बहस चली। इस बहस में प्रमुख नाम शर्मिला रेगे का उभरा। रेगे ने मोटे तौर पर लेख की स्थापनाओं पर अपनी सहमति व्यक्त की, लेकिन, उन्होंने 'प्रामाणिकता' पर आत्यांकित बल दिए जाने को उचित नहीं पाया। उनके अनुसार हाशिए के लोगों के आंदोलन में आवाजाही पर रोक नहीं लगनी चाहिए। अपने-अपने संघर्षों तक महदूद रहने के बजाए इन संघर्षों से अर्जित अनुभवों का, विचारों का साझा करना संघर्ष को आगे ले जाने में सहायक होता है। दलितेतर नारीवादी दलित स्त्रियों की तरह या दलित स्त्रियों के लिए भले ही न होल सकती हों लेकिन वे दलित नारीवादी की तरह अपनी 'पुनर्खोज' तो कर ही सकती हैं। इस तरह की छूट प्रत्यक्ष अनुभवजन्य 'प्रामाणिकता' की संकरी गली से बचाती है तथा 'अस्मितावादी राजनीति' की संकीर्णता को भी परे ढकेलती है। (11), 'अस्मितावादी दृष्टि की आलोचना करते हुए महाराष्ट्र की ही चर्चित नारीवादी चिंतक

छाया दातासर ने कहा है कि 'भिन्नता' और 'आइडेंटिटी' पर केन्द्रित हो जाने से आर्थिक शोषण और बाजार की जकड़बंदी की उपेक्षा होती है। स्त्रियों को अधिकतर वंचित करने वाली स्थितियों का जन्म यहीं होता है। छाया दातार ने यह भी कहा कि अगर नारीवादी आंदोलन के इतिहास का पुनरावलोकन किया जाए तो मालूम होगा कि पितृसत्ता के खिलाफ संघर्ष में कई मोड़ ऐसे भी आए हैं जब जाति प्रभुत्व के खिलाफ मोरचा खुला है। 'मथुरा रेप केस' मामला इसका उदाहरण है। दलित पैंथर के साथ भी नारीवादियों ने सहयोग किया है। (12) दलित आंदोलन में दलित स्त्रियों की भूमिका का पहले-पहल सशक्त रेखांकन मीनाक्षी मून और उर्मिला पवार ने किया। 1989 में प्रकाशित 'हमने भी इतिहास बनाया' में इन दोनों आंदोलन धर्मी लेखिकाओं ने डॉ. आंबेडकर के सामाजिक अभियानों में दलित स्त्रियों की भागीदारी का वृतांत लिखा है। दलित स्त्री कार्यकर्ताओं की पहली पीढ़ी इसी दौर में निर्मित हुई। परिवार, समाज और राजनीति में व्याप्त पुरुष वर्चस्व से लड़कर परिवर्तन के ऐतिहासिक दस्तावेज में अपना हस्ताक्षर करने वाली दलित स्त्रियों की पहली पीढ़ी का परवर्ती आंदोलन ने लाभ नहीं उठाया। किसी दलित स्त्री का नाम न तो पैंथर के, न ही रिपब्लिकन पार्टी ऑफ इंडिया के नेतृत्वकारियों की सूची में दिखाई पड़ता है। इसकी वजह जानने में बहुत मशक्कत करने की जरूरत नहीं। गोपाल गुरु ने पूर्वोद्धृत लेख में दलित नेताओं की पितृसत्तात्मक सोच का स्पष्ट जिक्र किया है।

बेबी कांबले मुख्यतः सामाजिक कार्यकर्ता रहीं। आंदोलनों में शिरकत करते हुए उनके व्यक्तित्व का निर्माण हुआ। उनकी जुझारू शख्सियत की अभिव्यक्ति उनके आत्मकथन धारावाहिक रूप में सन् 1981 में छपा और पुस्तक रूप में 1086 में आया। भारत में किसी दलित लेखिका का यह संभवतः पहला आत्मकथन है। इसमें बेबी कांबले ने अपनी जिंदगी से ज्यादा दलित समुदाय में हो रही उथल-पुथल का चित्रण किया है। उत्तर अम्बेडकरकालीन दलित राजनीति में घुस आई निजी महत्वाकांक्षाओं को निशाने पर लेते हुए लेखिका ने नेताओं के स्वभाव पर तल्ख टिप्पणियाँ की हैं। इस आत्मकथा के अंग्रेजी अनुवाद के 'आफ्टरवर्ड' में गोपाल गुरु ने लिखा है। 'दलित स्त्रियों की आत्मकथाएँ एक तरफ राज्य के शोषण का प्रतिरोध करती है तो दूसरी तरफ बाजार का। उनका लेखन 'दलित पब्लिक स्फीयर' साहित्यिक सभाओं, अकादमिक संगोष्ठियों, प्रकाशन केन्द्रों और पहचान दिलाने वाले अन्य क्षेत्रों मसलन राजनीतिक पार्टियों से बाहर रखे जाने के खिलाफ बयान हैं। दलित लेखकों की आत्मकथाओं में उनका उल्लेख चलताऊ ढंग से किया जाता है। (13), सार्वजनिक गतिविधियों-रैलियों धरने-प्रदर्शनों में बेबी कांबले की भागीदारी को ध्यान में रखकर गोपाल गुरु टिप्पणी करते हैं कि दलित स्त्रियाँ घरेलू से सार्वजनिक क्षेत्रों में निर्बाध आवाजाही करती हैं ('दे फ्लो फ्रीली फ्रॉम द डोमेस्टिक टू द पब्लिक स्फीयर्स')

(14), यह बात जितनी आसानी से कह दी गई है वस्तुस्थिति वैसे ही नहीं। हाँ, यह अवश्य है कि बेबी कांबले ने आत्मकथा में अपनी पारिवारिक स्थिति, पति-पत्नी के रिश्तों पर कुछ खास नहीं लिखा है। गोपाल गुरु की उक्त धारणा के निर्माण में इसी खामोशी की भूमिका है। अंग्रेजी अनुवादिका को यह खामोशी खटकी होगी। तभी उन्होंने बेबी कांबले का इंटरव्यू लेते हुए उनकी अंतरंग जिंदगी पर प्रश्न पूछे। यह इंटरव्यू आत्मकथा के आखीर में अंग्रेजी अनुवाद में दे दिया गया। इसमें बेबी कांबले ने बताया है कि 'उनकी जिन्दगी अन्य दलित औरतों की जिंदगी से बहुत भिन्न नहीं रही।' इन दिनों पत्नियों की पिटाई सामान्य बात थी। पत्नी की निष्ठा पर शक किया जाता था और मैं भी कोई अपवाद नहीं थी। एक बार हम (मैं और पति) बैठक में हिस्सा लेने मुंबई गए। हमने सामान्य डिब्बे में यात्रा की। डिब्बा खचाखच भरा हुआ था। कुछ युवाओं ने मुझे देख कर लिया कि मेरे पति ने तत्काल मुझ पर शक किया। उन्होंने मुझे इतने जोर से मारा कि मेरी नाक से खून का फौव्वारा फूट पड़ा। भला बताओ कोई किसी को घूरने से कैसे रोक सकता है। लेकिन, यह सब कहने को कोई फायदा नहीं था। हम प्रोग्राम में भी नहीं रुके। उसी शाम को लौट आए। उनका क्रोध ऐसा था कि लौटती बार ट्रेन में पूरे रास्ते मुझे पीटते रहे। (15), इस प्रसंग को आगे बढ़ाते हुए प्रश्नकर्ता ने जब अगला सवाल किया तो बेबी कांबले का जवाब था वे (पति) मुझे बेहद मामूली कारणों पर पीटते थे। बड़े शक्की थे। अपने को निर्दोष साबित करना मेरे लिए बहुत कठिन था। मैं रोती थी, गिड़गिड़ाती थी, मानती थी। कभी माहौल हफ्ते भर सामान्य रहा तो बहुत गनीमत थी। शक फिर से अपना सिर उठा लेता था। मुझे फिर यातना की उस चक्की से गुजरना पड़ता था। ज्यादातर औरतों की जिंदगी ऐसी ही थी।... एक मर्द छोड़ दूसरी से शादी करना समस्या का हल नहीं था। हर मर्द में वही 'पति' मिलता था। इसलिए मैंने तय किया कि दूसरा घर नहीं करूँगी। (16), 'आत्मकथा' में इन अनुभवों को क्यों नहीं लिखा? इस प्रश्न पर बेबी कांबले का कहना था कि 'मैंने व्यक्तिगत पीड़ा के बदले समुदाय की व्यथा को तरजीह दी। फिर अधिकांश औरतों पर जब ऐसे ही हिंसा की जाती थी तो मैं उनसे अलग कहाँ थी?' (17), प्रस्तुत प्रसंग को थोड़े विसतार से उद्धत करने की जरूरत इसलिए महसूस हुई कि गोपाल गुरु के कथन का समुचित संदर्भ सामने रहे। उस कथन का प्रत्याख्यान भी हो सके। आत्मकथा के हिन्दी या मराठी संस्करणों में चूंकि यह साक्षात्कार नहीं है, इसलिए संभव है कुछ लोग लेखिका की जिंदगी के इस पक्ष से वाकिफ न हों। इस आत्मकथा का हिन्दी अनुवाद वैसे भी थोड़ा संदिग्ध लगता है। किसी समर्थ अनुवादिका-अनुवादक को यह काम अपने हाथ में लेना चाहिए।

बेबी कांबले ने खुद को अम्बेडकरी आंदोलन का उत्पाद कहा है। ऐसी तमाम

दलित स्त्रियों ने अनगिनत खतरे उठाकर इस आंदोलन में भागीदारी की, उसे आगे बढ़ाया। यह बिडंबना ही कही जाएगी कि आंदोलन दलित स्त्रियों के प्रति पर्याप्त संवदनेशील नहीं हो पाया। आंदोलन की कार्यसूची में दलित स्त्रियों के अपने मुद्दे उच्च प्राथमिकता पाने से वंचित रहे।

तमिलनाडु में सक्रिय सामाजिक कार्यकर्ता और लेखिका गैब्रियल डीट्रिख ने अपने एक लेख में दलित आंदोलन और महिला आंदोलन के अंतस्संबंध को समझाने के क्रम में कई घटनाओं का उल्लेख किया है। इसमें दो-एक का जिक्र यहाँ बानगी के तौर पर किया जा सकता है। पहली घटना दलित बहुल जिला उत्तरी आरकोट के अरक्कोणम की है। परैयार जाति के भूमिहीन कृषि मजदूरों के बीच काम करने वाले यहाँ तीन महत्वपूर्ण संगठन है अम्बेडकर मंत्रम्, रूरल वीमेंस लिब्रेशन मूवमेंट (आर डब्ल्यू एल एम) और भूमिहीन श्रमिक आंदोलन (एल एल एम)। मजदूरी, बिजली, पानी और जमीन जैसे मुद्दे आर डब्ल्यू एल एम और एल एल एम उठाते हैं और अक्सर मिलकर काम करते हैं। लेकिन कुछ स्थानीय मुद्दों तथा अम्बेडकर जयंती जैसे समारोहों को वे अम्बेडकर मंत्रम् से जुड़कर मनाते हैं। 20 अप्रैल 1990 को यहाँ कला नामक पचीस वर्षीया युवती ने ट्रेन के आगे कूदकर अपनी जान दे दी। कला तीन बच्चों की माँ थी। सूचना मिलने पर आर डब्ल्यू एल एम के कार्यकर्ता कला के माता-पिता से मिले। बेटी की लाश दिखाने के लिए उन्हें अस्पताल भी ले गए। प्रारंभिक खोजबीन से उन्हें पता चला कि कला के पति के विवाहेतर संबंध थे और वह अपनी पत्नी को लगातार उत्पीड़ित कर रहा था। कला के माँ-बाप इस घटना की गवाही देने को तैयार थे। चूंकि परिवार दलित (पेरियार) था इसलिए अम्बेडकर मंत्रम् के कार्यकर्ता भी अस्पताल पहुँचे। ग्राम प्रधान पेशे से वकील और अम्बेडकर मंत्रम् का कानूनी सलाहकार था। उसने कला के माँ-पिता पर दबाव डाला कि वे बयान दें कि कला बरी थी और मानसिक रोगी तथा उसकी मृत्यु के लिए कोई अन्य जिम्मेदार नहीं है। पोस्टमार्टम की रिपोर्ट बेनतीजा रही। आर डब्ल्यू एल एम चाहता था कि आत्महत्या के लिए उकसाने वाला केस दर्ज हो। अम्बेडकर मंत्रम् पति के पक्ष में था। प्रधान पर दबाव डालकर पंचायत बुलायी गयी। पंचायत ने कला के पति को सभी आरोपों से बरी कर दिया। आंबेडकर मंत्रम् के सहयोग से लाश का अंतिम संस्कार कर दिया गया। आर डब्ल्यू एल एम ने इसकी सार्वजनिक भर्त्सना की। अम्बेडकर मंत्रम् तथा ग्राम प्रधान ने आर डब्ल्यू एल एम के घेराव के विरोध में मार्च निकाला और दबाव बनाया कि आर डब्ल्यू एल एम इस केस से हट जाए। आर डब्ल्यू एल एम का तर्क था कि दलित उत्पीड़न पर सक्रिय होने वाला अम्बेडकर मंत्रम् एक दलित स्त्री को पति द्वारा आत्महत्या पर मजबूर किए जाने के सिर्फ अनदेखा ही

नहीं कर रहा है, वह आरोपी की हर तरह से सहायता भी कर रहा है। आखिरकार कला की आत्महत्या का मुकदमा चल नहीं पाया।

दूसरी घटना भी इसी जिले की है। श्रीलंका से आए एक परिवार की तीन साल की बच्ची के साथ बलात्कार हुआ। बलात्कारी पड़ोसी दलित युवक था। घटना 7 जुलाई 1990 की है। बच्ची के परिवार के पास बलात्कार के ठोस साक्ष्य थे, फिर भी पीड़िता का मेडिकल परीक्षण नहीं हो सका। अम्बेडकर मंत्रम् ने आनन-फानन में पंचायत बुलायी और आरोपी पर ढाई सौ रुपये का जुर्माना लगाकर मामला रफा-दफा करना चाहा। आर डब्ल्यू एल एम ने जब आरोपी को तलब किया तो अम्बेडकर मंत्रम् के कार्यकर्ताओं ने बलात्कारी का साथ देते हुए आर डब्ल्यू एल एम को यह केस अपने हाथ में लेने से रोका। बड़ी कहा-सुनी के बाद उन्होंने आर डब्ल्यू एल एम की महिला कार्यकर्ताओं को थाने में खबर करने की मोहलत दी। 14 जुलाई को पीड़िता को न्याय दिलाने के लिए सभा बुलायी गयी। डीट्रिख बताती हैं कि अम्बेडकर मंत्रम् से अलग हुए एक गुट ने न्याय माँगने वालों को समर्थन दिया। (20), अम्बेडकर मंत्रम् पुरुष-बहुल संगठन है।

ऐसे तमाम प्रसंग हैं, जिनके आधार पर बेहिचक कहा जा सकता है कि न्याय और अस्मितावाद के बीच द्वंद की स्थिति पैदा होने पर दलित स्त्रियों तथा उनके संगठनों ने न्याय का पक्ष लिया है। पहचान की राजनीति बराबरी, आजादी और इंसाफ को परममूल्य मानकर नहीं की जा सकती। अपना दायरा बढ़ाने के लिए इन शब्दों को अलंकरण की तरह इस्तेमाल अवश्य किया जाता है। लेकिन, निर्णायक अवसरों पर इन मूल्यों को स्थगित किए जाते हुए देखा जा सकता है। दलित स्त्रियों का संघर्ष मानवाधिकारों के लिए हैं। मानवाधिकारों की लड़ाई बुनियादपरस्त नहीं लड़ सकते। मानवाधिकारों की सच्ची चिंता अस्मितावादियों के अजेंडे में नहीं आ सकती। अतीत के स्वर्णिम बोझ से दबा मूलनिवासी आंदोलन भी मानवाधिकारों का पैरोकार नहीं हो सकता। दलित स्त्रियाँ इसी अर्थ में इन सबसे भिन्न है। तमिल की प्रख्यात दलित लेखिका एस. तेनमोषी अपने एक निबंध में इसीलिए बड़ी व्यथा से कहती हैं 'इस युद्धभूमि में दलित स्त्रियाँ बिल्कुल तनहा है, एकदम मित्ररहित। उन्हें इस संघर्ष को इसीलिए सावधानी, आत्म-चेतनता तथा उत्कटता से लेना है।' (21), तेनमोषी का मानना है कि 'अगर वे (दलित स्त्रियां) इस स्थिति को इतिहास के अभिशाप के रूप में नहीं अपितु सुअवसर के रूप में लेंगी तो स्थिति-परिवर्तन नामुमकिन नहीं हैं।' (22), इसी निबंध में लेखिका ने यह भी कहा है कि तीव्र जातिगत (रेशियल) उत्पीड़न के समय हम (दलित पुरुषों) अपने विचार वैभिन्य को पीछे रख देती हैं कुछ वैसे ही पितृसत्ता के खिलाफ संघर्ष में हमारा गैरदलित स्त्रियों के साथ एकता बन सकती है। (23), पारपंरिक वर्चस्ववादियों और दलित अस्मितावादियों में अपने-अपने

ढंग से प्रयास किया कि दलित स्त्रीवाद का नारीवाद आंदोलन से दूरी ही न बनी रहे बल्कि उनके बीच अविश्वास भी बढ़े। जाति में गुंथी पितृसत्ता की उपेक्षा करके, उसके खिलाफ मुकम्मल लड़ाई न छेड़कर स्वयं नारीवादी आंदोलन ने इस दूरी को बरकरार रखने में जाने-अनजाने सहयोग किया। लेकिन, जल्दी ही दोनों आंदोलनों को यह बात समझ में आ गयी कि अवसर-विशेष में उनके बीच पनपी पारस्परिकता और समर्थन सार्थक नतीजों की ओर ले जा सकते हैं। नारीवादी संगठनों ने दलित स्त्रीवाद के सामान्य नारीवाद में विलय की कोई माँग न उठाकर आपसी भरोसे की नींव ही मजबूत' की। दलित लेखिकाओं की रचनाएँ इस बात की गवाही देती हैं कि उन्होंने सीखने-सिखाने और संवाद के दरवाजे कभी बंद नहीं किए। दलित स्त्री आंदोलन का आकलन करते हुए विमल थोरात ने लिखा है 'स्त्री पुरुष संबंधों की समतावादी व्याख्या करने के साथ ही, दलित स्त्री के तिहरे शोषण की त्रासदी की अभिव्यक्ति द्वारा दलित स्त्री के प्रति नारीमुक्ति आंदोलन के संकीर्ण मध्यवर्गीय नज़रिए को भी कुछ हद तक बदलने में कामयाब हो रही है। व्यक्ति पहचान के संघर्ष में स्त्री अस्मिता का प्रश्न लेकर साझे समतावादी आंदोलन में भी वह शामिल हुई है।' (24), कुछ ऐसा ही रजनी तिलक का भी मानना है। वे दलित और स्त्री आंदोलन में दलित स्त्रियों की भागीदारी को रेखांकित करते हुए यह भी जोड़ती हैं, दलित आंदोलन में 'पितृसत्ता का विद्रूप चेहरा' तथा स्त्री आंदोलन में 'जाति व्यवस्था का विकृत रूप' पाकर दलित स्त्रियों ने अपने को अलग से संगठित किया। (25), तेलुगु दलित लेखिका नामबूरि परिपूर्णा की कहानी 'प्रेरणा' परिवार के ढांचे में 'पति' संस्था की क्रूरता दर्शाते हुए सवर्ण और दलित स्त्री के दुख की समानता का बयान करती है। मस्तनम्मा विमला के यहाँ नौकरानी है। विमला और उसका पति प्रसाद जिला परिषर में नौकरी करते हैं। मस्तनम्मा का पति कोटी रिक्शा चलाता है। प्रसाद और कोटी दोनों ही घर की जिम्मेदारियों के प्रति बेपरवाह। अपनी सारी कमाई पीने-पिलाने पर उड़ाने वाले। पत्नी के प्रति हिंसक भी। मस्तनम्मा रोज-रोज की पिटाई से तंग आकर एक दिन अपने पति पर हाथ उठाती है। इधर घरेलू हिंसा से त्रस्त विमला भी मस्तनम्मा से प्रेरणा लेकर कानूनी सलाह केंद्र का रूख करती है। (26), बानगी के तौर पर उद्धत की गई यह काहनी प्रायः सभी भाषाओं में मिल सकती है। ध्यान देने की बात है कि इस ढर्रे की कहानियों में प्रेरणा स्रोत दलित स्त्रियाँ है। उनकी संघर्ष क्षमता और विकट प्रतिकूलताओं में जिन्दा रहने की कूवत ही उन्हें प्रेरणा केंद्र बनाती है।

दलित स्त्रीवादी आंदोलन का जन्म भले ही अस्मितावाद की जमीन पर हुआ मगर जल्द ही इस आंदोलन ने अपने को अस्मितावाद की अनुदार चौहद्दी से मुक्त कर लिया। अस्मितावाद उत्तरआधुनिकता की कोख से पैदा हुआ माना जाता है। उत्तर

आधुनिकता की जो धारा आधुनिकता के प्रबल विरोध में फूटी है उसी की सिंचाई से अस्मितावाद की फसल पली-बढ़ी है। अस्मितावादी बहस को 'विमर्श' कहा जाता है। इस विमर्श की परिभाषा है एकल पहचान की बहिर्गामी, एकोन्मुखी और उदग्र पैरोकारी। अन्य पहचानों के प्रति गहरा शक इसके मूल में है। यह विमर्श अपारदर्शी होता है। 'ऐतिहासिक अनुभव' इसे खुलेपन की ओर, पारदर्शिता की तरफ जाने से रोकते हैं। 'पीड़ा' पर बोलने का अधिकार पीड़ित को है। पीड़ा के खिलाफ संघर्ष चलाने का अधिकार भी उसी को है। अस्मितावाद के एक समर्थ प्रवक्ता गोपाल गुरु हैं। पीछे हमने चर्चा की दलित स्त्रियों पर गैरदलित स्त्रियों के लेखन को वे 'कम वैध और कम प्रामाणिक' मानते हैं। इस कथन के अर्थ बोध की प्रक्रिया में 'कम' विशेषण का विलोपन लेखक का अभीष्ट है। विमर्श के अध्येताओं को यह बताने की जरूरत नहीं। अन्यत्र गोपाल गुरु ने यह प्रतिपादित किया कि दलितों के अनुभवों पर सिद्धांत निर्माण का अधिकार मात्र भुक्तभोगियों को है। इतनी छूट उन्होंने अवश्य दी कि गैरदलित-अनुभवों को मात्र पढ़ने-सुनने के हकदार हैं। (27), लेकिन, यह कैसे हो सकता है कि पढ़ने की छूट मिले और राय बनाने पर प्रतिबंध हो। इस सिद्धांत को स्वीकार लिए जाने पर कई बिडम्बनाएँ पैदा होंगी। दर्शनशास्त्री सुंदर सरूक्काइ ने इनका वाजिब संज्ञान लिया है। अब यह महत्वपूर्ण बहस पुस्तक रूप में उपलब्ध है। (28), शायद इस सिद्धांत में निष्ठा के चलते ही 'अवमानना' (ह्युमिलिएशन) पर संपादित अपनी मूल्यवान पुस्तक में गोपाल गुरु ने दलित स्त्री की स्थिति को विचार के बाहर रखा है। यह कहने की जरूरत नहीं की जाति और पितृसत्ता के दो पाटों में पिसती दलित स्त्री अवमानना के स्थूल वे सूक्ष्म अध्ययन का अपरिहार्य संदर्भ बनती है। (29)

दलित स्त्रीवाद उत्तर अस्मितावादी विचार व आंदोलन है। आधुनिकता की ओर पीठ किए हुए नहीं, उससे संवाद करता हुआ, मानव-मुक्ति के उसके विश्वास में साझा करता हुआ। देखा जा सकता है कि अस्मितावाद जहाँ वैश्वीकरण, बाजारीकरण और सार्वजनिक क्षेत्रों के कारपोरेटीकरण का समर्थन करता है या उसे चिंता का विषय मानने से इनकार करता है वहीं दलित स्त्रीवाद शुरू से ही उसका विरोध करता रहा है। नैशनल फेडरेशन ऑफ दलित वीमेंस ने निजीकरण और वैश्वीकरण के खिलाफ संघर्ष करने का जो संकल्प लिया उसकी चर्चा पीछे की जा चुकी है। दलित स्त्रीवाद की प्रमुख हस्ताक्षर उर्मिला पवार ने अपने आत्मकथन की भूमिका में लिखा है 'हम देखते हैं कि वैश्वीकरण, निजीकरण तथा धार्मिक सत्ता के ध्रुवीकरण से जो होड़ का वातावरण निर्माण हो गया है, उसके कारण अगली और उससे अगली पीढ़ियों का भविष्य संकट में पड़ गया है।' (30), बहुराष्ट्रीय कंपनियों के मकड़जाल का पर्दाफाश अनिता भारती ने अपनी कहानी 'बीजबैंक' में किया है। (31), अपनी

आलोचना-पुस्तक में वे लिखती है 'भूमंडलीकरण, बाजारीकरण के चलते उसके (दलित स्त्री के) श्रम की कीमत दिन पर दिन कम होती जा रही है, जिसके कारण उसके परिवार पर व उसके ऊपर सीधा असर पड़ रहा है। आर्थिक चुनौतियाँ सुलझने की जगह और उलझ रही हैं।' (32)

एक अर्थ में अस्मितावाद अतीतोन्मुखी है। इधर के अस्मितावादियों में कोई नागवंश का गुणगान करता हुआ उसकी पुनर्स्थापना के सपने देखता है, कोई मौर्ययुग की पुनर्प्राप्ति के लिए तड़पता है। इन दिनों मूल निवासी 'आंदोलन' ज्यादा जोर पकड़े हुए है। इस आंदोलन का मानना है कि इस देश में रहने का हक का सिर्फ मूल निवासियों को है। हमलावरों और घुसपैठियों को बाहर किया जाना चाहिए। यहाँ यह याद कर लेना ठीक रहेगा कि डॉ. अम्बेडकर आर्य आक्रमण के इस सिद्ध ांत को नहीं स्वीकारते थे। ब्राह्मणों को सर्व शक्तिमान मानने से भी उन्हें गुरेज था। भारतीय समाज पर जाति व्यवस्था थोपने का 'श्रेय' भी वे ब्राह्मणों को नहीं देते थे। हाँ, उनकी सहयोगी भूमिका से उन्हें इनकार न था। (33), अस्मितावाद ने ब्राह्मणों को (ज्यादातर प्रसंगों में ब्राह्मणवाद का प्रयोग नहीं किया जाता।) इतिहास की नियामक शक्ति मानते हुए उनका लगातार 'शक्ति संवर्धन' किया है। अस्मितावादी व्यक्ति की 'उत्पीड़ित' की छवि इसीलिए रूढ़ हो चली है। दलित स्त्री के नजरिए से देखें, तो मूल निवासी आंदोलन एकदम अस्वीकार्य ठहरता है। मूल निवासी व्यवस्था जिस रोमानी रूप में पेश की जाती है, उससे में सारी भीतरी दिक्कतें विलुप्त हो जाती है। इन दिक्कतों की चर्चा करना भी मूल निवासी सिद्धांतकारों को नागवार गुजरता है। फिर जिस संस्कृति की रूपरेखा पेश की जाती है उसमें स्त्रियाँ दायित्व के बोझ से दबी हुई, संदेह की शूली पर चढ़ाई हुई और सर्वथा अधिकार वंचित नज़र आती है। सांस्कृतिक राष्ट्रवादियों की स्वर्णिम अतीत की कल्पना और उसकी परिणतियों पर बेहतर अध्ययन उपलब्ध हैं। सांस्कृतिक अस्मितावादियों से उसकी समानता को ध्यान में रखते हुए प्रस्तुत संदर्भ में उन अध्ययनों से सहायता ली जा सकती है।

उत्तर अस्मितावाद ने प्रयत्न करके 'उत्पीड़ित' की छवि से दूरी बनायी है। दलित स्त्रीवाद की विकासयात्रा पर दृष्टि डालने से स्पष्ट होता है कि पीड़ित स्त्री से क्रमशः शक्ति संपन्न दलित स्त्री की अवधारणा निर्मित हो रही है। अस्मितावादी वैचारिकी के तहत लिखी गई आत्मकथाओं के शीर्षक देखें और उसकी दलित स्त्रीवादी दृष्टि से सृजित आत्मकथाओं के शीर्षकों की तुलना करें तो यह बात समझने में आसानी होगी। पहली धारा में 'अक्करमाशी', 'जूठन', 'तिरस्कृत', 'घाव', 'छांग्या रूक्ख' आदि हैं तो दूसरी में 'जीवन हमारा', 'करक्कु', 'आयदान' हैं। (34), दलित स्त्री की शुरूआती आत्मछवि तमिल की कवि तरेसम्मा के शब्दों में यों मिलती है

हम गरीब

इसलिए करते हैं मजदूरी
लेकिन वही सिल्की बिस्तर उपहास करता है हमारा
जब हमारा दिन-दहाड़े बलात्कार होता है।
अशुभ-अभागी हैं हमारी जन्मकुंडलियाँ।
हमारे लड़खड़ाते पति भी
खटिया के एक कोने में पड़े हुए
फुफकारते और बदला लेने की चीखते हैं
अगर हम उनकी पकड़ न झेल सकें। (35)

संक्रमण के दौर से गुजरती, क्रमशः आत्मविश्वास अर्जित करती दलित स्त्री तेलुगु दलित रचनाकार जलदि विजय कुमारी की एक कविता में इस तरह आकार पाती है:

मैं अस्थियों का सपना हूँ
अनखिला फूल
विफल ध्यान
... ...
मैं एक शापित
पुरुष जाति की दासी
जिसने रूग्ण अक्षरों को बना डाला है सजावटी
और
हैवानियत से सत्ता का इस्तेमाल करते हुए
अपनी लंपट वासनाओं का बंदी
विवाह के नाम पर धोखा
पुरुष-असुरों की मृत्यु धुन पर नाचती लाश
दहेज के कब्रिस्तान में
गूंज रही लय विरोधी विचारधारा की
लेकिन, अगर तुम्हारे हाथ में शहनाई जरा भी अचेत हुई
मैं व्यथित होने वाली नहीं
भीषण बदला
प्रतिरोधी बाना
इसीलिए ओ मां
हताशा और विफलता से पीड़ित
यह हमारा युग है।
आगे बढ़ों हिम्मती बहनों
मैं दूँगी तुम्हारा साथ

मैं अबला नहीं
मैं हूँ, शक्ति
जिसने रचे ढांचे
लुढकाने को पंक
मैं एक मां'
जिसने जिन्दगी बख्शी स्वयं इस जन्म को। (36)

पीड़ित से शक्तिसंपन्न व्यक्तित्व में अंतरण प्रायः सभी भाषाओं की दलित स्त्री रचनाकारों में देखा जा सकता है। नयी दलित स्त्री खुदमुख्तार है। अपनी जिम्मेदारियों से वाकिफ और अपने अधिकारों के प्रति सचेत है। उसका संघर्ष और संकल्प बेहतर वर्तमान के साथ काम्य भविष्य के निर्माण के लिए है। नयी दलित स्त्री की कुछ अभिव्यक्तियाँ देखिए

1.'एक दिन आऊँगी मैं/ दबावों के चलते नहीं/ न किसी की दासी बनकर/ तनी हुई रीढ़ के साथ/ किसी के सामने झुकती हुई नहीं/ बगैर किसी चूक के/ किसी को बातचीत की अनुमति दिए बिना/ सोचने का समय दिए बिना/ आलोचना की परवाह न करके/ प्रतिक्रियाओं के लिए अवकाश दिए बगैर/ तब मेरा साथी होगा सत्य/ कर्म मेरी ताकत।'(के. के. निर्मला, मलयालम)[37]

2. 'बहुत दिनों से देख रही थी/ कुछ झंडे पड़े हुए थे/ धूप-छांह, वर्षा-पानी से भी/कुछ फर्क नहीं पड़ा था इनपे/ पास से गुजर रही जनता की आँखें भी/ नहीं पड़ रही थीं इन पे/ अयोग्य है यह पकड़ने के लिए/ कंधे पर उठाकर ज्यों चलना शुरू किया। जनता केये सवाल तभी से/ आप में से किसी ने उठाया नहीं इसे/ इसलिए मैंने उठा लिया/ इसके बाद देख रही हूँ/ एक-एक करके सभी उस स्तूप से/ झंडा उठाकर चलना शुरू कर दिए/ कौन किस तरह जाएगा, यह समझे बिना/ कुछ लोग तितर-बितर हुए/ कुछ लोग इधर-उधर चल दिए/ अंत में देखती हूँ/ सभी का गंतव्य/ उस एक ही दिशा की तरफ हैं' [38](कल्याणी ठाकुर, बांग्ला)

3. 'मैं हूँ शक्ति/ मैं हूँ आशा/ मैं हूँ तो कैसी निराशा?/ मैं तेरे खेतों में बहती। शीत-जल प्रवाहिनी हूँ।/बांध जब मुझ पर बने/ तो दामिनी हूँ/ जो करोगे प्रेम/तो मैं रागिनी हूँ/ झूठी मर्यादाओं में/ न मैं बँधूगी/ परंपरा और संस्कृति के नाम पर न/ मैं दबूंगी'[(39)], (पूनम तुषामड़, हिन्दी)

4. 'बेआवाज लहरों वाला सागर/ किलकारियाँ भरता चंद्रमा/ बेसुर रात में झींगुरों के प्रेम पर/ सोचती-जागती/ काली चमड़ी के भीतर सुनने की हामी/ भरती हुई/ वार्तालाप/ आक्रोश/ अट्टाहास/ कराहें/ लड़कियाँ/ आदि मचल रहे हैं/ एक सिनेमाघर!' [(40)], (धन्या ए.डी. मलयालम)

5.'आँखों में भर लूँ/ असामान/ दौड़ जाऊँ इठलाकर/ बादलों पर/ सारी दुनिया

मेरी है/ मन की कलियाँ/ सतरंगी सपने बुन रही हैं/ सूरज की गमक आँखों में/ भर रही हैं[41], (अनिता भारती, हिन्दी)'

जैसे पारम्परिक वर्चस्ववादियों को शिकायतों का पिटारा लिए बैठा दलित सह्य लगता है वैसे ही अस्मितावादियों को व्यथा में डूबी दलित स्त्री की आवाज स्वीकार्य लगती है। लेकिन, यह स्त्री जब स्वयं कदम उठाती है, बाहरी और भीतरी हिंसा के खिलाफ संघर्ष में उतरती है, न्याय का माँग करती है, अपनी शर्तों पर जिन्दगी जीने के ख्वाब बुनती है, तो अस्मितावादियों और पारम्परिक वर्चस्ववादियों-दोनों को खटकने लगती है। वर्चस्ववादियों को खटकना तो तुरंत समझ में आ जाता है, लेकिन अस्मितावादियों का बिडम्बनापूर्ण लगता है। इस असुविधाजनक स्थिति से निपटने के लिए आम तौर पर अस्मितावादियों के तीन खेमे बनते देखे जा सकते हैं। पहले वर्ग में वे लोग होते हैं, जो स्त्री मात्र के प्रति घृणा से भरे रहते हैं। दलित स्त्रियाँ भी उनकी कोप दृष्टि से बाहर नहीं रहतीं। दूसरी श्रेणी सांस्कृतिक अस्मितावादियों की होती है। भीतर की कमजोरी बाहर न प्रकट हो इस तर्क से, तथाकथित दलित संस्कृति/ मूलनिवासी संस्कृति/ नाग संस्कृति.... की पुनर्रचना, पुनर्प्राप्ति के तर्क से, यह लड़ाई हम लड़ ही रहे हैं, के तर्क से दलित स्त्रियों को चुप कराने या अपने अजेंडे की अनुगामिनी बनाने पर उनका जोर रहता है। तीसरे वर्ग में ऐसे विचारक होते हैं, जो दलित स्त्रियों का विरोध नहीं करते। यही नहीं, वे दलित स्त्रियों की बदनामी करने वाले पहले वर्ग की खुलकर आलोचना भी करते हैं। पितृसत्ता को जाति जैसी प्राथमिकता देना उन्हें विलचन लगता है। वे इसीलिए ऐसी लेखिकाओं और जाति तथा पितृसत्ता को समान महत्व देने वाली रचनाओं की चर्चा करने से यथासंभव बचते हैं। दलित स्त्री जीवन को सामान्य दलित जीवन में अंतर्भुक्त मानकर वे दलित स्त्रीवाद की अलग से चर्चा करना जरूरी नहीं समझते।[42]

दलित स्त्रीवाद में सौंदर्यशास्त्र को लेकर उत्सुकता का प्रायः अभाव दिखता है। दलित अस्मितावाद में 'अपना' सौन्दर्यशास्त्र गढ़ने की जैसी व्यग्रता पनपी और बनी हुई है वैसी माँग दलित स्त्रीवादियों की तरफ से नहीं की गई है। इसके कारणों पर ध्यान दिया जाना चाहिए। पहली वजह यह लगती है कि जो समुदाय मानवाधिकारों की लड़ाई लड़ रहा हो उसके लिए राजनीतिक चेतना का महत्व हैं, सौंदर्यशास्त्र का नहीं। दूसरी यह कि सौंदर्यशास्त्र की प्रकृति में स्त्री के वस्तुकरण की आशंका अंतर्ग्रथित है। तीसरी, विश्व बाजार की घुसपैठ ने वस्तुकरण की आशंका को मज़बूती दी है। विचारणीय है कि दलित सौंदर्यशास्त्र के दोनों अधिकारी विद्वान वैश्वीकरण तथा बाजारवाद के समर्थक भी हैं। [43] चौथी वजह यह है कि यह दौर नयी दलित स्त्री के निर्माण का है। इस दौर की प्राथमिक चिंता सशक्तीकरण के संसाधन जुटाने और अनुकूल माहौल बनाने की हैं। सौन्दर्यशास्त्र इस संदर्भ में दलित स्त्रीवादियों

को शायद कोई सहायता नहीं देता। पाँचवी और फिलहाल आखिरी वजह दलित सौन्दर्यशास्त्र के ऊपर छपे ग्रंथों की विषयवस्तु है। शरण कुमार लिंबाले द्वारा लिखित 'दलित साहित्य का सौन्दर्यशास्त्र' देशी-विदेशी साहित्य की चर्चा करने के बावजूद दलित स्त्री लेखन की नोटिस तक नहीं लेता। 'दलित विमेंस राइटिंग, के संपादक के. सुनीता रानी ने प्रस्तुत पुस्तक के बारे में यह कहते हुए अपनी आपत्ति दर्ज कि पश्चिमी साहित्य, भारतीय साहित्य और दलित साहित्य की चर्चा करने वाले लेखक ने दलित स्त्री साहित्य का उल्लेख तक क्यों नहीं किया। यह तब जबकि मराठी दलित साहित्य में दलित स्त्रियों की सशक्त आवाज मौजूद थी।[44] अपनी इस पुस्तक के नए (दूसरे) संस्करण में लिंबाले ने इन पंक्तियों के लेखक द्वारा लिया गया इंटरव्यू शामिल किया है। दलित स्त्री पर केन्द्रित प्रश्न के जवाब में उन्होंने यह अवश्य माना कि 'उसका दोहरा शोषण होता है', लेकिन, दलित स्त्रियों की आलोचना के केन्द्र डॉ. धर्मवीर का संदर्भ आने पर उन्होंने धर्मवीर का पक्ष लिया।[45] दलित सौन्दर्यशास्त्र के विशेषज्ञ से यह उम्मीद गैरवाजिब नहीं कि वह दूसरों के मुकाबले ज्यादा संवेदनशील होगा। लिंबाले की संवेदनशील का पता चला दलित स्त्रीवादी उर्मिला पवार की आत्मकथा 'आयदान' के प्रकाशन पर। उर्मिला पवार पर हमला करने वालों में शरणकुमार लिंबाले दूसरों से आगे रहे। उर्मिला पवार की आलोचना के मुख्य बिंदु ये थे। उनकी (उर्मिला की) सोच फेमनिस्ट है। (फेमिनिज्म आरोप, विपथन के रूप में)

अंतरंग बातों को सार्वजनिक करना अम्बेडकरवाद के दायरे में नहीं आता। पति से उनके संबंध कैसे थे यह बताने में अम्बेडकरवादी दर्शन कहाँ है?

क्योंकि उर्मिला नारीवादियों के सम्पर्क में है, इसलिए ऐसा (गैर अम्बेडकरवादी लेखन) कर रही हैं।

जब वे अपने पति हरिश्चन्द्र का शराब पीना नहीं छुड़वा सकीं तो सामाजिक समस्याओं के संदर्भ में विफल रहेंगी ही।

मरणासन्न पति की किडनी एक जरूरतमंद युवती को दान करने के उर्मिला के विचार पर स्तब्ध लिंबाले ने कहा कि यह सोच नारीवादी विचारधारा की देन है। एक विवाहिता भला अपने पति के बारे में ऐसा सोच भी कैसे सकती है?'[46]

दलित साहित्य के सौन्दर्यशास्त्र पर दूसरी किताब ओमप्रकाश वाल्मीकि की है। किताब में एक दर्जन से अधिक अध्याय हैं लेकिन दलित स्त्री की पीड़ा या उसका साहित्य किसी भी अध्याय का विषय नहीं बन सके हैं।[47] वाल्मीकि (सौन्दर्यशास्त्र होने के साथ) कवि, कथाकार, आलोचक भी हैं। नहीं याद पड़ता कि किसी कविता या कहानी में उन्होंने नयी दलित स्त्री की शिनाख्त की हो, उसका चरित्र रचा हो। उसे समर्थन देने की बात तो इसके बाद ही आती है। उन्होंने किसी आलोचना ग्रंथ

में दलित स्त्री आंदोलन की चर्चा तक नहीं की है। हां, उनकी कई कहानियों में 'पारम्परिक' दलित स्त्रियों के चरित्र हैं। इनमें कुछ-एक की संघर्ष-क्षमता प्रेरणास्पद लग सकती है। लेकिन नैतिकता/यौन मर्यादा के प्रश्न पर लेखक ने परंपरा का ही समर्थन किया है।[(48)]

दलित सौन्दर्यशास्त्र और उनके प्रस्तावकों की इन भूमिकाओं से दलित स्त्रीवादियों का शंकित होना स्वाभाविक ही है। सौन्दर्यशास्त्र से उनके विकर्षण में इस परिस्थितिजन्य अनुभव की भूमिका से इनकार नहीं किया जा सकता।

दलित स्त्रीवादी आंदोलन ने अपने विकास का दूसरा पड़ाव कठिनाइयों से गुजरते हुए सफलतापूर्वक पार कर लिया है। अब उसकी सामर्थ्य और स्वतंत्र-स्वायत्त स्थिति पर बहस करने की जरूरत नहीं रह गयी। अस्मितावादी अपनी ऐतिहासिक भूमिका लगभग निभा चुका है। जैसे अर्सा पहले जातिवादी संस्कृति का मानव विरोधी रूप पहचाना जा चुका है वैसे दलित धर्म और संस्कृति के किसिम-किसिम के संस्करण भी मानवाधिकारों की राह में अवरोधक के रूप में चिन्हित होने लगे हैं। दलितवाद को छोड़कर अम्बेडकरवाद की तरफ जाना इसीलिए श्रेयस्कर माना जा रहा है। अम्बेडकर आंदोलन की विरासत से निकला स्त्रीवाद अपने दम पर अग्रसर है। अम्बेडकर आंदोलनों से निकली, जन अभियानों के बीच निर्मित हो रही युवाओं की नयी पीढ़ी इन स्त्रीवादियों के साथ कंधे से कंधा मिलाकर चलती देखी जा सकती है। यह पारस्परिक सहयोग भरोसा पैदा करता है। रूप के स्तर पर 'जेंडर सेंसिटिव' नयी पीढ़ी को अंतर्वस्तु के स्तर पर भी समृद्ध करना इस आंदोलन की बड़ी जिम्मेदारी है। [(49)]

अपने संघर्षों, सरोकारों को यह आंदोलन जितना भविष्योन्मुखी, जनोन्मुखी तथा संवेदनक्षम बनाता जाएगा उतना ही पीड़ित मानवता के काम का साबित होगा। इस क्षेत्र के अध्येताओं तथा सिद्धांतकारों को अस्मितावाद से बाहर आकर उत्तर अस्मितावाद की चर्चा की शुरुआत करनी है। उत्तर अस्मितावाद का स्वरूप अभी बन ही रहा है। स्वरूप निर्माण की दिशा दलित स्त्री आंदोलन को तय करनी है। दलित स्त्री विमर्श रूप के स्तर पर नयी दलित स्त्री को गढ़ सकता है, लेकिन आवश्यकता अंतर्वस्तु से संपन्न नयी दलित स्त्री के निर्माण की है। यह तभी संभव हो सकता है, जब दलित स्त्री आंदोलन जीवन के आधारभूत मुद्दों पर संघर्ष छेड़े। इन मुद्दों पर संघर्षशील संगठनों, समूहों के साथ सहयोग करें तथा ईमानदार प्रयासों को साझे मंच पर लाने में अपनी भूमिका निभाए। अभी भी सबसे कम साक्षरता दलित स्त्रियों में है। पारिवारिक संपत्ति में उनका हिस्सा प्रायः नहीं होता। उन पर हुए जुल्म को प्रशासन हर संभव नजरअंदाज करने की कोशिश करता है। पुरुषों के मुकाबले उनकी मजदूरी अक्सर कम होती है। काम के घंटे, अवकाश, उचित

परिवेश और हिंसामुक्त परिवार चिंता का विषय बने हुए हैं। इन सबसे टकराए बिना न मानवाधिकारों की रक्षा की बात सोची जा सकती है और न नयी दलित स्त्री के निर्माण को पूरी तरह साकार किया जा सकता है।

दलित स्त्री की सक्रियता, संघर्ष क्षमता और समानधर्माओं के प्रति संवादोन्मुख रवैये से उनके पक्ष को मजबूती मिल रही है।

हिन्दी दलित कविता

–डॉ.प्रमोद कोवप्रत

दलित साहित्य की चेतना काफी पुरानी है। सितम्बर 1914 में सरस्वती पत्रिका में हीराडोम की दलित कविता 'अछूत की शिकायत' प्रकाशित हुई थी। लेकिन एक सशक्त धारा के रूप में हिन्दी में दलित लेखन पिछले दो दशकों से चल रहा है। दलित वर्णन अलग बात है और चेतना अलग। दलित शब्द को लेकर दलित साहित्य को लेकर काफी वाद-विवाद-संवाद चल रहे हैं। यहाँ विवादास्पद पहलू की ओर जाने की अपेक्षा विचारात्मक पहलू पर विचार करना अधिक सार्थक लगता है।

वर्णव्यवस्था के अनुसार अन्तिम वर्ण शूद्र माना गया है। उसे कुछों ने दलित माना। गाँधीजी ने ईश्वर की सन्तान के अर्थ में हरिजन शब्द का प्रयोग किया। अम्बेडकर ने इस शब्द पर आपत्ति उठाई है। जातिगत पुरानी दृष्टि से दलित को अस्पृश्य अछूत आदि माना गया। मगर साहित्यिक अर्थ में दलित क्या है? दलित साहित्य क्या है। दलित शब्द से स्पष्ट है जिसका दलन हुआ है, दबा हुआ है, रौंदा हुआ है, खण्डित हुआ है, वंचित हुआ है। अर्थात् सामाजिक तथा आर्थिक दृष्टि से जो दबा हुआ है वही दलित है। दलितवादी धारणा के अनुसार दलितों द्वारा दलितों की भलाई के लिए लिखा गया साहित्य दलित साहित्य है। लेकिन व्यापक दृष्टि से दलित शब्द के अन्तर्गत शूद्र, अस्पृश्य, हरिजन तथा जिसका भी शोषण हुआ है, वे सभी दलित हैं, चाहे वह समृद्ध परिवार या समाज में पैदा हुआ हो, परन्तु पैरों तले कुचले हुए, आर्थिक शोषण से शोधित तथा जिसका मानवीय जीवन विनष्ट हुआ है, वे दलित हैं।

इस प्रसंग में शरणकुमार लिंबाले का विचार काफी महत्त्वपूर्ण लगता है। उनके मत में दलित अर्थात् केवल हरिजन और नवबुद्ध ही नहीं, बल्कि गाँव की सीमा से बाहर रहने वाली सभी अछूत जातियाँ, आदिवासी, भूमिहीन खेत, मजदूर-श्रमिक, दुःखी जनता, भटकी-बहिष्कृत जाति इन सभी का दलित शब्द की व्याख्या में समावेश होता है। दलित शब्द की व्याख्या केवल अछूत जाति का उल्लेख करने से नहीं

होगी। इसमें आर्थिके तौर पर हुए लोगों का भी समावेश करना चाहिए। दलितों की परेशानी, गुलामी, पारिवारिक विघटन, दुःख, गरीबी और उपेक्षापूर्ण जीवन का वास्तविक नियंत्रण करने वाला-साहित्य ही दलित साहित्य है। पीड़ा और आह का उदात्त स्वरूप अर्थात् दलित साहित्य।

डॉ.पुरुषोत्तम सत्यप्रेमी के अनुसार दलित शब्द एक संवेदन है, विचार है, जिसका अर्थ दबाया गया है, दबा हुआ नहीं, आर्थिक, राजनीतिक एवं सांस्कृतिक दृष्टि से शास्त्र एवं शस्त्र के बल पर दबाया गया मनुष्य किसी भी जाति, वर्ण, धर्म, मन, पंथ एवं भौगोलिक क्षेत्र का ही दलित है। दूसरा एक विद्वान प्रेमकुमार मणि की राय में 'दलितों के लिए, दलितों के द्वारा लिखा जा रहा साहित्य दलित साहित्य है। यह विलास का नहीं, आवश्यकता का साहित्य है। सम्पूर्ण विज्ञान उसकी दृष्टि है और पीड़ित मानवता का उद्धार उसका इष्ट है।' कंवल भारती का मत इससे मिलता-जुलता है। उनके अनुसार दलित साहित्य वर्ण व्यवस्था से पीड़ित समाज की वेदना का शब्दरूप है। डॉ.प्रेमशंकर के विचारों में ऐसी ही भावना है। उनकी राय में, दलित साहित्य दलितों का, दलितों द्वारा दलितों की भाषा में लिखा गया जीवंत साहित्य है जो अपने सच्चे अनुभवों से सोए हुए साथियों को जगाकर उसकी गरिमा, गौरव, अस्मिता, आत्माभिमान तथा अस्तित्व के प्रति विश्वास उत्पन्न करने का साहित्य है। माताप्रसाद दलित साहित्य को सामाजिक, आर्थिक, धार्मिक, राजनीतिक क्षेत्रों में पिछड़े हुए उत्पीड़ित, अपमानित, शोषित जनों की पीड़ा को व्यक्त करने वाला साहित्य मानते हैं। ओमप्रकाश वाल्मीकि के मत में दलित साहित्य भाषावाद, अलगाववाद, जातिवाद, क्षेत्रवाद आदि को नकारकर पूरे देश को एक सूत्र में पिरोने का कार्य करता चन्द शब्दों में कहें तो दलित साहित्य आत्मपीड़ा का साहित्य है। भुक्तभोगी ही अपने दर्द को पहचान सकता है। इसीलिए सहानुभूति के साहित्य को छोड़कर स्वानुभूति पर बल दिया गया है। गैर-दलितों ने भी दलित चेतना का साहित्य लिखा है। लेकिन आजकल हिन्दी साहित्य में एक आन्दोलन के रूप में जिसकी चर्चा चलती है, वह दलित मानी जाने वोली जातियों द्वारा लिखा गया साहित्य ही है, जिसमें निम्नजातियों की पीड़ा अभिव्यक्त की गयी है।

दलित साहित्य में कल्पना तत्व, सौन्दर्य तत्व के रसतत्व के लिए कम ही महत्त्व दिया गया है। क्योंकि जीवंत पीड़ाओं को पर्दा हटाकर यथार्थ स्वरूप को प्रस्तुत करना रचनाकार चाहते हैं। इसमें चार भाव प्रमुख हैं– मानवीय भाव, स्वानुभूति, प्रगतिशील दृष्टि, सामाजिक विकृति का पर्दाफाश। प्रवृत्तिगत दृष्टि से देखें तो दलित रचनाओं में स्वातन्त्र्योत्तर मोहभंग सबसे बड़ी चीज है। अछूती संवेदना का क्षोभ, अस्मिता की तलाश, संघर्ष की चेतना, परंपरागत मान्यताओं अस्वीकृति, आदि प्रमुख मुद्दे हो सकते हैं।

कविता के क्षेत्र में दलित चेतना बहुत पहले ही चली आ रही थी। हिन्दी में सिद्ध एवं नाथ साहित्य में इसका बीज देख सकते हैं। सरहपा, कृष्णपा, शांतिपा जैसे सिद्धों ने तथा गोरखनाथ, चटपटनाथ, जैसे नाथों ने काव्य द्वारा सामाजिक कुरीतियों व भेदभाव को दूर करने का प्रयास किया है। संत साहित्य में कबीरदास, रैदास, मलूकदास, नवलदास आदि ने अस्पृश्यता, जाति-पाँति, शोषण कर्मकाण्ड आदि का घोर विरोध किया है। आधुनिक काल में प्रेमचन्द से लेकर दर्जनों लेखकों ने दलितों के पक्ष में लिखा। शबरी, शंबूक, एकलव्य आदि को लेकर कई काव्य लिखे गए। महात्मा गाँधी, विनोबा भावे, अम्बेडकर, राममनोहर लोहिया आदि कई समाज सुधारकों का भी गहरा प्रभाव साहित्यकारों पर पड़ा है। युगीन परिवेश ने भी दलित आन्दोलन को प्रश्रय दिया। उत्तर आधुनिक साहित्यिक परिदृश्य के केन्द्र में दलित, नारी और पर्यावरण विमर्श रहे। हिन्दी दलित कविता के परिदृश्य में आज सैकड़ों कवि अपनी सशक्त लेखनी चला रहे हैं। अस्सी में प्रारम्भिक प्रयास किया गया जो नब्बे तक आते-आते खूब पल्लवित-पुष्पित हुआ। अब पिछले दो दशकों से यहाँ गणनीय कृतियाँ हिन्दी में दलित विचारों के ऊपर हुई हैं। 'आजकल हिन्दी कवियों में प्रमुख कवि हैं– ओमप्रकाश वाल्मीकि, मलखान सिंह, जयप्रकाश कर्दम, एन. सिंह, कंवल भारती, जयप्रकाश लीलवान, श्यौराज सिंह बेचैन, मोहनदास नैमिशराय, असंग घोष सी.बी.भारती, सुशीला टाकभौरे, रजनी तिलक, विपिन बिहारी, सूरजपाल चौहान, कुसुम वियोगी, रवीन्द्र भारती, नवेन्दु महर्षि, सुखवीर सिंह, मुकेश मानस, अशोक भारर्ती, पारसनाथ, पुरुषोत्तम सत्यप्रेमी, दयानन्द बटोही, दया पवार, निशांत, एन.आर. सागर, राम भरत पासी, शरद कोकास, बाबूलाल मभुकर, लालचन्द राही, ओमप्रकाश मेहरा, भागीरथ मेघवाल, ओमप्रकाश कृत्यांश, हरकिशन संतोषी, कुसुम मेघवाल, राजमणि मांझी मकरम, ठाकुर दास 'सिद्ध', लक्ष्मीनारायण सुधाकर, प्रेमशंकर, रत्नेश कुमार, हेमंत प्रसाद दीक्षित, श्यामलाल शमी, चन्द्रकुमार वरठे, नीरा परमार, रामलखन पाल, सोहनपाल सुमनाक्षर, शान्ति यादव, प्रभाकर गजभिये, एन. मनोहर प्रसाद, गंगाराम परमार आदि।

दलित कविता संताप और संघर्ष की कविता है। यह अनुभवों व स्मृतियों की कविता है। यह त्रास की कविता है, न्यायवंचितों के आक्रोश की कविता है। यह नए इतिहास-निर्माण की कविता है। घिसी-पिटी लकीर को मिटाकर नए रास्ते की तलाश की कविता है जिसमें विरोध, नकार और बहिष्कार का स्वर प्रमुख है। ब्राह्मणवाद, जातिवाद, तानाशाही आदि का विरोध इसमें है। मानवीय संवेदना सर्वोपरि दलित कविता का तापमान बन जाती है। इन्होंने अपने अपमानित एवं अभिशप्त जीवन से छुटकारा पाने के लिए कई पौराणिक प्रतीकों या मिथकों का सहारा लिया है। कवि, पात्र, जीव-जंतु पेड़-पौधे आदि उनके लिए मिथकीय प्रयोग के साधन हैं। शक्ल, एकलव्य, राम और द्रोणाचार्य के मिथक दलित काव्य में बार-बार आते रहते हैं।

कृष्ण, अर्जुन, अभिमन्यू आदि की तरह वे प्रमथ्यु स्पार्क्टस आदि का भी काव्य में प्रयोग करते हैं। तक्षक, नाग, रैदास, कबीर, बोधिवृक्ष आदि कई ऐतिहासिक, पौराणिक तत्त्वों को स्वीकार करने में दलित कवि नहीं हिचकते हैं।

हिन्दी दलित कविता में सबसे अधिक चर्चित नाम है ओमप्रकाश वाल्मीकि। उनका 'सदियों का संताप' और 'बस्स! बहुत हो चुका' काफी चर्चित कृतियाँ हैं। दलितों व समाज के पिछड़े वर्गों के अस्तित्व और अधिकार की याद दिलाने वाली कविता है 'पेड़'। सामाजिक विकास में दलितों व हाशियेकृत वर्गों की अहं भूमिका है। इसका बिल्कुल पेड़-पत्ते के माध्यम से प्रतीकात्मक ढ़ंग सें कवि कहते हैं–

पेड़
तुम उसी वक्त तक पेड़ हो
जब तक ये पत्ते
तुम्हारे साथ हैं
पत्ते झरते ही
पेड़ नहीं ठूँठ कहलाओगे
जीते जी मर जाओगे!

इसी अहं भूमिका पर बाबा साहब अम्बेडकर ने बताया था, "जब हिन्दुओं को वेदों की जरूरत पड़ी तो उन्होंने यह काम व्यास को सौंप दिया, जो सवर्ण नहीं थे; जब हिन्दुओं को एक महाकाव्य की जरूरत पड़ी तो उन्होंने यह काम वाल्मीकि को सौंप दिया, जो एक अछूत थे तथा हिन्दुओं को जब एक संविधान की जरूरत पड़ी तो उन्होंने यह काम मुझे सौंप दिया।"

वाल्मीकि की एक सशक्त छोटी कविता है 'वे भूखे हैं।' दूसरे आदमी को खाने वाले और दूसरों की खून चूसनेवाले और हाशियेकृत वर्गों के हक को छीनकर जीने वालों का यह राज है। सर्वहारा की स्थिति, मजदूरों-श्रमिकों तथा मेहनतकश वर्गों की स्थिति दर्दनाक है। कवि बताते हैं–

ये भूखे हैं
पर आदमी का माँस नहीं खाते
प्यासे हैं
पर लहू नहीं पीते
नंगे हैं
पर दूसरों को नंगा नहीं करते
उनके सिर पर
छत नहीं है
पर दूसरों के लिए

छत बनाते हैं।

दलित कवियों के पास स्मृति है, विस्मृति नहीं। स्मृति मधुर नहीं; अपने कड़वे जीवन का पूरा इतिहास मन में है। इसलिए कवि के लिए झाडू गन्दगी से भरी बाल्टी सब उन पीड़ितों का प्रतीक बन जाता है जो हजारों सालों से पीड़ित है। यातनाओं के इतिहास इसी मिट्टी पर रेतकणों की तरह फैली हुई है। कवि का मन क्रुद्ध और क्षुब्ध हो उठता है। इतिहास की आत्मघाती कुटिलता को कवि ओमप्रकाश वाल्मीकि पहचान पाते हैं। तब गोरख पाण्डेय की 'खून की नदी' की तरह कवि को लगता है—

गहरी पथरीली नदी में
असंख्य मूक पीड़ाएँ
कसमसा रही हैं
मुखर होने के लिए रोष से भरी हुई।

इतिहास ही नहीं पुराण के पूरे मिथक कवि की आँखों के सामने आ जाते हैं। तब कवि इतिहास की कूरता से मुक्ति का एहसास करके आस्थावादी हो जाते हैं और उम्मीद बाँधकर कह उठते हैं। 'वह दिन कब 'आएगा' की पंक्तियाँ हैं—

नहीं मारा जाएगा तपस्वी शम्बूक
नहीं कटेगा अँगूठा एकलव्य का
कर्ण होगा नायक
राम सत्ता लोलुप हत्यारा।

आभिजात्य, संस्कृति, ऋचा, श्लोक, मन्त्र जैसे शब्दों से हमेशा दलितों को दूर रखा गया है। लेकिन अब सत्य की पुरानी परिभाषाएँ बदल रही हैं। वरेण्य वर्गों द्वारा रचित साहित्य परिवर्तित हो रहा है। सदियों की यातनाओं और साजिशों के अवसाद से मुक्त होने का समय आ गया है। जिन्दगी को समझने के लिए इन हाशियेकृत वर्गों के साथ जीना है, बिताना है। तब सत्य, शिव और सुन्दर को पहचान पाएँगे! जीवन की दुरवस्था

'सुअरों की गन्ध
और नातियों में बहती बदबू'

से व्यक्त होती है। 'सत्य की परिभाषा' शीर्षक इस कविता में कवि ओमप्रकाश वाल्मीकि कहते हैं कि अभिजात वर्गों ने संस्कृति को तक कैद करके रखा है ओर उनका सवाल चुभने वाला है—

मैं पूछता हूँ
'संस्कृति क्या तुम्हारी रखैल है?'

जातिवाद का घोर विरोध दलित कवियों ने किया है। अछूती संवेदना का क्षोभ वे प्रकट करते हैं। अस्पृश्यता को साँप से भी जहरीला मानते हैं कवि। सुखवीर सिंह की एक लम्बी कविता है— 'बयान-बाहर'। कवि सोचते हैं कि मृत्यु के बाद भी

दलितों को अस्पृश्यता का शिकार होना पड़ता है। उनके शब्दों में

ओ मेरे गाँव
तेरी जमीन पर
घुटी-घुटी साँसों के साथ
पलना पड़ता है अलग-थलग
लड़खड़ाते कदमों से
चलना पड़ता है अलग-थलग
मरने के बाद भी
जलना पड़ता है अलग-अलग

ओमप्रकाश वाल्मीकि 'जाति' कविता में सोचते हैं कि तुम्हारा स्वर्ग मेरे लिए स्वीकार्य नहीं है। क्योंकि मृत्यु के बाद वहीं भी मेरी जाति के अनुसार ही पहचान पाओगे। कवि ओमप्रकाश वाल्मीकि की एक कविता है 'खामोश आहटें'। कवि कोई राज नहीं माँगते हैं। उन्हें थोड़ा-सा न्याय चाहिए, जीने का हक चाहिए। दलितों तथा न्यायवंचितों के लिए हवा, पानी, सुख, चौन, रोशनी आदि चाहिए। यहाँ तक कि उसका बचपन तक का निषेध किया जाता है। कवि अपने तीक्ष्ण अनुभव इन शब्दों में बताते हैं—

मैं जला हूँ
असंख्य लाक्षागृहों में
भोगी है नग्न वेदना
द्रौपदी-चीर-हरण की।

लेकिन कवि प्रतिशोध और विद्रोह की चिन्गारियों को भड़काना चाहते हैं। यानी उपांतीकृत वर्ग अपने हक के लिए कल' लड़ने वाले हैं और एक और रक्तरंजित महाभारत का इतिहास रचने वाला है, वह भी धर्म या न्याय-युद्ध ही रहेगा। कवि सुनते हैं—

रक्तरंजित खड़ा मैं
सुन रहा हूँ, खामोश 'आहटें
आनेवाले महाभारत की।

ओमप्रकाश वाल्मीकि के लिए कविता जीवन की अदम्य लालसा और पीड़ाओं की अभिव्यक्ति है, जो जीवन की विद्रूपताओं से जूझने का हौंसला देती है। उनके शब्दों में, "दलित कविता स्वतन्त्रता और सामाजिक बदलाव की पक्षधर है। जहाँ, 'आह ग्राम्य जीवन भी क्या?' की काल्पनिक अनुभूति नहीं विषमतामूलक ग्राम्य-जीवन और भारतीय समाज-व्यवस्था की गहन पीड़ा है। दलित कविता विरोध और नकार के साथ आदमी को आदमी की तरह पहचानती है। जीवन संघर्ष में आदमी का सहारा बनकर जो हौंसला दे वही तो कविता है, सच्ची और

सही कविता है। जो सच को सच और झूठ को झूठ कहने का हौंसला रखती हो वही तो कविता।"

सामाजिक अन्याय एवं असमता के शिकार होने के कारण दलित कवि परम्परागत विश्वासों एवं धारणाओं को नकारते हैं। भाग्यवाद, पुनर्जन्म, ईश्वर, पुरानी मान्यताएँ, रूढ़ियाँ, स्मृतियाँ, शास्त्र, इतिहास आदि के मामले में दलित रचनाकारों की दृष्टि में अन्तर है। कई बातों से वे सहमत नहीं हैं। इसलिए मोहनदास नैमिशराय कहते हैं

ईश्वर की मौत
उस पल होती है
जब मेरे भीतर उठता है सवाल
ईश्वर का जन्म
किस माँ की कोख से हुआ
ईश्वर का बाप कौन..?

ईश्वर का अविश्वास ही नहीं, हमारे धार्मिक ग्रन्थों को भी वे नए सिरे से परखने लगते हैं। तब उन्हें लगता है 'गीता' भी एक षड्यन्त्र है। निष्काम कर्म कहकर हमारे श्रम का शोषण करने का तन्त्र है। रमणिका गुप्ता की कविता 'अब मूरख नहीं बनेंगे हम' की पंक्तियाँ हैं–

एक शब्द गीता
सब्र का जहर
सन्तोष की अफीम
भाग्य, का चक्रव्यूह
प्रेम का नशा
परिश्रम के
फल से वंचित रखने की साजिश
परजीवी जमानों का/सर्जक
निठल्ले लोगों का स्वर्ग

भूखी चिड़िया पर गोरख पाण्डेय ने कविता लिखी है। चिड़िया के प्रसंग को कंवल भारती ने नए तेवर के साथ प्रस्तुत किया है 'तब तुम्हारी निष्ठा क्या होती संग्रह में। चिड़िया को उन्होंने दलित का प्रतीक माना और उसके माध्यम से युग-युगान्तर की भोगी हुई वेदना को अभिव्यक्त किया है। कवि की नई तलाश यही है कि चिड़िया भूखी होने से अधिक पीड़ित है चिड़िया होने से। चिड़िया होने की वजह उसे हर तरह के शिकारी का सामना करना पड़ रहा है। वह चिड़िया पूरे समाज में अभिशप्त है। उसकी इज्जत लूटी गयी है। उसके लिए चिड़िया होना ही अपराध है। यानी दलित के रूप में जन्म लेने से हर तरह की पीड़ाओं के शिकंजे में पड़ जाता है। बाकी भौतिक सुख सुविधाओं की प्राप्ति अलग बात है। उसे खाने को भोजन मिले,

पहनने को वस्त्र मिले या ठहरने को घर मिले या अच्छी नौकरी मिले, यह दूसरी बात है। मगर एक मनुष्य के रूप में उसकी अस्मिता संकट में है। घोर अपमान एवं अभिशाप को झेलकर जुझारू जीवन बिताने वाले उसे 'चिड़िया जो मारी गयी' कविता में कंवल भारती ने चिड़िया के माध्यम से प्रस्तुत किया है–

चिड़िया भूखी थी
इसलिए गुनाहगार थी
मारी हुई वह चिड़िया
जो भूखी थी।
लेकिन गोरख पाण्डेय ने गलत लिखा था
वह चिड़िया भूख से नहीं
चिड़िया होने से पीड़ित थी...
वह कैसे जानता
गरीबी नहीं
सामाजिक बेइज्जती अखरती है?
वह कैसे जानता है
वह चिड़िया थी इसलिए गुनाहगार थी
चिड़िया जो मारी गयी।

ब्राह्मण का मान, ठाकुर की शान, सेठ की तिजोरी, खेत-खलिहान, मिल-कारखाने, कोठी-हवेली सब इन हाशियेकृत वर्गों के श्रम का परिणाम है। जयप्रकाश कर्दम 'किले' कविता में असमानता और अन्याय के सारे किलों को तहस-नहस करना चाहते हैं। वे पहचानते हैं कि दलितों की यातनाओं के फानूसों से शोषक वर्गों के महराब सजे हुए हैं। उनकी हवेलियों की भित्तियों पर शोषितों के दमन और दारुण्य की गाथाएँ खुदी हुई हैं। उनके चौबारों में दलितों के आँसुओं के दीप जल रहे हैं। सहने की पीड़ा को कवि खुलेआम बोल रहे हैं। साथ ही उन्हें शंका होती है कि हमारे पूर्वजों के अहिंसा सिद्धान्त के पालन से दलितों की मुक्ति सम्भव नहीं। वे अब तक मोहल्ले को कुत्तिया की तरह अन्याय का प्रतिवाद नहीं करती रही। अब तक–

इनके शयनकक्षों में बिखरे हैं
मेरी बहनों और बेटियों की
रौंदी गयी अस्मिता की निशान, और
इनकी रंगशालाओं में गूँजता है
मेरी वेदनाओं का संगीत

पर आज कवि विप्लव के लिए, विद्रोह के लिए तैयार हैं। आगे ऐसा अपमान व उत्पीड़न वे सह नहीं पाते। ईंट का जवाब पत्थर से देने के लिए वे तुले हुए हैं।

कवि 'किले' में बताते हैं–

लेकिन अब
फड़कने लगी हैं मेरी भुजाएँ, और
कुलबुलाने लगे हैं
फावड़ा, कुल्हाड़ी और हथौड़ा पकड़े
मेरे हाथ, काट फेंकने को
उन हाथों को, जिन्होंने
बरसाएँ हैं अनगिनत कोड़े
मेरी नंगी पीठ पर

श्यौराज सिंह 'बेचैन' की 'क्रौंच हूँ मैं', 'अपराध बोध', 'अन्धेरा समाज का' आदि महत्त्वपूर्ण कविताएँ हैं। कवि स्वयं क्रौंच बनकर तीर की पीड़ा महसूस कर रहे हैं। उन पर तीर चलने वाले शिकारी को दण्ड नहीं दिया गया। सब कुछ सत्ता, अधिकार व पैसे के बलबूते पर चलता है। तब यहीं न्यायवंचितों का न्याय पूछने वाला कौन है। हमारे समाज में निरीहों पर सर्वहारा पर तीर छेड़ने वाले बहुत सारे निषाद मौजूद हैं।

सुशीला टाकभौरे की दलित कविता में विशिष्ट पहचान है। दलित पीड़ा के साथ उन्होंने स्त्री की पीड़ा को भी सशक्त ढंग से प्रस्तुत किया है। 'स्वाति बूँद और खारे मोती', 'यह तुम भी जानो', 'तुमने उसे कब पहचाना', 'हमारे हिस्से का सूरज' आदि उनके चर्चित काव्य-संग्रह हैं। 'अभावों की दुनिया में' शीर्षक कविता में उन्होंने स्वतन्त्र भारत की हालत पर शोक प्रकट किया है और बताया कि गरीबी, भूख, शोषण व सन्ताप सहने वाली जनता को संविधान का अधिकार कब मिल जाएगा। 'स्वयं को पहचानो' कविता में कवि ने हमारे भाई-बहनों को समय की पुकार सुनकर अपार आत्मविश्वास के साथ आगे बढ़ने की प्रेरणा देती हैं–

क्योंकि
तुममें निष्ठा है अपने समाज के प्रति
शक्ति है संघर्ष की
शक्ति है संगठित होकर आगे बढ़ने की
तुम सर्व-शक्तिमान हो।

'तुम' कविता में वे युग की माँग को पहचानकर जनहित में नया रचना-विधान रचने की बात कहती हैं। साथ ही सदियों से घायल, पीड़ित तथा अपमानित दलित शोषित जनों के लिए हथियार की तरह कलम उठाकर लिखने का आह्वान करती हैं। 'हमारे हिस्से का सूरज में वे क्रान्तिसूर्य का निमन्त्रण देती हैं। आने वाले परिवर्तन की ओर उम्मीद की किरणें बाँधे वे बैठती हैं। क्योंकि उदारीकरण, निजीकरण और भूमण्डलीकरण के युग में पीढ़ी-दर-पीढ़ी गरीबी या गुलामी में रहना ठीक नहीं। अन्धेरे

में भटकने वाले लोगों को प्रगति तथा बदलाव के रास्ते पर लाना कवि चाहती हैं। अपार आशा और आस्था के साथ वे कहती हैं–

लाख कोशिशें की हैं दुश्मनों ने
हमारे हिस्से के सूरज को ढाँकने की
फिर भी
चमका है दुनिया के आकाश में
हमारा क्रान्ति सूर्य

समकालीन महिला लेखन में रजनी तिलक की अलग अस्मिता है। 'पदचाप' उनका प्रमुख काव्य-संग्रह है। वे नारी मुक्ति आन्दोलन, दलित महिला और मानव अधिकार आन्दोलन में सक्रिय रही हैं। इसीलिए उनकी कविता में नारी अस्मिता की तलाश ही नहीं, मुक्ति का आग्रह भी है। कंवल भारती के शब्दों में "रजनी की कविताएँ एक संघर्षशील नारी की कविताएँ हैं। उस नारी की जो तमाम कठिन परिस्थितियों और समय की प्रतिकूलताओं में भी गतिशील है, कुछ करने की अदम्य क्षमता से भरी हुई और अपने में विप्लव की आग लिए हुए। कवयित्री ने नारी की उस सत्ता को मूर्त रूप दिया है, जो मुक्ति चाहती है, न सिर्फ पुरुष की दासता से, बल्कि सामाजिक संस्कारों से भी।" कवयित्री पहचानती हैं कि रामायण काल से लेकर आधुनिक भारत में एक वर्चस्वी वर्गों ने स्त्री के भाग्य को लेकर खेला है। 'खेला जाता है' कविता का भाव यही है कि स्त्री का उत्पीड़न अनंत है यहाँ तक कि बच्ची को तब नहीं छोडता। जैसे–

सीताओं को
आज भी स्टोव से जलाया जाता है
मासूम कलियों को खिलने से पहले
बचपन में सई सुय जाता है
कोमल, मधुर मुस्कान को
वासना को आग में खींचा जाता है
रामायण हो, महाभारत हो
या आधुनिक भारत
हर समय स्त्री के जज़्बात से खेला जाता है।

दलित समस्याओं से बाहर निकलकर रजनी ने कई कविताएँ लिखी हैं। 'बुद्ध चाहिए युद्ध नहीं में उन्होंने युद्धप्रिय देशों को चेतावनी दी है। हिरोशिमा की याद दिलाकर विनाश से इन्सानियत को बचाने का आग्रह किया है। बारूद के ढेर पर दुनिया का खड़ी होना आशादायक नहीं। उनके शब्दों में–

हम विनाश नहीं, सृजन चाहते हैं
हम युद्ध नहीं, बुद्ध चाहते हैं।

शोषण के विभिन्न सामाजिक परिदृश्यों को देखकर सी.बी. भारती का कवि मन तिलमिला उठता है। 'सियासत', 'सिसकता आत्मसम्मान 'रूढ़ियाँ' आदि उनकी महत्त्वपूर्ण कविताएँ हैं। खोखली स्वतंत्रता पर वे व्यंग्य करती हैं। परम्परागत विश्वासों, मानदण्डों तथा रूढ़ियों के प्रति वे सचेत हैं, क्योंकि वे सब दलितों तथा सुविधा वंचित वर्गों की संवेदनाओं को भोंथरा बनाने के साधन हैं। 'रूढ़ियाँ' की पंक्तियाँ विचारणीय हैं–

षड्यन्त्रों के कंटीले जहरीले ये झाड़-झंखाड़
प्रवेश करते रहे हमारी स्मृतियों में सदियों तक
कुंद करते रहे हमारी कल्पनाओं को
इन्होंने हमारी संवेदनाओं को
भोंथरा बनाया है!

दयानन्द बटोही का काव्य-संग्रह है 'यातना की आँखें'। उनकी कविताएँ श्रम से जुड़े लोगों की भाँति है। उनका मानना है कि दलित कविता आज के माहौल को चकाचौंध नहीं करती, बल्कि नई ऊर्जा देती है। 'द्रोणाचार्य सुनें : उनकी परम्पराएँ सुनें' काफी महत्त्व की एक कविता है। एकलव्य के मिथक के आधार पर वे इतिहास के अन्याय पर क्रूरता पर व्यंग्य करते हैं और जवाब के रूप में बताते हैं–

हे गुरु!
तुम्हारी परम्पराएँ अब बहुत दिन तक नहीं चलेंगी
क्योंकि अब एकलव्य कोई नहीं बनेगा

दलित कविता का मूल दलित पीड़ा ही है। व्यवस्था के प्रति आक्रोश और न्याय की माँग प्रमुख है। साथ ही सड़ी-गली मान्यताओं व परम्पराओं के बन्धन की जंजीर को तोड़कर फेंकना भी कवि चाहते हैं। कुछ दलित कवियों ने समाज के विविधमुखी विषयों को कविता का प्रतिपाद्य बनाया है। वैश्वीकरण व उदारीकरण के युग में आये परिवर्तनों की ओर संकेत करने वाले कवि भी हैं। प्रौद्योगिकी ने हमारे गाँवों को ही नहीं हमारे तमाम जीवन-त्तरीके को ही बदल डाला है। विपिन बिहारी की कविता 'प्रयोगशालाओं के गाँव' इसका उदाहरण है। बयोटेक्नॉलजी की वजह से खेतों में आये परिवर्तनों की ओर भी कवि संकेत करते हैं। साथ ही मीडिया और विज्ञापन से फैली अपसंस्कृति पर भी वे चिन्तित हैं। इसे समझने के लिए निम्न पंक्तियाँ काफी हैं–

लक्स के विज्ञापन पर/घर की बहू
उतारने लगती है कपड़े
और करने लगी है फरमाइश/अपने मर्द से
जाँघिये और ब्रेसरी की
'क्या खूबसूरत दिखती है/विज्ञापनवाली लड़की'

काश, कि में भी हो जाती विज्ञापन
बड़े बुजुर्ग की?आँखें हो गयी हैं लालची
निहारने के लिए जंघाएँ और अधर खुले उरोज
और कोसते हैं बुढ़ापे को/बुढ़ापे में
शरीर क्यों पड़ जाता है शिथिल

हिन्दी दलित उपन्यास

–डॉ. सुशीला टाकभौरे

दलित साहित्य फुले-अम्बेडकरवादी विचारधारा का साहित्य है। वह अम्बेडरवादी समाज परिवर्तन के आंदोलन का एक माध्यम है। साहित्य के द्वारा सामाजिक क्रांति लाना कलम को हथियार के रूप में उपयोग करने का संकेत है। दलित साहित्य का महत्त्व, कर्तव्य और जिम्मेदारी विशिष्ट है। यह सवर्ण साहित्य के समकक्ष स्थापित हो रहा है। दलित साहित्यकारों की संख्या तेजी से बढ़ रही है। साहित्य की सभी विधाओं में दलित साहित्य लिखा जा रहा है। भारतीय साहित्य के इतिहास में यह युगान्तरकारी घटना है। विषमतावादी समाज-व्यवस्था की जिन परिस्थितियों में दलित साहित्य समाज में दलित वर्ग की शोषित पीड़ित स्थिति को प्रतिबिम्बत करते हुए विषमतावादी समाज व्यवस्था को बदलने का उद्देश्य लेकर आगे बढ़ रहा है। यह डॉ. अम्बेडकर के शिक्षा, संघर्ष और संगठन के सूत्र का परिणाम है जो संपूर्ण समाज के समक्ष, संपूर्ण विश्व के समक्ष अपने मानवाधिकार की लड़ाई के औचित्य को मनवा रहा है।

दलित साहित्य लेखन में दलित उपन्यासों का अपना महत्व है। उपन्यास में जीवन समग्र रूप में प्रस्तुत होता है। उपन्यासकार के समक्ष जीवन के सभी पहलुओं पर विचार करने की सुविधा होती है जिससे दलित वर्ग के सामाजिक, आर्थिक, शैक्षणिक, धार्मिक, नैतिक और राजनैतिक–संदर्भों से जुड़े जीवन का चित्रण किया जा सकता है। दलित उपन्यास व्यक्ति विशेष पर केंद्रित न होकर पूरे समाज पर केंद्रीत है। देश की और समाज की परिस्थितियों, परंपराओं, नीतियों के अन्याय के विरुद्ध एक अलग अवधारणा की स्थापना के उद्देश्य से दलित उपन्यास लिखे गये हैं। समाज की विषमतावादी परिस्थितियों को केन्द्रित करके उनकी विद्रूपताओं का चित्रण किया जा रहा है। समतावादी समाजव्यवस्था के लिए संघर्षरत मनोभावना और मनोकामना को चित्रित करने का काम दलित उपन्यासकारों ने किया है। शिक्षा से वंचित दलित समानता का संवैधानिक अधिकार पाकर अब शिक्षा पाने लगे। गाँव से शहर जाकर अच्छे पदों पर नौकरियाँ करने लगे है। वे समता, स्वतंत्रता और सम्मान के अपने अधिकारों को समझने लगे मगर हर जगह उन्हें, संताप ही संतान मिला।

यही संताप दलित उपन्यासों का आधार है। दलित उपन्यासों के संदर्भ में लेखन और प्रकाशन की स्थितियाँ अलग रही हैं। दलित साहित्यकारों में प्रारभिंक रूप में जिनके नाम लिये जाते हैं, उनमें जयप्रकाश कर्दम, मोहनदास नैमिशराय, प्रेम कापड़िया, सत्य प्रकाश आदि। इनके बाद उपन्यास लेखन में अनेक लोगों के नाम जुड़े हैं जिनमें उमराव सिंह जाटव, अजय नावरिया, कावेरी और भगवानदास मोरवाल हैं।

जयप्रकाश कर्दम जी का पहला उपन्यास 'करुणा' 1986 में छपा। धर्मवीर जी का पत्र शैली में लिखा उपन्यास 'पहला खत' 1991 में प्रकाशित हुआ। जयप्रकाश कर्दम का दूसरा उपन्यास 'छप्पर' 1994 में, प्रेम कापड़िया का 'मिट्टी की सौगन्ध' 1995 में सत्यप्रकाश का 'जस तस भई सबेर' 1998 में, मोहनदास नैमिशराय का 'मुक्तिपर्व' 2002 में, उनका दूसरा उपन्यास 'आज बाजार बंद है' 2004 में प्रकाशित हुआ। बिहार की लेखिका कावेरी जी का उपन्यास 'मिस रमिया' 2007 में, उमराव सिंह जाटव का उपन्यास, 'थमेगा नहीं विद्रोह' 2008 में, अजय नावरिया का उपन्यास 'उधर के लोग' 2009 में प्रकाशित हुआ। मोहनदास नैमिशराय का उपन्यास 'ज़ख्म हमारे' 2011 में प्रकाशित हुआ है।

दलित उपन्यासों का विश्लेषण करते समय यह देखना आवश्यक होगा कि आलोच्य कृति कितनी समकालीन है। उसमें युग सापेक्ष होने की कितनी सार्थकता है? बदलते समय से जुड़ी जीवन की माँग और संभावनाओं को उस कृति में कितना स्थान दिया गया है? उसमें सांस्कृतिक और वैज्ञानिक दृष्टि भी होनी चाहिए। किसी भी उपन्यास का सफल मूल्यांकन सम-सामायिक दृष्टि से बौद्धिक विश्लेषण के साथ होगा तभी उसके महत्व और उपयोगिता को परखा जा सकेगा। दलित साहित्य कला की दृष्टि से नहीं बल्कि जीवन की दृष्टि से लिखा जाता है। वह परम्परावादी नहीं बल्कि पुरानी अन्यायपूर्ण परंपराओं को तोड़ने की बात करता है।

अपने समय से जुड़ी दलित रचनाएँ अपने देश (स्थान) और काल (समय) की यथार्थ स्थिति को उजागर करती है। वे शांति का नहीं बल्कि क्रांति का संदेश देती है। वे सौन्दर्यवादी नहीं बल्कि यथार्थवादी होती है। वे सौन्दर्य और प्रेम के कोमल भाव-भंगिमाओं का चित्रण नहीं करती, बल्कि दलित जीवन के कठोर संघर्ष को बताते हुए अपने अधिकारों की प्राप्ति और सफलता की बात करती है। दलित साहित्य में व्यक्ति प्रधान नहीं है बल्कि व्यक्ति अपने वर्ग और समाज के प्रतिनिधि के रूप में चित्रित किया जाता है।

दलित उपन्यास लेखन की शैली अधिकतर सामान्य ही रही है। किंतु अजय नावरिया के 'उधर के लोग' उपन्यास की शैली विशिष्ट हैं। 'थमेगा' नहीं 'विद्रोह' भी अलग हटकर लिखा गया है।

दलित उपन्यास का उद्देश्य निश्चय ही सवर्णों द्वारा लिखे उपन्यासों की अपेक्षा बिल्कुल अलग है। कुछ सवर्ण उपन्यासकारों ने ऐसे उपन्यास लिखे हैं जिनके प्रमुख

पात्र या नायक-नायिका दलित हैं। ऐसे उपन्यासों की संख्या बहुत है मगर उन उपन्यासों के दलित पात्रों में चेतना, जागृति और अपनी अस्मिता की पहचान नहीं है। वे अपनी दलित पीड़ित स्थिति से उभर नहीं पाते है। कई दलित पात्र तो अपनी उसी स्थिति में खुश नजर आते हैं। सवर्ण उपन्यासकार ऐसे दलित पात्रों को मनमाने रूप में प्रस्तुत करके उनकी दीन हीन स्थिति को पाठकों के मनोरंजन की सामग्री बना देते है। उन दलित पात्रों को आदर्शवादी और गाँधीवादी विचारधारा के समर्थक रूप में दिखाया है। दलित उपन्यासों का उद्देश्य इसके ठीक विपरीत है। सामाजिक कटु, यथार्थ को बताने के लिए दलित, साहित्य विशेष उद्देश्य से लिखा जा रहा है, अतः दलित उपन्यास आदर्शोन्मुख न होकर यथार्थवादी ही हैं जिनमें समाज में व्याप्त अंतर्विरोध, विसंगतियाँ बताई गई हैं।

इन उपन्यासों में दलित, मनुष्य की स्वतंत्रता के भाव का चित्रण है जिसका आधार समता, सम्मान और भाईचारा है। दलित उपन्यासों का नायक एक व्यक्ति होकर भी एक व्यक्ति नहीं बल्कि शोषित पीड़ित अधिकारों से वंचित अपने समाज का प्रतिनिधि है, जो विरोध और आक्रोश के साथ, विद्रोह की आवाज उठकर समाज को अपने अधिकारों के लिए ललकारता है, अपने संघर्ष में अंत तक टिका रहता है और अपने समाज के लिए उत्साह, जागृति और प्रेरणा का स्रोत बनता है। क्योंकि वह अत्याचारी को सजा देकर अपने वर्ग का हौसला बढ़ाता है।

दलित साहित्यकार अपनी अस्मिता की पहचान की बात करता है। वह निराशावाद और भाग्यवाद का विरोध करता है। दलित साहित्य की अपनी सामाजिक प्रतिबद्धताएँ हैं। बाबा साहब डॉ. अम्बेडकर ने 1956 में बौद्ध धर्म की दीक्षा लेते समय जो बावीस प्रतिज्ञा की थी, दलित उपन्यास लेखन में जिनका पालन किया जाता है। दलित नायक ही इसका संवाहक होता है। इसीमें दलित साहित्य का सौन्दर्य है। दलित उपन्यासकार का नायक निर्भय होकर अपनी बात कहता है। वह अपने अनुभव-अनुभूतियों को अपनी आशा-आकांक्षाओं, भविष्य की योजनाओं को सच्चाई और दृढ़ता के साथ व्यक्त करता है। भावुकता में विचलित होना, शब्दों के जाल में उलझना और उलझाना उसका काम नहीं है। समय के साथ बदलते जीवन मूल्यों के बीच अस्मिता की तलाश ही उसका उद्देश्य है। वर्ण भेद, जाति भेद, कुरीतियों, धार्मिक आडंबर, विषमता, शोषण, छलप्रपंच को नकारना, उन्हें तोड़कर नई समतावादी-मानवतावादी स्थितियों का निर्माण करना उसका कार्यक्षेत्र है। इसके लिए कठोर से कठोर भाषा अपनाने का उसे अधिकार होता है। विषमतावादी समाज व्यवस्था को लताड़ना, फटकारना, पछाड़ना, दुतकारना दलित उपन्यास साहित्य का उद्देश्य है।

दलित उपन्यासों का विश्लेषण करते हुए यह देखना है कि दलित साहित्य के मानदंडों की दृष्टि से कौन-कौन से तत्व इन उपन्यासों में है। जैसे सामाजिक बदलाव के लिए प्रतिबद्धता, दलित वर्ग को अपने अस्तित्व की पहचान कराना, दलित

चेतना का संदेश देना, कला सौंदर्य की अपेक्षा यथार्थ को महत्व देना, मार्मिकता और सच्चाई के साथ कथा का नया रूप बताना, प्रेम की अभिव्यक्ति और काम चेष्टा या कामुकता का चित्रण संक्षिप्त या सांकेतिक रूप में बताकर नैतिक मर्यादा की गरिमा के द्वारा समाज जागृति का संदेश देना, समाज के नेतृत्व के साथ दलित आंदोलन की जानकारी देना। दलित उत्थान के लिए संघर्षशील डॉ. अम्बेडकर की विचारधारा, गाँधीवादी शांति के संदेश के बदले सामाजिक बदलाव के लिए अम्बेडकरवादी क्रांति का संदेश देना, जाति, वर्ण, वर्ग, धर्म, वंश, कौम, खानदान आदि के महत्व को नकारना और मनुष्य को महत्व देना, स्त्री-पुरुष समानता, स्त्री का अबला से सबला बनाने का अभियान, परंपरावादी अन्यायपूर्ण व्यवस्था के लिए घृणा व्यक्त करना, संपूर्ण दलित पिछड़ों की मुक्ति का संदेश देते हुए दलित एकता और संगठन को बल देना, पीड़ा उत्पीड़न के विरुद्ध संघर्ष करते हुए अत्याचारियों का विरोध करना धार्मिक आडंबरों पर कुठाराघात करना, सदियों से किये जा रहे शोषण के छल प्रपंचों का भंडाफोड़ करके दलित वर्ग को जाग्रत करना, समतावाद के प्रति अपना विश्वास व्यक्त करना।

ऐसे अनेक तत्व हैं जो दलित साहित्य के आधार और उद्देश्य के रूप में अवश्य संभावी हैं। दलित उपन्यासों में इन तत्वों की खोज होनी चाहिए। क्योंकि साहित्य की सभी विधाओं में उपन्यास ही ऐसी विधा है जिसके माध्यम से दलित साहित्यकार अपने समाज को समग्रता के साथ साकार रूप दे सकता है। और इस समाज में रहते हुए अपनी नई दुनिया का सृजन कर सकता है।

वर्तमान पीढ़ी के दलित साहित्यकारों ने अधिकतर अपनी रचना के नायक के पिता दादा या पूर्वजों पर हुए अत्याचारों का उल्लेखन किया है। दलित पुरुष उपन्यासकारों द्वारा लिखे उपन्यासों में महिलाओं के स्त्री-पुरुष समानता के अधिकारों की अवहेलना दिखाई देती है। स्त्रियों को अधिकतर भोग्या रूप में ही प्रस्तुत किया गया है। वह स्त्रियों का अपमान है। दलित स्त्रियाँ दलित पुरुषों की तरह दलित आंदोलन से जुड़ी है। उनपर हुए अन्याय का चित्रण जरूर होना चाहिए। मगर उन्हें निरीह रूप में रखते हुए उनका अंत बताना डॉ. अम्बेडकर के सपनों को तोड़ना है। भारतीय संविधान में लिखित रूप में स्त्रियों को पुरुषों के बराबर रखना अवसर पाने का अधिकार दिया है। दलित पुरुषों द्वारा लिखे दलित उपन्यासों में यह बात स्पष्ट रूप में नजर आती है।

सभी दलित उपन्यासों के शीर्षक सटीक और सारगर्भित हैं। दलित उपन्यासकारों ने अपनी पीड़ा और उद्वेग के साथ कथा का सृजन किया है। यद्यपि दलित साहित्य के मानदंड के सभी तत्व इन उपन्यासों में नहीं आ सके हैं फिर भी दलित उपन्यासकारों का प्रयास सराहनीय है कि उन्होंने उपन्यास जैसी बृहद और कठिन विधा लेखन में अपनी दस्तक दी और अपने उद्देश्य को उपन्यास के माध्यम से समाज तक पहुँचाया।

दलित उपन्यासकार अपने व्यक्तिगत जीवन और सामाजिक परिवेश के अनुरूप ही अपने आसपास के वातावरण को लिखता है। वह उसका मूल्यांकन अपनी विचारधारा अथवा उस विचारधारा से करता है जिससे वह प्रभावित है। उसी दृष्टिकोण से वह अपने व्यक्तिगत जीवन और सामाजिक सांस्कृतिक मूल्यों का मापन और निर्धारण करता है। उसी रूप में वह अपने साहित्य में अपने विचारों की अभिव्यक्ति करता है।

दलित साहित्यकार को सीमित और संकुचित परिवेश से ऊपर उठकर वैश्विक स्तर पर सोचना चाहिए। वे विश्व की समस्याओं से भी जुड़े। अपने दर्द के साथ वह अन्य पिछड़े वर्ग के दर्द को भी पहचाने। गरीबी की समस्या के साथ महंगाई की समस्या पर भी विचार करें। निजीकरण के बीच अपनी स्थिति की दुर्गति को भी समझे। भूमण्डलीकरण, व्यापारवाद और बाजारवाद की नीतियों को समझते हुए अपने दलित समाज को भविष्य के अंधकार के प्रति सचेत करें। आज शिक्षा पाना कठिन नहीं है मगर नौकरी पाना कठिन है। सबल, संपन्न सवर्णों के साथ स्पर्धा में खड़े रहना कठिन है। तब वह ऐसा कही अत्यधिक कम आयु और कही अधिक आयु के पात्रों में चमत्कारी शक्ति सोष्ठव को दिखाना और उन्हें सबल सवर्णों के बीच विजयी घोषित करना आज के उपन्यासों की माँग नहीं है। जरूरत है सामाजिक यथार्थ का डटकर सामना करना और उसके बीच अपने समाज के लिए प्रगति का मार्ग बनाना। तभी वे सफल कहलायेंगे।

'छप्पर' (1994)

'छप्पर' जयप्रकाश कर्दम जी का बहुचर्चित उपन्यास है। 1994 में प्रकाशित इस उपान्यास ने दलित उपन्यासों के क्षेत्र में दस्तक दी। इस उपन्यास में विशेष रूप से दलितों के दीन-हीन जीवन के चित्रण के साथ सामाजिक-आर्थिक शोषण की स्थितियों को दर्शाया है। साथ ही जाति भेद की कुरीति को भी चित्रित किया गया है।

1994 में उत्तर भारत में दलित जागृति आंदोलन का प्रचार-प्रसार तेजी से हो रहा था। दलित वर्ग के शिक्षित, जागृत लोग दलित जागृति के इस अभियान में तन-मन-धन से अपना सहयोग दे रहे थे। दलित वर्ग के साहित्यकार दलित साहित्य लेखन से जुड़कर समाज जागृति द्वारा अपना योगदान देने लगे थे। वैचारिक योगदान दलितों की दबी, कुचली मानसिकता को सबल बनाने का कार्य कर रहा था। इसी भावना के साथ इस काल खण्ड में जयप्रकाश कर्दम ने 'छप्पर' उपन्यास लिखा जिसका उद्देश्य सुक्खा जैसे दलित वर्ग के लोगों की स्थिति से समाज को अवगत कराना था साथ ही चन्दन जैसे दलित नायक के माध्यम से दलित समाज की युवा शक्ति को दलित जागृति में अपना योगदान देने का आह्वान था। केवल रुपये कमाकर अपना सुख देखना चंदन का उद्देश्य नहीं है। वह अपना संपूर्ण जीवन समाज के लिए समर्पित कर देना चाहता है- यह दलित नायक का अपने दलित समाज के प्रति

समर्पण का भाव है। छप्पर उपन्यास में उत्तरप्रदेश के एक छोटे गाँव मातापुर का विवरण है। वहाँ की चमार दलित बस्ती के अति दीन-हीन सुक्खा की कथा बताते हुए लेखक ने कहा है कि साधन संपन्नता के नाम पर उसके पास सिर्फ एक 'छप्पर' है। उपन्यास का शीर्षक इसी आधार पर 'छप्पर' दिया गया है। सुक्खा और चंदन उपन्यास के प्रमुख पात्र है। चंदन गाँव में मैट्रिक करने के बाद शहर में पढ़ाई करने जाता है। शहर के संतनगर क्षेत्र के जे.जे.कॉलोनी की झोपड़पट्टी में हरिया के घर रहते हुए कॉलेज की शिक्षा पूर्ण करता है।

चंदन की सामाजिक गतिविधियों को विस्तार के साथ बताया गया है। वह संतनगर में हरिया के घर रहते हुए वहाँ के करीब और दलित बच्चों के लिए स्कूल चलाता है। वह समाज जागृति के लिए अपने मित्रों के साथ मिलकर सामाजिक संस्था बनाकर दलित जागृति का कार्य करता है। इसी बीच चंदन से कमला की भेट होती है। सामुहिक बलात्कार की शिकार दलित स्त्री कमला की दुखद कथा जानकर चंदन में उससे सहानुभूति और अपनेपन का भाव निर्माण होता है। वह सुख दुख में उसका साथ देता है, साथ ही शोषण उत्पीड़न से संघर्ष करने की प्रेरणा भी देता है। वर्षा के लिए यज्ञ का चंदा माँगने वालों को चंदन अंधविश्वास न करने के लिए समझाता है और हिंदू धर्म की कुरीतियों का विरोध करता है। इस तरह चंदन को जागृत दलित समाजसुधार के.नायक के रूप में चित्रित किया गया है और उपन्यास की कक्षा दलितों की जागृति और शोषण से मुक्ति के रूप में बतायी गयी है।

सुक्खा और चंदन की कथा साथ-साथ चलती है। गाँव में सुक्खा लगान के रुपये जमा नहीं कर पाता है। सुक्खा और रमिया दोनों दुखी है। गाँव में किसी से उधार मिलने की आशा भी नहीं है। क्योंकि गाँव का ठाकुर और पंडित सुक्खा से नाराज है कि उसने अपने बेटे चंदन को शहर पढ़ने के लिए क्यो भेजा।

घर और जमीन जब्त हो जाने के बाद सुक्खा मातापुर गाँव छोड़कर पास के किसी कस्बे में रहकर मजदूरी कर पेट भरता है और चंदन को खर्च के लिए रुपये भेजता है। सुक्खा एक आदर्श दलित पिता का चरित्र है। वह कठिन से कठिन दुखदायी स्थिति का सामना करता है फिर भी अपने बेटे को उच्च शिक्षा दिलाकर ऊँचे पद पर देखना चाहता है। वह चंदन को गाँव के ठाकुर और पंडित के चंगुल में फँसने नहीं देता। वह बेटा का भविष्य संवारना चाहता है। यह उसके त्याग, संघर्ष दूरदर्शिता और जागृति का प्रतीक है। लेखक ने इस तरह समाज को यह संदेश दिया है कि सभी लोग अपने बच्चों को शिक्षा पाने में सहयोग दे। भले ही स्वयं तकलीफ उठाये मगर बच्चों के अच्छे भविष्य निर्माण का सपना न टूटने दें। तभी हमारी आगे की पीढ़ी सक्षम बन सकेगी।

रजनी को चंदन की सब जानकारी है। वह चुपके से सुक्खा के नाम से स्वयं चंदन को मनिऑर्डर भी भेजती रहती है। यहाँ रजनी का चरित्र अच्छा दिखाया है।

रजनी जैसे सवर्ण दलितों के प्रति सद्भावनां रखते हैं यह समाज के लिए एक संदेश है। इस तरह की मानवतावादी भावना हर इंसान में होनी चाहिए। रजनी के पिता दलितों पर अन्याय-अत्याचार करता है और बेटी उनके प्रति मानवता का परिचय देती है। यहाँ रजनी की सद्भावना का मुख्य कारण यह है कि चंदन से प्रेम करती है। इस कारण सुक्खा और रमिया के प्रति भी सम्मान और सद्भावना रखती है। इंसान प्रेम के लिए कुछ भी कर सकता है।

रजनी ने लगान के रुपये भरकर सुक्खा का खेत छुड़ा लिया है। घर और खेत मिलने की बात से खुश होकर सुक्खा उसके कदमों में झुक जाता है। रजनी उसे बीच में ही रोककर कहती है–'क्या कर रहे हो बाबा! इसमें उपकार की कौन सी बात है। यह तो कर्त्तव्य था मेरा और अपना कतर्व्य ही मैंने निभाया है।'[1]

दलित नायक के पिता सुक्खा का रजनी के कदमों में गिरना और रजनी का अपने कर्तव्य पूरा करने की बात कहना दलित उपन्यासकार का ही नियोजन है। उपन्यासकार ने दलित सुक्खा और रमिया को यह सहायता यदि उनके बेटे चंदन के द्वारा या किसी अन्य दलित पात्र द्वारा दिलाई होती तो ज्यादा ठीक लगता। क्योंकि जिनसे शोषण-अत्याचार के विरुद्ध लड़ाई चल रही है यदि उनकी स्वार्थपूर्ण मदद से धन्य होकर उन्हीं के कदमों में गिरने लगें तब तो लड़ाई बिना लड़े ही खत्म हो जायेगी। तब सुक्खा जैसे कितने लोग होंगे जिन्हें अपने अधिकार अपने आप मिल सकेंगे?

रजनी द्वारा खत और मकान मिलने की बात बताये जाने पर यह सुक्खा को किसी चमत्कार से कम नहीं लगता। यहाँ चमत्कार की बात दलित उपन्यासकार द्वारा बताया जाना ठीक नहीं लगता। दलित साहित्य की अम्बेडकरवादी विचारधारा में चमत्कार की बात को स्वीकार नहीं किया जाता।

चंदन गाँव आता है तब सुक्खा से रजनी की सद्भावना और सहयोग की बात सुनकर रजनी से मिलने उसकी हवेली जाता है। वह रजनी का आभार मानता है और ठाकुर के दुर्व्यवहार के प्रति रजनी से कहता है–'हिंसा का जवाब हिंसा नहीं है रजनी! हिंसा का जवाब अहिंसा से दिया जाना चाहिए!..... घृणा की जगह विनम्रता और प्यार से काम लें।'[2] 'चंदन आक्रोश की बजाए शांति और प्रेम का पक्षधर था।'[3] दलित नायक अम्बेडकरवादी विचारधारा को छोड़कर गाँधीवादी विचारधारा की बातें कर रहा है– यह उचित नहीं लगता। रचनात्मक विद्रोह ही चंदन के चरित्र की सबलता है–'हमें व्यवस्था को बदलना है, ...लेकिन व्यवस्था को बदलने का मतलब व्यवस्था को उलटना नहीं है। आज जो आक्रोश दूसरों के प्रति हमारे मन में है, व्यवस्था को उलटने से वही आक्रोश कल को हमारे लिए दूसरों के मन में पैदा होगा और समाज के अंदर अशांति और कलह बनी रहेगी।'[4]

दलित समाज समता, सम्मान और भाईचारे का अधिकार चाहता है, किसी

पर अन्याय करने का अधिकार नहीं। सवर्णों ने उच्च बने रहने के लिए जिस तरह दलितों का शोषण किया है, दलित उनका शोषण करना चाहते नहीं, बल्कि उन्हें अपने बराबर समानता की जमीन पर लाना चाहते हैं।

'छप्पर' उपन्यास की कथा बहुत ही सौम्य भाव से लिखी गई है। उपन्यास के पात्रों को आदर्श रूप में ही अधिक दिखाया गया है जिससे विरोध और विद्रोह संयमित है। ठाकुर हरनामसिंह मातापुर गाँव की एक बड़ी हस्ती थी। वे अपने द्व ारा किये अन्यायों का पश्चाताप से अचानक गाँव के बाहर कुएँ में आत्महत्या करने जाते हैं। संयोग से सुक्खा उन्हें देख लेता है और उन्हें मरने से बचा लेता है। यह कथा विश्वासपूर्ण नहीं लगती। सवर्ण अत्याचारी वर्ग का हृदय परिवर्तन नहीं होता है वे सिर्फ मुखौटा बदलते है। सुक्खा भी ठाकुर के प्रति विरोध भाव नहीं रखता बल्कि उसके सामने अत्यधिक विनीत बन जाता है।

ठाकुर पंचायत बुलाकर अपनी पूरी जमीन जायदाद भूमिहीनों को बाँट देता है। यह आदर्श पूर्ण प्रसंग है। ऐसे प्रसंग काल्पनिक आदर्शपूर्ण कथाओं में ही गिरते हैं, यथार्थ जीवन में नहीं। ठाकुर का आदर्श परोपकारी रूप धारण करना दलितों के संघर्षपूर्ण आंदोलन को रोकने जैसा लगता है। ठाकुर का खेत में साधारण किसान की तरह काम करना, हवेली छोड़कर साधारण घर में रहना और स्वयं को ठाकुर हरनामसिंह न कहलवाकर सिर्फ हरनाम कहलवाना सिर्फ आदर्श की बातें हैं। अम्बेडकरवादी ऐसे झूठे आदर्शों पर विश्वास नहीं करते बल्कि उसके पीछे छिपे रहस्यों और स्वार्थों की खोज करते हैं। उपन्यास में रजनी के बाद उसके पिता के महान त्याग और आदर्श को बताकर सवर्णों के चरित्र को ऊँचा उठाया है। ऐसी स्थिति में दलितों का संघर्ष किससे और कैसे हो सकता है? यह जीत दलितों की नहीं ठाकुर हरनामसिंह की है। वे पहले बड़े थे अब बड़े महान बन गये। दलित उपन्यास की कथा आदर्शवादी रूप में न होकर यर्थाथवादी होनी चाहिए। तभी दलितों की सही स्थिति को देखा-समझा जा सकता है।

शोषित, पीड़ित, दीन-हीन, दलित कमला से चंदन की दोस्ती दिखाकर उन्हें सुख-दुख का हमदर्द बनाकर और दलित आंदोलन के कर्मठ साथी बनाकर भी लेखक ने उन्हें साथ नहीं रहने दिया। सवर्ण स्त्री रजनी से प्रभावित होकर कमला को इस त्रिकोण से निकाल दिया गया। यह चंदन के साथ रजनी के प्रेम को सुरक्षा देने का प्रयत्न है। लेखक ने दलित स्त्री कमला को दलित आंदोलन से हटाकर सवर्ण स्त्री को चंदन के साथ दलित आंदोलन से जोड़कर दिखाया है। उपन्यासकार का यह निर्णय कितना और कहाँ तक उचित है? इसमें गर्व और सफलता का अनुभव किया गया है कि अब सवर्ण भी दलित आंदोलन से जुड़ रहे है। लेकिन इसकी सच्चाई दलितों का हित नहीं सवर्णों का स्वार्थ है। वे हमारे दलित नायक और नेताओं को भ्रमित करने का कार्य ही अधिक करते रहे हैं।

यदि कमला को जीने का अवसर दिया जाता तो शोषित-पीड़ित कमला संघर्ष और आंदोलन के माध्यम से अपने ऊपर हुए अत्याचार-बलात्कार करनेवालों से अन्याय का बदला जरूर लेती। लेखक ने इस संभावना को असानी से खत्म कर दिया।

'एक दिन एक जनसभा को संबोधित करके मंच से उतर रहा था चंदन कि अचानक.....कमला भी चंदन के साथ थी उस समय। चंदन के सर पर लाठी आती देखी कमला ने तो चीते की सी फुर्ती से एक झटके से चंदन को धक्का दिया उसने।.... चंदन तो बच गया लेकिन लाठी सीधी कमला के सिर पर आकर पड़ी और इससे पहले कि कोई कुछ समझ पाता कमला ढेर हो चुकी थी।'[5]

कमला को आदर्श रूप में बताया है कि वह चंदन के प्रति अपने प्रेम को छिपाकर, रजनी के प्रति चंदन के प्रेम को प्रोत्साहित करती है और अंत में अपने प्राणों की बलि देकर चंदन के जीवन को रक्षा और रजनी के प्रेम को सुरक्षा देती है। अपने आदर्श रूप में कमला लेखक द्वारा किये इस अन्याय को चुपचाप सहती है। इस तरह कथा नियोजन करके लेखक ने कमला के साथ अन्याय किया है।

कमला की शोक सभा में रजनी भी आती है। चंदन कमला के बेटे खिल्लर की चिंता व्यक्त करता है। तब रजनी कहती है–..... पिता का प्यार तुम देना, माँ का प्यार मैं दूंगी उसे। अनाथ नहीं रहेगा वह।'[6] कमला के मरने के बाद रजनी चंदन को समाज जागृति का कार्य करने के लिए मातापुर गाँव में रहने को कहती है। वह चंदन के साथ खिल्लर को माँ का प्यार देने की बात भी कहती है। वे एक दूसरे से प्रेम करते हुए, साथ रहकर समाज-जागृति की योजना बनाती हैं।

उपन्यास का इस तरह का अंत न तो नैतिकता की दृष्टि से ठीक है, न दलित साहित्य और दलित आंदोलन के उद्देश्य की दृष्टि से। इसी तरह सवर्णों ने दलित आंदोलन से जुड़कर हमेशा उसे दिग्भ्रमित करने का प्रयत्न किया है। तब रजनी जैसे सवर्ण पात्रों से कितनी उम्मीद की जा सकती है। वह अपने व्यक्तिगत प्रेम के कारण चंदन और उसके परिवार का भला कर सकती है मगर दलित समाज के लिए क्या करेगी? इसमें शंका है।

यदि कमला को बचाकर उसे चंदन की पत्नी होने का दर्जा दिया जाता तो वह दलित उपन्यासकार का समाज को बहुत बड़ा संदेश होता कि बलात्कार की शिकार, एक बच्चे की मां, शोषित पीड़ित दलित स्त्री को दलित नायक ने उससे विवाह करके संबल दिया, उसे अपने अधिकारों के लिए लड़ने का अपने समाज के लिए, स्त्री वर्ग के लिए लड़ने का अवसर दिया। इसके साथ चंदन के माता-पिता का बहू लाने का सपना भी पूरा होता। दलित स्त्री कमला चंदन के साथ जुड़कर, दलित नायिका के रूप में दलित आंदोलन के लिए बहुत काम कर सकती थी।

'छप्पर' उपन्यास का समीक्षात्मक विश्लेषण करने पर अनेक बातें सामने आती हैं। उपन्यास की कथा बिल्कुल सीधे-सपाट ढंग से कही गई है। लेखक ने उपन्यास

में अपने विचार प्रत्यक्ष रूप में रखे हैं। पूरा उपन्यास सिलसिलेवार विवरण देकर लिखा गया है। उपन्यास की कथा सौम्य और व्यवस्थित रूप में बतायी गई है। उपन्यास के पात्र भी सौम्य और आदर्श रूप में दिखाये गये हैं। विचारधारा की जगह आदर्शवाद अधिक है।

दलित बस्ती में चमारों के ही घर है। सुक्खा जाति से चमार है। चमार जाति के अलावा अन्य दलित जातियों का जिक्र उपन्यास में नहीं है। दलित बस्ती में सिर्फ सुक्खा के घर और परिवार की बात कही गई है। उस बस्ती के किसी अन्य घर और परिवार के विषय में नहीं बताया गया।

'छप्पर' उपन्यास की अनेक उपलब्धियाँ है, कुछ कमियाँ भी। इस उपन्यास को अच्छा दलित उपन्यास होने का श्रेय प्राप्त है। यह 1994 में प्रकाशित हिन्दी दलित उपन्यास लेखन के प्रारंभिक दिनों में लिखा गया है। उपन्यास के शिल्प और कौशल में कमी होने का वही कारण है कि दलित लेखकों को शिक्षा और लेखन के अवसर पर बहुत बाद में मिल सके हैं। रोजी-रोटी की जद्दोजहद और विपरीत परिस्थितियों से संघर्ष करते हुए ही वक्त बीतता गया। जब अपनी बात स्वयं कहने के अवसर मिले तब उन्होंने अपनी कथा और संघर्ष की बात कही। इसलिए दलित साहित्य के मूल्यांकन के लिए अलग सौन्दर्यशास्त्र की माँग की गई है। इस दृष्टि से छप्पर की उपलब्धियाँ अनुकरणीय है।

सर्वप्रथम 'छप्पर' की यह विशेषता है कि इसे उपन्यास के शिल्प और विधान के अनुरूप बाँधा गया है। उपन्यास में दलित नायक के चरित्र को केन्द्रित करके, उसे दलित उत्थान के लिए शिक्षा और जागृति के प्रचार-प्रसार में लगा हुआ दिखाया है यह समाज के लिए प्रेरणा का संदेश है। उपन्यास में दलित स्त्रियों की स्थिति मां, पत्नी और प्रेमिका के रूप में कर्तव्यनिष्ठ, जिम्मेदार, कर्मठ और आदर्श रूप में बतायी गई है। उपन्यास में सामाजिक और नैतिक मूल्यों को महत्व दिया गया है।

उपन्यास की भाषा अच्छी है, मुहावरेदार है। वार्तालाप पात्रों के अनुकुल है। उपन्यास क्लिष्टता और दुरूहता से मुक्त है। मानवीय संवेदना से परिपूर्ण है। कथा का प्रस्तुतिकरण पाठकों को प्रभावित करता है। उपन्यास का उद्देश्य दलितों की पीड़ा को बताते हुए उनमें जागृति लाना है। उपन्यासकार ने इस दृष्टि से अपना कर्तव्य और जिम्मेदारी निभाई है।

उपन्यास का 'छप्पर' शीर्षक सार्थक है। वह दलितों की दीन-हीन स्थिति का प्रतीक है। उपन्यासकार जयप्रकाश कर्दम जी सुलझे हुए विचारों के साथ साहित्य-सृजन कर रहे है। दलित साहित्य लेखन के माध्यम से समाज के लिए उनका योगदान विशिष्ट है।

'जस तस भई सबेर'

सत्यप्रकाश जी का दलित उपन्यास 'जस तस भई सबेर' 1998 में प्रकाशित हुआ। जैसा कि उपन्यास का शीर्षक है, उसी रूप में दलित समाज में सबेर अर्थात सबेरा जैसे तैसे हुआ है। सबेरा का संदर्भ उजाला और जागृति से है। अज्ञान की काली रात किसी तरह खत्म हो रही है और ज्ञान से जागृति का सबेरा हो रहा है। इस उपन्यास में लेखक ने दलित वर्ग के बीच व्याप्त अज्ञान, अशिक्षा, अंधविश्वास, और आपसी फूट को बताते हुए सवर्णों द्वारा किये जा रहें दलितों के शोषण को उजागर किया है। दलित पुरुषों के साथ दलित महिलाओं का भी शोषण होता है।

उपन्यासकार सत्यप्रकाश ने 'जस तस भई सबेर' के द्वारा समाज को जागृति का संदेश दिया है। उपन्यास की भूमिका में बताया है–'इन भेड़ियों-पंडे, पुजारी, भगत और सूदखोर महाजन भी हैं। वे दलित पिछड़े वर्ग का शोषण अपने तरीके से लगातार कर रहे हैं। शिक्षा और ज्ञान से दूर दलित वर्ग उनके बहकावे में आकर स्वयं का नुकसान करता हैं।'[7] उपन्यास का आरंभ में भगत हरसन्ना और सूदखोर देवीपाल के कुचक्र में फँसकर हंसा भादों की बरसात के बीच अपने परिवार के साथ जाहरवीर देवता की जात लगाने के लिए राजस्थान के बागड़ शहर जाता है। पूजा और यात्रा के खर्च के लिए उसने देवीपाल से पाँच हजार रुपये कर्ज लेता है। रुपये तो खर्च हो जाते हैं और कर्ज ब्याज के साथ चलता रहता है। इससे हंसा की आर्थिक स्थिति बिगड़ती हैं। हंसा का बड़ा भाई सरवन इस फिजूल खर्च और धार्मिक अंध विश्वास से मना करता है। हंसा इसे सरवन को ईर्ष्या भाव समझकर झगड़ा कर लेता है। मारपीट भी होती है और दोनों के परिवारों में बोलचाल बंद हो जाती है। हंसा की भैंस का मरना, सुनहरी का फिसल कर गिरने से टांग टूटना-सब बातों का दोष सरवन को दिया जाता है। हंसा की पत्नी सुनहरी के भड़काने से हंसा और सरवन में दुश्मनी बढ़ती है।

लेखक ने दोनों भाईयों के बीच अंधविश्वास के कारण उनमें दुश्मनी होने की बात कही है। यह दलित जातियों के परिवारों के लिए लेखक का संदेश है कि आपस में लड़ना ही हमारी कमजोरी है। एकता के अभाव में हमारी कमजोरी का लाभ हमारे दुश्मन उठाते है। इसके साथ यह भी स्पष्ट किया गया है कि धार्मिक-कर्मकांडों और आडंबरों के जाल में फंसकर दलित वर्ग के लोगों की आर्थिक स्थिति खराब होती जाती है फिर भी वे इन्हीं कामों में रुपया और समय बरबार करते हैं। अतः उपन्यासकार का उद्देश्य यह संदेश देना भी है कि दलित वर्ग के लोग हिन्दू धर्म के पूजा आडंबर आदि को छोड़कर, शिक्षा पाने की ओर ध्यान दे । आपस के झगड़ों को भूलकर एकता और संगठन के साथ अत्याचारी वर्ग को करारा जवाब दें। सरवन शिक्षित और समझदार है। उसका परिवार सुख-संपन्नता के साथ रहता है। उसे सुखी देख हंसा और सुनहरी उससे ईर्ष्या करते हैं और अपनी बरबादी का कारण हरसन्ना भगत से पूछते हैं। हरसन्ना फिर से उन्हें देवता की जात लगाने के लिए

कहता है और देवता के कोप से भयभीत करता है। हंसा फिर से देवीपाल से कर्ज लेने और जात लगाने की तैयारी करता है। हंसा अज्ञानी और अंधविश्वासी है। उसका पिता मंगल पहलवान भी हंसा को इन कार्यों के लिए प्रोत्साहित करता है। सरवन के विरोध करने पर पिता और भाई उसे मारते है।

हंसा के बच्चे पढ़ नहीं पाते हैं मगर सरवन का बेटा शिवदास उच्च शिक्षा प्राप्त करके बैंक में खजांची की नौकरी करता है। हंसा और सरवन की कथा के बीच दलित स्त्रियों के शोषण की कथा भी साथ-साथ चलती है। रामरती, धुसिया और सन्नो दलित स्त्रियों को अपने खेत में घास काटते देखकर चौधरी देवीपाल कामुक दृष्टि से देखता है। वर्षा से भीगने से बचने के लिए दलित स्त्रियाँ पास आने की झोपड़ी में जाती है। चौधरी झोपड़ी में आकर रामरती और सन्नो को बाहर भेजकर धुसिया पर बलात्कार करता है। धुसिया द्वारा भंडाफोड़ किये जाने के भय से देवीपाल धुसिया की हत्या कर कुएँ में डाल देता है और अन्य दो दलित स्त्रियों को भय दिखाकर चुप रहने को कहता है।

यह समाज का कड़वा सत्य है। कितनी ही दलित स्त्रियाँ इस तरह दुष्टों की हवश का शिकार होकर अपनी जान से हाथ धो बैठती हैं। कानून उनके लिए बहरा और अंधा है। धुसिया की हत्या के बाद चौधरी देवीपाल रामरती के साथ अनैतिक संबंध बनाता है। रामरती का सात वर्षीय बेटा मुन्ना उन्हें आपत्तिजनक स्थिति में देख लेता है। भय से चौधरी मुन्ना की हत्या करके उसे कुएँ में डाल देता है। पुलिस देवीपाल से रिश्वत लेकर मामला दबा देती है। गाँव में सवर्णों द्वारा दलित स्त्रियों को प्रताड़ित करना, अपमानित करना, बलात्कार और हत्या, जैसे जघन्य कार्य चलते रहते हैं। कभी अपने स्वार्थ के कारण और कभी सवर्णों के भय से दलित भी दलित का साथ नहीं दे पाते हैं।

हंसा और देवीपाल की कथा के साथ-साथ शिवदास की कथ भी चलती है। शिवदास के माध्यम से लेखक ने मंडल आयोग के कालखंड की चर्चा की है। साथ ही पूर्व स्मृति शैली में शिवदास के चरित्र को दर्शाते हुए सुमेधा का उसके प्रति प्रेम और आकर्षण बताता है।

शिवदास उन दिनों दिल्ली गया हुआ था। इसी दौरान उसे एक आवश्यक कार्य से दिल्ली विश्वविद्यालय जाना पड़ा। बस में बैठे लोग आपस में बातें करते हुए मंडल आयोग के विरोध में चर्चा करते हैं। प्रो. दंत दलित आरक्षण के विरोध में बोलते है। सांसद महोदया प्राध्यापक और छात्रों के बीच इस विषय पर राष्ट्रीय बहस करवाती है। शिवदास भी इस चर्चा में भाग लेते हुए दलितों के आरक्षण का समर्थन करता है। इस तरह शिवदास का चरित्र एक शिक्षित और जागरूक दलित नायक के रूप में चित्रित किया गया है। शिवदास और सुमेधा कॉलेज में साथ पढ़ते थे। सुमेधा उससे प्रेम करती थी और उससे विवाह करना चाहती थी मगर शिवदास

यह स्वीकार नहीं करता। इससे सुमेधा शिवदास से नाराज रहती है।

उपन्यासकार ने सुमेधा के रूप सौंदर्य और यौवन का वर्णन अत्यधिक अलंकृत भाषा में किया है जो सामान्य न होकर अतिश्योक्ति पूर्ण लगता है

1—'उसकी सघन अलकयुक्त काली कुंचित दीर्घ चोटी उसके पृष्ठ भाग पर भुजंगनी की भांति ऐसी लहराती थी मानों गीली बैंत के समान लचकदार कोमल कटि को अवलम्ब देते हुए उन्नतोदर शोभा विधायकों की चौकस सुरक्षा कर रही हो।......'[8]

उपन्यास में सुमेधा का सौन्दर्य और यौवन का चित्रण ऐसा लगता है कि संस्कृत साहित्य की उपमा-अलंकारों को लेकर किया गया है। इस प्रेम प्रकरण का लेखक ने बहुत विस्तार के साथ चित्रण किया है। दलित उपन्यास का दलित पात्र एक सवर्ण स्त्री के साथ किस तरह प्रेमक्रीड़ा कर रहा है- यह पाठकों को विस्तार के साथ बताकर लेखक न जाने कौन से गौरव को महसूस करता है?

दलित नायक अपने व्यक्तिगत जीवन के सुख-दुख की अपेक्षा अपने जाति-समाज के सुख-दुख को अधिक महत्व देता है। दलित नायक का यह नैतिक कर्तव्य हैं। यह स्पष्ट रूप से सुमेधा के प्रेम और उसकी काम पिपासा को ठुकराकर दलित जागृति और दलित आंदोलन के लिए अपना जीवन समर्पित कर सकता था। यदि लेखक ने इस तरह कथा नियोजन किया होता तो शिवदास की दलित हित की भावना और स्वाभिमान को गौरव मिलता। उपन्यास में उसके नायक होने के उद्देश्य को प्रशंसा और सफलता मिलती। मगर ऐसा नहीं हुआ।

दलित धुसिया के साथ चौधरी द्वारा किया बलात्कार सरस चित्रण के साथ विस्तार से बताया है- 'धीरे-धीरे करके चौधरी देवीपाल ने उसके अधो वस्त्रों को ढीला कर दिया। उसकी कमर व पीठ आदि पूरी तरह नंगी हो गयी। धुसिया के न्नातोदर और उन्नतोदर उभारों पर चौधरी अपनी पकड़ मजबूत बनाकर जी भरकर उनका मर्दन करते रहे। फिर वे अंतिम लक्ष्य की ओर बढ़ गये।'[9] लेखक ने स्त्री-पुरुष के गोपनीय संबंधों को खुले रूप से विस्तार से चित्रित करने में अपनी गहरी रुचि दिखाई है।

धुसिया के बलात्कार के समय लगता है जान बूझकर ऐसी घटना का नियोजन किया है। स्थिति इसके विपरीत भी हो सकती थी। दरांती से घास काटने वाली तीन दलित स्त्रियाँ क्या चौधरी का सामना नहीं कर सकती थी? वे चाहतीं तो एक ही दरांती से चौधरी देवीपाल का अंग भंग कर सकती थीं। मगर यहाँ उपन्यासकार का उद्देश्य दलित स्त्रियों को जागृत और सबल बताना नहीं था, बल्कि बलात्कार के सरस चित्रण द्वारा उनका शोषण दिखाना था।

धुसिया के बलात्कार और हत्या के प्रसंग को यदि किसी दलित लेखिका द्वारा लिखा जाता तो वहाँ सच्चाई कुछ और होती। तब सच्चाई का बयान अधिक सटीक होता । यह दलित महिलाओं की अपनी पीड़ा है। इसका दर्द महिलाएँ ही जान सकती

है कोई पुरुष साहित्यकार नहीं। इसका जवाब विरोध, आक्रोश, हुंकार होता तो यह दलित चेतना का सार्थक जवाब होता।

लेखक ने सीमा और उसके पति देवेन्द्र दत्त के विषय में बहुत विस्तार से बताया है, जबकि वे गौण पात्र हैं। इस तरह अनेक प्रसंगों को लंबा खींचा गया है। जैसे हंसा का सरवन से दुश्मनी रखना और झगड़ा करना, हंसा का जात लगाना। दोबारा पुनः जात लगाने की तैयारी करना। हरसन्ना भगत का जाहरवीर देवता की लंबी कथा बताना। इसी तरह शिवदास और सुमेधा के बीच बौद्धिक चर्चा को लंबा खींचा गया है। साथ ही दोनों के बीच प्रेम-प्रसंग और काम वासना प्रकरण को विस्तार से बताया है।

आजादी की वर्षगांठ पर गाँव में आयोजित कार्यक्रम में देवीपाल पहली बार कार्यक्रम का अध्यक्ष मंगल पहलवान को बनाकर उसे सम्मान देता है। वहाँ उपस्थित बुद्धिजीवी प्रशंसा करते हुए भाषण देते हैं। उनके विचार थे कि जब दलितों को सम्मान मिल रहा है तब संघर्ष करने की आवश्यकता नहीं है। इस तरह करके दिये गये सम्मान को वे दलितों की आजादी और अधिकार बताते हैं।

यहाँ यह बात आश्चर्य पूर्ण लगती है कि जो काम शिवदास सरवन और हंसा नहीं कर सके वह मंगल बूढ़ा होकर भी कर सका। भाषण के समय सवर्णों से पिटकर घायल हुआ शिवदास ठीक होने के बाद भी सवर्ण दुष्टों को दंड नहीं देता बल्कि चुपचाप बैंक की नौकरी करता है। दलित नायक का चरित्र इस तरह दिखाया गया है। बाद मे उसे जेल भेजकर कथा से हटा दिया है। आगे कथा को नेतृत्व मंगल पहलवान करता है। वह नायक की तरह चौधरी और भगत से बदला लेता है। वह चौधरी से नाक रगड़वाता है और उस में थूककर चटवाता है। सुनहरी के पैरों में गिराकर उसे बहन कहकर माफी मंगवाता है। भगत के भी हाथ पैर तोड़ देता है। वह कहता है- 'आज जा भगत, आज तेरी भी भगताई निकाल दूँ।'[10]

मंगल का समधी भी सबको समझाकर जागृति का संदेश देता है- 'दोष आप लोगों का भी नहीं है। यह सब भ्रम जाल है।... दोष यह व्यवस्था का है जिसमें हम जी रहे हैं।'[11]

समधी की बातें सुनकर मंगल और उसके पूरे परिवार के ज्ञानचक्षु खुल जाते हैं। वे अपनी गलत और आपस की परिवारिक लड़ाई को कबूल करके सुधारने की बात कहते हैं। इस तरह उपन्यास के अंत में मंगल से भी आगे उसके समधी को परिवार और समाज का मार्गदर्शन बताया गया है।

देवीपाल और भगत दलित बस्ती में आग लगाने आते हैं और दलितों को मारते-पीटते हैं। मंगल अपने चेलों के साथ उनका सामना करके भगाता है। पुलिस मंगल से कहती है- ' पहलवान तुम्हें जिस पर शक हो, रिपोर्ट कराओ। कानून अपना काम करेगा।'[12]

मंगल देवीपाल और भगत को गिरफ्तार करवा देता है। इसी बीच घुसिया का पति मनसुख भगत पर गोली चला कर मार देता है। मनसुख को भी पुलिस ले जाती है। मंगल शिवदास और मनसुख के लिए केश लड़ता है। समधी कहता है- 'चलिए समधी जी, अब आँख खुल जाये तभी सबेरा। रूपलाल बोले।'[13] इस तरह उपन्यास को अंतिम रूप दिया गया है।

उपन्यास की भाषा सरल और सुबोध है। कथा में अनेक प्रसंगों को अधिक विस्तार दिया है। उपन्यास का उद्देश्य दलितों के हित में है। कथा योजना-पत्र योजना से उपन्यासकार ने अपना लक्ष्य घोषित किया है। मंगल (दलित) सवर्णों से संघर्ष करके दलितों के लिए यह प्रेरणा का संदेश है।

'मुक्तिपर्व'

'मुक्तपर्व' मोहनदास नैमिशराय जी का 2002 में प्रकाशित चर्चित उपन्यास है। देश की स्वतंत्रता प्राप्ति को लेखक ने देश कीं गुलामी का मुक्तिपर्व कहने के साथ इसे दलितों को मुक्तिपर्व बताया है। देश को आजादी मिलने के साथ दलित वर्ग में यह विश्वास जागता है कि वे भी अब विषमतावादी सामाजिक और आर्थिक शोषण से मुक्त हो जायेंगे। कोई उनसे बेगार नहीं करायेंगा, कोई उन्हें बंधुआ मजदूर बनाकर नहीं रख सकेगा, कोई उनपर दलन अत्याचार नहीं करेगा। लेकिन क्या दलितों का यह सपना कब पूरा हो सका? देश की आजादी अंग्रेजों के शासन ने देश की मुक्ति थी, दलित वर्ग की मुक्ति नहीं। देश की आजादी के बाद भी वे सवर्णों की सत्ता के अधीन रहकर अभावग्रस्त शोषित पीड़ित जीवन जीने के लिए मजबूर हैं। लेखक ने उपन्यास की भूमिका में यह सवाल उठाया है- 'मुक्तिपर्व किसे कहे? जब देश आजाद हुआ उसे या जब किसी जाति या कुछ जातियों को आजादी मिली उसे।'[14]

देश की आजादी की लड़ाई के अंतिम चरण के कालखंड में राजनैतिक और सामाजिक घटनाओं के विवरण के साथ लेखक ने उत्तर भारत के कस्बाई शहर के दलितों के शोषित पीड़ित जीवन की कथा बताई है। 'देश का बँटवारा कुछ बरस पहले ही हुआ था। बंटवारे की पीड़ा धीरे-धीरे कम हो रही थी, पर हरएक के मन में जैसे टीस अभी शेष थी।'[15] 'आजादी की लड़ाई का यह अंतिम चरण था। पूरे देश में मार-काट, खून-खराबे का सबब था। हरशहर जैसे छावनी बन गया था।'[16]

दलित बस्ती का विवरण देते हुए बताया गया है- 'बस्ती में अधिकांश घरों में जूते-चप्पलों का व्यवसाय होता था। शेष मजदूरी करते थे, नवाबों की हवेलियों पर या जमींदारों के खेतों में।'[17] ऐसे सामाजिक और राजनीतिक वातावरण में दलित चमारबस्ती का बंसी नवाब अलीवर्दी खां की हवेली में काम कर रहा था। बंसी की

माँ छमिया और पत्नी सुंदरी है। कुछ दिन में सुंदरी को प्रसव पीड़ा हो रही थी। आजादी की सुबह सूरज निकलते ही सुंदरी को बेटा पैदा होता है। बंसी ने नवाब अली खां की हवेली में लोगों से सुना था कि आजादी मिलने वाली है। आजादी मिलने के पहले आजादी का संघर्ष जारी था मगर नवाब और जमींदार अपना फायदा ही देखते थे। उन्हें देश की आजादी से कोई मतलब नहीं था गरीबों, दलितों, मातहतों से वे क्रूरता का व्यवहार करते थे, डांट-फटकार और मार-पीट भी करते थे। नवाब गुस्से से कहता है- 'अभी तो आजादी भी नहीं हुई है। आजादी आने पर ये स्साले क्या करेंगे।'[18] नवाब स्वयं अय्याशी में जीते थे।

नौकर चाकरों पर तरह-तरह के जुल्म और अमानवीय व्यवहार किया जाता है। समय पर थूकदान न मिलने पर नवाब बंसी से गरजते हुए कहता है- 'ला, हथेली कर इधर।'[19] और नवाब बंसी की हथेली पर बलगम ढेर सारी खखार उगल देता है। बंसी की आँखों में आंसू थे मगर वह कुछ भी नहीं कर सकता था।

आजादी के दिन सब तरफ खुशियाँ थीं मगर नवाब के घर जो लोग आ-जा रहे थे उन्हें आजादी की खुशी नहीं थी। बंसी पर नाराज होकर नवाब उसके सिर पर चिलम फेंक कर मारता है और कहता है--'कमबख्त दूर हो जा मेरी आँखों के समाने से।'[20] इस तरह बंसी आजादी मिलने के दिन नवाब की हवेली की गुलामी की नौकरी छोड़ कर जाता हे। तब वह कहता है- 'मैं तो थूक्कूंगा भी नहीं हियाँ पर।'[21] आजादी के दिन बेटे का जन्म होने पर इसे भी मुक्तिपर्व कहा गया है। क्योंकि वह बच्चा गुलाम देश में पैदा नहीं हुआ था। आजादी का दिन उनके लिए मुक्तिपर्व था। इसके साथ बंसी पुरानी परंपराओं को तोड़ने का नया कदम उठाता है। हजारों वर्ष से चली आ रही पंडिताई की परंपरा को तोड़कर बंसी अपने बच्चे का नाम पंडित से पूछकर नहीं रखता बल्कि पंडित के बिना स्वयं ही उसका नाम सुनीत रखता है। वह पंडित को खाली हाथ वापस भेज देता है। यह उस गाँव और बस्ती के लिए अनहोनी बात थी। सवर्ण पंडितों ने दलितों के बच्चों के नाम हमेशा घृणास्पद ही रखे थे जैसे- कालू, चेतू, बुद्धू रगड़ू, झगड़ू, दगड़ू।

'मुक्तिपर्व' सामाजिक उपन्यास है। इसमें दलित जीवन के चित्र हैं। दलित जीवन की विसंगतियाँ और समस्याएँ हैं। दलित शोषण उत्पीड़न की व्यथा-कथा है। देश की सामाजिक स्थिति के साथ राजनैतिक, आर्थिक, धार्मिक, शैक्षणिक और नैतिक सभी को विश्लेषण के साथ प्रस्तुत किया है। बंसी के दीन-हीन जीवन के माध्यम से दलित वर्ग के शोषण की सच्चाई को बताया गया है। यहाँ उपन्यासकार ने देश की आजादी हुआ मगर क्या दलितों को भी आजादी सवर्णों की आजादी थी गरीब दलितों को नहीं। नवाब ने कहा था- 'तुम गुलाम थे, गुलाम हो, गुलाम ही रहोगे।'[22] इसका जवाब बंसी ने विद्रोही तेवर के साथ दिया- 'जनाबे अली, हम न गुलाम थे, न गुलाम हैं और न गुलाम रहेंगे।'[23] बंसी नवाब को ऐसा जवाब देता है और नवाब

की गुलामी को छोड़कर मुक्ति का अनुभव करता है। मगर क्या सचमुच वह गुलामी से मुक्त हो सका? हवेली की नौकरी छूटते ही रुपयों का अभाव सामने रहता है। पत्नी के कान के सोने के बाले बेचकर वह जच्चा की जरूरत का सामान लाता है। वह अब खेतों पर मजदूरी कर खर्च चलाता है। देश की आजादी के साथ दलितों में भी हिम्मत आयी थी। वे भी अब बोलने लगे थे, अपनी स्थिति और सवर्णों के अन्याय के विषय में सोचने लगे थे। स्थिति कुछ इस तरह बदलने लगी थी- 'धर्म की बिसात उलट गई थी। इसलिए कि आज एक पंडित बाजी हार गया था और दलित जीत गया था।'[24] आर्यसमाजी रामलाल से ही सबसे पहले उन्हें दलितों के नेता डॉ. अम्बेडकर का नाम और उनके कार्यों की जानकारी मिली थी। रामलाल सुनीत को पढ़ने-लिखने का आशीर्वाद देने के साथ एक आना भी देते हैं। रामलाल के प्रयत्नों से दलित बस्ती में दलित बच्चों के लिए स्कूल खुलता है। सुनीत बहुत ही होनहार बच्चा है। वह बस्ती की स्कूल में पढ़ता है। बचपन से ही उसमें बहुत समझदारी और जागृति है। दलितों के प्रति जातिभेद और अन्याय देखकर वह विद्रोह की भावना से उन्हें सबक सिखाता है। उपन्यास का दलित नायक सबका प्रेरणा स्रोत बनता है।

दलित बस्ती में स्कूल खुलना और सवर्ण शिक्षकों द्वारा दलित बच्चों को पढ़ाया जाना क्रांतिकारी घटनाएँ है। उपन्यासकार ने देश की आजादी को महत्व देते हुए उसे दलितों का मुक्तिपर्व बताया है। इसके साथ दलितों की आशा आकांक्षा को भी बताया है और इसके परिणाम भी दिखाये हैं। पुलिस वाले आपस में बातें करते हैं- 'देखो, सम्भलकर रहना। दलित अब पहले जैसे नहीं रहे है। इनके नेता भी अब संसद और विधानसभाओं में पहुँचने लगे हैं।'[25] फिर भी दलितों के साथ अन्याय जारी था। स्कूल में सवर्ण शिक्षक बच्चों के साथ भेदभाव करते हुए उनका अपमान करते थे। सवर्ण नहीं चाहते कि दलितों के बच्चे पढ़े। उन्हें डर था कि यदि दलितों के बच्चे पढ़ लिखकर अच्छी नौकरी करने लगेंगे तब उनके खेत और घरों में मजदूरी-सेवा चाकरी कौन करेगा? दलितों के घर बच्चा पैदा होते ही वे उम्मीद करते थे कि यह भी बड़ा होकर हमारे यहाँ चाकरी करेगा।

सुनीत के जन्म की बात मालूम होने पर नवाब अलीवर्दी स्वयं बंसी के घर मिलने आता है। साथ ही कहता है- '......और फिर तुम तो हमारे ही आदमी हो। अब हमारे घर चाकरी नहीं करते तो क्या हुआ, इसे तो हमारी हवेली पर काम करने भेजना।'[26]

बंसी जवाब देता है- 'नवाब साहब, न अब मैं किसी की गुलाभी करूंगा और न मेरा बच्चा।'[27] बंसी यह समझने लगा था कि देश की आजादी के बाद न अब कोई गुलाम है और न कोई मालिक। सब बराबर हैं। लेकिन व्यावहारिक जीवन में यह दिखाई नहीं देता। एक दिन स्कूल से लौटे सुनीत को उदास देखकर बंसी कहता है—'बेटे, कितनी भी परेशानी आये, कभी आंसू मत बहाना। यह दुनिया किसी गरीब

के आंसू देखकर रोती नहीं बल्कि हंसती है।'28 जूनियर हाईस्कूल में दाखिला लेने के समय सुनीत को उपेक्षा और अपमान का सामना करना पड़ता है। जबकि वह परिश्रम के साथ अध्ययन करके अपनी योग्यता बढ़ाता है।

सुनीत ने समाज में व्याप्त जाति भेद देखा था और उसके विरुद्ध आवाज भी उठाई थी। प्रायमरी स्कूल में पढ़ते समय वह पुस्तक में छपें चित्र पर शंका प्रकट करते हुए पूछता है प्याऊ पर बैठा आदमी नलकी से दूर से दलितों को पानी पिलाता है, इस चित्र में नलकी क्यों नहीं है? सुनीत बच्चों और मास्टर जी के साथ प्याऊ पर जाकर पंडितजी को ललकारता है और नलकी खींच कर फेंक देता है। छोटे बच्चे का इतना साहस और पुलिस का भय देखकर वह सुनीत की बात से सहमत हो जाता है। आजादी मिलने के, पाँच-छह बरस बीतने के समय के सामाजिक वातावरण में लेखक ऐसी कल्पना कर सके कि 5-6 वर्ष का दलित बालक भी पंडित को भयभीत करके उसे जातिभेद मानने से रोक सकता है। इसे आजादी के पर्व के साथ दलितों का मुक्ति पर्व ही मानना चाहिए। लेकिन सत्य यह है, छुआछूत जाति भेद अभी भी सवर्णों के मन से गया नहीं है। आजादी के 63 साल बाद भी दलितों की सामाजिक-आर्थिक स्थिति नहीं बदली। देशव्यापी दलित आंदोलन चलाये जाने के बाद भी देश में अभी भी दलितों को समानता और सम्मान के अधिकार नहीं मिल सके हैं।

जूनियर हाईस्कूल में छठवीं कक्षा में पहले दिन सुनीत को जाति के अपमान मिलने के बाद एक खुशी भी मिली थी। सुमित्रा ने उसके पास आकर सहानुभूति के साथ बातें की और उसकी मित्र बन गई।

कक्षा के लड़के सुनीत से दोस्ती नहीं करते थे क्योंकि वह जाति से चमार था मगर सुमित्रा आर्य समाजी शर्माजी की बेटी जात-पात को न मानते हुए सुनीत से मित्रता करती है। हिन्दूवादी मानसिकता में वर्ण भेद जातिभेद का पूरा प्रभाव था मगर आर्यसमाजी दलित वर्ग के प्रति सद्‌भावना रखते थे। वर्ण और जाति को न मानकर वे भाईचारा का संदेश देते थे। लेखक ने आर्यसमाजी रामलाल और सुमित्रा के पिता शर्मा जी को इसी रूप में बताया है। यदि आर्य समाज के तत्वों पर गौर किया जाये तो स्पष्ट होगा कि आर्य समाज वेदों को मानता है। वेदों को माननेवालों की विचारधारा हिन्दू धर्म के विरुद्ध नहीं हो सकती। आर्यसमाजी विचारधारा के लोग हिन्दू धर्म की कलंकित परंपराओं का विरोध दर्शाकर असल में हिन्दू धर्म की रक्षा करना चाहते हैं। वे भेदभाव का विरोध करते हैं मगर वर्णव्यवस्था को मानते हैं तब ब्राह्मण और शूद्र के बीच भेदभाव न मानकर भी ऊँच-नीच का अंतर रहेगा ही। उत्तर भारत में आर्यसमाजियों ने दलित पिछड़ों को हिन्दू धर्म से जोड़ने रखनें के लिए आर्य समाजी सद्‌भावना का प्रचार-प्रसार बहुत किया था। हिंदी दलित उपन्यासों में दलित शुभचिंतक आर्य समाजी का जिक्र मिलता है। बंसी को रामलाल

पर पूरा विश्वास है। वह उसे अपना शुभचिंतक मानकर अपने मन की छटपटाहट उसे बताता है। रामलाल बंसी को समझता है-'बंसी भैया, आजादी का सूरत उग चुका है। अब अधिक दिनों तक नहीं चलेगा यह सब।..... मैं तो कहता हूँ अब तुम्हें ही खुद आगे आना होगा और अपनी बात स्वयं अपने मुंह से कहनी होगी। आखिर भला कब तक हम कहते रहेंगे और तुम सुनते रहोगे।'[29]

बंसी को जागरूक अम्बेडकरवादी और बौद्ध धर्म का अनुयायी बताता गया है। बंसी ने डॉ. अम्बेडकर के जीवन चरित्र पर छपी एक पुस्तक पढ़ी थी। सुनीत बंसी से पूछता है कि मैरिट के आधार पर स्कॉलरशिप फार्म भरें या जाति के आधार पर। बंसी कहता है–'बेटे, योग्यता के आधार पर स्कॉलरशिप फार्म भरो तो बेहतर होगा।'[30] डॉ. अम्बेडकर ने जाति के आधार पर दलित पिछड़े वर्ग की सुविधा और आरक्षण पाने का संवैधानिक अधिकार दिया है। सदियों से शिक्षा से वंचित रखे लोग मेरिट तक पहुँच हीं नहीं पाते थे। तब बंसी का यह कहना कि जाति नहीं मैरिट के आधार पर स्कॉलरशिप का फार्म भरो। विशेष स्वाभिमान की बात लगती है। समाज को यह संदेश भी मिलता है कि पिछड़े रहकर जाति के नाम पर सुविधाएँ कब लेते रहेंगे। हमें अपनी योग्यता भी बढ़ानी चाहिए। पांडे मास्टर सुनीत को जाति के नाम पर स्कालरशिप फार्म भरने के लिए कहता है। ऐसा न करने पर अपना हस्ताक्षर नहीं करता। तब सुमित्रा सुनीत को बताती है कि आज फार्म भरने की अंतिम तारीख है वह उसे हेडमास्टर जी के पास ले जाकर हस्ताक्षर न करने की बात बताती है।

यहाँ पांडे शिक्षक सुनीत के विरोधी रूप में चित्रित है वहीं सुमित्रा सुनीत की शुभचितंक है। सुमित्रा की मदद से ही वह स्कालरशिप फार्म जमा कर पाता है। दलितों में आयी जागृति के साथ दलित एक बड़ी पंचायत का आयोजन हगनहट में करते हैं जहाँ निर्णय लिया जाता है कि दलित बस्ती में डॉ. अम्बेडकर के नाम पर एक पुस्तकालय बनाया जाये और कत्तलखाने से जुड़ी जमीन अपने कब्जे में ले ली जाये। दलितों का इस तरह सोचना उनकी जागरूकता का परिचायक है। सुनीत छठवी कक्षा उत्तीर्ण करता है तब दलित बस्ती में खुशी मनाई जाती है। सुनीत की माँ सबको लड्डु बांटती है। यह शिक्षा के महत्व और आवश्यकता को समझने का संदेश है।

बंसी सुनीत को एकलव्य की कहानी पढ़ने के लिए देता है जिसे पढ़कर सुनीत सकते में आ जाता है। बंसी को इस बात का संतोष होता है कि बेटे के भीतर विद्रोह का बीज पड़ चुका है जो बड़ा होकर पेड़ अवश्य ही बनेगा। दलित आंदोलन का पहला काम है जागृति फैलाना, दलितों को जगाना ज्ञान बुद्धि और तर्क वितर्क के साथ सोच विचार करना सिखाना। बंसी ने अपने पुत्र को जागृत करने के हर संभव प्रयत्न किये। यदि सभी दलित परिवारों में बच्चों की शिक्षा और सुविधा पर इस तरह ध्यान दिया जाये तो जागृति जल्दी आ सकती है। सुमित्रा सुनीत के साथ एक ही सेक्शन में पढ़ती है। दोनों साथ रहकर एक दूसरे की पढ़ाई में मदद करते

है। छठवीं, सातवीं, आठवीं कक्षा साथ रहकर पढ़ते है। एक दूसरे के घर जाते हैं और परिवार का स्नेह भी पाते हैं। सुमित्रा के घर पहली बार जाने पर सुनीत अपनी दलित जाति के कारण डरता है। मगर वहाँ कोई भी उसकी जाति नहीं पूछता। सुमित्रा के पिता आर्य समाजी हैं। सुमित्रा को भी सुनीत की माँ से स्नेह मिलता है।

यहाँ लेखक ने दलित सवर्ण समानता को बताया है। साथ ही यह संदेश दिया है कि यदि सभी सवर्ण के परिवार में ऐसा होगा, तब जात-पात का भेद और अपमान नहीं रहेगा।

सुमित्रा आर्यसमाजी भावना से प्रेरित होकर दलितों के प्रति सद्भावना रखती है। मैट्रिक और शिक्षक ट्रेनिंग करने के बाद सुनीत और सुमित्रा एक साथ शिक्षक बनते हैं तब सुमित्रा अपनी पोस्टिंग सुनीत की दलित बस्ती के स्कूल में सुनीत के साथ ही करवाती है।

सुनीत और सुमित्रा के बीच प्रेम है। उनके विवाह की कहीं कोई चर्चा नहीं है। वे एक दूसरे से प्रेम करते हुए दलितों में शिक्षा का प्रसार करते हैं। सुमित्रा सुनीत के साथ दलित आंदोलन से जुड़कर काम करती है। एक सवर्ण स्त्री का दलित आंदोलन से जुड़कर दलितों के लिए जागृति का काम करना उसकी महानता है। लेखक ने सुमित्रा के चरित्र को मानवतावादी रूप में चित्रित किया है।

उपन्यास में करतारा भंगी की बेटी भूरी का भी उल्लेख है। कक्षा पाँचवी में प्रथम श्रेणी में उत्तीर्ण दलित लड़की वाला का भी उल्लेख है। मगर दोनों दलित लड़कियों के चरित्र को आगे नहीं बढ़ाया गया है। करतारा उछालसिंह का एडमीशन करने स्कूल जाता है। पांडे मास्टर स्कूल में उसे दाखला नहीं देता। करतारा को गिड़गिड़ाते देखकर सुनीत उन्हें हेडमास्टर के पास ले जाकर उछालसिंह का एडमीशन करवा देता है। इसके माध्यम से दलित एकता और अपनी भाईचारे को चित्रित किया गया है। डॉ. अम्बेडकर का यही संदेश था सभी दलित पिछड़ी जातियाँ संगठित होकर एक बड़ी ताकत बनकर ही अपने दुश्मनों का सामना कर सकती है। सुनीत के इस कार्य से कृतार्थ होकर करतारा धन्यवाद देता है। करतारा के घर उसकी आठ वर्ष की बेटी भूरी को सुनीत देखता रह जाता है। भूरी बहुत सुंदर लड़की है। वह पढ़ना चाहती है। सुनीत करतारा को स्त्री शिक्षा का महत्व बताकर भूरी को भी स्कूल भेजने के लिए कहता है। यहाँ लेखक ने दलित एकता के साथ अपने नन्हें नायक के द्वारा स्त्री शिक्षा का संदेश भी समाज को दिया है। करतारा के बेटे को दाखला देने से स्कूल के सवर्ण शिक्षक पांडे विरोध करते हुए कहता है- 'हेडमास्टर साहब, यह स्कूल कोई भंगी-चमारों का स्कूल नहीं है जो चाहे गिरे पड़े किसी को भी दाखिला दे दो।'[31] यह सवर्णो की मानसिकता थी। उन्होंने कभी नहीं चाहा कि भंगी चमारों को भी शिक्षा पाने का अधिकार मिले। मगर हेडमास्टर आर्यसम्माज से प्रभावित थे। वे जानते थे कि...... हिन्दू धर्म को बचाना है तो उदारता से ही काम लेना पड़ेगा।

सनातनियों की कट्टरता हिंदू धर्म को कहीं का नहीं छोड़ेगी।'[32]

ऐसे आर्य समाजी लोगों ने थोड़ी दया सहानुभूति और थोड़ी मदद करते उत्तर भारत के दलितों को अपने चंगुल में फँसाया था। जिसके परिणाम स्वरूप शिक्षित जागरूक दलित भी आर्यसमाजियों को अपना शुभ चिंतक मानकर उनके गुण गाते रहते थे। इसी तरह रामलाल को दलितों का शुभचिंतक माना गया है, और इसी तरह सुमित्रा को भी सुनीत की मिज और दलितों की शुभचिंतक के रूप में चित्रित किया गया है। करतारा भूरी को लेकर सुनीत के घर आता है। तब सुनीत की माँ कभी सुनीता को देखती है और कभी भूरी को। उसके मन में सपने पनपने लगते हैं। 'दोनों की तरफ देख-देख मन ही मन न जाने क्या-क्या सोच विचार कर रही थी। उसके भीतर मीठे-मीठे सपने जन्म ले रहे थे जिसकी भीनी-भीनी गंध उसे अपने बंधन में बांध रही थी।'[33] यहाँ लेखक ने यदि सुनीत की माँग सुंदरी के सपनों को हवा दी होती तो आगे चलकर भूरी और सुनीत स्नेह बंधन में बँधकर पारिवारिक बंधन में बँध सकते थे। यदि ऐसा हुआ होता तो लेखक की यह क्रांतिकारी योजना मानी जाती! क्योंकि अलग-अलग दलित जातियाँ भी आपस में जातिभेद मानते हुए बेटी व्यवहार या आपस में शादी ब्याज नहीं करती है। उपन्यासकार ने जिस तरह पंडित से नामकरण की प्रथा को तोड़ने का प्रसंग उपन्यास में बताया है उसी तरह दलितों में अंतरजातीय विवाह की नई प्रथा को भी शुरू करके समाज को प्रेरणदायक संदेश देते थे। मगर उपन्यास में भूरी को अधिक महत्व नहीं दिया गया। भूरी शिक्षित जागरूक रूप में दलित जागृति और स्त्री जागृति आंदोलन से भी जुड़ सकती थी। मगर उसे तो सुअर के बच्चे को गोद में लेकर खेलते हुए दिखाया है। जबकि यह गलत चित्रण है। सुअर के बच्चे को कोई इस तरह गोद में नहीं उठाता। कुत्ता, बिल्ली या बकरी के बच्चे ही गोद में उठाये जाते है। सुनीत ने भूरी को पढ़ाने का प्रोत्साहन दिया तब बाला के परिवार को भी स्त्री शिक्षा के लिए प्रोत्साहित किया जाना था। यदि ऐसा होता तो सुमित्रा शर्मा की जगह बाला ही उपन्यास की नायिका का गौरव पा सकती थी। वह भी सुनीत के साथ सामाजिक जागृति करते हुए दलित आंदोलन में सहभागी हो सकती थी सुनीत का सहयोग और प्रेम पाकर वह भी चिनगारी से मशाल बन सकती थी। वह सुनीत की संगनी बनकर सुनीत की माँ का सपना पूरा कर सकती थी।

उपन्यास में काली आँधी की जानकारी लेखक ने विवरण के रूप में दी है। इस लंबे विवरण का उपन्यास की मुख्य कथा से कोई संबंध नहीं है। नटवा के घर की छत का टूटना, नटवा का दूसरा विवाह करके मंगतू के लिए नई माँ लाना-इस प्रकरण का भी मूलकथा से संबंध नहीं है। छनिया की बहू सुंदरी का चकरभिनी के साथ शौच के लिए जाना, शौच की बातें और हगनहट का लंबा विवरण देना बार-बार दोहराया गया है। वैचारिक दृष्टि से उपन्यास अच्छा है, मगर छोटे बालक

सुनीत में प्रौढ़ परिपक्व, नायक के गुण दिखाना, अविश्वसनीय और अतिशोक्तिपूर्ण लगता है। ये कार्य उसके शिक्षक बनने के बाद भी दिखाये जा सकते थे।

उपन्यास में अधिकांश रूप में विवरण शैली को अपनाया गया है। उपन्यास की कथा उपन्यासकार द्वारा दिये विवरण के अनुसार चलती है। पात्रों के बीच वार्तालाप सहज और स्वाभाविक है। कहीं-कहीं वार्तालाप अनावश्यक रूप से नियोजित और विस्तृत हैं। उपन्यास का उद्देश्य देश की आजादी के साथ दलितों के मुक्तिपर्व को सार्थक रूप में दिखाना है। देश की आजादी का दलितों की मुक्ति से कोई संबंध नहीं है। आजादी के बाद पहली बार किसी दलित का शिक्षक बनना ही दलितों का मुक्तिपर्व है।

'मुक्तिपर्व' उपन्यास से त्रुटियों की अपेक्षा उपलब्धियाँ अधिक हैं। हिंदी दलित साहित्यकारों ने उपन्यास लिखें- यह सबसे बड़ी उपलब्धि है। उपन्यास के शिल्प और विधान के अनुरूप इसे बाँधा गया है। उपन्यास की कक्षा दलित दासता से मुक्ति के उद्देश्य को लेकर चलती है। दलित मुक्ति ही उपन्यास का उद्देश्य है। मुक्तिपर्व उपन्यास के माध्यम से दलित वर्ग की आशा आकांक्षाओं को मूर्त रूप दिया गया है।

'थमेगा नहीं विद्रोह'

उमराव सिंह जाटव का पहला उपन्यास 'थमेगा नहीं विद्रोह' 2008 में प्रकाशित हुआ है। इस उपन्यास में दरियापुर गाँव के पात्रों की कथा बताई गई है। उपन्यास में कथा का नियोजन अलग ढंग का है। यहाँ अलग-अलग पात्रों की अलग-अलग स्वतंत्र कहानी है। इस उपन्यास के नायक के विषय में उपन्यासकार ने अपनी बात स्पष्ट करते हुए स्वयं ही लिखा है- 'एक खब्ती खयाल मेरे मन में जाग उठा है कि यह गाँव 'दरियापुर' जिसका नाम है, और जिसमें उपरोक्त वर्णित व्यक्ति तथा अन्य बहुतेरे व्यक्ति बसते हैं, नायक, नायिका, खलनायक अपने आप में स्वयं ही है।

...... इस गाँव को ही मेरी इस कथा का नायक खलनायक, बनना होगा, इसके अलावा अन्य कोई चारा नहीं दिखता मुझे। अब चाहे तो पाठक या चाहे यह गाँव मुझे खब्ती कहें, सो कहें!'[34]

पंजाबी उपन्यासकार रामस्वरूप अणखी जी का उपन्यास 'कोठे खड़क सिंह' में उपन्यास का नायक या केंद्रीय पात्र एक काल्पनिक गाँव कोठे खड़क सिंह है जिसके चित्रण के लिए 'कथा बहुल विधि' का प्रयोग किया गया है। पंजाबी उपन्यास कोठे खड़क सिंह के अधिकतर कथाएँ गाँव के अंतर्वगीय संबंधों का बताती है। 'थमेगा नहीं विद्रोह' उपन्यास शिल्प परंपरा को छोड़कर नया प्रयोग करने का प्रयास किया है। उपन्यास शिल्प में समय के साथ अनेक प्रयोग हुए हैं। थमेगा नहीं विद्रोह उपन्यास में उपन्यासकार ने उपन्यास शिल्प विधान, कथावस्तु योजना और पात्र योजना को

पूर्ण रूप से परिवर्तित रूप में रखा है।

उपन्यास का नायक दरियापुर गाँव बताया गया है। लेकिन दरियापुर नायक के रूप में सजीव नहीं हो सका। यह कितना सफल हो सका- यह समीक्षात्मक दृष्टि से स्पष्ट है। दरियापुर में दरियाव नाम का पात्र भी है जो उपन्यास की कुछ कथाओं में नजर आता है लेकिन उसे उपन्यास का नायक या सहायक नायक नहीं कह सकते। दरियाव दरियापुर की जाटव बस्ती का एक बच्चा है जो किशोरावस्था में अधभरिया रूप में कहीं भागमली को झूला देता है, कही भागमली की ससुराल सिंधारा लेकर जाता है। थोड़ा बड़ा होने पर वह रात के अंधेरे में चावली के पास दरियापुर की दबी ढँकी कहानियाँ सुनने जाता है। अंत में दरियापुर से जुड़ी उसकी बचपन की यादों को बताया गया है। इसके साथ दरियाव दरियापुर से हताश-निराश होकर वहाँ से पलायन करने की बात सोचता है। दरियाव ने उपन्यास में कहीं कहीं सूत्रधार की भूमिका भी निभाई है। लेखक ने स्पष्ट रूप से दरियापुर गाँव को ही उपन्यास का नायक और खलनायक घोषित किया है। साथ ही दरियापुर को धार्मिक, सामाजिक, सांस्कृतिक, आर्थिक और राजनैतिक परिचय देने के लिए दरियापुर के अलग-अलग पात्रों की स्वत्रंत कथा बताई है।

उपन्यास के एक कथा प्रसंग में जाटवों के कुएँ के लिए किया गया विद्रोह की कथा महत्वपूर्ण है। कथा प्रसंग 'जाटवों का कुआँ' पृष्ठ 62 से पृष्ठ 94 तक फैली कथा में दलितों पर होने वाले अन्याय अत्याचारों का चित्रण करते हुए उनमें जागी विद्रोह की भावना अंकित है। यह जाटवों की बड़ी जीत थी कि उन्होंने सवर्ण जाटों से लड़कर अपने कानून की ताकत से कुएँ पर अपना अधिकार सिद्ध करके सफलता पाई। उपन्यास में यह दलितों के विद्रोह की शुरूआत थी। इस विद्रोह को आगे बढ़ते जाना था। दलित आंदोलन के साधन और साध्य के रूप में इस विद्रोह को उपन्यास के केंद्रीय भाव के साथ अंतिम प्रसंग तक प्रतिस्थापित होना था।

उपन्यास का अंतिम प्रसंग- 'लौटना दरियापुर तक और फिर से पलायन' में दरिया लगभग पंद्रह वर्ष के बाद जब शहर से अपने गाँव दरियापुर लौटता है तब से निराशा मिलती है। न तो वह पहले का दरियापुर देख पाता है न ही लोग उसे पहचान पाते हैं। अपने ही घर परिवार में पहुँचकर वह स्वयं को बेगाना महसूस करता है। दलित बस्ती के कुछ लोग उसके साथ थोड़ा समय बिताकर और थोड़ी बातें करके अपने काम में लग जाते हैं। दरियाव जाटवों के उस कुएँ को भी नहीं खोज पाता है जिसके लिए जाटवों ने विद्रोह किया था। जिस संघर्ष और विद्रोह के आधार पर उपन्यास को शीर्षक दिया गया- वह प्रमुख मुद्दा था विषय वस्तु ही गुम हो जाती है। यहाँ दरियाव निराश है और दरियापुर गाँव असमर्थ। यहाँ हृदय थम-सा जाता है। दरियाव के कुटुंब और परिवार की एक अलग स्वतंत्र कथा सामने आती है। उदास दरिया भाव सोचता है- 'ऐसे इस दरियापुर से और मिलने की उसकी

इच्छा समाप्त हो गई।'[35]

दरिया कही 'मैं' के रूप में अन्य कथाओं और पात्रों की जानकारी देता है कहीं उपन्यासकार के रूप में। कहीं उलझी पहेली लगती है। उपन्यास की अपनी मूल कथा भी नजर नहीं आती। 'थमेगा नहीं विद्रोह' में चावली की कथा सबसे लंबी कथा लगभग 70 पृष्ठों में है मगर इस कथा में न तो संघर्ष है और न ही विद्रोह। उपन्यास की सभी कथाओं का आपस में कोई संबंध नहीं है। सभी कथाओं के पात्र भी अलग-अलग है।

कालखण्ड की दृष्टि से उपन्यास की कथा 1947 के पहले की है। जब अंग्रेजों का राज्य था तब से स्वतंत्रता प्राप्ति के बाद के 10-15 वर्षों के बीच का काल है। मुंडा के कथा प्रसंग में देवीकरण को फांसी देने का विवरण और चावली प्रसंग के समय का अनुमान इसके प्रमाण है।

उपन्यास की भाषा प्रशंसनीय है। उपन्यास का कथा क्षेत्र दरियापुर से दादरी और दिल्ली तक है। उपन्यास में इसी क्षेत्र की बोली और विशेष्ज्ञ शब्दों का प्रचुर मात्रा में प्रयोग किया गया है। कथाओं में देशज शब्दों का प्रयोग भी किया गया है। कथा-प्रसंगों में पात्रानुकूल भाषा है। प्रसंगानुकूल शब्दों का प्रयोग है। नये शब्दों का प्रयोग भी किया गया है। दरियापुर की खाला और हमीद की बोली भाषा शब्द प्रयोग के साथ चावली की बोली भाषा और शब्दप्रयोग अलग नजर आते है। कथा में लोकगीतों को स्थान देकर और भाषा की दृष्टि से उपन्यास को महत्वपूर्ण बनाया गया है। उपन्यास की सभी कथाएँ स्वतंत्र हैं। वे सभी स्वतंत्र और अपने आप में पूर्ण है। इस दृष्टि से 'थमेगा नहीं विद्रोह' उपन्यास की अपेक्षा स्वतंत्र कथाओं का संग्रह प्रतीत होता है। ये सभी कथाएँ दरियापुर के दलितों के दीन-हीन और शोषित पीड़ित अभावग्रस्त जीवन को अभिव्यक्त करती है।

दरियापुर भी जाटव दलित जाति के पात्रों की कथाओं के साथ भंगी जाति की चावली की कथा लेखक ने विस्तार के साथ बताई है। दरियापुर के खाला और हमीद आदि कुछ मुसलमान पात्रों की कथा भी बताई गई है। गूजरों द्वारा दलितों पर किये गये अन्याय की कथा 'जाटवों का कुआँ' कथा प्रसंग में जाटव कुएँ के लिए संघर्ष करते हैं और उस पर अपना अधिकार पा लेते है। यद्यपि उपन्यासकार ने कुएँ का इतिहास अलग ही बताया है कि यह जाटवों का नहीं बंजारा जाति के लोगों का कुआँ था। वहाँ जाटवों की बस्ती बसने पर उसे जाटवों का कुआ मान लिया गया था। उच्च शिक्षा और केंद्रीय सरकार ने उच्च अधिकारी की नौकरी के बाद जब दरियापुर जाता है तब उसे दरियापुर में वह कुआँ दिखाई नहीं देता। जाटवों की एकता के प्रतीक बंजारों के उस कुएँ को सबने भुला दिया था- 'उसने महसूस किया, अकेले कुएँ का ही दारूण अंत न हुआ था। दरियापुर के उस समय के जीवों की जिजीविषा का भी अंत हो रहा था अहिस्ता-अहिस्ता।'[36] उपन्यास

का अंतिम कथा प्रसंग-लौटना दरियापुर तक और फिर से पलायन में दरियाव की मानसिक स्थिति उपन्यासकार के मन की निराशा प्रतीत होती है जिससे उपन्यास में व्यक्त विद्रोह का भाव थम गया जैसा लगता है। पूरे उपन्यास में अन्य सभी कथाएँ दलित शोषण और नारी उत्पीड़न की कथाएँ सार्थक और सफल रूप में चित्रित है। मगर उनमें अम्बेडकरवादी विचारधरा और प्रगति परिवर्तन के लिए विद्रोह का साथ व्यक्त नहीं हो पाया है।

उपन्यास में दरियापुर गाँव के पूर्व-पश्‍िम, उत्तर-दक्षिण और मध्य का वर्णन करके उपन्यासकार ने गाँव के गूजरों के विषय में बताते हुए उपन्यास में संकलित कथाएँ जाटवों के मोहल्ला पर केंद्रीत की है। जाटव मोहल्ला या जटवाड़ा चार मोहल्लों में है, जिसे गूजर चमरवाड़ा कहते हैं। उपन्यास में गाँव के बीच की सड़क, चिवाड़े मुकन्ना तालाब सियाकी जोहड़ गूहली और ठांक के जंगल का उल्लेख बार-बार किया है। लेकिन सिर्फ इनके नामों का उल्लेख है। इन्होंने गाँव में क्या -क्या होते देखा-यह नहीं बताया गया है। इसमें दरियापुर गाँव सजीव प्रतीत नहीं होता। गाँव का नाम दरियापुर क्यों पड़ा, यह भी उपन्यासकार को मालूम नहीं है इसलिए वे इसके इतिहास की जानकारी नहीं दे सकें। दरियापुर गाँव निष्क्रिय और निश्‍चल रहा है। दरियाव, उपन्यासकार और कथाओं के पात्र बोलते रहें।

उपन्यासकार ने उपन्यास को अंचल विशेष की कथाओं के रूप में सफल रूप दिया है। सभी कथाएँ रोचक, मार्मिक है, दलित उपन्यासों में 'थमेगा नहीं विद्रोह' का महत्वपूर्ण स्थान है। इसमें शोषित, पीड़ित, दलित जीवन की कथा और नारी शोषण की कथाओं को विस्तार के साथ चित्रित किया गया है। 319 पृष्ठों के इस दीर्घ उपन्यास से समाज को अनेक संदेश दिये गये है। यह दलित आंदोलन से जुड़े दलित साहित्य की महत्वपूर्ण कृति है। उपन्यास की सभी कथाएँ सफल रूप में प्रस्तुत हुई है।

'डंक'

रूपनारायण सोनकर की रचना 'डंक' 2009 में 'अनिरुद्ध-बुक्स' प्रकाशन दिल्ली से प्रकाशित हुई है। इस रचना को प्रकाशक ने उपन्यास कहा है। यह रचना उपन्यास-लेखन की कौन सी शैली में है, यह समझना मुश्किल है।

इस संबंध में रूपनारायण सोनकर जी से मैंने कहा कि यह तो उपन्यास है ही नहीं। इसे उपन्यास कैसे कह सकते है? सोनकर जी ने कहा- 'साहित्य की सभी विधाओं में समय-समय पर परिवर्तन होते रहे हैं। मैंने भी उपन्यास विधा में यह नया प्रयोग किया है। जिस तरह इब्नबतूता ने भारत भ्रमण वृतान्त लिखा है उसी तरह मैंने भी भ्रमण वृतांत पर उपन्यास लिखा है।'[37]

'डंक' में विराट और संध्या भ्रमण (देश भ्रमण) के लिए निकले हैं जैसे विदेशी अपनी-अपनी प्रेमिकाओं के साथ भारत भ्रमण के लिए आते हैं और यहाँ की भूख, गरीबी, अभावों की नंगी तस्वीरें लेकर उन पर कहानी या फिल्म बनाकर अंतर्राष्ट्रीय पुरस्कार पाते हैं। लेखक कहते है, सैलानियों की तरह वे भी अपने देश भ्रमण पर निकले हैं और भारतीय जनजीवन की अनेक विचित्र स्थिति-परिस्थितियों को देखते हैं। उन्होंने इन अलग-अलग प्रसंगों को अलग-अलग शीर्षक भी दिये हैं- जैसे- 'रीछ और आदमी का भयंकर युद्ध', 'आदिवासी युवक का अपनी प्रेमिका को डंडा बनाकरस रस्सी पर चलना', 'एन.आर.आई लोगों की एनीमल कल्चर', 'पहाड़ी सवर्णों के घरों में दलित जीवन भर के लिए बंधक', 'सवर्णों और दलितों के पानी पीने के अलग-अलग झरने, प्रधान पति, ठाकुर महाराज सिंह, तिल्लियों से मछली पकड़ना, गाँव के ब्राह्मण शिक्षा के प्रयोग स्रोत बने, भगतुआ और बहू कंचनिया, पुजापा आदि ऐसे अनेक शीर्षक हैं जिनकी अलग-अलग कथाएँ हैं। जो आपस में कहीं नहीं मिलती।'

'डंक' के अलग कथा प्रसंगों को देखते हुए इस कृति को उपन्यास कहने की अपेक्षा लघुकथा संग्रह या 'कथा संग्रह कहना ज्यादा ठीक होगा। लेकिन लघु कथा कहानी के भी अपने मानदंड हैं। तब इस कृति को क्या कहें? लेखक पहले विराट के नाम से कथा बताते हैं फिर वे 'मैं' के रूप में स्वयं ही कथा में उपस्थित रहते।

'डंक' में संग्रहित अलग-अलग कथा-प्रसंगों को देखते हुए क्या इसे लेखक के संस्मरण कहें? या आँखों देखे हाल का वर्णन कहें? रिपोर्ताज कहें? या मात्र इसे फिल्म के लिए नियोजित अलग-अलग दृश्यों का नियोजन कहें? इसे किस विधा में रखा जाये? जबकि लेखक का आग्रह है कि इसे उपन्यास ही माना जाये।

'सुलभ इंटरनेशनल' के प्रमुख विन्धेश्वरी पाठक ने उपन्यास के रूप में डंक की प्रशंसा की है, कहाँ है यह अद्भुत रचना है। हिंदी साहित्य के मूर्धन्य आलोचक नामवर सिंह ने भी डंक को उपन्यास मानकर इसकी प्रशंसा की है। राजेंद्र यादव भी इससे सहमत हैं

'डंक' को सवर्ण संपादक आलोचक और साहित्यकारों ने उपन्यास माना और उपन्यास के रूप में इसकी प्रशंसा की, यह जानकर मेरे मन में यह विचार आया- 'कहीं दलित साहित्यकारों को भ्रमित करने के लिए जातिवाद सवर्णों की ओर से जानबूझकर तो ऐसा नहीं किया जा रहा है? इसके पीछे उनकी यह कुटिल नीति होगी कि- 'दलित साहित्य के नाम पर कुछ भी आने दो, उसकी प्रशंसा करो और अंत में पूरे हिंदी दलित साहित्य को नकार दो, निरस्त कर दो'— कहीं यह उनकी दूर की रणनीति और कूटनीति तो नहीं है?

'डंक' के मुखपृष्ठ के फ्लैप पर छपा है- 'साहित्य जगत में ऐसी बहुत कम रचनाएँ आती हैं, जो साहित्यप्रेमियों को, उसकी चेतना को एक साथ झकझोर देती

हैं, उन्हें चकित, विस्मित कर देती है। 'डंक' इसी तरह का प्रयोगात्मक उपन्यास है जो कथ्य, भाषा व शिल्प के स्तर पर वैविध्य से भरपूर है।'[38]

इसे प्रयोगात्मक रचना कह सकते हैं मगर प्रयोगात्मक उपन्यास नहीं। क्योंकि 'डंक' में न तो उपन्यास का कथ्य (कथानक) है, न उपन्यास का शिल्प है, न वार्तालाप है, न कथा को दूर तक लेकर चलने वाले पात्र हैं, न ही उपन्यास की शैली है। यह अलग-अलग कथाओं का संग्रह है।

'डंक' में अनेक अद्‌भुत बातें कहीं गई हैं जो किसी फिल्म के दृश्य की तरह चमत्कारपूर्ण लगती हैं जैसे प्रेमिका को हाथ में डंडे की तरह लेकर ऊँचाई पर बँधी सौ फीट लंबी रस्सी पर चलना। इसी तरह लेखक ने बताया है, एक झोपड़ी में आदिवासी दो स्त्री सास-बहू के पास मात्र एक साड़ी होने के कारण उनका नंगा रहना। जब कपड़ों का आविष्कार ही नहीं हुआ था तब भी लोग छाल, पत्ते आदि लपेट कर अपने गोपनीय अंग ढँकते थे। यह तो आधुनिक युग है, कपड़ा किसी न किसी रूप में मिल ही जाता है भले ही फटा हो, पुराना हो। जब दोनों स्त्रियों के पास एक साड़ी है तब वे एक साड़ी के चार टुकड़े करके नंगा रहने से बच सकती हैं। जिनकी झोपड़ी तक लेखक और उनकी प्रेमिका पहुँच सकते हैं क्या उनके नंगे रहने की समस्या हल नहीं हो सकती?

वैसे भी आदिवसी जीवन शैली में खुले बदन रहना उनका नंगा होना नहीं कहलाता। वहाँ लज्जित होने और शरमाने की बात भी नहीं रहती है। आदिवासी जीवन की संस्कृति और आधुनिक धनाढ्य वर्ग के पश्चिमी कल्चर के बीच बार-बार तुलना की है। दोनों के बीच की गई तुलना बहुत गलत है। आदिवासी जीवन में नंगापन है ही नहीं। उन्हें खजुराहों की चलती फिरती नग्न मूर्ति कहना क्या संस्कृतपण का लक्षण है। उन्हें ऐसा देखना और कहना गलत भावना का परिचायक है।

बार-बार आधुनिक स्त्रियों के अंग प्रदर्शन की बात कहना और पुरुषों के साथ स्त्रियों के अनैतिक संबंधों की बातें- बताना स्त्रियों का अपमान करना है। स्त्री दलित हो या सवर्ण, स्त्री गरीब हो या धनाढ्य- स्त्री-स्त्री है। किसी एक स्त्री को अपमानित करना संपूर्ण स्त्री जाति का अपमान है। पुरुष लेखकों ने अधिकतर अपने साहित्य में स्त्री को कमजोर, निरीह और भोग्या रूप में दिखाकर अतिशयोक्ति के साथ उसे नंगा करने और बलात्कार करने की घटनाओं का सरस वर्णन किया है। यह स्त्रियों को अपमानित करने की मानसिकता है। सच्चाई बताना चाहिए मगर सच्चाई बताने के लिए जिन प्रसंगों और दृश्यों को रचा जाता है वे कामांधता को प्रोत्साहित करते हैं।

'एन. आर. आई. लोगों की एनीमल कल्चर' प्रसंग में औरत की लाचारी और पुरुषों का कामांध होना बताया है। ऐसे प्रसंग नारी की अस्मिता और शर्मिन्दा करते है। नारी को कमजोर और भयभीत करके नारी जागृति और नारी सबलता

पर प्रश्न चिह्न लगाते हैं।

लेखक ने 'डंक' में सामाजिक जीवन में व्याप्त छुआछूत, जातिभेद, अपमान, अत्याचार, दुख, गरीबी, अभाव की मार्मिक कथाएँ लिखी हैं जो सवर्णों के अन्याय दुराभाव और दुष्टता को प्रकट करती है। 'रिन्द नदी के पुल बनाने में दलितों की बलि', राजस्थान के ऐतिहासिक महलों की नीव में दलितों की बील, पानी पीने के अलग अलग झरने, दलित ग्राम प्रधान और ठाकुर आदि प्रसंगों में सवर्णों के अन्याय के विरुद्ध विद्रोह है। लेखक ने वाल्मीकि जाति के पिछड़ने के कारण और उनकी समस्याओं का समाधान भी सुझाया है। ऐसे सभी प्रसंग प्रशंसनीय हैं। उन्होंने हिंदू धर्म के अंधविश्वास और ढोंगी साधु महात्माओं का छल-कपट और दुराचार की अपनी कथाओं में बताया है।

लेखक की कथा शैली प्रभावकारी और सरल है। 2009 में प्रकाशित इस रचना में अनेक जगह दलितों और स्त्रियों के साथ हुए अन्याय की सच्ची कथाएँ हैं। लेखक ने एक ही कृति में अनेक कथा प्रसंगों को उजागर करके भारतीय सामाजिक जीवन की जीवन की सच्चाई बताई है जो पाठक समाज के लिए चिंतन-मनन का विषय है।

लेकिन इसके साथ इस कृति में अनेक विरोधाभास भी हैं। एक तरफ तो वे विषमतावादी ब्राह्मणवादी समाज व्यवस्था को बदलना चाहते हैं, वहीं दूसरी ओर अपने दलित भाईयों को बुरा बताते हुए ब्राह्मणों की प्रशंसा करते हैं। 'डंक' में लेखक ने चमार टोला से दूर रहना हितकर बताते हुए ब्राह्मणों के नजदीक रहना लाभकारी बताया है। वे लिखते है- 'हाँ, हम सभी भाई अपने गाँव के ब्राह्मणों के बहुत आभारी हैं। उनको अपनी शिक्षा के लिए प्रेरणा स्रोत मानते हैं।'[39]

कुटिल, जातिवादी ब्राह्मणों ने दलितों को सदियों से शिक्षा से दूर रखा है। मनुस्मृति में अछूत दलितों को दीन-हीन और पददलित बनाये रखने के कड़क निर्देश दिये गये हैं। लेखक यहाँ कहते हैं कि ब्राह्मणों से प्रेरणा लेकर उनका परिवार शिक्षित हुआ। लेकिन उन्होंने यह नहीं बताया कि उनके लिए और संपूर्ण दलित पिछड़ी जातियों के लिए शिक्षा के द्वार किसने खोले? किसने उन्हें बराबरी से शिक्षा पाने के अधिकार दिये? समाज जागृति, शिक्षा और संघर्ष का नारा किसने दिया? यह किसी ब्राह्मण ने नहीं, दलितों के मसीहा बाबा साहब डॉ. भीमराव आंबेडकर ने दिया। जिसके फलस्वरूप दलित शिक्षित होकर ऊँचे सम्मानित पदों पर पहुँच सके हैं, वे समता और सम्मान का अधिकार पा सके हैं। दलितों को सम्मान दिलाने के लिए महात्मा फुले, अम्बेडकर पेरियार, अछूतानन्द आदि अनेक महापुरुषों ने संघर्ष किया है।

'डंक' में लेखक ने 'ब्राह्मण्ड' शब्द का प्रयोग कई बार किया है। इसी तरह स्वर्ग, स्वर्ग का आनंद ओर अमर होने की बात भी कही गई है। ऐसे शब्द और प्रसंग दलित लेखन में खटकते हैं ऐसे प्रसंग हिंदू मनोवृत्ति के प्रभाव का परिचय देते हैं। दलित समाज में दलित स्त्रियों और उनके ससुर के बीच अनैतिक संबंधों को

बार-बार बताया गया है। सवर्ण पाठक ऐसे प्रसंगों को मजा लेकर पढ़ते हैं वे संपूर्ण दलित पिछड़े समाज को बुरा कहते हुए उनकी स्त्रियों के प्रति अपमानजनक और कामुक भावना रखते है।

'डंक' में लिखित प्रसंग- अधिक वर्षा होने पर दलितों द्वारा सूअर का बच्चा बगल में दबाकर पूरे गाँव में घुमाना– 'वराह पुराण' की पौराणिक कथा से संबंधित प्रसंग है। इसी तरह बाट (लंबा रस्सा) खींचने का प्रसंग भी पौराणिक कथा के समुद्र मंथन के प्रसंग का अनुकरण है। लेखक ने लिखा है कि बाट (रस्सी) खींचने से गाँव में जातिवाद मिटता है और आपसी प्यार भाईचारा पनपता है। यह भ्रम है। गाँव के ब्राह्मण एक ओर और दूसरी दलितों द्वारा रस्सी खींचने का खेल खेला जाना अभी भी उस पौराणिक कथा और प्रथा को जीवित रखना है जिसमें समुद्र मंथन के बाद सभी रत्न देव रूपी ब्राह्मणों को ही मिले थे अमृत कलश भी ब्राह्मणों ने छल और बल से ले लिया था दानव रूपी अछूत दलितों के हिस्से सिर्फ शराब ही मिली थी। अभी भी दलितों को और क्या मिल सका है? सभी सुख, सुविधा, संपत्ति, सम्मान और प्रगति के अवसर सवर्णों के अधिकार में ही हैं। दलित और आदिवासी जीवन से संबंधित प्रसंगों के साथ सेक्स की ऐसी खुली चर्चा अनुचित लगती है।

लेखक ने सेक्स संबंधी प्रसंगों में सेक्स बढ़ाने वाली दवा 'वियाग्रा' के सेवन और उसके बाद के परिणाम का सरसता के साथ चित्रण किया है। वे सेक्स को जीवन में बहुत महत्वपूर्ण बताते हैं जब कि दलित शोषित पीड़ित जीवन में रोटी ज्यादा महत्वपूर्ण है। दलित लेखकों में सेक्स संबंधी अय्याशी की ऐसी मानसिकता नहीं होनी चाहिए (देखे पृष्ठ-85)। पर उन्होंने अपनी प्रेमिका संध्या के साथ छह वर्ष के सेक्स संबंधों को बताते हुए यह भी बताया है कि उन्होंने किस तरह या किस उपाय से संध्या को गर्भ नहीं ठहरने दिया। इसके साथ उन्होंने बूढ़े पुरुषों द्वारा किये जाने वाले 'ओरल सेक्स' के विषय में भी लिखा है। लेखक इन बातों से समाज को क्या संदेश देना चाहते हैं।

लेखक ने 'डंक' शीर्षक का अर्थ पुरुष के डंक के रूप में बताया है और इसी आधार पर सेक्सी प्रसंगों की बातों को बार-बार दोहराया है। कुत्ता (गधा) आदि जानवरों के सेक्स का विस्तार पूर्वक सरस वर्णन करने के साथ वे मानवीय सेक्स पर अपनी बात बताते हैं। 'सेक्स कम्पटीशन' जैसे प्रसंगों को लिखकर लेखक डंक पुस्तक द्वारा मानव मात्र को सेक्स के नैतिक और अनैतिक संबंधों का संदेश दे रहे हैं।

'डंक' कृति लेखन में लेखक के कई उद्देश्य नजर आते हैं। विराट (लेखक) और संध्या केवल दो पात्र ही पूरी रचना में मौजूद हैं। बाकी पात्र अपने कथाक्रम तक ही सीमित रहते हैं। संध्या का विराट के साथ वार्तालाप का उद्देश्य अधिकतर विराट की प्रशंसा करना है।

लेखक की 'बदलाव' कहानी इस पुस्तक में पूर्ण रूप में दी है। जिसके माध्यम से उन्होंने सफाई कर्मी समाज के जीवन में बदलाव का संदेश दिया है लेकिन इसके साथ भंगी और चमार जातियों के प्रति उपेक्षा और तिरस्कार भी प्रकट हुआ है। पुस्तक में स्त्री की कमजोर स्थिति और पुरुष सत्ता की प्रताड़ना की चर्चा है लेकिन इसके साथ स्त्री के सम्मान और मर्यादा को ठेस भी पहुँचाई गई है।

अतः सभी बातों को दृष्टिगत रखकर निष्कर्ष रूप में कह सकते हैं कि- 'डंक' में संग्रहित आपत्तिजनक प्रसंगों सेक्स विवरण, विचार, कटु भाव से लिखी अलोचनात्मक बातें और आत्मस्तुति की बातों को पुस्तक से हटाकर, उसे नया एवं स्वस्थ रूप देकर दलित साहित्य की प्रेरणादायक पुस्तक बनाया जाये। इसे दलित जीवन-व्यथा की विभिन्न कथाओं का विवरण माना जाये। दलित साहित्य लेखन के क्षेत्र में अधिक से अधिक दलित साहित्यकार जुड़े। वे अपनी युवा सोच और अनुभूतियों से साहित्य जगत में नये प्रयोग करें यह खुशी की बात होगी। लेकिन अपने प्रयोग के उचित या अनुचित रूप को वे स्वयं भी परखे। दलित साहित्य के मानदंडों के आधार पर ही दलित साहित्य लेखन अपने सौन्दर्यशास्त्र की ऊँचाईयों को प्राप्त कर सकेगा। इसके लिए आवश्यक है, दलित साहित्यकार स्वास्थ्य और सार्थक कृतियों का सृजन करें और दलित साहित्य भंडार के साथ अपना गौरव बढ़ायें।

एक दलित साहित्यकार के रूप में हमें हमेशा सतर्क रहने की आवश्यकता है, हम यह न भूलें कि दलित साहित्य सिर्फ साहित्य नहीं बल्कि दलित आंदोलन का माध्यम है। दलित साहित्य की अपनी विचारधारा है जो फूले और अम्बेडकर के समाज परिवर्तन की विचारधारा है। इसका उद्देश्य समाज की विषमतापूर्ण-अन्यायपूर्ण समाज-व्यवस्था को बदलना है। पुरानी परंपराओं को तोड़ कर समतावादी नयी समाज रचना का संदेश देना है। दलित वर्ग को समता सम्मान के साथ जीने का संदेश देना है।

'उधर के लोग'

अजय नावरिया जी का उपन्यास 'उधर के लोग' चर्चित रहा है। 'हंस' तथा अन्य प्रतिष्ठित पत्रिकाओं में इस उपन्यास की चर्चा और समीक्षा छपती रही है।

'उधर के लोग' उपन्यास का शिल्प प्रसंशनीय है। भाव पक्ष और कला पक्ष की दृष्टि से उपन्यास का गठन सुंदर है। उपन्यास की भाषा-शैली अच्छी है मगर कहीं-कहीं यथार्थ के नाम पर आपत्ति जनक बातों का संकेत भी है। उपन्यास 'मैं' शैली में लिखा गया है। उपन्यास में 'मैं' का नाम कहीं मास्टर जी और कहीं प्रोफेसर है।

इसे दलित उपन्यास न कहकर सिर्फ उपन्यास ही कह सकते हैं। साहित्य की कसौटियों पर खरी उतरेगी, उसे ही दलित रचना माना जाये। किसी अलग प्रकार

की रचना में अनायास दलित शोषण की घटनाओं की चर्चा करना और दलित पात्रों के बीच अलग-अलग दलित जातियों के भेदभाव को बताते हुए बार-बार चर्चा करके उन्हें लड़वाने के प्रसंगों को निर्मित करना- इस आधार पर किसी उपन्यास को दलित उपन्यास नहीं कह सकते। पत्नी की गरिमा और स्त्री के आत्मसम्मान के विरुद्ध भी यहाँ सीमाओं का उल्लंघन किया गया।

उपन्यास का पहला डॉयलाग अपने आप में महत्वपूर्ण है जो लेखक की दार्शनिकता और मानसिकता का परिचय देता है। उपन्यास का नायक प्रोफेसर सेक्सवर्कर दोस्त आयशा से कहता है- 'जिन्दगी को, तुम एक छोटे बच्चे की आँख से, सिर्फ अचम्भे की तरह देखो।'[40]

राना डोम है, प्रोफेसर खटीक है।' दोनों ही दलित हैं। इस उपन्यांस के दलित पात्र उच्च पदों पर आसीन धनाढ्य और सुविधा भोगी पात्र हैं। वे दलितों पर होने वाले अन्याय और शोषण की अपेक्षा दलितों के बीच जातिभेद पर अधिक चर्चा करते हैं जैसे दलित उत्पीड़न की चर्चा इसी बिंदु पर केन्द्रित हो कि सवर्णों की तरह चमार भी अन्य दलित जातियों के साथ जातिभेद और अन्याय करते हैं।

दलित जातियों में ऐसा भेदभाव और वैमन्स्य नहीं है जैसा इस उपन्यास में दिखाया गया है। उपन्यास के पात्र प्रोफेसर अपने दोस्तों के साथ शराब पीते समय ही इस विषय पर चर्चा करता है। जैसे शराब के साथ इन बातों का भी अपना मजा हो। वेदप्रकाश ब्राह्मण है, सुशील चूहडा है और जयंत चमार है। फिरोज और असलम मुस्लिम हैं। वे इस चर्चा में भाग नहीं लेते। प्रोफेसर के उकसाने पर सुशील का नशा बढ़ने पर सभी अपनी भड़ास निकालते हैं। प्रोफेसर भोला और भला बनकर चुपचाप उन्हें लड़ते हुए देखता है। उनके बीच वाद-विवाद को भड़काने को काम प्रोफेसर करता रहता है। आग में घी डालने की तरह वह दलितों के बीच के विरोध भाव को उजागर करवाता है। प्रोफेसर चाहे जितना शांत रहे या सज्जनता वश उन्हें लड़ने से रोके, फिर भी उसकी दुष्टता साफ नजर आती है।

सवर्ण आलोचक ऐसी ही रचनाओं की प्रशंसा करते हैं जिसमें दलितों की बुराईयों को उछाला जाये, उनकी कमी और दुर्गुणों को बताया जाये, उन्हें आपस में लड़वाया जाये। इस उपन्यास में विशेष रूप से सुशील वाल्मीकि को ही दलितों में जातिभेद का शिकार बताकर अपने ही दोस्तों से लड़वाया गया है और उसे चमारों-जाटवों का विरोधी बताया गया है। वेदप्रकाश संपूर्ण चूहड़ा जाति के प्रति अपनी घृणा व्यक्त करता है क्योंकि उसे उनके काम से घिन आती है। दलितों के प्रति घृणा का भाव दलित साहित्यकार ही बतायेगा तब सवर्णों को क्या कहा जा सकता है। प्रोफेसर को इस बात पर क्रोध नहीं आता कि राना के गाँव में हाईकास्ट के लोग दलितों को सफेद कपड़ा नहीं पहनने देते थे। वह इस बात के प्रति अपना आक्रोश व्यक्त नहीं करता। वह राना को जाटवों के विरुद्ध उकसाता है।

उपन्यास में प्रोफेसर का चाचा खटीक बनवारी चूहड़े-चमारों को हरिजन बताकर स्वयं को प्रजा कहता है और अपनी जाति को अच्छा बताता है। 'लालपुर खुर्द' गाँव में बलाई जाति का प्रधान भी वाल्मीकि और चमारों को हरिजन कहकर उन्हें छोटी जाति का बताता है।

सेक्सवर्कर आयशा रायचौधुरी को बंगाली ब्राह्मण बताकर लेखक ने सिर्फ ब्राह्मण वर्ग का अपमान नहीं किया बल्कि संपूर्ण स्त्री वर्ग का अपमान किया है। स्त्रियों को पुरुषों के हाथ का खिलौना बताना अम्बेडकरवादी दलित साहित्य का उद्देश्य नहीं है। अम्बेडकरवादी दलित साहित्य का उद्देश्य किसी ब्राह्मण का विरोध या अपमान करना नहीं बल्कि ब्राह्मणवादी विचारधारा का विरोध करना है जो वर्णभेद, जातिभेद, ऊँच नीच के आधार पर दलितों का अपमान करने का प्रोत्साहन देती है। उपन्यास लिखते समय यह जरूर सोचना चाहिए कि वे क्या लिख रहे हैं। किसके लिए लिख रहे हैं? और किस उद्देश्य से लिख रहे हैं।

राना की दलित जाति की अवहेलना करते हुए अपमानजनक बातें कही गई हैं। आयशा कहती है–

'परवह राना है न, वह तो राक्षस है साला।'[41]

'ये डोम लोग ऐसे ही होते हैं?'

'और क्या.... ये एस. सी. लोग डोम ही तो होते हैं।'[42]

'देखकर तो मक्खी नहीं निगली जा सकती न मास्टरजी'[43]

आयशा रामचौधरी बंगाली ब्राह्मण के जातीय गर्व को देखकर प्रोफेसर गुस्से में कहना चाहता है-

'साली, हरामजादी, दो पैसे की रंडी। देख, तेरे सामने दूसरा डोम खड़ा है जिसके लिए तू मरी जा रही है।'[44] मगर आयशा के सामने खुद शरम आने के कारण प्रोफेसर यह बात नहीं कह पाता है क्योंकि वह आयशा से दोस्ती और प्यार करता है।

अपमान सुनकर चुप रह जाता है, केवल इसलिए कि वह उस सवर्ण वेश्या से प्यार करता है। इस उपन्यास में स्त्रियों के लिए बहुत अपमानजनक बाते कही गई हैं। आयशा प्रोफेसर को बताती है- ...... [45] औरतें आदमी की तुलना में कम छिनाल होती हैं। प्रोफेसर का विचार है- 'मादाओं के ये विराट बाजार नरसत्ता की विजय की स्मृतियाँ ही हैं। शायद नरों के ये नये बनते बाजार भी, मादाओं के विजय स्मारक हैं, भले ही लघु।'[46]

आयशा कहती है- 'मेन्डरिन फोर्ट, मेरा फेवरेट हंट है। तुम गए हो कभी?'[47] कालरा की स्त्री विरोधी बातों को इस रूप में बताना भी उपन्यासकार की स्त्रियों के प्रति मानसिकता का प्रदर्शन है। कालरा की बातें स्त्री-गरिमा के खिलाफ हैं, पत्नी के महत्व के खिलाफ है, ये बातें आपत्तिजनक हैं। भले ही प्रोफेसर ने इन बातों का विरोध भी किया है मगर फिर भी लेखक की मर्जी से ही ये कथन और विचार

उपन्यास में आये हैं। कालरा कहता है–

'बीबी एक स्थायी और एकमुश्त वेश्या से ज्यादा और क्या है?'

यह फफूंद घर में क्यों रखें? जब चाहो, बाजार में सिक्के उछालों, घर में लक्ष्मी बनकर छम-छम करती आएगी। मनमर्जी का काम लो और तानकर सोओ।'[48]

'सब औरतें एक जैसी हैं.... रंडी, कुतिया, हरामजादी।'

'हमारी माएँ भी?' प्रोफेसर पूछता है। कालरा कहता है- अपने आदमी के साथ वह भी ऐसी ही होती है।'[49]

कालरा की इन बातों के समर्थन में उपन्यासकार का विचार है- 'कालरा शायद अपने नजरिए में सही था या नहीं भी था, लेकिन विचारों के इस लोकतंत्र में, वह भी अपनी मनमर्जी के लिए आजाद था।'[50]

आज का साहित्य विमर्श का दौर विशेष रूप में स्त्री विमर्श और दलित विमर्श पर केंद्रित है। ऐसे समय में 2009 में प्रकाशित इस उपन्यास में कालरा के स्त्री-विरोधी विचार नारी-जागृति नारी सबलता के विरुद्ध हैं। ऐसे सात्यि को साहित्य विमर्श के कटघरे में खड़ा करके सचेत किया जाना चाहिएँ पती-पत्नी से परिवार बनता है। उसी से समाज का सतत प्रवाह चलता है। भारत देश में पत्नी के लिए ऐसी घटिया बातों को कहना-पूरी संस्कृति को कलंकित करना है। पत्नी और वेश्या में क्या कोई अंतर नहीं है? पत्नी क्या वेश्या की तरह अनेक पुरुषों से संबंध रखती है? लेखक ने यह बात उपन्यास में कैसे आने दी?

समझ नहीं आता कि लेखक किस समाज में रहता है। चार-छह शराबी, अय्याश लोगों के संपर्क को ही प्रोफेसर ने समाज समझ लिया है। वह अपनी सामाजिकता और नैतिकता की परंपरा को भूल बैठा है। कम से कम दलित लेखक को ऐसे पात्र सृजन के लिए क्षमा नहीं किया जा सकता।

आयशा से पहली बार मुलाकात के समय प्रोफेसर उसे अपना सही नाम न बताकर सिद्धार्थ बताता है। तब आयशा उस पर व्यंग्य करते हुए कहती है- 'नाम तो सही रखा है आपका योगीजी।'[51] क्योंकि प्रोफेसर वेश्या के पास जाकर भी तटस्थ था। यह भी आक्षेप की बात है कि तथागत गौतम बुद्ध के नाम सिद्धार्थ और उनके व्यक्तिगत परइस तरह व्यंग्य किया गया। सिद्धार्थ का योगी होना सम्मान सूचक हैं।

उपन्यास में लेखक ने दलितों की प्रगतिशीलता का परिचय दिया है लेकिन यह संपूर्ण दलित वर्ग की प्रगतिशीलता नहीं है। दलित वर्ग के दो प्रतिशत लोग भी उच्च पदों पर नहीं है। जो दलित उच्च पदों पर हैं, वे ऐसा शराबी और अय्याश का जीवन नहीं जीते। यह तो इक्का-दुक्का लोगों की बात है जो प्रगति के नाम पर विकृति का जीवन जीते हैं। ऐसे लोग किसी भी जाति या वर्ग में हो सकते हैं।

राना के विषय में लेखक ने बताया है राना पश्चिमी उत्तर प्रदेश के किसी गाँव का दलित डोम जाति का मेहनती रंग का मजबूत आदमी था। 'बहुत गरीबी से निकलकर

यहाँ तक आया था वह। उसने पढ़ाई की थी और शहर के एक महत्वपूर्ण सरकारी महकमें में अफसर बन गया था। वह मेधावी और दबंग अफसर था।'[52]

राना के संबंध में इतनी महत्वपूर्ण जानकारी देने के बाद भी लेखक ने उसे आयशा के साथ अय्याशी करते हुए शराब पीते हुए ही बताया है। राना का व्यक्तिगत सेक्सवर्कर आयशा तक सीमित कर रखा है। प्रोफेसर का अपना जीवन भी क्या है? यूनीवर्सिटी में प्रोफेसर होने के पहले और बाद में भी वह अपने दलित समाज के लिए कुछ करता या सोचता नजर नहीं आता। वंदना झा ब्राह्मण लड़की से प्रेम करके शादी करना, उसे खुश रखने के लिए अपने माता-पिता और भाइयों से अलग रहना, पत्नी के झगड़ालू व्यवहार से तंग आकर शराब के नशे में डूबे रहना और अंत में झूठ कहकर बहाने से नये साल की पूर्व संध्या दोस्तों की पार्टी में जाकर शराब पीना- रातभर घर से बाहर रहने के परिणाम स्वरूप पत्नी वंदना झा का दुखी होकर आत्महत्या करना- जिसकी प्रोफेसर को छह माह की जेल होती है। यह एक शिक्षित, जागरूक दलित प्रोफेसर का जीवन नहीं है। यह उनका व्यक्तिगत जीवन हो सकता है, दलित वर्ग के प्रतिनिधि नायक का व्यक्तिगत नहीं। हर व्यक्ति को अपना व्यक्तिगत जीवन जीने की स्वतंत्रता है मगर इसके साथ दलित नायक की अपनी सामाजिक जिम्मेदारी भी होती है।

लेखक ने दलित नायक प्रोफेसर को अवगुणों और बुराइयों से भरा चरित्र बताकर सवर्णों को खुश करने का प्रयत्न किया है।

इस उपन्यास को पढ़कर पाठक-समाज यही समझेगा और मानेगा कि अब संपूर्ण दलित वर्ग शिक्षित हो गया है, संपन्न हो गया है, शराब की पार्टियों में हजारों रुपये उड़ाता है। सेक्स वर्कर को सोशल वर्कर बताकर अपने घर में रखता है, पत्नी भी है, प्रेमिका भी है- अब वह मजे ही मजे करता है। शोषित पीड़ित दलितों के लिए वह कुछ नहीं करता, शराब पीकर सिर्फ दलितों के बीच जातिभेद की बातों को उकसाकर चर्चा करता है।

यदि दलित उपन्यास का नायक इस रूप में प्रस्तुत किया जायेगा, तब अन्याय अत्याचारों से पीड़ित, गरीब, अभावग्रस्त, अनपढ़, मजदूर दलित वर्ग की पीड़ा को कौन समझेगा? कैसे समझेगा?

आयशा की शिक्षा कम है। पिछले 15 बरसों से वह देह व्यापार का धंधा कर रही है। प्रोफेसर को वह बहुत भली मासूम और सुंदर लगती है। आयशा भी विश्वास के साथ कहती है- 'तुम पहली ही नजर में.... मन को अच्छे लगे।'[53]

आयशा प्रोफेसर से पूछती है- 'तुम कौन जात हो मास्टर जी?' प्रोफेसर इसका प्रत्यक्ष जवाब न देकर कहता है- 'तुम मेरी अच्छी दोस्त हो।'[54]

दलित प्रोफेसर आयशा को दोस्त बनाकर उससे प्रेम रके बड़प्पन महसूस करता है। क्योंकि सुशील आयशा के विषय में कहता है-

'बड़ी ऊँची चीज है, हर किसी को हाथ नहीं रखने देती। हाईप्रोफाइल है। तेरे जैसे आदमी से कैसे फँस गई.... पर तेरे जादू से बड़ा जादू किसके पास है.....।'[55]

'उधर के लोग' शीर्षक का अर्थ यही लिया जायेगा कि उपन्यास में उन लोगों का जिक्र है जो शिक्षित, संपन्न हैं और गरीबी अभाव से मुक्त हैं, जिनमें आयशा कालरा, राना और प्रोफेसर जैसे लोग हैं।

उपन्यासकार ने उधर के लोगों की बात कहीं है इधर के लोगों की नहीं। इधर के लोगों में दलित वर्ग के वे लोग हैं जो षड्यंत्र के साथ शिक्षा से वंचित रखे गये हैं, जो भूख और गरीबी से जूझते हुए, दिनभर पसीना बहाकर भी दो वक्त पेटभर रोटी नहीं पा सकते। जिनका जातिभेद के कारण कदम-कदम पर अपमान होता है, जो आज भी सवर्णों के बराबर नहीं माने जाते, जो अभी भी अपनी नई पीढ़ी को सुरक्षित भविष्य देने में सक्षम नहीं हुए हैं, जो आज भी अपने मानवीय और संवैधानिक अधिकार पाने के लिए संघर्ष कर रहे हैं। दलितों की बहन, बेटियों, पत्नी और माँ का यौन शोषण किया जा रहा है। क्या इन लोगों के लिए लेखक के मन में दर्द नहीं है? दलित उपन्यास के नायक का ध्यान इन सब बातों की ओर नहीं गया। यह तो सेक्सवर्कर आयशा के नग्न सौन्दर्य को देखकर ही अभिभूत है। वह शराब के नशे में अपने दोस्तों से कहता है- 'तुमने इसे नंगा नहीं देखा, वरना गश खा जाते।'[56]

आयशा को 'एड्स' की आशंका होने पर प्रोफेसर स्वयं उसे बड़े डॉक्टर के पास ले जाकर इलाज करवाता है बीमारी और मौत के भय से आयशा सबसे दूर जाने की बात कहती है इससे प्रोफेसर उदास हो जाता है। आयशा सिर्फ उसे अपना नया मोबाईल नंबर देती है और सिर्फ उसी से संपर्क रखती है।

प्रोफेसर की वृद्ध अम्मा (दादी) ब्राह्मण वंदना को स्वार्थी बताते हुए चमार जाति की संगीता को अच्छे स्वभाव की कहती है और उससे सुलह करने के लिए प्रोत्साहित करती है।

ब्राह्मण वंदना झा दलित खटीक जाति के ससुर (प्रोफेसर के पिता) को जातिवादी कहती है क्योंकि वे भूलते ही नहीं हैं कि वंदना ब्राह्मण है। वंदना झा जन्मदिन की पार्टी में पति को शराब पीते देखकर स्वयं भी शराब पीती है। पति द्वारा एक चाटा मारने पर वह भी प्रोफेसर के गाल पर चाटा मारती है। ब्राह्मण पत्नी से दुखी दलित प्रोफेसर अपने माता-पिता भाई को छोड़कर पत्नी के साथ अलग रहता है। वह वंदना का एहसानमंद है कि बाबरी मस्जिद तोड़ने से उठे हिंदू मुस्लिम दंगे के बीच उसने हिम्मत दिखाकर प्रोफेसर को बचाकर ले आई थी।

सुशील प्रोफेसर से कहता है- 'तुम्हारे भीतर ब्राह्मणों के प्रति अतिरिक्त प्रेम है।'

'वंदना से शादी करना भी तुम्हारी यही कमजोरी थी।'[57] प्रोफेसर की माँ संगीता की जगह अपनी जाति की ही बहू लाना चाहती है मगर प्रोफेसर के पिता अम्बेडकरवादी विचारधारा के हैं वे नहीं माने। वे दलितों के बीच अंतरजातीय विवाह से दलित

एकता लाना चाहते हैं। जो भावना और विचारधारा दलित नायक में होनी चाहिए वह उनके पिता में है। संगीता के चाचा-चाची बामसेफ से जुड़े हैं। वे भी इस तरह दलित एकता के समर्थक हैं। वे अंतरजाति विवाह को सहयोग और प्रोत्साहन देते हैं। यह अम्बेडरकवादी विचारधारा गौण पात्रों की अपेक्षा नायक में दिखाई जाती तो उपन्यास अधिक सफल कहलाता।

प्रोफेसर के भाई टिंकू की शादी में जितना दहेज मिलने की बात बताई गई है वह किसी दलित परिवार की बात नहीं लगती। टिंकू की दुल्हन सुमन को पचास तोला सोना मिला था जिसकी कीमत उस समय डेढ़-दो लाख रुपये थी। अन्य सामान के साथ पाँच लाख रुपये नगद मिले थे। साथ में कार भी थी। प्रोफेसर के पिता अम्बेडकरवादी विचारधारा के हैं फिर भी वे इतना दहेज स्वीकार कर लेते हैं और चुप भी हैं।

यह बात भी आश्चर्यजनक लगती है, 2008 में प्रकाशित उपन्यास में दलित खटीक जाति के लड़के को, सुअर खटीक सोनकर परिवार की ओर से इतना दहेज कैसे दिया गया? उनकी आर्थिक स्थिति कैसी होगी? क्या सभी दलित अपनी बेटियों को इतना दहेज दे सकते हैं? इसमें प्रोफेसर दलित नायक की भी सहमति है क्योंकि वे बड़बोली छोटी मामी को दहेज देखकर चुप रह जाने परखुश होते हैं और गौरव का अनुभव करते हैं। उपन्यासकार भारी दहेज का प्रसंग बताकर समाज को कौन सा संदेश देना चाहता है? मैं दहेज का समर्थन नहीं कर रही हूँ किंतु काल्पनिक चित्र न हो। उपन्यास का अंत सुखांत है। संगीता को बेटी होती हैं। प्रोफेसर और पत्नी संगीता में सुलह होती है, प्रेम भाव उदित होता है। प्रोफेसर जो बात शुरू में आयाशा से कहता है अंत में वहीं बात बेटी माया से पूछता है- 'क्या जिन्दगी को हम, तुम्हारी तरह, सिर्फ अचम्भे की तरह ही देख सकते हैं, क्यों माया?'[58]

बेटी के जन्म के बाद प्रोफेसर की कथा को ठहराव मिलता है। यहाँ प्रोफेसर के व्यक्तिगत जीवन को ही उभारा गया है। उसके सुख-दुख, परिवार और परिवेश का ही चित्रित किया गया है। उपन्यास को किसी मंजिल की ओर नहीं बढ़ाया गया। यहाँ नायक के जीवन का कोई उद्देश्य नहीं है। रचना स्वांत सुखाय है। यहाँ न तो मर्यादाओं की सीमा का बंधन है, न ही किसी विशेष उद्देश्य का।

'मिस रमिया'

'मिस रमिया' कावेरी जी का पहला उपन्यास 2007 में प्रकाशित हुआ। यह नायिका प्रधान उपन्यास है। इसमें प्रमुख दो स्त्री पात्र हैं शामली और रमिया। उपन्यास का शीर्षक रमिया के नाम से 'मिस रमिया' दिया गया है। रमिया और श्यामली पहली कक्षा से साथ-साथ पढ़ते हुए मैट्रिक करती है। बचपन में रमिया को जाति भोद का

सामना करना पड़ता है।

श्यामली उसके साथ अपनापन रखती है और उसकी मदद भी करती है। मैट्रिक के बाद शिक्षिका प्रशिक्षण गया के कॉलेज के होस्टल में रहते हुए भी रमिया को जाति भेद का सामना करती है जिसे देखकर श्यामली को दुख होता है।

श्यामली कायस्थ टोले की लड़की है। वह कक्षा में रमिया के साथ बैठकर पढ़ती है। छुट्टी होने पर वे साथ खेलती हैं, बेर तोड़ने जाती हैं, तालाब में तैरती और नहाती हैं शंकर भगवान के मंदिर में जाकर पूजा भी करती हैं। श्यामली चमार टोले में रमिया के घर जाकर उससे मिलकर बातें करती है। रमिया भी श्यामली के घर किताब कापी देने और पढ़ाई की बातें करने जाती है।

मैट्रिक के बाद श्यामली की शादी गया के पास छोटे गाँव के बेरोजगार युवक से हो जाती है। श्यामली की एक बेटी निप्पु भी है। श्यामली अभावों से तंग आकर अपने मायके में स्कूल में पढ़ाने लगती है।

मैट्रिक के बाद रमिया ने गरीब अछूत बच्चों को निःशुल्क पढ़ाना शुरू किया था। गाँव का सवर्ण माधा चाचा रमिया के स्कूल का रजिस्टर लेकर झूठा चार साल पुराना रिकार्ड बनाकर स्कूल को सरकारी मान्यता दिलाता है और स्कूल की प्रधानाध्यापिका सवर्ण मधू को बनाता है। रमिया सामान्य शिक्षिका की तरह कम वेतन पर बच्चों को पढ़ाती है। उसी स्कूल में श्यामली भी शिक्षिका बनकर कम वेतन पर बच्चों को पढ़ाती है। शिक्षिका का प्रशिक्षण लेने श्यामली और रमिया एक साथ जाती है। वे होस्टल के एक कमरे में साथ रहकर पढ़ती है और साथ खाना खाती है। अन्य सवर्ण छात्राएँ और प्राध्यापिका श्यामली से कहती हैं कि वह एक अछूत लड़की के साथ क्यों रहती है मगर श्यामली अपनी हिम्मत से उनका विरोध करते हुए रमिया का साथ देती है। ट्रेनिंग के बाद रमिया रांची के कंपनी स्कूल में शिक्षिका बन जाती है। श्यामली गाँव के स्कूल में ही पढ़ाती है।

उपन्यास में चमार टोले का बैजू मुख्य पुरुष पात्र है। जो रमिया और श्यामली के साथ पढ़ता है, खेलता है। बैजू बचपन में श्यामली और रमिया के साथ तालाब में तैरता था उनके लिए बेर तोड़ता था। उसकी कक्षा के सवर्ण छात्र रमन और उसके साथी बैजू को श्यामली से मिलने का विरोध करते थे इसके लिए वे उसे बुरी तरह पीटते है। श्यामाली बैजू के प्रति आकर्षित है वह मन ही मन बैजू की दुल्हन बनने का सपना देखती है मगर उसका विवाह कायस्थ लड़के से कर दिया जाता है।

'मिस रमिया' उपन्यास में श्यामली के चरित्र को बहुत ऊँचा बताया गया है। कायस्थ श्यामली चमार जाति की रमिया से जाति भेद नहीं मानती। उपन्यास का प्रारंभ श्यामली से ही हुआ है। 'श्यामली छोटी थी तभी से दुनिया का अजीबोगरीब धंधा देखकर दंग है।

'श्यामली कायस्थ टोला की रहनेवाली थी और रमिया दलित टोली की । रमिया श्यामली से हर बात में सकुची और सहमी सी रहती थी। ..... रमिया उतनी ही आत्मीयता से उससे बाते करती।'[60]

स्कूल के कुएँ से पानी पीने के लिए बाल्टी को छूने पर तिलकधारी मास्टर रमिया को पीटता है। भय और दुख से रमिया को बुखार आता है। तबियत ठीक होने पर दोनों सहेलिया तालाब से नहाकर शंकर भगवान को जल चढ़ाती है 'आपस में दोनो ने तय किया कि सोमवार के दिन शंकर पर जल चढ़ायेंगे।'[61]

यहाँ रमिया की माँ द्वारा जातिवादी मास्टर के विरोध में अम्बेडकरवादी विचारधारा का आक्रोश दिखाया गया है मगर रमिया श्यामली के साथ शंकर पर जल चढ़ाती है यह हिन्दुवादी विचारधारा है। यहाँ लेखिका का मन्तव्य स्पष्ट नहीं हो पाता है कि वे पाठकों को क्या संदेश देना चाहती हैं।

उपन्यास में सहृदयता, सद्‌भावना और समानता की बातें श्यामली ही करती है। लाइब्रेरी से पुस्तक लेते समय श्यामली बैजू से कहती है- 'अरे पढ़ना है तो डॉ. अम्बेडकर की जीवनी पढ़ो। मैंने एक बार पढ़ी है। वे कितना संघर्ष से आगे बढ़े थे।'[62]

रमिया लायब्रेरी से पुस्तक लेते समय कहती है- 'मुझे मनोरमा का नया अंक दीजिएँ'[63]

श्यामली बैजू से कहती है-- 'दूसरे देश चाँद सितारा पर घर बसाने जा रहे हैं, यहाँ तो भारतीय अपनी जातीयता की सड़ी दुर्गन्ध से सड़ रहे हैं। कौन उतारेगा इन्हें ढोंगीपन से।'[64]

रांची के कंपनी के विद्यालय में सभी सुविधाएँ थीं। एक बार गणतंत्र दिवस के अवसर पर ए.के. सिंह रमिया के प्रश्न का जवाब न देकर उसे 'चुप, चुप एकदम चुप' कहता है। रमिया इसे अपना अपमान मानकर उससे प्रतिवाद करती है तब सिंह तैश दिखाते हुए कहता है-- 'हरामजादी अपने आप को क्या समझती है?'[65]

रमिया सबके सामने हुए अपने इस अपमान का बदला लेती है और उससे माफी मंगवाती है। रमिया को इंस्पेक्टर पासवान मदद करता है। रमिया ने संपूर्ण नारीवर्ग को सम्मान दिलाने के लिए अपने अपमान के विरुद्ध संघर्ष किया। इंस्पेक्टर पासवान शादी शुदा और बाल बच्चेवाला है। रमिया उससे प्रेम करती है प्रतिदिन फोन पर बातें करती हैं मगर उससे विवाह नहीं कर सकती। वह जीवनभर अविवाहित रहकर समाज सेवा करना चाहती है। लेकिन इसके साथ उसे एक मित्र की भी आवश्यकता थी। इंस्पेक्टर पासवान उसे सहयोग देता है और उससे प्रेम भी करता है। 'मिस रमिया में धीरे-धीरे परिवर्तन आ रहा है। पहले वह पूरे पुरुष वर्ग से नफरत करती थी, परंतु अब ऐसा नहीं कर पना रही थी।'[66] मिस रमिया सोते जागते इंस्पेक्टर पासवान के व्यक्तिगत पर विचार करती रहती। उनकी एक झलक मिल जाये, वह निहाल हो जाती। उसके मन में एक चाह ऐसी उमड़ गई कि दिन-रात अपा कर्तव्य

छोड़ उसी में मग्न रहती।'[67]

मिस रमिया को क्या हो गया है, वह सिर्फ दलित की पीड़ा नहीं, सवर्णों की पीड़ा भी समझने लगी है, उनके प्रति उग्र भाव दिखाने से मात्र समस्या का समाधान नहीं है।'[68]

श्यामली रमिया से फोन पर समझाती है कि शादीशुदा पुरुष से प्रेम करके लफड़े में मत पड़ों। श्यामली कहती है- 'अरे पागल, ऐसे रहना और शादी करना दोनों में काफी अंतर है।'[69]

मिस रमिया इंस्पेक्टर पासवान से प्रेम और सहयोग के साथ केवल अपने गाँव नहीं बल्कि पूरे देश की समाज सेवा करना चाहती है। 'डॉ. भीमराव अम्बेडकर ने मानवतावाद का नारा दिया था। उस नारे को बुलंद रखते हुए वह पूरे देश की सेवा करेगी।'[70] रमिया दलित स्त्री है। उसमें मानवतावादी भावना है। स्त्री के अपमान के विरुद्ध उसने संघर्ष छेड़ा था, जिसमें वह कामयाब रही। अनुसूचित जाति एक्ट (हरिजन एक्ट) लगने से दलितों को न्याय का आधार मिला। दलित सेना और अनुसूचित जाति-जनजाति की संस्थाएँ भी जागरूकता के साथ दलितों में जागृति आ गई थी। रमिया ने संघर्ष किया न्याय भी पाया। मगर मानवतावादी दृष्टिकोण से अपराधी को क्षमा करके उसकी नौकरी नहीं छीनी। उसके बीबी-बच्चों के साथ अन्याय नहीं किया।

'मिस रमिया' उपन्यास में लेखिका ने बिहार प्रांत में होनेवाले शिक्षा प्राप्ति और डिग्री पाने संबंधी क्षेत्र के अवैध कार्यों को भी खुलासा किया है।

बिहार में दलितों के साथ अन्याय अत्याचार की परंपरा पुरानी है। गाँव के सवर्ण जातिभेद मानते हुए दलितों का अपमान करते हैं। रतन और उसके साथी दलित पात्र बैजू को मारपीट कर और भयभीत रखकर कमजोर बनाये रखते हैं।

माधो चाचा जैसे सवर्ण रमिया के परिश्रम का लाभ स्वयं लेते हुए स्कूल की प्रधानाचार्य सवर्ण मधू को बना देते है। सबके सामने मिस रमिया का अपमान करने वाले ए.के. सिंह इस बात से निश्चित थे कि उनकी सवर्ण जाति के लोग उन्हें बचा लेंगे। लेकिन रमिया उन्हें अपने सामने झुकाने में सफल रही।

रमिया कंपनी के विद्यालय में पढ़ने वाले गरीब मजदूरों और दलितों के बच्चों को डॉ. अम्बेडकर के जीवन संघर्ष और कार्यों की जानकारी देती है। वह हर वर्ष 14 अप्रैल को डॉ. अम्बेडकर की जयंती भी मनाती है। श्यामली रमिया को फोन पर बताती है कि इस बार वह अपने गाँव के विद्यालय में 14 अप्रैल को डॉ. अम्बेडकर की जयंती मनाने आये और यहाँ के बच्चों में बाबा साहब डॉ. अम्बेडकर की कर्मठता और संघर्षशीलता को भरे।' 14 अप्रैल को धूमधाम से बाबा साहब की जयंती मनाई गई। मिस रमिया ने बाबा साहब के संदर्भ के बारे में सबको बताया। बच्चें, शिक्षक एवं गाँव के लोग काफी प्रभावित हुए।'[71]

श्यामली की भाभी शिक्षिका बनकर बच्चों को पढ़ाती है तब श्यामली कहती

है- 'भाभी इसी तरह बच्चों को ज्ञान दीजिए। धीरे-धीरे सब ठीक हो जायेगा। आगे चलकर न जाने इनमें से कौन हाकिम, गाँधी और अम्बेडकर बनेगा।'[72]

'बैजू जब भी गाँव आता, शमी से भेट करता। शमी (श्यामली) पूरे गाँव का समाचार उसे बताती। मिस रमिया के बारे में कहती- बैजू। रमिया तो देवी है।'[73]

श्यामली की बात का जवाब देते हुए बैजू अंत में हर्षित होकर कहता है- 'हां, वह मदर टेरेसा भी बनेगी।'[74]

उपन्यास 'मिस रमिया' में लेखिका ने गया, रांची और बोकारो क्षेत्र की आँचलिकता को भी चित्रित किया है। नदी, तालाब, खेत, खलिहान, हरियाली, मौसम सभी का चित्रण है। उपन्यास में छोटे बालकों की मानसिकता का चित्रण भी सफल रूप में हुआ है। भाषा का उपयोग बिहार के क्षेत्रीय दृष्टि से ठीक है। हिंदी भाषी क्षेत्र की दृष्टि से अनेक गलतियाँ दिखाई देती हैं। उपन्यास पूर्णपक्व नहीं है फिर भी यह उपन्यास शैली और विधान की दृष्टि से सफल है। उपन्यास का कथानक सरल, सहज और सत्य घटनाओं से पूर्ण है। उपन्यास का उद्देश्य रमिया के विचार और कार्यों से स्पष्ट है। लेकिन लेखिका ने श्यामली को अधिक महत्व देते हुए उसे दलितों की मददगार सवर्ण के रूप में चित्रित किया है। बैजू दलित पात्र के कार्यों की स्पष्ट जानकारी नहीं है। श्यामली का दलित बैजू से प्रेम है। रमिया का अविवाहित रहकर इंस्पेक्टर से प्रेम है। उपन्यास की कथा और उद्देश्य में उलझाव भी दिखाई देता है।

आज बाजार बंद है

मोहनदास नैमिशराय का उपन्यास 'आज बाजार बंद है' का प्रथम संस्करण 2004 में प्रकाशित हुआ है। यह उपन्यास वेश्याओं के जीवन पर आधारित है।

नारी उत्थान के आंदोलन के साथ वेश्या समस्या का समाधान भी अम्बेडकरवादी समाज परिवर्तन के आंदोलन का एक भाग रहा है। नारी जागृति के लिए अनेक संस्थाएँ काम कर रही हैं। फिर भी वेश्या समस्या का निदान और पुनर्वसन पूरी तरह नहीं हो सका है। अनेक प्राचीन साहित्यकारों ने, पुरातन साहित्य के आधार पर, गणिका और नगर वधू के रूप में, पुरुषों के सुख और संतुष्टि के लिए उनका होना महत्वपूर्ण और आवश्यक बताया है।

आधुनिक युग में सामाजिक-राजनैतिक-आर्थिक-धार्मिक जीवन की स्थितियों में बहुत परिवर्तन हुआ है.। फिर भी वेश्याओं की समस्या और उनके जीवन की बीभत्सता की स्थिति वैसी ही है। लेखक ने यह उपन्यास राष्ट्र की उन बेटियों को समर्पित करते हुए उन्हें जागृत करने का संदेश दिया है जिनके भीतर मुक्ति की चाह है। लेखक ने उनके जीवन की स्थितियों पर नये सिरे से लिखने का महत्वपूर्ण कार्य

किया। उपन्यास की वेश्याएँ गरीबी और अभाव का जीवन जीनेवाली शोषित पीड़ित हैं। परिस्थितियों ने किसी को बाचाल बना दिया है तो किसी को बेशरम। फिर भी उपन्यास में शबनम बाई जैसी वेश्या भी हैं जो वेश्या जीवन का संताप भोगते हुए जीवन की प्रौढ़ता के चरण साहसपूर्ण कदम उठाती है। धोखा देकर लाई गई नई लड़की को वेश्या न बनाकर वह उसे आजाद कर देती है। इसी तरह पार्वती को नवयुक साथी मिलने पर उन्हें विचार कर लेने के लिए प्रोत्साहित करती है।

डॉ. अम्बेडकर ने वेश्या जागृति के लिए मुम्बई में वेश्याओं की बड़ी सभा लेकर उन्हें यह अपमानित जीवन छोड़ने के लिए प्रेरित किया था। साहित्य के द्व ारा बाबासाहब का संदेश शोषित पीड़ित नारियों को देकर उन्हें जागृत करना दलित साहित्य का उद्देश्य है। इसी आधार पर लेखक शबनम बाई जैसे नारी पात्र का सृजन किया है जो वेश्याओं की पीड़ा को समझती है जो देश की आजादी के दिन राष्ट्रपति का संदेश सुनती है और अपनी आजादी के लिए संघर्ष को तैयार है।

उपन्यास का आरंभ 'थाने पर पथराव किया रंडियो ने'– इस घटना के साथ हुआ है। अखबारों में मुख्य पृष्ठ पर यह खबर पढ़कर पूरे शहर में हलचल मच गई है। लेखक ने इस घटना की क्रिया प्रतिक्रिया का वर्णन स्वयं ही किया है। उन्होंने शहर का नाम स्पष्ट रूप से नहीं बताया, मगर यह बताया है– 'शहर के सभी थानों में यह खबर चर्चा का विषय थी। पुलिस कर्मचारियों से लेकर अधिकारियों के बीच रंडियों के कोठों से सटे 'इबादतपुर' थाने में तैनात कर्मचारियों के बीच लेन-देन पर अच्छी खासी चर्चा थी। कौन कितनी रिश्वत देकर ऐसे कमाऊ थानों में अपनी पोस्टिंग करता है, इस बात पर विशेष तूल दिया जा रहा था।'[75]

वेश्याओं द्वारा अन्याय के विरुद्ध प्रदर्शन रूप में थाने पर पथराव करने को लेखक ने उनकी जागृति और क्रांति संकेत बताया है। कुछ लोग सही जानकारी पाने के लिए पुलिस थाने और चकलाघरों की ओर भी जा रहे थे। इबादतपुर का थाना और वेश्यालय दोनों पुराने शहर में ही थे। जितना पुराना वेश्यालय था उतना ही पुराना थाना। रंडियों का बाजार और पुलिस स्टेशन दोनों ही नये और पुराने शहर के बीच में थे।'[76]

वेश्याओं का आक्रोश थानेदार और सिपाहियों पर था। इनके जुल्म और अन्याय से बिफरकर ही वेश्याओं ने थाने को घेरकर पथराव किया था। यह कल की बात थी, आज सही जानकारी पाने के लिए पत्रकारों ने थानेदार और सिपाहियों को घेरा। उन्होंने सामुहिक रूप से पूछा–'हम पूछते हैं कि कल रात थाने का वेश्याओं ने घेराव क्यों किया?'[77]

इन प्रश्नों का सही उत्तर पत्रकारों को नहीं मिल सका क्योंकि पुलिस थाने के सभी लोग गोलमाल जवाब देते रहें। पत्रकारों के प्रश्न और बात करने का ढंग भी कमजोर रहा वे पुलिस से कुछ उगलवा नहीं सके। अंत में निराश होकर पत्रकार

समूह के लोग वेश्याओं के कोठे पर उनसे बात करके जानकारी हासिल करते हैं। 'प्रजातंत्र' की प्रेस रिपोर्टर रश्मि भी पत्रकार समूह के साथ वेश्या के कोठे पर जाती है। सभी को उम्मीद थी कि वहाँ जाने पर अधिक जानकारी मिलेगी जिसे वे स्टोरी के रूप में फोटो सहित छाप सकेंगे। उपन्यास में वेश्याओं के कोठों के प्रति भावना इस तरह व्यक्त हुई है--

'इस बाजार में नीचे पानी बिकता था ऊपर आग। आग घौंसलों में सुरक्षित थी। घौंसले जलते न थे। वहाँ कुछ और ही जलता-पिघलता था और पिघलते हुए आसपास बहता था।'[78]

एक वेश्या रश्मि से कहती है- 'इन मर्दों ने ही तो हमारे जिस्मों को भट्टी बना दिया है। हम भीतर बाहर से खूब जलती हैं। कहते-कहते वह भावुक सी होने लगी थी।'[79]

वेश्याएँ अश्लीलता के साथ रश्मि और अन्य पत्रकारों से बातें करती हैं। यह पूछने पर कि- 'कैसा लगता है नया शहर?' वे कहती हैं- 'नई ससुराल की तरह। हर रात में मरद, आते हैं तपाते हैं, सताते हैं और तड़पते हुए हमें छोड़ जाते हैं स्साले। हर-रात हमारे लिए नई होती है।'[80]

शबनम बाई के कोठे पर जाने से पत्रकारों को जानकारी मिलती है। शबनम मुसलमान नहीं हिन्दू थी, इतिहास विषय में एम.ए. था एक नवाबजादे ने प्रेम करके बेवफाई की और उसे वेश्या बना दिया था। पार्वती नाम की वेश्या हिन्दू थी उसके प्रेमी ने उसे देवदासी बनाया फिर उसे चकले में भेज दिया।

पार्वती परया दलित जाति की दक्षिण भारतीय लड़की है। दलितों की बेटियों को देवदासी बनाने की परंपरा के कारण पार्वती को भी इस तरह वेश्या का जीवन जीना पड़ा। हसीना अनाथ लड़की अनाथालय में पली-बढ़ी थी। वह अनाथालय से भागकर वेश्या के कोठे पर आ गई थी क्योंकि अनाथालय में सरकारी अधिकारी उसका यौन शोषण करते थे, वेश्यालय में अपनी इच्छा से और रुपया लेकर देह व्यापार किया जाता है। शबनम अनाथालय की तुलना में वेश्या के कोठे को अच्छा कहती है। वेश्या के कोठे से भागने पर मुमताज पुलिस द्वारा पकड़ी जाने पर पुलिस वालों ने भी उसका यौन-शोषण किया था। मुमताज के साथ वहाँ दो रात देह उत्पीड़न चला था। फूल नाम की वेश्या एक बेटे की माँ है। रोटी की भूख के लिए वह भी देह व्यापार करती है। पुलिस वाले वेश्याओं के कोठे से अपना हप्ता वसूल करते हैं।

सुबह कमरा साफ करते समय पलंग के नीचे पार्वती को दस हजार रुपये मिलते हैं जिसे शबनम और पार्वती ग्राहक की अमानत मानकर लौटा देती हैं। लेखक ने यह उनके बीच इंसानियत होने का चित्रण किया है। वेश्याएँ दुखी हैं अभाव ग्रस्त है रोटी के लिए देह व्यापार करती हैं मगर वे बेईमानी नहीं करती हैं। दल्ले द्वारा लाई गई लड़की को शबनम कैद में रखकर वेश्या नहीं बनाती, बल्कि उसे वहाँ से निकल

जाने का अवसर देती है। राष्ट्रीय पर्व पर राष्ट्रीय अवकाश की बात वेश्याओं द्वारा कहना भी विशेष बात हैं। उपन्यास में कहीं उन्हें राष्ट्र की वधू कहा गया है कहीं राष्ट्र की बेटियाँ। इस रूप में राष्ट्र का कर्तव्य है कि उन वेश्याओं की समस्याओं का समाधान राष्ट्रीय स्तर पर किया जाये, इस संदेश के साथ लेखक ने वेश्या मुक्ति की प्रेरणा का संदेश दिया है।

शहर में अचानक दंगा भड़कने के कारण, अलीगढ़ से आया पत्रकार सुमीत किसी तरह अपनी जान बचाते हुए शबनम बाई के कोठे पर पहुँच जाता है। उस शरीफ आदमी को वहाँ अच्छा व्यवहार मिलता है। वह शबनम बाई के कोठे पर ही रहता है। इस बीच पार्वती और सुमीत के बीच प्रेम पनपने लगता है। सुमीत को शबनम अपना बेटा मान लेती है और उसे पार्वती का ख्याल रखने के लिए कहती है।

पत्रकार समूह वेश्याओं की स्टोरीं फोटो सहित छाप कर अखबार संसद में फेकते हैं और वेश्याओं की समस्याओं पर प्रश्न पूछते हैं। केन्द्रीय मंत्री मनोरमा देसाई कोई जवाब नहीं देती है। पुलिस विभाग और गृह मंत्रालय इस बात की खोज करने लगे थे कि जक्कनपुर में वेश्याओं की उपस्थिति कब से हैं।

उपन्यास में वेश्याओं के कोठे पर होने वाले देह व्यापार का वर्णन बहुत विस्तार के साथ और खुले रूप में किया गया है। वेश्या और ग्राहकों के बीच वार्तालाप की अश्लीलता खुले रूप में बताई गई है। लेखक ने वर्णन शैली के साथ वातावरण और क्रिया कलाप को बताया है।– 'मादाएँ थक गईं थीं पर नर नहीं। उनकी थकान से उनके तन और मन की व्यथा बाहर आने लगी थीं।'[81]

शहर के दंगे के कारण कर्फ्यू लगा था, बाहर जाना मना था। शबनम बाई के कोठे पर स्टोव में तेल न होने के कारण खाना नहीं बन पाता। सभी भूखे हैं। सबकी भूख की वेदना को देखकर सुमीत मिट्टी का केरोसिन तेल लेने जाता है, पुलिस इंस्पेक्टर उसे दंगाई मानकर थाने में बंद कर देता है। सुमीत के न लौटने से सभी वेश्याएँ परेशान होती हैं।

शबनम बाई और पार्वती सुमीत से मिलने थाने जाती हैं। वहाँ पुलिस का अन्याय देखकर वह राष्ट्रपति को टेलीग्राम भेजती हैं– सभी वेश्याएँ भी संघर्ष के लिए तैयार हो जाती हैं। प्रजातंत्र अखबार की टीम भी अधिकारियों के साथ आती हैं। क्षेत्र के विधायक और विपक्ष के नेता भी आते हैं। थाने को घेर कर प्रदर्शन किया जा रहा था प्रजातंत्र अखबार थाने के घेराव और प्रदर्शन की बात की स्टोरी बनाकर छापकर लोगों में बांट देता है।

राष्ट्रपति स्वयं इबादतपुर के थाने में आते हैं। इसके पहले थाने पर पथराव किया गया। प्रदर्शनकारी वेश्याओं पर पुलिस ने लाठीचार्ज किया। शबनम बाई लाठी से घायल हो जाती है। तभी राष्ट्रपति थाने में पहुचते हैं और सुमीत पार्वती को स्वयं रिहा करते हैं। शबनम बाई वेश्याओं को वेश्या मुक्ति का संदेश देती है

और मर जाती है।

मोहनदास नैमिशराय जी ने वेश्याओं को राष्ट्र की बेटी कहकर उन्हें सम्मान दिया है। राष्ट्रपति का स्वयं थाने में पहुँचना और अपने हाथों से ताला खोल कर पार्वती और सुमीत को निकालना अतिश्योक्ति पूर्ण लगता है। वेश्याओं का अधिकतर अश्लील चित्रण किया गया है भाषा प्रयोग भी अधिकतर अश्लील है। वार्तालाप को विस्तार के साथ खींचा गया है। उपन्यास का नायक सुमीत सवर्ण पत्रकार है। वेश्याओं को पुरुष दृष्टि से देखा गया है। उपन्यास पूर्णतः परिपक्व नहीं बन सका है।

'पहला खत'

धर्मवीर जी का उपन्यास 'पहला खत' 1991 में समता प्रकाशन दिल्ली से प्रकाशित हुआ है। 'पहला खत' की विधा के संबंध में लेखक ने अलग से अपना मनोगत बताते हुए लिखा है–'हिंदी साहित्य के क्षेत्र में यह पुस्तक एक नई विधा को जन्म देती हुई आई है। यह केरल की सामाजिक, भौगोलिक और सांस्कृतिक पृष्ठभूमि पर लिखी गई है। विधा की दृष्टि से और विषय की दृष्टि से सर्वथा नई चीज है। इसमें राष्ट्रीय एकता का पुनीत कार्य संपन्न हुआ है।'[82]

'पहला खत' की भूमिका में लेखक ने बताया है- 'मैं केवल यह कहना चाह रहा हूँ कि मैंने इसमें बहुत कुछ विधाओं से लिया और सीखा है। यह संस्मरण, यात्रा वृतांत, निबंध, आत्मकथा, समीक्षा, कहानी, पत्रकारिता और पत्र साहित्य का मिला जुला रूप है।'[83]

पत्र शैली में लिखे इस उपन्यास में लेखक ने दिल्ली से केरल लौटते समय का यात्रावर्णन बताया है। यात्रा वर्णन के साथ अपने अनेक अनुभव, विचार, विश्लेषण और विमर्श को बताते हुए 'पहला खत' एक लंबे खत के रूप में अपनी मित्र प्रिय सखि को संबोधित करके लिखा गया है। उपन्यास के अंत में लेखक ने यह भी लिखा है-.......... मैंने सम्बोधन एक को किया है पर तुम अनेक भी हो सकती हो।. .... अंत में, तुम मुझसे अशरीरी रूप में कहीं भी मिल सकती हो।

रोज प्रतीक्षा में- तुम्हारा पुरुष'[84]

इस उपन्यास में यात्रा वर्णन और अनुभव कथन के साथ-साथ अम्बेडकरवादी विचारधारा के दर्शन होते हैं 'मुझे केरल के अतीत पर गर्व भी नहीं है। मुझे मालूम है कि शंकराचार्य का जन्म यहीं कालड़ी में हुआ था। इस शंकराचार्य को मैं देश के दुर्भाग्य के लिए जिम्मेदार मानता हूँ।..... उसने इस समाज में मनु की पुरानी वर्णव्यवस्था को अपने समय में नई सिरे से थामकर अस्पृश्यता को भरपूर विकसित किया था।......'[85]

इसके साथ लेखक ने यह भी बताया है- 'गाँधी जी एक बार भारतीय होने के कारण अंग्रेजों द्वारा रेल से बाहर फेंके गये थे तो उस घटना को पूरी दुनिया में गाया

जाता है। गाँधी जी से भी नीचे उन लोगों की बात कोई नहीं करता जिन्हें गाँधी की तरह रेल चढ़कर बाहर फिकने तक का मौका नहीं मिलता और वे बिना फेंके ही रेल से बाहर फिके पड़े हैं।'[86]

'पहला खत' उपन्यास में ऐसे अनेक छोटे-छोटे उदाहरण है जिनसे सवर्णों के अन्याय और दलितों की दुर्दशा के संकेत मिलते हैं। फिर भी इस उपन्यास को दलितों की दुर्दशा के संकेत मिलते हैं। फिर भी इस उपन्यास को दलितों पर केन्द्रित नहीं कह सकते। इसमें दलित लेखक की विपुल जानकारी विस्तृत अनुभव और भावनाओं का उद्रेक है। दलित नायक ने मैं शैली में दिल्ली से केरल तक का भारत दर्शन कराया है लेकिन जो अपेक्षाएँ किसी दलित उपन्यास से की जाती है वे यहाँ पूरी नहीं हुई। फिर भी यह सवर्णों के स्थापित उपन्यासों के टक्कर का उपन्यास है। इसमें शंकराचार्य की वर्णजाति भेद की बातें, सवर्णों की छुआछूत की भावना और गाँधीजी के हरिजनों की दशा में चित्रण है।

'पहला खत' में शब्द योजना और शिल्प विधान का उपयोग कलात्मक रूप में किया गया है। दृश्यों को बहुत सुंदर ढंग से चित्रित किया गया है। कथा को धीरे-धीरे विकास पथ पर बढ़ाते हुए उसमें कहीं भी टूटन या शिथिलता नहीं आने दी। प्रकृति सौन्दर्य के चित्र भी इसमें बहुत बारीकी से उकरे गये हैं। ऐतिहासिक, भौगोलिक, सामाजिक सांस्कृतिक-सभी तरह की विपुल जानकारी से परिपूर्ण यह उपन्यास दलित उपन्यासों में अच्छा उदाहरण है। मगर पहला खत की सिर्फ यही कमजोरी है कि यह दलित जीवन और दलित आंदोलन से प्रत्यक्ष रूप में न जुड़कर पृष्ठभूमि में अपनी बात कहता है- 'जब यूरोप के लोग केरल में आये तो उन्होंने कालीकाट के जामरिन के समय के लिए हुए अपने संस्मरणों में रिकार्ड किया है कि तब इस क्षेत्र में जाति प्रथा और अस्पृश्यता कितने घिनौने रूप में प्रचलित थी......।'[87] इस तरह यह उपन्यास दलित सरोकार से जुड़ा उपन्यास है।

'करुणा'

जयप्रकाश कर्दम जी का पहला उपन्यास करुणा 1986 में प्रकाशित हुआ है। इस उपन्यास की नायिका है करुणा और रमेश नायक है। रमेश एम.ए. है मगर बेरोजगार है। माता-पिता के बाद भाई बहनों की जिम्मेदारी उसी पर है। करुणा और रमेश दोनों एक दूसरे से प्रेम करते हैं मगर रमेश विवाह नहीं कर सकता। रमेश की छोटी बहन रीता का विवाह होता है। मगर बच्चे न होने के कारण उसका पति उसे मायके भेज देता है। दुखी होकर रीता आत्महत्या कर लेती है।

गाँव के जमींदार सुखदेव सिंह ठाकुर का बेटा सूरज चरित्रहीन पात्र है। वह गाँव की लड़की अंगूरी को छोड़ता है। अंगूरी को न्याय दिलाने के लिए रमेश गाँव की पंचायत बुलाता है जिसमें सूरज को तड़ीपार करने की सजा दी जाती है। सूरज

नाराज होकर रमेश को उसकी बहन रीता की हत्या करने के केश में फँसा कर दस साल की सजा करवा देता है। यह देखकर जीवन से हताश होकर करुणा बौद्ध भिक्षुणी बन जाती है।

जेल की सजा पूरी होने के बाद रमेश बिहार के बौद्ध विहारों में गौतम बुद्ध के दर्शन करने जाता है। वह वहाँ करुणा को बौद्ध भिक्षुणी के रूप में देखता है। करुणा रमेश को गौतम बुद्ध के धर्म और उनके सिद्धांतों की जानकारी देती है। करुणा की प्रेरणा से रमेश भी बौद्ध धर्म स्वीकार करता है। दोनों मिलकर बौद्ध धर्म का संदेश लोगों तक पहुँचाते है।

इस तरह 'करुणा' उपन्यास को बुद्ध के प्रेम, सद्भाव, समता, मैत्री भाईचारा आदि सिद्धांतों पर केन्द्रित किया गया है। उपन्यासकार ने विशेष रूप से उपन्यास में बौद्ध धर्म की वैज्ञानिकता को बताते हुए उसे एकमात्र विश्वव्यापी धर्म बताया है।

'करुणा' उपन्यास दलित जीवन की अपेक्षा बुद्ध के धर्म और दर्शन पर आधारित है। दलित उपन्यासों में बौद्ध धर्म के महत्व की अपेक्षा दलितों के जीवन की समस्याओं और उनके संघर्ष को महत्व दिया है। शिक्षा संगठन और संघर्ष के साथ वे अपने समता सम्मान के अधिकार प्राप्त करें, दलितों में चेतना-जागृति का संचार हो- यही दलित साहित्य का उद्देश्य है। साथ ही काल्पनिक तत्वों की अपेक्षा यथार्थ जीवन के चित्रण को अधिक महत्व है।

'मिट्टी की सौगन्ध'

प्रेम कपाड़िया जी का पहला उपन्यास 'मिट्टी की सौगन्ध' 1995 में प्रकाशित हुआ। इसमें दलितों पर होने वाले अन्याय अत्याचार और उनके जीवन की समस्याओं को चित्रित किया गया है। उपन्यास की नायिका शीला दलित जाति की है। ठाकुर मदनसिंह शीला को अपनी हवस का शिकार बनाता है। शीला मर जाना चाहती है मगर उसकी मौसी और विजेंद्र उसे जीने का हौसला देते हैं। गाँव के दलित ठाकुर मदन सिंह से बदला लेना चाहते हैं। विजेंद्र उनका साथ देते हुए उनकी मदद करता है। विजेंद्र शीला को न्याय देने के लिए उससे विवाह करता है। इससे नाराज होकर मदन सिंह अपने बेटे पर हमला करवाता है। विजेंद्र अपने पिता को दंड देते हुए दस साल के लिए जेल भिजवा देता है।

इस उपन्यास में विजेंद्र ठाकुर नायक है। पिता दलितों पर अत्याचार करता है और बेटा दलितों की मदद करता है। दलितों की दीन-हीन ही बताया गया है। वे जितेंद्र ठाकुर की मदद से ठाकुर मदन सिंह से बदला लेते है। विजेंद्र सवर्ण पात्र ही शीला की मदद करता है। यह उपन्यास दलित समस्या पर है लेकिन इसमें अम्बेडकरवादी दलित चेतना नहीं है। सवर्ण द्वारा दलितों की मदद करना दया और

सहानुभूति का परिचायक है। दलित साहित्य के मानदंडों के अनुसार दलितों में वह चेतना होनी चाहिए कि अपने समता-सम्मान के अधिकार वे स्वयं ले सकें और दुराचारी-अत्याचिरयों को स्वयं दंड दे सकें।

इस रूप में यह उपन्यास भी दलित साहित्य में चर्चित नहीं हो सका। दलित उपन्यास का नायक या नायिका दलित ही होनी चाहिए ताकि वे स्वयं अपनी पीड़ा और समस्या को बताते हुए उसका निदान खोज सकें। इस उपन्यास में काल्पनिकता का तत्व भी अधिक है जिससे सामाजिक यथार्थ को समझना मुश्किल होता है। दलित उपन्यास लेखन के आरम्भिक दिनों में लिखा गया कपाड़िया जी के उपन्यास का महत्व है लेकिन दलित साहित्य की दृष्टि से दलित उपन्यास के रूप में 'मिट्टी की सौगंध' उपन्यास महत्व नहीं पा सका है। दलित उपन्यास में अम्बेडकरवादी विचारधारा, दलित चेतना और दलित अस्मिता की पहचान होना आवश्यक है।

निष्कर्ष :

दलित साहित्य में दलित उपन्यासों का अधिक महत्व है। यद्यपि दलित उपन्यास अधिक संख्या में नहीं आ सके हैं। फुले, अम्बेडकर, पेरियार, अछूतानंद आदि दलितों के हितचिन्तकों के संघर्ष और प्रयत्नों से आज का दलित जागृत हो सका है। संविधान में दिये समता, सम्मान और समान अवसर के अधिकार पाकर ही वह शिक्षा पा कर जागृत हो सका है। वह अपनी कथा स्वयं लिखने लगा। इसी रूप में दलित समाज में घटी घटनाएँ उपन्यास की कथावस्तु बनकर समाज के सामने आने लगीं। दलित उपन्यासों के माध्यम से भारतीय समाज व्यवस्था में व्याप्त वर्णभेद–जातिभेद और छुआछूत के घिनौने चित्र दुनिया के सामने आ सके। सवर्णों द्वारा दलितों पर किये गये अन्याय अत्याचारों और शोषण उत्पीड़न की घटनाओं का खुलासा होने लगा। दीन-हीन अभावग्रस्त दलितों की पीड़ा उपन्यासों के माध्यम से विस्तृत रूप में छपने लगी। इसके साथ दलित स्त्रियों के दोहरे-तिहरे शोषण और अन्याय की बातों को भी दलित उपन्यासों ने उजागर किया।

'छप्पर', 'मिट्टी की सौगन्ध', 'जसतस भई सबेर', 'मुक्तिपर्व', 'आज बाजार बंद' है 'मिस रमिया', 'थमेगा नहीं विद्रोह'– सभी उपन्यासों में दलित शोषण के साथ नारी शोषण की कथा बताई गई है। दलित उपन्यासों में दलितों की सामाजिक, आर्थिक, धार्मिक, शैक्षणिक, नैतिक, राजनैतिक स्थिति का चित्र भी उल्लेखित है। पुरानी पीढ़ी ने श्रम, संघर्ष और कष्ट के साथ अभावों में रहकर अपने बच्चों को गाँव से शहर भेजकर पढाना चाहा है। पढ़ लिखकर नई पीढ़ी के दलित अपना और अपने समाज का विकास कार्य करने लगे हैं। यह बात अधिकतर उपन्यासों में उल्लेखित है। यह डॉ. अम्बेडकर का सपना था यह अब सभी दलितों का सपना या जीवन

का उद्देश्य बन गया है। इसके साथ अभी भी दलितों को संकटों का सामना करना पड़ता है। श्रम कष्ट अभाव का जीवन जीते हुए दलित भविष्य के प्रति आशान्वित है। जिसका प्रतिबिंब इन उपन्यासों में मिलता है।

'छप्पर' उपन्यास में सुक्खा और रमिया कष्ट का जीवन जीते हैं। 'जस तस भई सबेर' में हंसा और सरवन की कथा दलितों के जीवन की कथा है। दलितों के शोषण के साथ उनके आपसी मतभेद, अशिक्षा अंधविश्वास की कथा है। मुक्तिपर्व के प्रमुख पात्र बंशी और छमिया का जीवन भी गुलामी और गरीबी का जीवन है। 'थमेगा नहीं विद्रोह' के दलित पात्र भी गरीबी अभाव चिंता, श्रम और संघर्ष का जीवन जीते हैं। वही 'डंक' के रचनाकर ने अनेक कथाओं के माध्यम से दलितों के शोषण उत्पीड़न और अर्थाभाव की घटनाओं को चित्रित किया है। दलित पुरुषों के साथ कदम से कदम मिलाकर चलने वाली दलित स्त्री श्रम और संघर्ष का जीवन जीती है। वर्णवादी-जातिवादी भेदभाव की प्रताड़ना के साथ वह दुष्ट सवर्णों के व्यभिचार और बलात्कार का दंश भी भोगती है। 'जस तस भई सबेर' ने विस्तार के साथ नारी शोषण की घटनाओं को चित्रित किया गया है।

धुसिया रामरती और सन्नों दलित स्त्रियाँ देवीपाल और हरसन्ना भगत जैसे सवर्णों की कामुकता की शिकार बनती है। हंसा की पत्नी सुनहरी भी देह शोषण की शिकार है। 'मिट्टी की सौगन्ध' उपन्यास की दलित स्त्री शीला सवर्ण पुरुष ठाकुर विजेंद्र सिंह की हवस का शिकार बनती है। अनेक दलित स्त्रियों को देवदासी बनाकर उनका शोषण किया जाता है। कमला कम उम्र में सवर्णों द्वारा सामुहिक बलात्कार की शिकार है। 'आज बाजार बंद है' कि पार्वती शबनम सभी धोखा और व्यभिचार की शिकार है और वेश्या का जीवन जीने के लिए मजबूर की जाती है। चावली की सवर्ण आर्य समाजियों द्वारा बलात्कार की शिकार बनती है। इस तरह दलित उपन्यासों में समाज की सच्चाई को उजागर किया गया है कि किस तरह सदियों से दलित स्त्री का शोषण-उत्पीड़न हो रहा है।

दलित उपन्यासों की विषयवस्तु या कथावस्तु अधिकतर समाज में घटी सच्ची घटनाओं पर आधारित है। इनमें कल्पना नहीं यथार्थ है। अपने भुक्त भोगी जीवन का कड़वा सच दलित साहित्यकारों ने उपन्यास की कथाओं में व्यक्त किया है। पहले दलितों में यह साहस नहीं था। डॉ अम्बेडकर के संघर्ष और दलित आंदोलन के प्रचार-प्रसार के फलस्वरूप शिक्षा और साहस के साथ वे जागृत होकर अपनी व्यथा- कथा स्वयं कहने लगे। दलित चेतना ही दलित साहित्य का आधार है। दलितों की प्रगति और परिवर्तन का संदेश देने वाली अम्बेडकर विचारधारा से ही दलित साहित्य लिखा जा रहा है। अपने शोषण और अपमान की बात कहना, शोषण और अन्याय से मुक्ति का आह्वान करना, विरोध-विद्रोह के साथ अत्याचारियों को सजा देना ताकि शोषण की परंपरा खत्म हो सके। समता, सम्मान स्वतंत्रता और

भाईचारा पाने का अधिकार हर इंसान को है- वह संदेश दलित उपन्यासों के माध्यम से दिया जा रहा है।

'छप्पर' उपन्यास का चन्दन, 'जस तस भई सबेर' का शिवदास, 'मुक्तिपर्व' का सुनीत-दलित समाज की नई पीढ़ी के ऐसे पात्र हैं जो शिक्षा पाकर, जागृत होकर अपने समाज को जागृत करने का काम करते हैं? स्त्री दलित पात्रों में मिस रमिया ने भी यही काम किया है। प्रगति और परिवर्तन की दिशा को समझकर ही जागृति का संदेश दिया जा सकता है। सुक्खा, बंसी, सरवन जैसे पुरानी पीढ़ी के दलित पात्र भूखे रहते हुए अधिक श्रम और संघर्ष करते हुए अपने बच्चों को शिक्षा पाने के लिए शहर भेजते है। उनके मन में भविष्य की आशाए हैं कि नई पीढ़ी गुलामी, अपमान और गरीबी के जीवन से मुक्ति पा सकेगी। यही डॉ. अम्बेडकर का संदेश था, शिक्षा से ही गुलामी की जंजीरे तोड़ी जा सकती हैं। यह दलित चेतना अम्बेडकरवादी आंदोलन और अपनी अस्मिता की पहचान से ही संभव हो सकी है। मिस रमिया अम्बेडकरवादी आंदोलन से जुड़कर डॉ अम्बेडकर की विचारधारा का प्रचार करके समाज को जागृत करती है। वह अपने अधिकार पाने के लिए अन्याय का विरोध करती है और अंत तक संघर्ष करती है। 'आज बाजार बंद है' की वेश्याएँ अपनी मुक्ति की लड़ाई स्वयं लड़ने के लिए सड़क पर उतर आती है। यह दलितों में आई जागृति और चेतना का परिणाम है।

अंबेडकरी विचारों से प्रभावित अनेक दलित युवक-युवतियों ने शहर से शिक्षा पाकर गाँव लौटकर समाज सुधार का कार्य किया है। दलित उपन्यासों में अधिकतर यह भी देखा गया है- दलित नायक सहज ही सवर्ण स्त्री पात्र दलित नायकों के साथ मिलकर दलितोद्धार के काम करती है। चंदन की प्रेयसी रजनी सवर्ण है। शिवदास की प्रेयसी सुमेधा सवर्ण है। सुनीत की प्रेयसी सुमित्रा सवर्ण है। उधर के लोग उपन्यास के नायक प्रोफेसर की प्रेयसी आयशा राय चौधरी सवर्ण है। प्रोफेसर वंदना झा ब्राह्मण लड़की से प्रेम और विवाह करता है। मिस रमिया का दलित पात्र बैजू का आकर्षण भी रमिया की अपेक्षा कायस्थ शामली के प्रति रहता है। डंक के विराट का संबंध संध्या से है जो सवर्ण ठाकुर जाति की है। इन उदाहरणों को देखते हुए ऐसा लगता है कि अधिकतर दलित उपन्यासकारों ने अपनी रचना में अपने दलित नायकों का प्रेम सवर्ण स्त्री-पात्रों के साथ दिखाया है। शायद यह समाज की ऊँच-नीच का भाव भुलाकर समानता लाने का विशेष प्रयत्न हो। मगर यह सत्य है कि सवर्ण पुरुषों ने दलित स्त्रियों के साथ व्यभिचार और बलात्कार ही किया है। 'मिट्टी की सौगंध' का ठाकुर मदनसिंह दलित स्त्री शीला का बलात्कार करता है। चावली सवर्ण आर्य समाजियों की हवस की शिकार बनती हैं। कमला सवर्णों के सामुहिक बलात्कार की शिकार बनी– यहाँ प्रेम और समर्पण का भाव दिखाई नहीं देता।

पुरुष उपन्यासकारों द्वारा लिखे दलित उपन्यासों की शोषित पीड़ित दलित स्त्री

सवर्ण बलात्कारियों को दंड नहीं देती, बदला नहीं लेती। उन्हें अधिकतर कमजोर अबला रूप में दिखाया गया है। कमला, धुसिया, सन्नो, रामरती, चावली, सुनहरी, पार्वती ऐसी ही दलित स्त्रियाँ हैं। महिला जागृति के आंदोलन ने दलित स्त्रियों को जागृत किया है। दलित स्त्रियों का दैहिक शोषण होता रहा है मगर अब जागृत दलित स्त्रियाँ इस अन्याय का डटकर मुकाबला करती हैं। वे इतने कमजोर रूप में समर्पण नहीं करती जैसा उन्हें बताया गया है। दलित स्त्रियों को कमजोर रूप में प्रस्तुत करके, उन्हें सहजता के साथ बलात्कार का शिकार बनाकर विस्तार के साथ ऐसी घटनाओं का वर्णन और चित्रण किया गया है, जो कही कहीं अतिश्योक्ति पूर्ण लगता है। दलित उपन्यासों में ऐसी कुछ कमियाँ और गलतियाँ दिखाई देती हैं।

पीढ़ी-दर पीढ़ी शिक्षा से दूर रखे गये दलितों की वर्तमान पीढ़ी ने मुश्किल से थोड़ी शिक्षा पाई है। साहित्य लेखन में कला विधान और शिल्प सौन्दर्य की अपेक्षा दलित साहित्य की कथावस्तु को ही अधिक महत्व दिया है कि वह कितनी मार्मिक या प्रहारात्मक पीड़ादायक बन सकी है। इस दृष्टि से दलित उपन्यासों के गहन भाषा-शिल्प सौन्दर्य की अपेक्षा दलित उपन्यासों के उद्देश्य और प्रभाव को अधिक महत्व है।

सभी दलित उपन्यासों को आलोचनात्मक दृष्टि से देखने पर कुछ दलित उपन्यासों की कथावस्तु सशक्त दिखाई देती है मगर अधिकांश दलित उपन्यासों की कथावस्तु कमजोर है। भाषा और शिल्प विधान की दृष्टि से 'उधर के लोग' उपन्यास उत्तम है मगर दलित साहित्य के उद्देश्य और दलित चेतना की दृष्टि से इसकी कथावस्तु कमजोर है। पूरे उपन्यास में दलित अस्मिता के विरुद्ध और दलित एकता के विपरीत बातें कही गई हैं।

'छप्पर' उपन्यास में शोषित पीड़ित दलित कमला के साथ न्याय नहीं किया गया। यहाँ उपन्यासकार ने दलित कमला की अपेक्षा सवर्ण रजनी को दलित नायक के साथ जोड़कर उसे दलितोत्थान के आंदोलन से जोड़ा है जबकि यह कार्य कमला अधिक निष्ठा के साथ करती मगर उसे लेखक ने लाठी से मार कर मार डाला और उपन्यास से हटा दिया। छप्पर उपन्यास का शिल्प भी कमजोर है। 'मिट्टी की सौगन्ध' उपन्यास में कल्पना का अतिरेक है। यहाँ दलित हितैषी के रूप में किसी दलित को न बताकर ठाकुर विजेंद्र सिंह को बताया गया है जबकि उसका पिता दलितों का शोषण करता है।

'मुक्तिपर्व' का नायक बालक रूप में सामाजिक विषमता के विरुद्ध विरोध विद्रोह और आक्रोश व्यक्त करता है। 'जस तस भई सबेर' में कथा प्रसंगों में संतुलन ठीक दिखाई नहीं देता। 'आज बाजार बंद है' की कथा में वेश्या जीवन के ग्राहकों के साथ संबंधों और उनके आपसी वार्तालाप को ही अधिक बताया गया है। अलीगढ़ से आया एक सवर्ण पत्रकार अकेले ही वेश्या मुक्ति जैसे कठित काम

को कर सका- यह भी सहज और स्वाभाविक नहीं लगता। 'मिस रमिया' उपन्यास में दलित रमिया की अपेक्षा कायस्थ शामली का जीवन चरित्र विस्तार के साथ है, जबकि दलित युवक बैजू खेत मजदूर क्यों और और कैसे बन गया इसका स्पष्टीकरण नहीं है। रमिया अविवाहित रह कर समाज के लिए काम करती है मगर उसे मित्र की जरूरत है वह शादीशुदा इंस्पेक्टर सिंह से संबंध रखते हुए उससे मदद लेती है। यह अनुचित लगता है। 'मुक्तिपर्व' में भूरी को महत्व न देकर उसकी अपेक्षा सवर्ण सुमित्रा को महत्व देना भूरी का अपमान है। 'मिस रमिया' में भी रमिया की अपेक्षा शामली (कायस्थ) को महत्त्व है। 'उधर के लोग' में दलित प्रोफेसर ब्राह्मण वंदना झा से प्रेम करके शादी करता है। बाद में ब्राह्मण आयशा रामचौधुरी सेक्स वर्कर से प्रेम करता है- यह मानसिकता दलित स्त्रियों के प्रति उपेक्षा और सवर्ण स्त्रियों के प्रति श्रद्धा और सम्मान का भाव बताती है।

भगवानदास मोरवाल के उपन्यास 'रेत' के कंजर जाति की स्त्रियाँ देह व्यापार का व्यवसाय करती है और इसी में खुश रहती है, यह उपन्यासकार का अपना दृष्टिकोण है। इस उपन्यास में दलित चेतना है और न ही अम्बेडकरवादी प्रगति परिवर्तन की कोई बात। जो दलितों की वेदना को नहीं जानते हैं, उसने दुख, कष्ट और संघर्ष को भी सुख और मनोरंजन की बात मानते हैं वे ही ऐसा लिख सकते हैं।

'पहला खत' में दक्षिण भारत यात्रावर्णन सांस्कृतिक चित्रण के साथ अनुभव कथन है। 'करुणा' उपन्यास में दलित चेतना की अपेक्षा बौद्ध धर्म की ओर झुकाव अधिक है। दलित साहित्य का उद्देश्य समाज जागृति है, दलित समाज में चेतना जगाना, अस्मिता की पहचान कराना और अपने समता, सम्मान के अधिकारों के लिए लड़ने का संदेश देता है।

दलित सौन्दर्य शास्त्र के मानदंडों के आधार पर दलित उपन्यासों की अनेक विशेषताएँ हैं। कथा प्रसंग का बेबाक प्रस्तुतीकरण, भाषा का तीखापन, बिना सौन्दर्य उपकरण के सीधे-सीधे अपनी बात कहना ही इसके तत्व है। दलित उपन्यासों के गठन का शिल्प भी ठीक है। दलित उपन्यास उद्देश्यनिष्ठ रूप में लिखे गये हैं। दलित उपन्यासों का मुख्य आधार दलित मुक्ति की बात है। सवर्णों द्वारा दलित जीवन पर लिखे उपन्यासों की अपेक्षा दलित साहित्यकारों द्वारा लिखे उपन्यासों में दलित चेतना है। साथ ही दलित अस्मिता की बात है। मदन दीक्षित का उपन्यास 'मोरी की ईट' में दलित स्त्री को भोग्या रूप में बताया गया है। यहाँ दलितों की स्थिति 'मोरी की ईट' के समान बताई गई है। यह दलितों के लिए अपमान की बाते हैं। इसी तरह 'धरती धन न अपना' उपन्यास में दलित जागृति और अस्मिता की बात नहीं है। मुशी प्रेमचन्द द्वारा लिखित 'गोदान' और 'रंगभूमि' जैसे प्रसिद्ध उपन्यासों में दलितों की नहीं दिया गया जैसे दलित साहित्यकारों द्वारा लिखे उपन्यासों में है। इस दृष्टि से दलित उपन्यास दलित उत्थान के लिए कार्यरत और उद्देश्यपूर्ण रूप

में लिखे गये सफल उपन्यास हैं। अमृतलाल नागर जैसे उपन्यासकार भी 'नाच्यौ बहुत गुपाल' में वह संदेश नहीं दे सकें जो दिया जा सकता था।

दलित उपन्यासों से भविष्य की अनेक संभावनाएँ हैं कि उनके माध्यम से समाज में जागृति लाई जा सकेगी। विचार गोष्ठी, कार्यक्रम और सेमिनार के माध्यम से दलित उपन्यासों पर चर्चा करके साहित्यकारों को यह संदेश देना चाहिए कि उनके लेखन में क्या कमी हैं और उन्हें अधिक अच्छा किस तरह बनाया जा सकता है। इसका यह लाभ भी होगा कि प्रेरणा और प्रोत्साहन पाकर लेखन क्षेत्र में नये-नये लेखक उभर कर आयेंगे और वे अपने उपन्यासों के प्रभाव से दलित जागृति और प्रगति परिवर्तन के आंदोलन में अपना महत्वपूर्ण योगदान दे सकेंगे। भविष्य में दलित उपन्यासों की संख्या बढ़ेगी, उपन्यास लेखन में शिल्प और कौशल में भी निखार आयेगा यही उम्मीद है।

हिन्दी दलित कहानी

–डॉ.नारायण

कहानी का मनुष्य के जीवन के साथ प्रारम्भ से ही रागात्मक संबंध रहा है। शिशु अवस्था में बच्चों का परिचय सबसे पहले कहानी से होता है। अपने बचपन में सभी ने अपने माता-पिता, दादा-दादी, नाना-नानी या चाचा ताऊ से कहानियाँ सुनी होंगी। कहानी में एक प्रकार का कथा रस पाया जाता है। उसमें निरंतर जिज्ञासा कुतूहल का भाव विद्यमान रहता हैं।

कहानी तो हमारे यहाँ प्राचीन काल से ही मिलती है। पंचतंत्र, हितोपदेश, कथासरित् सागर, बत्तीस पुतलायों की कथा, बौद्ध जातक कथाएँ तथा पुराणों आदि की कहानियाँ। लेकिन यहाँ इस तथ्य को गौरतलब करना होगा कि उपर्युक्त कहानियों में तथा जिसे आज कहानी कहा जाता है, उसमें विषय-वस्तु एवं शिल्प की दृष्टि से तात्विक अंतर पाया जाता है। प्राचीन कथा स्थूल कथावस्तु प्रधान, मनोरंजन-प्रधान, सूत्रों पर आधारित होती थी; जब की आधुनिक कहानी अधिक सूक्ष्म चरित्र-चित्रण प्रधान, तथा जीवन के प्राण-प्रश्नों से संपृक्त होती है। यही कारण है कि कहानी में विधा के माध्यम से सामाजिक समस्याओं को उजागर किया जा रहा है। सामाजिक समस्या को लेकर गैर दलित एवं दलित कथाकारों ने इस साहित्यक विधा का भरपूर उपयोग किया है। हिन्दी कहानी का प्रारंभिक स्वरूप, प्रेमचंद पूर्व कहानी, प्रेमचंद युगीन कहानी, प्रेमचंदोत्तर कहानी, स्वातत्र्योत्तर हिन्दी कहानी तथा समकालीन हिन्दी कहानी आदि विषयों को लेकर बहुत ही लिखा जा -चुका है।

यह सर्व मान्य है कि हिन्दी में पहली कहानी 1900 के बाद ही सरस्वती में प्रकाशित होती है। यह युग हिन्दी कहानी के विकास का प्रारंभिक काल है। इस युग में दलितों का विद्रोह धीरे-धीरे सुलगता हुआ सामाजिक धरातल तक आ पहुँचा था। गाँधी जी ने काँग्रेस के अंदर ही "अछूतोद्धार" कार्यक्रम प्रारम्भ किया जिस के कारण एक प्रकार की गाँधीवादी सहानुभूति गैर दलितों में अछूतों के प्रति देखने को मिलने लगी थी। हिन्दी के प्रारंभिक युग के कुछ कथाकारों की कहानियों में यही सहानुभूति देखने को मिलती है। निराला की दो लंबी कहानियाँ 'चतुरी चमार' और

'बिल्लेसुर बकरिहा' हम देख सकते हैं।

हिन्दी कथा साहित्य में प्रेमचंद का पदार्पण एक अभूत पूर्व घटना है। प्रेमचंद ने ही पहली बार भारतीय समाज में नरक भोग हुए दलितों को अपनी कहानियों का विषय बनाया, उनकी संपूर्ण यातनाओं के साथ उनकी कहानियों में शूद्रों और सवर्णों के बीच अंतः संबंधों का बहुत ही अच्छा चित्रण मिलता है। गाँधी जी से प्रभावित प्रेमचंद के विषय, किसान, मजदूर, और दलित आदि रहे है। ठाकुर का कुआँ, सदगति, दूध का दाम, पूस की रात, मंत्र, मंदिर आदि प्रेमचंद की दलित जीवन से संबंधी विशेष रूप से उल्लेखनीय कहानियाँ हैं। इस लिए दलित साहित्यकार उनकी साहित्य-यात्रा से जरूर प्रेरणा लेते हैं।

वैसे तो हिन्दी कहानी पर दृष्टिपात करने से ऐसे बहुत से कहानीकार हैं जिन्होंने दलितों के विषय में लिखा है। जैसे प्रेमचंद युग में प्रेमचंद के अलावा पांडेय बेचैन शर्मा उग्र, प्रेमचंदोत्तर युग में यशपाल, रामवृक्ष बेनीपुरी, अज्ञेय, जैनेन्द्र कुमार तथा स्वातंत्र्योत्तर युगीन कहानीकारों में अमरकांत, डॉ.शिवप्रसाद सिंह, निर्मल वर्मा, राजेन्द्र यादव, महीपसिंह, फणीश्वरनाथ रेणु, नरेश मेहता, मोहनराकेश, कमलेश्वर और समकालीन कहानीकारों में असंख्य कहानीकार हैं, जिन्हों ने दलितों के विषय में लिखा है।

उपर्युक्त कहानियों के स्वीकारोक्ति के बावजूद दलित साहित्यकारों ने इन गैर दलितों द्वारा लिखी गयी कहानियों को सहानुभूति कहकर नकारा है। ओम प्रकाश वाल्मीकि के एक साक्षात्कार की इन पंक्तियों से समझा जा सकता है कि "दलित यदि गैर दलित के पास आता है तो वह एक गुलाम की तरह आता है। गैर दलित जब दलित के पास जाता है तो मालिक की तरह। उसका जातीय अहं, श्रेष्ठता का भाव उसके साथ होता है। उसके संस्कार उसके साथ होते हैं। सबकी बहुलता में वह दलित जीवन को नहीं देख पाता है।" स्पष्ट है कि लम्बे दौर में जो भी गैर दलितों ने दलित जीवन और परिवेश को आधार बनाकर बहुत सारी कहानियाँ लिखि है। पर वे पाठको की मात्रा संवेदनात्मक सहानुभूति बटोरकर रह जाती है। संघर्ष व चेतना के स्वर हिन्दी लेखकों में सुनाई नहीं पड़ते हैं। सहानुभूति और स्वानुभूति का यह अंतर ही गैर दिलतों और दलितों की साहित्यिक परंपरा को अलग-अलग दिशाओं की और ले जाता है। क्योंकि इसका अनुभूति का सामाजिक साहित्यिक स्तर भी भीन्न-भिन्न है। इससे दलित साहित्यिक परंपरा को एक सुदृढ आधार मिलता है। इसलिए हिन्दी दलित कहानियों की अलग धारा का उदय के रूप में परिचय देने की आवश्यकता है।

हिन्दी दलित कहानी का उदय

हिन्दी दलित कहानी पर विचार करते समय उसके प्रादुर्भाव का सवाल उत्पन्न होता है, 'और हमें लगता है कि हिन्दी में दलित कहानी का उदय कब और कैसे हुआ? यह बहुत ही बड़ा प्रश्न उठता है। दरअसल कहानी विधा देश काल के अधिन में नहीं होती है। उनके रूप, भाषा, और विषय और संदेश भिन्न-भिन्न होने की संभावना हो सकती है। परन्तु संसार में कोई भी देश क्यों न हो उस देश में कहानी विधा प्रचलित होती है। आज की दलित कहानियों के लक्षणों को देखकर स्पष्ट किया जा सकता है कि इन कहानियों का जन्म भारतीय समाज के वर्ण जाति के भेदभाव के साथ ही हुआ है। झलकारी बाई के युद्ध की कहानी देखने पर लगता है कि दलित विरांगना की कहानी है। स्वतंत्रता संग्राम में झलकारी बाई का युद्ध लक्ष्मीबाई से कम नहीं था। आजादी पाने की उनमें ललक थी, और लक्ष्मीबाई के प्रति उनकी श्रद्ध ा अविस्मरणीय है। इस प्रकार पन्न धाय और लखाबंजारा की कहानी आम लोगों के जुबान पर है। इस प्रकार भारतीय इतिहास में झांककर देखे तो अनेक लिखित अलिखित कहानियों को हम देख सकते हैं। पूर्वजों की इन सभी कहानियों को हमारा धन समझकर सहेजकर रखने की आवश्यकता है।

भारत में अंग्रेजी के शासन काल के समय भी पत्र-पत्रिकाओं में कई हिन्दी दलित कहानियाँ प्रकाशित होती थीं उन पत्र-पत्रिकाओं की पहुँच लंबी न होने के कारण या तो साहित्य की मुख्य धारा सवर्ण होने के कारण उन कहानियों की सुरक्षा नहीं हो सकी, आज सवर्ण समाज से सम्बन्धी लिखित-अलिखित सारी सामग्री तो अनेक ग्रंथालयों में उपलब्द हो जाती है। परन्तु दलित कहानियाँ उपलब्ध नहीं होती हैं।

हिन्दी में स्वामी अछूतानंद और उनके समकालीन रचनाकारों का आज हम परिचित नहीं करा पा रहे हैं। आधुनिक काल में हिन्दी दलित कहानी गैर दलित पत्र-पत्रिकाओं में बहुत ही कम संख्याओं प्रकाशित की गयी है। स्वतंत्रता के उपरांत कुछ उपलब्ध सामग्री से पता चलता है कि सतीश द्वारा रचित हिन्दी की पहली दलित कहानी 'बचन बद्ध' है। जो अप्रैल 1975 मुक्ति स्मारिका में प्रकाशित हुई थी। इस में ब्राह्मणों के जाति संबंधी कट्टरता को लेकर है। विषय की दृष्टि से देखने पर सटीक है, पर शिल्प की दृष्टि एक दम साफ-स्पष्ट लगती है।

इस प्रकार दलित कहानियाँ स्मारिकाओं और पत्र-पत्रिकाओं में अवश्य प्रकाशित होती रही हैं। लेकिन उस समय में दलित कहानीकार नियमित नहीं रहे। प्रकाशन की कठीनाइयों के साथ-साथ मुख्य धारा के मुख्य लोगों का प्रोत्साहन भी नहीं मिल सका। इस लिए दलित कहानीकारों का दम टूटने लगा था कभी-कभार बड़ी कठीनाइयों से दो, तीन रचनाओं को जन्म देते थे। पेट भरने की तलाश में साहित्यिक दायित्व को भूलना पड़ता था। इन सभी विपरीत परिस्थितियों के अतिरिक्त कुछ साहित्यकारों

ने अपना प्रयास जारी रखा था। वे 'अपने दायित्व को क्रियाशील बनाते रहे, उन्हीं लेखकों में डॉ. धर्मवीर का नाम प्रमुख है। उनका अधिकार साहित्य की सभी विधाओं में रहा है। उन्हों ने कई कहानियाँ तो अवश्य लिखी हैं, परन्तु प्रकाशित नहीं कर सके। कहानीकार मोहनदास नैमिशराय की प्रथम कहानी 'सबसे बड़ा सुख' 1978 में कथा लोक में प्रकाशित हुई थी। उसके उपरांत कथाकार ओमप्रकाश वाल्मीकी की 'अंधेर बस्ती' नामक कहानी 1980 में निर्णायक भीम में प्रकाशित होती है।

इन कहानियों को लेकर आलोचकों द्वारा हुई चर्चाओं में कताई उल्लेख नहीं किया गया। 1990 तक इन कहानियों पर किसी दलित विचारक का ध्यान नहीं गया। या तो इन कहानियों की चर्चा मुख्यधारा के साहित्य में 'दलित कहानी' के रूप में नहीं आ पायी। लेकिन मंडल कमीशन (1990) के बाद हिन्दी क्षेत्र में हुई चटपटाहट ही दलित साहित्य के लिए एक गतिशील स्थान उत्पन्न करती है। मान लीजिए की यह चर्चा का विषय है और कई दलित विचारक हिन्दी के दलित साहित्य को मंडल कमीशन से जोड़कर नहीं देखते हैं। लेकिन यह भी सटीक लगता है कि साहित्य की एक धारा के रूप में हिन्दी में 'दलित कहानी' की पहचान एवं स्वीकृति 1990 के बाद ही देखने को मिलती है।

इस दृष्टि से ओमप्रकाश वाल्मीकी की 'सलाम' जयप्रकाश कर्दम की 'सांग' और 'नो बार', सुरज पाल चौहान की 'साजिश' और 'पहचान', मोहनदास नैशिराय की 'आवाजें' और 'अपना गाँव', सुशीला टाकभौरे की 'सिलिया', दयानंद बटोही की 'सुरंग', एस.आर, हरनोट की 'जीन काठी', विपिन बिहारी की 'कंध', शत्रुघ्न कुमार की 'हिस्से की रोटी', गहलाद तंददास की 'लटकी हुई शर्त', रजतरानी मीनू की 'सुनीता', श्यौराजसिह बेचैन की शोध-प्रबंध, कुसुम वियोगी की 'अंतिमबयान', आजय नवरियाँ की 'उपमहाद्वीप' आदि कहानियाँ आत्म विश्वास और पारम्परिक साहित्य से अलग अपने वर्ग की आस्मिता को लेकर लिखी कहानियाँ हैं। इन सभी दलित कहानियों के विषय लगभग रचनाकारों के जीवन से ली गयी लिखित अलिखित आत्मकथा ही है। हाशिये की जिंदगी की वास्तविक पीड़ा, दुःख, दर्दों का यथार्थ है। दलित कहानिकारों द्वारा लिखी गयी कहानियों में कल्पना बहुत कम और वास्तविक जीवन का विषय अधिक होता है।

उपर्युक्त सभी कहानियों के अतिरिक्त अलोचकों और पाठकों के मनमस्तिष्क में प्रश्न उठ सकता है कि हिन्दी दलित की प्रथम कहानी क्यों न हो सकती है। जैसे हिन्दी की प्रथम कहानी के रूप में 'रानी केतकी कहानी' को बहुत आलोचकों ने माना है, इसके अतिरिक्त आधुनिक आलोचक राजेन्द्र यादव जी ने चन्द्रधरशर्मा गुलेरी की कहानी 'उसने कहा था' को हिन्दी की प्रथम कहानी मानते हैं।

इस दृष्टि से यदि देखा जाय तो हिन्दी दलित कहानियों को लेकर अनेक

मत-मतांतर मिल सकते हैं। फिर भी तय करने की आवश्यकता है। भले हम हिन्दी साहित्य के प्रतिमान सौंदर्य शास्त्र को छोड़कर उसके स्थान पर हमारे साहित्य के प्रतिमान तथा कथा तत्वों की दृष्टि से देखे तो ओम प्रकाश वाल्मीकी की कहानी 'सलाम' सर्वप्रथम हमारा ध्यान आकर्षित करती है। जो अगस्त 1993 में प्रकाशित हुई है। इस कहानी में भंगी समाज का एक शिक्षित युवक (यों स्वयं लेखक ही है।) सामाजिक दबाव के अतिरिक्त विवाह के उपरांत अपनी पत्नी को लेकर सवर्णों के द्वार पर सलाम करने नहीं जाता है। इसलिए हिन्दी साहित्य में दलित लेखक द्वारा प्रथम दलित कहानी लिखने का श्रेय ओमप्रकाश वाल्मिकी को ही जाता है। इनकी कहानियों में दलित जीवन में व्याप्त दरिद्रता, दीन-हीनता, विषमता और दुःख के दृश्यों को कई बार बड़ी सफलता से अंकित किया है। इनकी 'पड़ीस चौका डेढ सौ' 'कमली', 'अम्मा', 'शवयात्रा', आदि कहानियाँ महत्वपूर्ण हैं। मैं ओमप्रकाश वाल्मीकि का नाम इसलिए दे रहा हूँ कि हिन्दी साहित्य में स्वतंत्र बोध की भावना को जागृत करने में इनका बड़ा हाथ है।

पिछले एक दो दशक में प्रकाशित हिन्दी दलित साहित्य में कहानी संग्रहों की संख्या में बढोतरी हुई है। जिसमें दलित चेतना के विकास में योगदान देने वाले संग्रहों में प्रमुख है। दयानंद बटोही की कहानी संग्रह 'सुरंग' (1995), मोहनदास नैमिशराय की 'आवाजें' (1997), सुरजपाल चौहान की 'हैरी कब आयेगा' (1999) ओमप्रकाश वाल्मीकि की 'सलाम' (2000) और 'घुसपैठिये' (2003), एस. आर. हरनोट की 'दारोश' तथा अन्य कहानियाँ (2001), शत्रुध्न कुमार की हिस्से की 'रोटी' (2001) सुशीला टाकभौरे की 'ब्रह्म', अनुभति के 'घेरे', 'संघर्ष' (2006) आदि। स्वरूपचन्द बौद्ध की 'दलित अंतर्द्वंद्व' (2002), जयप्रकाश कर्दम की 'तलाश' (2005), मोहनलाल फिल्लौरिया की 'मोची का बेटा' (2006) इसके अतिरिक्त दलितों की ओर से कई कहानी संकलनों की बढ़ोतरी हुई है। डॉ. एन. सिंह की 'काले हशिये पर और यातनाएँ (1998), डॉ. कुसुम वियोगी की 'समकालीन दलित कहानियाँ (1998), 'चर्चित दलित कहानियाँ' (2001), दलित महिला कथाकारों की चर्चित कहानियाँ (1997), रजतरानी मीनू की 'हरिएसि बाहर' (2001), सूरजपाल चौहान की 'हिन्दी के दलित कथाकारों की पहली कहानी' (2004) आदि प्रमुख हैं।

उपर्युक्त हिन्दी दलित कहानीकारों द्वारा प्रकाशित कहानी संग्रह डॉ. अम्बेडकर की विचारधारा से प्रभावित है। यह हिन्दी दलित कहानी का आरंभिक समय है। हमें आशा है कि भविष्य में दलित नव युवकों द्वारा बहुत ही कहानी तथा कहानी संग्रह प्रकाशित होंगे। हिन्दी दलित कहानी का एक इतिहास होगा, इन कहानियों से दलित समाज के साथ-साथ समस्त भारत देश का विकास होगा।

दलित कहानी में प्रतिरोधी स्वर

–डॉ. गीता कुञ्ञम्मा सी

समकालीन विद्रूप सामाजिक संरचना में चाहे पुरुष हो या स्त्री, सवर्ण हो या अवर्ण सामान्यतः शोषण का शिकार है। यह शोषण सामाजिक हो या मानसिक, आर्थिक हो या धार्मिक उसके विरुद्ध विद्रोह होना स्वाभाविक है। पुराने जमाने से ही भारतीय समाज का आधार जातिव्यवस्था रहा है। इस वर्ण व्यवस्था के फलस्वरूप दलित हाशियेकृत वर्ग के अंदर माने गये हैं। फलतः शताब्दियाँ बीत जाने पर भी दलितों को सामाजिक, आर्थिक और मानसिक शोषण सहना पड़ा। सदियों से चली आ रही अस्पृश्यता की परंपरा, दासता आदि से दलितों को मुक्त करना, उनमें अपने अस्तित्व और अस्मिता के प्रति चेतना जगाना आदि को लक्ष्य करके ज्योतिबा फुले, डॉ. अम्बेडकर आदि ने दलित आन्दोलन चलाया। यह दलित मुक्ति आन्दोलन साहित्य का प्रेरणास्रोत बन गया। साभाजिक विभेद, वर्ण-व्यवस्था, ब्राह्मणवादी नैतिकता, सामाजिक-संरचनात्मक अन्याय, अत्याचार और शोषण के विरुद्ध अपनी अस्मिता को सजग रखने को लक्ष्य करके दलित साहित्य का सृजन हुआ। वर्ण व्यवस्था की तहत जारी प्रत्यक्ष और अप्रत्यक्ष दमन के प्रतिरोध और प्रतिशोध की चेतना के रूप में दलित चेतना को आँका जा सकता है। अतः दलित साहित्य में प्रतिरोध और प्रतिशोध का स्वर मुखरित है। वर्तमान समय के साहित्य में दलित जीवन के विविध आयामों की अभिव्यक्ति सशक्त रूप में हो रही है। समकालीन हिंदी साहित्य की प्रायः सभी विधाओं में दलित विमर्श चर्चा का विषय बन गया है। कहानी साहित्य भी इससे अनछुआ नहीं है।

दलितों की अशिक्षा का लाभ उठानेवाली सवर्ण की करतूतों की ओर संकेत करनेवाली कहानी है 'पच्चीस चौका डेढ़ सौ' (ओमप्रकाश वाल्मीकि)। अनपढ़ होने के कारण, अधिकांश दलित हमेशा धनीवर्ग द्वारा शोषण के शिकार हो जाते हैं। प्रस्तुत कहानी दलितों की निरक्षरता का लाभ उठाने वाले और उसे धोखा देनेवाले सवर्ण की बुरी मानसिकता की ओर संकेत करती है। अनपढ़ पिता के चौधरी द्वारा हुए शोषण से सुदीप का मन व्यथित होता है। कहानी का पात्र सुदीप शिक्षित है, अपनी पहली तनख्वाह के रुपये हाथ में थामें परिवार से मिलने आता है। सुदीप की याद में कहानी

आगे बढ़ती है। बचपन में पच्चीस का पहाड़ा दोहरानेवाले सुदीप को पिता ने समझाया कि पच्चीस चौका डेढ़ सौ है। सुदीप ने पिता की गलती दूर करने की कोशिश की। पिता का कथन ध्यान देने योग्य है– "तेरी किताब में गलत भी तो हो सके..... नहीं तो क्या चौधरी झूठ बोलेंगे? तेरी किताब से कहीं ठाड्डे आदमी है चौधरी जी.... मास्टर से कहणा सही सही पढ़ाया करे।" चौधरी पर पिता का जो पूरा विश्वास है वह झलकता है। स्पष्ट है चौधरी इन अशिक्षितों का शोषण हमेशा करते ही रहते हैं। सालों बाद सुदीप ने अपनी पहली तनख्वाह पिता के सम्मुख रखते हुए पिता को समझाया कि पच्चीस चौका सौ है। आखिर पिता को विश्वास हो गया कि पच्चीस चौका सौ ही है। उसने अपना अज्ञान समझ लिया। चौधरी द्वारा छले गये अनपढ़ बेसहारे पिता का चित्र लेखक ने यों खींचा है– "उनकी आँखों में एक अजीब सी वितृष्णा पनप रही थी, जिसे पराजय नहीं कहा जा सकता था, बल्कि विश्वास में छले जाने की गहन पीड़ा ही कहा जाएगा।" चौधरी के छल के एहसास से उसका दिल फट जाता है। अशिक्षित दलित की पीड़ा और सवर्ण द्वारा होनेवाले शोषण को अभिव्यक्त करने में कहानी सफल हुई।

'नो बार' कहानी में जयप्रकाश कर्दम सवर्ण की खोखली मानसिकता की ओर संकेत करते हैं, जो अवर्ण को समान मानने को तैयार होता है। कहानी का पात्र राजेश टाइम्स ऑफ इंडिया के मेट्रिमोनियल कोलम पर यह विज्ञापन पढ़ता है कि वान्टेड सूट्बल धूम फोर एम.ए. 25 इयर्स, 158 सेन्टिमीटर, व्हीटिश स्लिम, शार्प फीचर्ड, हाइली एज्यूकेटेड। कास्ट के स्थान पर लिखा था नो बार। उसने अपना बयोडाटा भेजा, उत्तर मिला कहे अनुसार सुदीप लड़की के पिता से मिलने आता है। पिता के संवाद से वह प्रभावित हो जाता है। पिता बातचीत के दौरान अंतर्जातीय विवाह की प्रशंसा करता है, वे प्रगतिशील विचारधारा के आदमी हैं। पिता यही मानता है कि हमारी नजर में लड़का और लड़की एक दूसरे को अच्छी तरह देखें, परखे और बातचीत करें। एक दूसरे से अड्जस्ट करें। दोनों विवाह करने को सहमत होते हैं। कहानी का क्लाईमैक्स तो इस संवाद में है जहाँ उच्चजाति का वास्तविक रूप प्रकट होता है। राजेश के साथ हुए संवाद से पिता को ऐसा लगा कि राजेश निम्न जाति का है। कहानी का अंश है– "यह लड़का जिस तरह की जुबान बोल रहा है, कहीं शेड्यूल्ड कास्ट तो नहीं है। इस तरह की बातें एससी. ही करते हैं। वे ही पक्ष लेते हैं कंशीराम और मायावती का।" यह विचार आते ही वह असहज होता है और बेटी से पूछता है कि लड़के की कास्ट क्या है? लड़की ने इस ओर ध्यान नहीं दिया था क्योंकि पिता ने जाति के स्थान पर नो बार छपा था। सवर्ण अन्दर ही अन्दर अपने धर्म का पोषक ही है। पिता के खोखलेपन का पर्दाफाश कर्दमजी ने यों किया है– "वह सब तो ठीक ही है कि हम जाति पांति को नहीं मानते.... लेकिन कुछ चीजें देखनी ही होती हैं। आखिर नो बार का मतलब तो यह नहीं होती कि किसी चमार-चूहडे के साथ..." प्रस्तुत कहानी से यह स्पष्ट हो जाता है कि सवर्ण जितने

भी पढ़े लिखे हों प्रगतिशील विचारधारा के हों अपने विचारों को व्यावहारिक रूप देने में हिचकते हैं। समाज उस जातिवादी परंपरा के ढाँचे का प्रतिनिधित्व करता नजर आता है जो जन्म के आधार पर व्यक्ति की श्रेष्ठता-हीनता का निर्धारण करता आ रहा है। कहानी का पात्र राजेश भी सवर्ण द्वारा नकारा जाता है।

प्रेम कपाडिया की कहानी है 'हरिजन', इसमें कहानीकार ने व्यवस्था और शासन से शोषित हरिजन महिलाओं की बात कही है। प्रस्तुत कहानी का पात्र प्रेम जो पुलिस अफसर है जिसे अपने बचपन में एक देवदासी के पुत्र होने के कारण यातनाएँ सहनी पड़ीं। जब वह स्कूल का विद्यार्थी था तब एक लड़के ने उसकी तख्ती पर पैर रखा। प्रेम ने उसका विरोध किया। उस लड़के का कथन उसके दिल पर गहरा चोट पहुँचाता है "पैर पड गया तो क्या हो तू हरिजन ही है.... फिर हरामी भी है... तेरे बाप का नाम क्या है? क्या तू जानता है।" यह वाक्य उसके मन पर गहरा चोट पहुँचाता है, माँ से बिना बताये घर छोड़ता है। पुरानी घायल यादों का बदला देने के लिए प्रेम जानबूझकर प्रतिरोध करने की क्षमता समकालीन जीवन संदर्भ में बहुत अनिवार्य है। इस संदर्भ में नारी जागरण की अपनी अहं भूमिका है। उसी गाँव में नियुक्ति प्राप्त करता है जिस समाज ने उसे निम्न घोषित किया है। मन्दिर जाकर माँ को छुड़ाता है जो अब भी देवदासी जैसा जीवन बिताती है।

शशिप्रभा शास्त्री द्वारा रचित दलितों की आर्थिक तंगी को चित्रित करनेवाली कहानी है 'खाली झोली भरे हाथ'। सवर्ण की झूठी सहानुभूति, खोखलापन और उसकी कंजूसी को प्रस्तुत कहानी में वाणी दी गयी है। गिज्जू और उसकी पत्नी की आर्थिक विपन्नता प्रस्तुत कहानी की केन्द्र बिन्दु है। कमला जो घर की मालकिन है उसके माध्यम से संपन्न वर्ग की झूठी सहानुभूति को स्पष्ट किया गया है। पत्नी के स्वास्थ्य की रक्षा के लिए उसे घी देना है अतः गिज्जू कमला से दस रुपए माँगता है। लेकिन कमला रुपए नहीं देती। कमला को गिज्जू की बहू की याद आती है और उसकी हालत सोचकर सहानुभूति भी होती है लेकिन यह सहानुभूति केवल दिखावा मात्र थी। कहानी की इन पंक्तियों में लेखिका यों स्पष्ट करती हैं– "दूसरे दिन गिज्जू आया और काम करके चला गया। कमला बड़ी व्यस्त थी कुछ कह न सकी और कहती भी क्या। नौकर लोगों को पैसा देने के लिये क्या अपने-आप पूछ जाता है? जुरूरत होती तो गिज्जू ही जरूर माँगता।" गिज्जू और बहू के प्रति उनकी सहानुभूति निश्चय ही झूठी है। आर्थिक क्षमता होने पर भी कमला और उसका परिवार उन्हें सहारा देने के लिए तैयार नहीं होता। आर्थिक तंगी के कारण स्वास्थ्य के बारे में सोचे बिना काम करने आती है। गिज्जू का यह कथन उसकी आर्थिक कठिनाई को स्पष्ट करता है– "पर घर में खाने का कुछ नहीं है, आराम करने को जगह नहीं।" यों कहानी के अनेक स्थानों पर लेखिका निम्नजाति की विवशता, उनकी आर्थिक तंगी को सामने लाती है साथ ही उच्चजाति की झूठी सहानुभूति को भी।

सवर्ण शक्ति-पुरुषों द्वारा दलित स्त्रियों का यौन शोषण दलित कहानियों में गंभीर चर्चा का विषय बन गया है। दलित नारियों को सवर्णपुरुषों की हवस का शिकार बनना पड़ता है। दबाव, लालच, छद्‌म, ब्लैकमेल इत्यादि हथकंडों से स्त्रीत्व का शोषण किया जाता है। उनकी दृष्टि में स्त्री केवल उपभोग की वस्तु है, कामपूर्ति का साधन है। कहानीकारों ने इस सवर्ण पुरुष-मानसिकता के प्रति स्पष्ट एवं सशक्त प्रतिरोध अपनी कहानियों द्वारा किया है। लेखकों ने नारी की इस नियति का मर्मांतक चित्रण किया है साथ ही उनके अंदर छिपे प्रतिरोध की अंगारों के प्रज्ज्वलित रूप का पर्दाफाश भी किया है। इस दृष्टि से 'सुमंगली', 'अपना गाँव' आदि कहानियाँ उल्लेखनीय हैं। कावेरी द्वारा रचित 'सुमंगलीं कहानी की नायिका है सुगिया। वह इतना अभागिन है कि किसने उसे जन्म दिया, पाला-पोसा इसके बारे में अनभिज्ञ है। नौ साल की उम्र में ही उसने अपने को ठेकेदार की रखैल समझा था। सुगिया ठेकेदार की कामिनों के बीच कामिन का काम करती थी। बारह वर्ष की उम्र में ही उसे अपने स्त्रीत्व की कुर्बानी करनी पड़ी– "अपनी टोली के बीच वह बेखबर सोई हुई थी। अचानक उसके शरीर पर एक लौह-स्पर्श सा हुआ और उस पर एक दैत्यनुमा छाया सवार थी। वह चीखती रही, कहती रही। भगवान का वास्ता देती रही, पर उसकी चीख-पुकार रात के अँधियारे में विलीन हो गयी और बहशी दरिन्दे ने भूखे भेडिये ठेकेदार ने अपने मनमानी करके ही उसे छोड़ा। दर्द के मारे वह बेहोश हो गयी।" यों स्त्री को केवल भोग वस्तु समझनेवाले उस सवर्ण पुरुष के क्रूर, अमानवीय व्यवहार को लेखिका ने शब्दबद्ध किया है। यों शोषण स्त्री की नियति ही बन गया है। उसके विरुद्ध आवाज उठाने में उसमें ताकत नहीं है, हिम्मत नहीं है। स्त्री की इस विवशता की ओर संकेत करके कहानी का पात्र दुखना की माँ उसे यों सांत्वना देती है– "एकदम चुप हो जा वर्ना उस पिशाच को अगर मालूम हो गया तो तेरी चमड़ी उधेड़कर रख देगा...? हमारी मेहनत से अट्टालिकाएँ तैयार होती है उसके पुरस्कार के बदले में हमारे शरीर को रौन्दा जाता है।" ठेकेदारों ने जवानी भर उसके शरीर को अपनी हवस का शिकार बनाया। प्रतिशोध या प्रतिरोध करने में विफल शोषित दलित नारी का दर्दनाक चित्र प्रस्तुत कहानी में उभर आता है।

'अपना गाँव' कहानी में मोहनदास नैमिशराय ने नारी की इसी विवशता को वाणी दी है। निर्बल और असहाय नारी की विवशता के प्रतीक के रूप में कबूतरी आती है, जो दलित है, चमार जाति की है। ठाकुर के खेत में काम करने के लिए कबूतरी तैयार नहीं होती। तब ठाकुर के मँझले बेटे ने उसका हाथ पकड़ लिया। कबूतरी ने हाथ छुड़ाने की कोशिश की। ठाकुर के बेटे और कारिन्दों ने उसके सारे वस्त्र फाड़के उसे नंगा किया। कहानी का अंश है– "पहले ठाकुर के मँझले ने झपट्टा मारा। बाज पाँच थे और वह अकेली। पल भर में भी उसके बदन के

कपड़े खींच-खींचकर फाड़ दिए गए। गाँव से दूर वीरान से रास्ते में, वह बहुत चीखी-चिल्लायी, पर उन्होंने उसे पूरी तरह नंगा करके ही छोड़ा था।" सारे गाँव में वह नंगी हालत घुमाई गयी। उसके मन और तन से पीड़ा और आक्रोश उभर रही हैं। उसकी बेइज्जती होते देख सारे गाँववालों को चुप रहना ही पड़ता है। उस गाँव में ठाकुरों के द्वारा स्त्रियों की बेइज्जती हमेशा होती रहती है। गाँव का बूढ़ा हरिया का कथन इस सन्दर्भ में विशेष ध्यान देने योग्य है– "गाँव में सबसे पहले मेरी पोति की बऊ को भी नंगा किया गया। कुछ म्हारी बहू-बेटियों को हवेली में नंगा किया गया, दिन के उजाले में भी और रात के अँधेरे में भी।" ठाकुरों द्वारा होने वाले अन्याय के विरुद्ध आवाज नहीं उठा सकते। कबूतरी का पति गाँववालों के साथ जुल्म का रिपोर्ट लिखवाने पुलिस स्टेशन जाता है। लेकिन पुलिस वाले जो ठाकुर के ही आदमी हैं, गाँववालों को मारते हैं, कुछो को जेल में बन्द कर देते हैं। अंत में पंचायत बैठी और पंचायत के प्रमुख ने यह फैसला लिया कि नया गाँव बसायेंगे। लेकिन यह फैसला नारी पर हुई बेइज्जती का जवाब नहीं, दलितों की बेबसी और विवशता की ओर ही संकेत करता है।

'जवाब' (अखिलेश श्रीवास्तव) और 'अंगारा' (कुसुम मेघवाल) दलित नारी के विद्रोही रूप को, उसके प्रतिशोध को अभिव्यक्त करने में सफल हुई कहानियाँ हैं। 'जवाब' कहानी में तेतरी अपने ऊपर हुए अन्याय का प्रतिशोध पुत्र द्वारा पूरा करने में सफल होती है। दलित स्त्री के यौन शोषण को कहानीकार ने विषय बनाया है साथ ही जमीन्दारी प्रथा के बुरे प्रभाव की ओर भी संकेत किया है। पहले ठाकुर हीरा सिंह का लठैत दशरथ तेतरी का पीछा करता है और बहला फुसलाकर तेतरी को राजी करने की कोशिश करता है। तेतरी दशरथ के हाथ पर खुर्पी से वार करती है। दशरथ की कलाई से खून की धार फूट पड़ी। तेतरी वहाँ से भाग निकलती है। यहाँ दलित नारी के साहसी रूप की ओर कहानीकार ने संकेत किया है। लेकिन दशरथ के षड्यन्त्र से ठाकुर के सम्मुख तेतरी को हार माननी पड़ती है। हीरा सिंह तेतरी के घर के पास जो आम का पेड़ था उसे काटने आता है। तेतरी हीरा सिंह की शरण में पहुँचती है और गिड़गिड़ाती है। हीरा सिंह की दृष्टि उसके शरीर पर पड़ती है। जगह जगह फटे कपड़ों से झाँकती तेतरी की जवान देह हीरा सिंह की आँखों में धँस गयी। 'तेतरी' के सौन्दर्य से आकृष्ट हीरा सिंह कुतन्त्र रचता है और तेतरी को अपने घर बुलाता है। हीरा सिंह द्वारा तेतरी का शोषण होता है। कहानीकार के शब्दों में– "हीरा सिंह किसी घात लगाए भेड़िये की तरह उस पर झपट पड़े। इस अचानक हमले से तेतरी सपज्ञाशून्य हो गयी, काट मार गयी उसे। उसकी चीख गले में ही अटककर रह गयी। कोई प्रतिरोध नहीं कर सकी। उसका आम का पेड़ तो कटने से बच गया लेकिन उसके ऐवज में सारी रात उसे स्वयं कई बार कटना पड़ा।" ठाकुर, महाजन, जमीन्दार आदि सत्ता

के बल पर दलित नारी का शोषण करते हैं। स्वयं पर हुए अत्याचारों पर प्रतिशोध करने में असमर्थ नारी पुत्र द्वारा किए गये प्रतिशोध पर गौरव का अनुभव करती है। कैलाश एक बार ठाकुर का सिर फाड़ देता है। डॉक्टर साहब से तेतरी का कथन निश्चय ही प्रशंसनीय है– "लोहे को आखिर लोहा ही काटता है, डॉक्टर साहब कहारिन के पेट से पैदा हुआ तो क्या खून तो आखिर वह हीरा सिंह का ही है.... मेरा कैलाश ही जवाब है उस पापी का। मुझे तो बहुत खुशी है कि उसने हीरा सिंह का सिर फोड़ दिया। वे तो अगर हीरा सिंह को जान से मार दे तब भी मुझे कोई अफसोस नहीं होगा। मेरा कैलाश जेल चला जाय, उसे फाँसी हो जाय मुझे मंजूर है। लेकिन इस पापी का अंत होना ही चाहिए। गरीबों पर बहुत जुल्म किया है इस दुष्ट ने..? मुझ जैसी न जाने कितनी औरतों को बराबाद किया है इसने।" तेतरी के चेहरे पर भय, चिंता, घबराहट का नामोनिशान नहीं था। तेतरी प्रतिशोध की सफलता में जल उठनेवाली नारी का प्रतिरूप है। दलित नारी के यौन शोषण और उसके प्रतिशोध को अभिव्यक्त करनेवाली कुसुम मेघवाल की कहानी है 'अंगारा'। खेत की मेड पर घास काटने आयी जमुना के पास ठाकुर का बड़ा लड़का सुमेर सिंह और उसका चाचा नत्थूसिंह चुपके से आते हैं। चिल्लाती जमुना के मुँह में कपड़ा ठूँस देते हैं और चाकू की नोंक पर सुनसान जगह ले जाते हैं। और वीरान कोठरी में बन्द कर देते हैं। जमुना जैसे दलितों की परछाई छूने से ही जो अपवित्र हो जाते हैं वे ही उनका यौन शोषण करते हैं। अपनी इज्जत लूटने उतारू ठाकुरों से जमुना पूछती है– "हमें छूते ही आप अपवित्र हो जाते हैं, किन्तु रात के अंधेरे में हमारा पसीना और होठों से..... पर भी आप अपवित्र नहीं होते? .... आपकी छूत-छात कहाँ चली गयी?" प्रश्न करनेवाली जमुना को वे धमकी देते हैं। जमुना तीसरी रात घर पहुँचती है, उसका भाई हीरा प्रतिशोध करने तैयार होता है– "मैं इन पापियो-चंडालों को बता दूँगा कि अछूत गरीबों की भी इज्जत होती है और वह भी इज्जत से जीना जानता है। इज्जत केवल उनकी बपौती नहीं है।" ठाकुरों के विरुद्ध रिपार्ट लिखवाने थाने पहुँचने पर हीरा को पता लगा कि ठाकुरों ने रिश्वत देकर मामला रफा दफा कर दिया है। हीरा अपना फैसला नहीं छोड़ता। अपनी झोंपड़ी पहुँचे हीरासिंह का साहस के साथ ललकारते हुए आक्रमण किया। लड़ते लड़ते थके हुए सुमेरसिन्ह को जमुना ने देखा। नारी का साहसी रूप और उसका प्रतिशोध कहानीकार यों स्पष्ट करते हैं– "जमुना आँखें फाड़े अपनी इज्जत लूटने वाले नर पिशाच को देख रही थी। अब उसकी बारी थी। अंगारा बना जमुना दौड़ी दौड़ी घर में गयी और कोने में पड़ी दराती उठा लाई, सरकार और पुलिस जिसे सजा नहीं दे पाई, उसे जमुना ने दी। अपना प्रतिशोध पूरा किया। उसने सुमेर सिंह के पुरुषत्व के प्रतीक अंग को ही काटकर उसके शरीर से अलग कर दिया.. उसके लिये इतनी ही सजा काफी

थी।" अपनी बेइज्जती करनेवाले पुरुष का प्रतिशोध करने में वह सफल हुई।

जाति-प्रथा भारतीय समाज व्यवस्था की सबसे अधिक क्रूर और अमानवीय प्रथा है। जातिव्यवस्था का सर्वाधिक असहनीय और भयानक पहलू अस्पृश्यता पूर्ण बर्ताव है। हमारी सामाजिक व्यवस्था में कुछ मानव समूहों को अछूत घोषित कर दिया गया है, उनके साथ किसी भी प्रकार का संबन्ध नहीं रखा जाता है। विश्वास है उनके छूने से अपवित्रता फैल जाती है। अस्पृश्यता को केन्द्र में रखकर लिखी गयी कहानियाँ हैं 'एक और अंत' (अभयकुमार सिंहा) और 'बिच्छूघास' (श्रीविलास डबराल)। 'एक और अंत' में 'अंतर्जातीय विवाह ही अस्पृश्यता का कारण बन जाता है। अस्पृश्यता की मान्यता के आगे सारे मानवीय मूल्य नष्ट होते नजर आता है। कहानी में इसका उदाहरण यों मिलता है– "बुढ़िया ने एकदम से सुमनी का झोटा पकड़कर आँगन में पटक ही तो दिया था उसे गालियाँ देती है। मौसी अपनी सब चीजों पर जिन्हें सुमनी ने छू लिया है गंगाजल छिड़कती है। तुलसी के चौतरे पर से लोटा उठाकर और उसमें आग डालकर पवित्र करती है।" अंतर्जातीय शादी करने के कारण सारी बिरादरी टुनरा की सहायता नहीं करती है। बीमारी से सुमनी की मृत्यू होती है, पैसों से या देह से टुनरी की सहायता कोई नहीं करता– "टुनरा रातभर अपनी जाती बिरादरी में दौडधूप करता रहा मदद करने को कोई नहीं रहा न पैसों से न देह से।" जातिप्रथा को लेकर होनेवाले अमानवीय व्यवहार का चित्रण है पूरी कहानी में। 'बिच्छूघास' भी इसी श्रेणी में आनेवाली दूसरी कहानी है। सवर्ण का विश्वास है अवर्ण द्वारा छूने से भोजन अपवित्र बन जाएगा। दुर्गादत्त उच्च और मूसा निम्नजाति के पात्र हैं। कहानी का यह संवाद सवर्ण की इस मानसिकता पर जोर देता है कि निम्नजाति हमेशा अपने को हीन समझे। अस्पृश्यता के नाम पर निम्नजाति को शारीरिक पीड़ा देने में भी वे हिचकते नहीं। उनका क्रूर और अमानवीय व्यवहार प्रस्तुत कहानी के केन्द्र में है। एक दिन दुर्गादत्त और मूसा स्कूल जाते वक्त मूसा पैर लड़खड़ाकर और लुढ़ककर दुर्गादत्त को छूता हुआ एक ओर जा गिरता है। मूसा के माथे पर एक नील गूमड़ उभर आया और कोहनी भी छिल गयी थी। दुर्गादत्त की धमकियाँ सुनकर चोट का दर्द और लातों की मार भूल जाता है। दुर्गादत्त के कहने पर मास्टर बिच्छूघास लाकर उससे मूसा को मारता है– "सटाक बिच्छूघास की टहनी मूसा के नंगे पावों पर लपटकर छूटी।मूसा इतनी जोर से चीखा जैसे कई बिच्छुओं ने एक साथ डंग मार दिया है।" दलितों के प्रति करनेवाले अमानवीय और क्रूर व्यवहार का चित्रण कहानीकार ने यों प्रस्तुत किया है।

वर्णाधारित सामाजिक अन्याय और दलित उत्पीड़न की समस्या इन चर्चित कहानियों में उपलब्ध है। एक हद तक अशिक्षा या अज्ञान दलितों के शोषण के कारण बन गये हैं। उन्हें अपने हक और अधिकार के लिए लड़ना है। इसके लिए शिक्षा की ज़रूरत है। समाज अब भी परंपरागत वर्णभेद व्यवस्था तथा सवर्ण श्रेष्ठता

के ढ़ाँचे से बाहर नहीं निकला है। मनुष्य जितना भी साक्षर हो उनकी मानसिकता में जब तक बदलाव नहीं होता तब तक दलित जीवन में परिवर्तन या सुधार लाना नामुमकिन है। समाज की प्रगति के लिए मानसिक बदलाव अनिवार्य है। नारी दलित हो या गैरदलित उनमें आत्मसम्मान और अपनी अस्मिता की पहचान की जरूरत है। शोषण के विरुद्ध प्रतिशोध और प्रतिरोध करने की क्षमता समकालीन जीवन संदर्भ में बहुत अनिवार्य है। इस संदर्भ में नारी जागरण की अपनी अहं भूमिका है।

हिंदी दलित नाटक

–डॉ. आर. शशिधरन

नाटक साहित्य की लोकप्रिय विधा है। इसी विधा से ही मीडिया, विज्ञापन और आज के इलेक्ट्रोनिक मनोरंजन एवं फिल्म आदि का विकास हुआ है। डॉ. हरिनारायण ठाकुर ने अपनी किताब दलित साहित्य का समाजशास्त्र में लिखा है–'नाटक विधा और नाट्यकर्म से जुड़े हुए लोग शुद्र माने गये थे। आधुनिक काल में भी लोकनाट्य द्वारा लोगों के मनोरंजन करनेवाले कलाकारों को सम्मान की दृष्टि से नहीं देखा जाता। उनका जीवन और उनके नाट्य कर्म उपेक्षित ही रहे। इस विधा के पुरोधा कवि-साहित्यकार भी समाज के श्रेष्ठ वर्गों से नहीं आये। लव-कुशी के लोकरूपक की रामकथा लिखनेवाले आदिकवि वाल्मीकि (बहेलिया) महाभारत, भागवत आदि के माध्यम से कृष्ण की लीलाओं (रास) का वर्णन कनेवाले व्यास (मल्लाह) रघुवंशम, कुमारसंभवम् आदि की रचयिता कालिदास (गड़ेरिया) मृच्छकटिकम् के रचयिता शूद्रक आदि भी शूद्र की श्रेणी में ही गिने गए।' (पृ. 507) यह भी कहा जाता है कि जब भरत मुनि को वेदादि पढ़ने की मनाही हो गयी, तो उन्होंने पंचम वेद 'नाट्यशास्त्र' की रचना की। इन बातों पर अनुसंधान की तो आवश्यकता तो है। लेकिन यह तो सच्चाई है कि लोकनाटक के प्रणेता, और नाचगान करनेवाले लोगों को आज भी समाज में उतना सम्मान नहीं दिया जाता और इसके अभिनेता, नाट्यकर्मी और नाटकार शूद्र ही हैं। उत्तर भारत के नट जाति के लोग घूमंतू दलित हैं, जिनकी आज भी कोई हैसियत नहीं है। समाज को बहुत कुछ देनेवाली विधा नाटक वास्तव में शूद्रों की चीज है।

हिंदी दलित लोकनाटक की परंपरा

नाट्य-साहित्य मौखिक और लिखित इन दोनों रूपों में मिलता है। इन दोनों में दलित नैकट्य देखा जा सकता है। इन लोक नाटकों द्वारा ही दलितों ने अपनी समस्याओं का इशारा किया था। मेरठ जनपद की परिगणित जतियों के लोक साहित्य का अध्ययन शीर्षक अपने ग्रन्थ में डॉ. देवी सिंह ने लिखा है– मेरठ जनपथ का लोक नाट्य दो

सौ पचीस वर्ष से भी कुछ अधिक पुराना है। यों इस की जड़ें अठारहवीं शताब्दी के मध्य तक चली गयी हैं। (पृ. 324) उनके अनुसार इस जनपद का सर्वप्रथम लोकनाट्य हापुड़ निवासी का है जिन्होंने संपेरा का लोकनाट्य 1821 में लिखा था इसके बाद लोक नाट्यकारों की प्रथम श्रेणी में बक्शीदास और झंडूदास आते हैं। (पृ. 301) दलित थिएटर शीर्षक लेख में मोहनदास नैमिशराय ने भी कहा है कि वहाँ प्रचलित अन्य लोकनाट्य रूप चढत तथा खोडिया, भांड-भंडेला बहुरूपिया और स्वांग आदि थे। आल्हा-ऊदल, राजा सलेहस जैसे वीर कथात्मक लोकनाट्यों ने पराधीन भारत के ग्रामांचलो में स्वतंत्रता का स्वप्न जगाया था। स्वांग-भवाई और लद्दा ये तीनों लोकनाट्य जन-नाटकों की शृंगारी पद्धति के कारण प्रसिद्ध हैं। लीला शैली, स्वांग शैली, यात्र शैली, कीर्तन शैली, भांड शैली, बिदेशिया शैली, भवाई शैली, गिद्धा शैली आदि लोकनाटकों की प्रमुख शैलियाँ रहीं लोक नाट्य के विभिन्न रूप अपने अपने वैचित्य के लिए भी प्रसिद्ध हैं। कुछ कुछ जाति विशेष से जुड़े हुए थे तो कुछ कुछ वि शेष जन समूह तक सीमित एवं प्रचारित होते थे। इसीलिये लोक नाट्य का क्षेत्र जाति, समूह गाँव, जिला तथा प्रांत व्यापी होता है। इन लोक नाट्यों में अपनी जनपदीय संस्कृति, रूढ़ियाँ, मान्यताएँ, एवं धारणाएँ अपने सांगोपांग रूपों में परिवेष्टित होती हैं, इसलिए इनका, दायरा अपने जनपद विशेष में सीमित रहता है। भौगोलिक स्थिति, नृत्य, संगीत, तथा कथाबीज भी इनमें अपने क्षेत्र में प्रचलित विशिष्ट रूप लिए होते हैं। यही कारण है कि लोकनाट्यों के समग्र तत्व के रूपों से परिपूर्ण तमाशा महाराष्ट्र की जातीय परम्पराओं में इस तरह घुलमिल गया कि उन्हें अलग ही नहीं किया जा सकता। डॉ. हरिनारायण ठाकुर ने भी लिखा है कि लोककथा एवं लोकनाट्य परंपरा विशुद्ध रूप से दलितों की चीज हैं। आधुनिक दलित साहित्य ने मुख्यधारा के साहित्य को चुनौती देते हुए जो साहित्य रचे, उनमें नाटक और रंगमंच का विशेष महत्व है। इस दृष्टि पूर्वोत्तर बंग्ला, असमिया, दक्षिण में मराठी, पश्विम में पंजाबी, राजस्थानी और उत्तर में भोजपुरी, मैथिली आदि के लोकनाटक प्रसिद्ध हैं। महात्मा फूले और अंबेदकर आदि समाजसुधाकारों ने भी अपने मिशन के प्रचार में ऐसे नाटकों और रूपकों का ही सहारा लिया था। आज का मराठी दलित रंगभूमि उसी लोक नाट्य-परम्परा का विकास है। (दलित साहित्य क्त समाजै गम, पृ. सं. 508-501)

आधुनिक हिंदी दलित नाटक की परंपरा

हिंदी दलित साहित्य की तमाम विधाओं में नाटक ही सबसे उपेक्षित विधा है। इसका मतलब यह नहीं है कि हिंदी में दलित चेतना की अभिव्यक्ति करनेवाली कोई नाट्यरचना लिखी, प्रकाशित व मंचित नहीं हुई। कई नाट्य कृतियाँ लिखी गयीं कुछ तो प्रकाशित भी हुई हैं, कई मचित तो हुईं, किन्तु कई प्रकाशित नहीं हुईं।

इनमें कई रचनाएँ लघु आकार की हैं कई नाटिका व एकांकी के रूप में। दलित नाटककारों ने नाट्य-रूप व नाट्यशिल्प के बारे में नहीं सोचा है। उन्होंने कथ्य पक्ष या वैचारिकता पर ही जोर दिया है। इसके संबंध में युवा आलोचक डॉ. युवा आलोचक सर्वेशकुमार मौर्य ने लिखा है– 1926 से लेकर आज तक लगातार दलित नाटक लिखे जा रहे हैं। हिंदी दलित नाट्य साहित्य जितनी समृद्ध दूसरी न हो। तकरीबन 60 दलित नाटककारों ने दो सौ से ज्यादा दलित नाटकों का सृजन किया है। इस उपेक्षित साहित्य की संख्या ही हमें आश्चर्य में नहीं डाल देती बल्कि उनकी अंतर्वस्तु का क्रान्तिकारीपन भी सोचने को बाध्य करता है। मुख्य धारा के जो आरोप दलित साहित्य पर अब तक लागए जाते रहे हैं, का शमन भी दलित नाटकों के अध्ययन से होता है। (जनविकल्प, अंक 3, जनवरी 2013, पृ. 100)

अब दलित साहित्य ने भारतीय तथा विश्व साहित्य में अपनी एक अलग पहचान बना ली है। इसी तरह दलित नाटक या रंगमंच का भी विकास हो रहा है। पहले भी दलितों की समस्याओं की अभिव्यक्ति की कोशिश कई प्रतिष्ठित मुख्यधारा नाटककारों की ओर से तो हुई थी, लेकिन दलित चेतना के साथ उनकी समस्याओं को प्रस्तुत करने में वे असफल रहे। क्योंकि उनके लेखन का आधार सहानुभूति रहा। दलित नाटक की वास्तविक चिंता अपने समाज को पराधीनता की उन परंपराओं से मुक्ति दिलाने की है जिन्होंने उन्हें सदियों से भारतीय समाज की मुख्यधारा से अस्पृश्य और अछूत घोषित करके हाशियेकृत किया था।

आधुनिक काल में दलित साहित्य लेखन की शुरुआत कहानियों, उपन्यासों और आत्मकथाओं के माध्यम से महाराष्ट्र में हुई। वहाँ की सामाजिक व्यवस्था ने इस तरह की रचना के लिए पृष्ठभूमि तैयार की थी। दलितों के साथ अमानुषिक स्तर पर तिरस्कार, दुर्व्यवहार और बहिष्कार वहाँ हो रहा था। माहात्मा ज्योतिबा फुले और दलितों के मसीहा भीमराव अंबेदकर की कर्मभूमि महाराष्ट्र थी। यही कारण है कि महाराष्ट्र से ही होकर दलित साहित्य ने भारतीय साहित्य में अपनी स्वतंत्र पहचान बनायी है। इसमें मराठी दलित नाट्यसाहित्य का योगदान महत्वपूर्ण है। मराठी रंगमंच में दलित रंगमंच का आविर्भाव सन् 1955 के आसपास हुआ। एम॰बी. चितटणीस कृत युगयात्रा सर्वप्रथम मंचीय मराठी दलित नाटक रहा। हिंदी रंगमंच पर मराठी दलित रंगमंच प्रभाव पड़ना स्वाभाविक है। लेकिन मलयालम में 1915 के पहले पंडित करुप्पन के तीन दलित नाटक बालाकलेशम, उद्यानाविरुन्नु और जातिक्कुम्मी प्रकाशित हुए थे जिनमें जातिव्यवस्था और अस्पृश्यता की कड़ी आलोचना की गयी थी। मोहनदास नैमिष राय एवं चन्द्रकुमार वरठे ने मराठी भाषी किसन फागू बनसोडे को दलित समाज का सर्वप्रथम नाटककार माना है। महाराष्ट्र से दलित नाटक ने भारतीय साहित्य में अपनी स्वतंत्र पहचान बनायी है। इसमें दलित साहित्य का योगदान महत्वपूर्ण है। मराठी रंगमंच में दलित रंगमंच का आविर्भाव सन् 1955 के आसपास हुआ। एम.

बी चिटनीस कृत युगयात्रा सर्वप्रथम मंचीय मराठी दलित नाटक रहा। हिंदी रंगमंच पर मराठी रंगमंच पड़ना स्वाभाविक है। लेकिन मलयालम में 1915 के पहले पंडित करुप्पन के तीन दलित नाटक बालाकलेशम उद्यानाविरुन्नु और जातिक्कुम्मी प्रकाशित हुए थे जिनमें जातिव्यवस्था की कहीं आलोचना हुई थी। चन्द्रकुमार वरठे ने लिखा है– दलित साहित्य के प्रथम नाटककार के रूप में श्री बनसोड़े का उल्लेख अनिवार्य है। उनका 'संत चोखामेला' नामक नाटक अत्यंत चर्चित रहा। इसका रचनाकाल सन 1924 माना जाता है। यह नाटक कई बार मंचित भी हुआ था।

'संत चोखामेला' के अलावा भी श्री बनसोड़े ने कई नाटकों की रचना की, उनमें से प्रमुख हैं– एक साधूची फजीती (एक साधू की फजीहत) पारतंत्र्य विमोचन, सनातन धर्माचा तमाशा (सनातन धर्म का तमाशा) अन्त्यांचा सुधारण्याचा मार्ग (अन्त्यज के सुधार का मार्ग) आदि। उनके नाटकों में तमाशा नामक लोक शैली का प्रभाव स्पष्ट परिलक्षित होता है। (दलित साहित्य आन्दोलन, पृ. 12) इस सन्दर्भ में बिहार में जगदेव ने जो कार्य किया उसका उल्लेख करना बहुत जरूरी है। जगदेव जी बिहार के लेनिन के रूप में जाने जाते हैं। उन्होंने रामायण जलाने ब्राह्मणत्व के खीलाफ मुहिम चलाने, ब्राह्मणों द्वारा संपन्न हर रश्म या परम्परा का विरोध, विवाह-जन्म-मुंडन-श्राद्ध तक का बहिष्कार करने का आह्वान किया। गाँव के गरीब तबके के लोगों ने रामायण की पैरोडी में मजाक उड़ाते हुए नाटक रचे और खेले लेकिन ये प्रकाशित नहीं हुए।

हिंदी प्रदेश में 19वीं शती की आरंभ में संवादों और गीतों के जरिए छुआछूत के खिलाफ प्रचार हुआ। इस समय अछूत कन्या जैसे कई हिंदी सिनेमा भी निकले जिनमें दलितों की समस्याओं पर इशारा हुआ। सन् 1180 के बाद हिंदी प्रदेश में दलित समाज के ही लेखकों ने साहित्य सृजन का प्रारभ किया। कुछ नाटक भी लिखे गए, कुछ मंचित भी हुए और दर्शक भी प्रभावित हुए। किन्तु पुस्तक रूप में या पत्रिकाओं में प्रकाशित न होने के कारण दस्तावेज के रूप में सामने नहीं आये।

स्वामी अछूतानद हरिहर : हिंदी दलित नाटक के पयानीर

हिंदी नाट्यसाहित्य की मुख्य धारा में भारतेंदु का जो स्थान है, दलित नाट्य सहित्य में स्वामी अछूतानंद हरिहर का वही स्थान है। अछूतानंद जी हिंदी दलित नाटक के जनक थे। डॉ. सर्वेशकुमार मौर्य ने लिखा है– हिंदी का पहला दलित नाट्यलेखक अछूतानंद हरिहर को ही माना जाना चाहिए, क्योंकि अभी तक प्राचीन उपलब्ध प्रकाशित नाटक हरिहर जी का ही है। (डॉ. पी. रवि (सं) जनविकल्प अंक 3 जनवरी 2013, पृ. 103) स्वामी अछूतानंद हरिहर ने आदि हिन्दू सिद्धांत के प्रतिपादन करते हुए दलित समाज पर अतीत में हुए अन्यायों अत्याचारों से अवगत कराने के लिये

रामराज्य न्याय शीर्षक नाटक लिखा। इस नाटक की प्रस्तुति आदि हिन्दू आन्दोलन के सम्मेलनों के बाद आधी रात के समय होता था। हजारों दर्शकों ने इस नाटक की प्रस्तुति देखी है। हरिहर के जीवन काल में उनके शंबूक, मुनि, मायानंद बलिदान, पारखपद, बलिछलन रामराज्य न्याय आदि नाटक प्रकाशित हुए। इनमें उनके शंबूक, बलिछलन, रामराज्य आदि नाटक अधिक चर्चित और मंचित हुए। रामराज्य-न्याय में अयोध्या के राजा राम के जुल्म के शिकार बने शंबूक के वध का चित्रण है। शंबूक में भी उन्होंने श्रीराम के गलत फैसले की आलोचना की है। शंबूक के सामन बलि भी राम के जुल्म का शिकार बना था। इस बात को ही उन्होंने अपने नाटक बलिछलन का कथ्य बनाया। श्रीमती रमणिका गुप्ता जी ने लिखा है कि हरिहर जी के नाटक हिन्दू शास्त्रों और वाङ्मय के ऐसे पात्रों पर रचे गये हैं जिनके उद्पीड़न को सवर्ण साहित्यकारों और समाज ने त्याग या बलिदान की संज्ञा देकर सवर्णों द्वारा दलितों के शोषण तथा सवर्ण पात्रों के छल को महिमामंडित करने का षड्यंत्र रचा था। (दलित हस्तक्षेप, पृ. 101) नाटककार ने बाली और शंबूक को राम के वर्चस्ववाद के खिलाफ बगावत करनेवालों के रूप में प्रस्तुत किया है। उनके नाटकों की भाषा सरल हिंदुस्थानी रही। उनके नाटकों की गद्य-पद्य मिश्रित शैली ने ग्रामीण जनता, हिशेषकर दलित समाज के लोगों को खास आकृष्ट किया था। दलित नाटक के लिए हरिहर जेई के समग्र योगदान को देखकर ही डॉ. सर्वेशकुमार मौर्य ने अछूतानंद हरिहर को हिंदी दलित नाटक के पयानीर कहा है। (जनविकल्प अंक 3 पृ. 103)

अछूतानद के परवर्ती : रत्नाकर बंधु त्रिशरण, श्री ललई सिंह यादव एवं दयानंद बटोही

स्वामी अछूतानंद हरिहर के बाद दलित नाटकों के सृजन मंचन की एक लंबी परम्परा आगे आई। स्वामी अछूतानंद द्वारा प्रवर्तित दलित नाट्यधारा का विस्तार करने में रत्नाकर बंधु त्रिशरण का बहुत बड़ा महत्व है। अपना देश (1156), डॉ. अंबेडकर (1976), हीरे की पहचान (1183) और हमारा समाज (1184) के प्रमुख नाटक हैं। दलितों के जीवन से जुड़े विभिन्न मुद्दों को नाटककार ने गंभीरता के साथ उभारने का प्रयास किया है। शिवप्रसाद दास ने अस्पृश्यता की समस्या को आधार बनाकर हरिजन (1151) शीर्षक में भोजपुरी भाषा में एक नाटक लिखा। इस नाटक में दो अंक और आठ दृश्य हैं। इस नाटक की केन्द्रीय समस्या अस्पृश्यता है। नाटककार ने निराधार छूत-छात और दोहरे बर्ताव को प्रश्नांकित किया है। (जनविकल्प, अक 3 जनवरी 2013, पृ. 108)

श्री ललई सिंह यादव ऐसे नाटककार थे जिन्होंने जातिवादी अन्याय और ब्रह्मवादी साजिशों का घोर विरोध किया था। ऐतिहासिक पात्रों के आधार लेकर

उन्होंने एकलव्य (1963), वीर संत मायानंद बलिदान (1184) अंगुलीमाल (1186) और वीरंगना झलकारीबाई आदि उनकी प्रमुख नाट्यरचानाएँ रहीं। जनजागरण ललई सिंह के नाट्य-सृजन का उद्देश्य था। डॉ. सर्वेशकुमार मौर्य ने लिखा है– जनसभाओं में वक्तव्यों से पहले नाट्य मंचन की जो परम्परा अछूतानंद हरिहर जी शुरू की थी, उसका विकास ललई सिंह के यहाँ दिखाई देता है। दयानंद बटोही की बहुचर्चित नाट्यरचना है नयी पीढ़ी : नए कर्णधार (1162)। इसमें दलित उत्पीड़न के मसले को उठाया गया है और नयी पीढ़ी को नए युग के कर्णधार घोषित किया गया है। नाट्यरचना का नायक जयराम समाजवादी दृष्टि प्रस्तुत करते हुए कहता है– आज से प्रत्येक शत्रु हमारा मित्र प्रत्येक मनुष्य हमारा भाई और प्रत्येक राष्ट्र हमारा राष्ट्र होगा। संसार के दलितों, दुखियों का उद्धार और नए समाज का निर्माण हमारा लक्ष्य होगा।

संसार से आज जातिप्रथा विदा हो रही है और केवल मनुष्य नाम से हम अब पुकारेंगे। (सर्वेश कुमार मौर्य –हिंदी दलित एकांकी संचयन, 25)

हिन्दी दलित नाटक के अग्रदूत : श्री माताप्रसाद

श्री माताप्रसाद ही सचमुच हिंदी दलित साहित्य के अग्रणी नाटककार हैं जिन्होंने कई महत्वपूर्ण नाटक लिखकर इस नाट्यधारा को समृद्ध बनाने की कोशिश की है। उन्होंने इतिहास और पुराण के पत्रों और घटनाओं के अलावा सामाजिक समस्याओं को भी उन्होंने अपने नाटकों की विषयवस्तु बनायी। छुआछूत, अस्पृश्यता, शोषण, धार्मिक संकीर्णता, धार्मिक पाखण्ड, अंधविश्वास सवर्ण, मानसिकता आदि का पर्दाफाश करते हुए दलित समाज के लोगों में जागृति पैदा करने की कोशिश माताप्रसादजी ने की है। उनका प्रत्येक नाटक किसी न किसी दलित समस्या को लेकर लिखित है। समस्या के विश्लेषण के दौरान उन्होंने समस्या का समाधान भी प्रस्तुत करने का प्रयास भी किया है। समस्या-विश्लेषण-समाधान यही उनकी नाट्यधर्मिता की आत्मा है। उनकी प्रमुख नाट्य-कृतियाँ। उनकी प्रमुख नाट्य-कृतियाँ हैं– अछूत का बेटा (1973) धर्म के नाम धोखा (1977) वीरांगना झलकारी बाई (1997) वीरांगना ऊदादेवी पासी (1997), 'तड़प मुक्ति की' (1999), 'अन्तहीन बेड़ियाँ' (2000), 'प्रतिशोध' (2000) और 'धर्म परिवर्तन' (2001) रैदास से संत शिरोमणि गुरु रविदास (2003) हम एक हैं (2005) जातियों का जंजाल, दिल्ली गद्दी पर खुसरो भंगी (2011), दलितों का दर्द (2011) आदि।

माताप्रसाद के 'धर्म के नाम धोखा' और 'अछूत का बेटा' सामाजिक नाटक हैं और प्रतिशोध ऐतिहासिक। धर्म के नाम धोखा में यही दिखाया गया है कि धरम के नाम पर दलितों का शोषण हो रहा है। इसका मुख्य कारण दलितों की धर्मभीरुता है। 'अछूत का बेटा' में मंदिर प्रवेश के मुद्दे को उठाया गया है। प्रतिशोध में जाती-पाँति

और धर्मभेद की संकीर्णता को प्रस्तुत किया गया है।

'वीरांगना झलकारी बाई' भी माता प्रसाद का महत्वपूर्ण नाटक है जिसमें इतिहास और कल्पना का सुन्दर समन्वय किया गया है। झलकारी बाई ने रण वीर महिला थी जिसने महारानी लक्ष्मी बाई के साथ प्रथम स्वतन्त्रता संग्राम में अद्‌भुत शौर्य दर्शाया था। उसके अतुलनीय शौर्य एवं बलिदान का ही नाटक का प्रतिपाद्य है। इस नायिकाप्रधान नाटक में झलकारीबाई के अलावा रानी लक्ष्मी बाई, पूरन कोटी, भाऊ बक्षी आदि ऐतिहासिक पत्रों को भी नाटक में प्रस्तुत किया गया है। झलकारी बाई वीरता, देशप्रेम और स्वामिभक्ति की प्रतिमूर्ति थी।

माताप्रसाद जी के अंतहीन बेड़ियाँ शीर्षक नाटक में सामाजिक और धार्मिक स्थितियों को उभारने का प्रयास किया गया है। इस नाटक का शिल्प ऐसा है कि कई कथावस्तुओं को एक कड़ी के रूप में पिरोकर एक संपूर्ण नाटक -सा बनाया गया है। इसमें मुख्यतः उन्हीं घटनाओं या व्यक्तियों को लिया गया है जिनका संबंध वर्ग जाति, छुआछूत, भेदभाव के समर्थन या विरोध अथवा उससे पड़नेवाले प्रभावों से संबंध रखता था। इस नाटक में मानवीय मूल्यों की नयी व्याख्या करने की कोशिश की गयी है। इसमें शंबूक, एकलव्य जैसे अनेक पात्रों की प्रस्तुति हुई है जो जातिवादी घिनौनी वृत्तियों के शिकार हुए थे। नाटक में आर्य-अनार्य संघर्ष की प्राचीन घटनाओं से लेकर समकालीन समय तक के तमाम दलित संघर्षों को बड़ी तीव्रता के साथ उपस्थित किया गया है।

'धर्म परिवर्तन' भी 'वीरांगना झलकारी बाई' के सामान अधिक चर्चित नाटक है। नाटक में दलितों के मसीहा भीमराव अंबेडकर के जीवनानुभवों के माध्यम से हमारे सामजिक और राजनैतिक स्थितियों को दर्शाया गया है। नाटक में अंबेडकर ने दलित समाज के लिए किये तामाम संघर्षों का ब्यौरा प्रस्तुत किया गया जिसका अंजाम धर्मांतरण के रूप में हुआ। आंबेडकर ने सोचा था कि जब तक हिंदी समाज में जातिव्यवस्था कायम रहेगी तब तक दलितों की समस्या का हल संभव नहीं होगा। ऐसी स्थिति में हिन्दू धरम का परित्याग भी दलित मुक्ति का एक मात्र उपाय है। अम्बेडकर द्वारा किये गये दलिदोद्धार और उन्हें धर्मपरिवर्तन के लिए प्रेरित परिस्थितियों को जाहिर करने में नाटककार माताप्रसाद को बड़ी कामयाबी मिली है। हिन्दू समाज ने अभी तक धर्मांतरण की समस्या पर गंभीरता से विचार नहीं किया है। धर्मांतरण की ओर अम्बेडकर को क्यों मुडना पड़ा, इस विषय पर पाठकों व दर्शकों का ध्यान खींचना लेखक का प्रमुख उद्देश्य रहा है। नाटककार ने अम्बेडकर के चरित्र के महान पक्षों को भी बड़ी जीवन्तता इसमें उपस्थित किया है। डॉ. कंवल भारती के अनुसार नाटककार यह सिद्ध करने में सफल हुआ है कि 'धर्मांतरण डॉ. अम्बेडकर का लक्ष्य नहीं था, अपितु उनके संघर्ष का परिणाम था। नाटक में यह प्रमाणित हुआ है कि जिस धर्म के मूल में वर्ण-व्यवस्था है उस धर्म या

समाज में समता नहीं हो सकती। जब तक दलित हिन्दू बने रहेंगे, तब तक दासता शोषण, अन्याय और अत्याचार बना रहेगा।' 13 अक्टूबर 1135 को येवला की एक सभा में दलितों को संबोधित करते हुए डॉ. अंबेडकर ने कहा– 'दुर्भाग्य से मैं हिन्दू पैदा हुआ यह मेरे वश की बात नहीं थी, किन्तु हिन्दू धर्म की अपमानजनक एवं शर्मनाक स्थिति में रहने से इनकार करना मेरी शक्ति सीमा में है। मैं आपको यह विश्वास दिलाता हूँ कि मैं हिन्दू के रूप में नहीं मारूँगा।' अंबेडकर ने यह जान लिया था कि उच्च शिक्षा प्राप्त करने पर एक दलित की सामाजिक अवस्था में कोई परिवर्तन नहीं होता इसलिए दलिदोद्धार के लिए सामाजिक संघर्ष शुरू किया। हिन्दू धर्म की कुरीतियों को चुनौती देने और और उसके खिलाफ विद्रोह करने के लिए उन्होंने धर्मपरिवर्तन किया।

अंबेडकर के विचारों को प्रस्तुत करने के लिए उन्होंने धर्मपरिवर्तन किया। अंबेडकर के विचारों को प्रस्तुत करके दलितों में अस्मिताबोध पैदा करना नाटककार का लक्ष्य रहा है।

सूरजपाल चौहान की नाट्य-रचनाएँ

सूरजपाल चौहान दलित नाट्य धारा के सशक्त नाटककार हैं। उन्होंने कई महत्वपूर्ण दलित नाटक लिखे हैं जिनमें 'सच कहनेवाला शूद्र है', 'छू नहीं सकता' और 'नई चादर का रहस्य' ज्यादा चर्चित हुए। 'सच कहनेवाला शूद्र' नाटिका के रूप में लिखित है जिसमें पंडित वर्ग की ठगी का खुलासा किया गया है। दलितों के बीच अंधविश्वास फैलाने के गलत उद्देश्य से प्रवचन देनेवाले पंडित से सवाल करके एक दलित युवक यह साबित करता है कि अवतारवाद और खीर से बच्चा होना सब झूठ और अवैज्ञानिक है। युवक के सवाल से पंडित पहले तिलमिला उठता है कि 'युवक सारी बातें जान गया है, इसलिए रात के सोते समय इसे और इसके परिवार को जलाकर मार देना चाहिए।' लेकिन वह सतर्क होता है और उलटे उसकी तारीफ करता है– 'तुम शूद्र नहीं, ज्ञानी हो। शूद्र तो मैं हूँ।' नाराज होकर युवक उसे फटकारता है– 'खबरदार जो तुमने अपने को शूद्र कहाँ तुम पंडित हो जिसका काम है ठगना और झूठे सच्चे किस्से सुनाना। तुमने हमें शूद्र से शूद्र बनाया है।' यह नाटक तर्क और व्यंग्य का भरपूर प्रयोग हुआ है। दलितों में सजगता और चेतना आने का परिणाम है कि वह सोचने लगा है, पढ़ने लिखने लगा है। इसलिए पंडित समझता है कि दलित पढ़-लिखकर सब जान गया है। नाटककार ने इसमें सत्य और तथाकथित ज्ञान-भण डार पंडित को मक्कार और ठग तथा शूद्र को शूद्र साबित कर दिया है।

'छू नहीं सकता' में दलितत्व की समस्या को बड़ी गंभीरता से लिया गया हैं। नाटक डॉ अंबेडकर के बाल जीवन की एक घटना पर आधारित है। बालक अंबेडकर

के क्लास रूम में सवाल पूछा गया कि वह कौन सी चीज है जिसे देख सकते हैं मगर छू नहीं सकते। बच्चे कहते हैं कि सूरज को हम देख सकते हैं पर छू नहीं सकते। लेकिन बालक अंबेडकर का जवाब अन्य बच्चों के उत्तर से बिलकुल भिन्न था– 'वह जो घटा सामने रखा है उसे मैं देख सकता हूँ, पर छू नहीं सकता।' बालक अंबेडकर का यह जवाब छुआछूत की मार्मिक पीड़ा को उजागर कनेवाला था साथ ही साथ छुआछूत का आचरण करनेवालों के प्रति तीखा व्यंग्य भी।

'नई चादर का रहस्य' में भी पंडितों की ठगी का खुलासा हुआ है। सरकारी दफ्तर में काम करनेवाला पंडित बाजार के भाव से भी कम भाव में चादरें बेचता है। अंत में पता चलता है कि पंडित का पिता शमशान घात का पंडित है और मुर्दे जलानेवाला है। वहाँ से चादरें उठाई जाती हैं और सस्ते दामों में बेची जाती हैं। कितनी बड़ी प्रवंचना है कि चादर दल्वानेवाले ही चादर को उठाते हैं!

एन.आर.सागर की नाट्य रचनाएँ

एन॰आर. सागर (नाथूरामसागर) का बहुचर्चित नाटक है अंतिम अवरोध (1985)। रमणिका गुप्ता ने इस नाटक को दलित साहित्य के लिए नहीं, हिंदी साहित्य के लिए एक उपलब्धि के रूप में माना है।महाभारत पर अधारित इस नाटक में बभ्रुवाहन के चरित्र को उभारा गया है।

वभ्रुवाहन मणिपुर की नगा साम्राज्ञी चित्रांगदा और पांडव अर्जुन का पुत्र है। मणिपुर पर चढ़ाई करने आये अर्जुन को वह रक्तपात से बचने हेतु मल्लयुद्ध के लिए ललकारता है ताकि व्यर्थ में सेना और जनता का खून न बहे। इस नाटक में नाटकार ने बभ्रुवाहन को शांतिप्रिय एवं युद्ध-विरोधी दलित योद्धा के रूप में प्रस्तुत किया है तथा कृष्ण को चतुर चालाक एवं कपटी और अर्जुन को दंभी, स्वार्थी, बर्बर एवं संवेदनशून्य पिता के रूप में। नाटक में कृष्ण और अर्जुन की सवर्ण मानसिकता एवं नृशंसता का पर्दाफाश किया गया है। 'लाजवती' और 'दूसरा पक्ष' उनकी अन्य नाट्य-कृतियाँ हैं।

कर्मशील भारती की नाट्य रचनाएँ

मेरा वजूद(1989) श्रेष्ठ कौन(1990), मान-सम्मान (1991) फाँसी (1912), आजादी किसकी (1995), झूठा अहंकार आदि हिंदी दलित साहित्य के प्रसिद्ध रचनाकार कर्मशील भारती की चर्चित नाट्य रचनाएँ हैं।मेरा वजूद में भारती जी ने दलितों के मंदिर प्रवेश के मसले को उभारा है।श्रेष्ठ कौन में बंधुआ मजदूरी की समस्या की प्रस्तुत हुई है। मान-सम्मान की कथावस्तु एक दलित दूल्हे को सवर्णों द्वारा घोड़ी से उतारने की सत्य घटना पर आधारित है। नाटक में सवर्ण दर्प का पर्दाफाश हुआ है। साथ ही साथ दलित चेतना के विकास की अभिव्यक्ति भी की गयी है। फाँसी में

एक दलित युवक को उसके मित्र के साथ सवर्ण पंचायत ने फाँसी पर चढ़ाया। यही उसका जुल्म था कि उसने एक सवर्ण युवती के साथ प्रेम विवाह किया। यह नाटक मेहराना काण्ड पर आधारित है। झूठा अहंकार की रचना कुम्हेर के आधार पर हुई है। इसमें सवर्णों के जातीय दंभ का भंडाफोड़ हुआ है। एक दलित ने अपने बेटे को पढ़ाने की कोशिश की। वह लड़का बहुत तेज था।सवर्णों ने लड़के के परिवार को नीचा करने की साजिश की। इसके तहत लड़के की माँ को चोरी से घास काटने के आरोप में गाँव में नंगा घुमाया गया। सवर्णों की घिनौनी मानसिकता को दर्शाया गया है। उनकी गुनाहों की सजा (1195) शीर्षक नाट्यरचना में ऐतिहासिक परिवेश में आधुनिक समस्याओं पर प्रकाश डाला गया है। गुनाहों को कडी सजा देने की बात बहुत ही विचारणीय है। लेकिन शर्त है कि बेगुनाहों को सजा न दी जाये।

मोहनदास नैमिषराय के अदालतनामा, टेढ़ इंच मुस्कान और हैलो कॉमरेड

मोहनदास नैमिषराय हिंदी के मूर्धन्य दलित साहित्यकार हैं। हिंदी की तमाम विधाओं में सफलतापूर्वक कलम चलानेवाले मोहनदास जी अच्छे पत्रकार भी हैं। नाट्यरचना के क्षेत्र में भी उनकी महती भूमिका है। अदालतनामा, टेढ़ इंच मुस्कान एवं हैलो कॉमरेड के अलावा कई रेडियो नाटक भी लिखे हैं। हैलो कॉमरेड उनका काबिलेतारीफ नाट्य रचना है जिसमें वर्ण-व्यवस्था की बुराई, नौकरी के क्षेत्र में व्यास जातीयता, राजनीति के क्षेत्र में मौजूद डाल्ट उत्पीड़न आदि की आलोचना की गयी है।

डॉ. एन सिंह और उनका कठौती में गंगा

डॉ. एन सिंह प्रमुख दलित साहित्यकार हैं जिन्होंने अपने 'कठौती में गंगा' शीर्षक के द्वारा दलित नाट्य-साहित्य में अपनी पहचान बनाई है। यह नाटक भारतीय संस्कृति के विख्यात संत रैदास के जीवन पर आधारित है। मध्यकालीन भारत में बनारस के पास के गाँव में जन्मे संत रैदास ने अपनी वाणी द्वारा शताब्दियों से पददलित बहुसंख्यक लोगों को आत्महीनता से करने की कोशिश की। डॉ. जीतुभाई मकवाणा ने इस नाटक की बहुत प्रशंसा की है–कठौती में गंगा रैदास के सार्थक और सुन्दर जीवन की प्रेरक एवं तेजस्वी कृति है। अपनी आस्थाओं के लिए कष्ट सहने की क्षमता इस कृति के द्वारा मिलती है। यह कृति यह साबित करती है कि हमारा जो संकल्प है उसकी कभी पराजय नहीं होती।

शीलबोधी की नाट्य-कृतियाँ

शिवनाथ शीलबोधी आलोचना के इतिहासोनमुखी नजरिये के आधार पर रचना करनेवाले लेखक हैं। यह नजरिया उनके नाटकों में भी देखा जा सकता है। 'संकल्प',

'कैदी किरणें', 'बहुभोज', 'पक्षी की कैद' आदि शील्बोधी की नाट्य-रचनाएँ हैं। इस नाटक में स्त्रियों की शिक्षा के लिए, खास तौर पर दलित स्त्रियों की शिक्षा के लिए सावित्री बाई फूले ने जो संघर्ष किया है, उसका वर्णन है। 'कैदी किरणें' में भी स्त्री शिक्षा पर बल दिया गया है तो पक्षी की कैद की रचना रस्मों और परंपराओं के विरोध में की गयी है। रूढ़ियों के बंधनों और लें दहेज की प्रथा के कारण एक भाई अपनी बहन से उसके ससुराल में न मिल पाता। भाई की उस वेदना को और ससुरालों में बहुओं पर होनेवाले अत्याचार को ही इसमें नाट्यांकित किया गया। शीलबोधी स्त्री-पक्षधर नाटककार हैं जिन्होंने यह सन्देश दलित स्त्रियों को दिया है कि वे शिक्षा प्राप्त करके अपने पैरों पर खड़े हो जाएँ।

सुशीला टाकभौरे के रंग और व्यंग्य तथा नंगा सत्य

सुशीला टाकभौरे सशक्त दलित महिला रचनाकार हैं। कहानी उपन्यास, कविता और वैचारिक लेखन के साथ नाट्य लेखन में भी उन्हें बड़ी कामयाबी हासिल हुई है। रंग और व्यंग्य (2006) और नंगा सत्य (200 छ) उनकी नाट्य-रचनाएँ हैं। नंगा सत्य में दलित नारी शोषण को केन्द्रीय विषय बनाया गया है। नारी का आर्थिक, सामाजिक, शैक्षणिक और दैहिक शोषण सब कहीं हो रहा है। दलित नारी को शोषण से मुक्त करने के मार्ग अंबेडकर की विचारधारा में तलाशने का प्रयास नाटककार ने इसमें किया है। नीलिमा नाटक की नायिका है। वह एक सामजिक कार्यकर्ता है। गाँव के जमींदार ठाकुर सत्यजीत सिंह के द्वारा उसका अपमान होता है। नीलिमा उसका कड़ा विरोध करता है। ममता, सम्मान और भाईचारे का आदर्श नाटक में प्रस्तुत हुआ है। रंग और व्यंग्य लघु नाटकों का संकलन है। जीवन के रंग, चश्मा, व्हील चेयर और समर्पित जीवन इसमें संकलित लघुनाटक हैं। जाति आज के समय में भी भेदभाव का आधार है। रंग और व्यंग्य में जातिभेद पर व्यंग्य किया गया है। जीवन के रंग में अंध श्रद्धा स्त्री की दासता, धार्मिक कुरीतियाँ और पुरुष वर्चस्ववादी समाज का वास्तविक चित्र दर्शाया गया है। नाटक में यह सन्देश दिया गया है कि बाबा साहेब के विचारों की संजीवनी के जरिये नई राह का निर्माण किया जा सकता है जिससे ये तमाम कुरीतियाँ समाप्त की जा सकती है। चश्मा प्रतीकात्मक नाटक है जिसमें पाठकों को नई दृष्टि सोच-विचार, नई चेतना और परिवर्तन की कामना पैदा करने की कोशिश की गयी है। नाटक में सन्देश दिया गया है कि चश्मा बदलने से सामाजिक परिवर्तन संभव नहीं हो सकता। अब दृष्टि और मानसिकता बदलने का समय है। व्हील चेयर में समाज की अपाहिज मानसिकता की आलोचना हुई है। समर्पित जीवन एक सत्य घटना पर आधारित है। यह नाट्य-कृति एक आदर्शवादी शिक्षक की त्रासदी पेश करती है। समाज में बढ़ते अन्याय, बिखराव और स्वार्थता,

भौतिकवादी नजरिया और उपभोक्तावाद के काले पंजे की और नाटक में इशारा किया गया है जिन्होंने जीवन के आदर्शों को ध्वस्त कर दिया है।

ओमप्रकाश वाल्मीकि की नाट्य रचनाएँ

कवि, कथाकार और दलित विमर्शक के रूप में विख्यात ओमप्रकाश वाल्मीकि अच्छे नाटककार भी हैं। उनकें नाटक दो चहरे का मंचन कई नाट्य-संस्थाओं द्वारा हुई है। इस रचना में मजदूर संगठनों की दलित विरोधी गतिविधियों का पर्दाफाश किया गया है। साथ ही साथ मजदूर नेताओं के बहुरूपियेपन का अनावरण भी हुआ है। 'ढोल की पोल', :खेल जस्ते का' आदि ओमप्रकाश वाल्मीकि के नुक्कड़ नाटक हैं।

अन्य नाटककार

मनोज कुमार जैन, अनिता भारती प्रो. रतनलाल सोनग्रा, एस. के. पिप्पल, मोहन सिंह निमेश, सुनील कुमार सुमन, अजयकुमार लाल, श्रीकांत व्यास, बुद्ध शरण हंस आदि अन्य प्रमुख दलित नाटककार हैं। अनिता भारती का नाटक दहाड़ उठा सिंह : जिसका नाम था भीम बाबा साहेब अंबेडकर के महाड आन्दोलन पर आधारित है। उनका दूसरा नाटक 'सिद्धार्थ का गृहत्याग गौतम बुद्ध के गृह त्याग को एक नयी परिभाषा देता है। इसमें नाटककार ने यह साबित करने का प्रयास किया है कि सिद्धार्थ ने अपना घर धर्म या मोक्ष के लिए नहीं बल्कि दो राज्यों को परस्पर युद्ध से बचाने के लिए किया था। गौतम बुद्ध युद्ध विरोधी थे।

बरात नहीं चढेगी (1996), मेजर निकम्मा (1997), संवादों के पीछे (1999), रक्षक ही श्रेष्ठ हैं (1999) लेखक की कहानी आदि मनोज कुमार जैन द्वारा लिखित नाट्य-कृतियाँ हैं। दलितों का सवर्णों द्वारा शोषण और अत्याचार कैसे होता है इसका सीधा और सरल चित्रण मनोज कुमार जैन की नाट्यरचना बरात नहीं चढेगी में हुआ है। लेखक की कहानी में सभी समर्पित ईमानदार सक्रिय लेखकों की जीवंत कहानी प्रस्तुत की गयी है। सर्वेश कुमार मौर्य ने इस नाट्यरचना के बारे में यों लिखा है— घर, परिवार, समाज, लेखकीय जगत चौतरफा उपेक्षा उर्जावान लेखक को कैसे मारती और मृत्योपरांत सराहती है उसी विडंबना को कालबद्ध किया है मनोज जी ने। उनमें मुख्यधारा के नाटककारों सा 'ड्रामटिक ट्रीटमेंट' मिलता है।

प्रोफ. रतनलाल सोनग्रा कृत नाट्य रचना है क्रन्तिबा फुले। क्रांति के अग्रदूत महात्मा ज्योतिराव फुले के जीवन एवं संघर्ष को नाटक में प्रस्तुत किया गया है। कृष्णपाल परख का द्वन्द सवर्ण-डाल्ट संगर्ष प्रस्तुत करनेवाला नाटक है। मोहन सिंह निमेश ने अपने नाटक सीधा मुकाबला में एक ऐसी पढ़ी-लिखी दलित नारी का चित्रण किया है जो अपने वर्ग के लोगों को हीन दृष्टि से देखती है। आखिर वह

अपने आप पहचानती है और अपने समाज के प्रति सन्वेदनशील हो जाती है। सुनील कुमार सुमन कृत नाटक हैं एक बार फिर, ब्रह्मन्याय और दही च्यूडा। दोनों नाटकों में नाटककार ने दलितों को मूर्ख बनानेवाले धोखेबाज और दकियानूस पंडितों की आलोचना की है। सुशील जी का ब्रह्मन्याय में ब्राह्मणों की धूर्तता के साथ पिछड़े वर्ग के लोगों की निष्क्रियता, जड़ता और परम्परावादी सोच की आलोचना की गयी है। वक्त की आवाज और नारा संहार श्री अजयकुमार लाल की नाट्य रचनाएँ हैं। वक्त की आवाज में पुरोहितों के काले कारनामे को दर्शाया गया है। नरसंहार में देह उत्पीड़न का चित्रण श्रीकांत व्यास के आज का द्रोण में शिक्षा के क्षेत्र में व्यास असंगतियों और भ्रष्टाचार का चित्रण किया गया है। आज के द्रोण (गुरु) एकलव्यों (छात्रों) के अनूठा ही नहीं कटवाते, उनका आर्थिक, मानसिक और दैहिक शोषण भी करते हैं। बुद्धशरण 'हंस' के प्रमुख नाटक हैं बुद्धं शरणम गच्छामि, दो पण्ड़े और चौराहे पर खडी माँ। पहले नाटक में बुद्ध के शरण लेने और ब्रह्मवादिता की द्वोषित सोच से दूर रहने का सन्देश दिया गया है। दो पण्डे में पंडितों की क्षुद्र और आपराधिक मानसिकता का पर्दाफाश हुआ है। चौराहे पर खडी माँ में अंधविश्वास और प्रतिमा पूजा को छोड़कर पढ़ाई करने का आह्वान किया गया है।

दलित एकांकी संचयन

2012 में डॉ. सर्वेशकुमार मौर्य द्वारा संपादित दलित एकांकी संचयन ऐसी एक प्रतिनिधि रचना है जिसमें 16 एकंकीकारों के एक-एक एकांकी को संकलित किया गया है। इसमें संकलित तमाम एकांकी विषय की विविधता की दृष्टि से महत्वपूण र्ा हैं। किसी किसी में दलित पीड़ा का वर्णन और प्रतिरोध है तो किसी किसी में अस्पृश्यता-शोषण का खुलासा है। कुछ एकांकी तो अस्पृश्यता, जाति-धर्म संप्रदाय के सवाल से बढकर अन्य ज्वलंत समस्याओं पर आधारित हैं। अशोक कुमार का वारिस एकांकी इसकी अच्छी मिसाल है। इसमें भ्रूण हत्या जैसे गंभीर मुद्दे पर विचार किया गया है। गुजरात के दंगों के दौरान प्रशासन की भूमिका कैसे रही, इसकी सही तस्वीर और बानगी कँवल भारती के 'नीरो...' में पेश किया है।

हिंदी के ये दलित नाटक यह प्रमाणित करते हैं कि दलित साहित्य में नाट्य साहित्य की बड़ी अहमियत है। इनमें दलित चेतना की सशक्त अभिव्यक्ति हुई है। इनमें अधिकाँश रचनाएँ लघु आकार की हैं, नाटिका या एकांकी के रूप में हैं। दलित नाटककारों ने कथ्य और वैचारिक पक्ष को ही अधिक अहमियत दी है। शिल्प पक्ष पर उतना महत्व नहीं दिया है। इन नाटकों में ही दलित जीवन से संबंधित विभिन्न मुद्दों को सजीवता मिली। नाटककारों ने पौराणिक ऐतिहासिक व सामाजिक घटनाओं के जरिये दलित शोषण, उत्पीड़न, धार्मिक कुरीतियों, सामाजिक बुराइयों, राजनीतिक

छल-छद्म, जातिवाद आदि का अनावरण करते हुए सवर्ण वर्चस्ववादिता का भंडाफोड़ किया है और यह सिद्ध करने का प्रयास किया है कि वर्गहीन, वर्णहीन, समाज में ही दलितों की उन्नति संभव है। डॉ. सर्वेशकुमार मौर्य ने दलित नाटकों में निहित प्रतिरोधी चेतना और यथार्थ का जिक्र करते हुए लिखा है– दलित नाटकों ने अधम पत्रों वाले मिथकों को तोड़ा है और दलितों को नायक बनाकर समाज का सच सामने रखा है। नाटकों में परिवर्तन की आवाजें गूंजती हैं। नाटकीयता और रंगमंच के भी क्षेत्र में पुराने प्रतिमानों ढाँचे में नयी बात कहना प्रभावी नहीं होता है, इसलिए दलित नाट्य ने अपने नए मापदंड गढ़े हैं। यहाँ के नाटकों में यथार्थवादी स्वर है प्रतिरोध की चेतना है।

हिंदी में दलित आत्मकथा का विकास

–डॉ. प्रमोद कोवप्रत

बीसवीं शती के अंतिम दशक में हिन्दी में दलित विमर्श का उदय होना है। दलित चेतना और संवेदना हिन्दी साहित्य में बहुत पुरानी है। मगर एक आंदोलन के रूप में दलित साहित्य सिर्फ ढाई दशक पुराना है। दलित लेखन के प्रारंभ में दलित आत्मकथाएँ सर्वाधिक चर्चा के केंद्र में रहीं। भारतीय परंपरा में चातुर्वर्ण्य की व्यवस्था की गयी और उसमें सबसे निचले स्तर के वर्ण को शूद्र माना गया और उस जातिविशेष की भावनाओं तथा संभावनाओं को लेकर लिखा गया साहित्य दलित साहित्य माना गया। विशाल अर्थ में तमाम हाशियेकृत वर्ग दलित साहित्य का हिस्सा है। इसमें दबे-कुचले सभी सर्वहारा वर्ग आते हैं। हिन्दी में स्वानुभूति पर आधारित रचनाओं को दलित साहित्य में रखा गया जिसमें दलित जाति विशेष की वेदनाओं-संवेदनाओं को प्रमुख माना गया। स्वानुभूति को सहज ढंग से आत्मकथा में बिना कारीगरी से अभिव्यक्त कर सकते है। इसलिए दलित लेखन में आपबीती सबसे प्रबल रही है।

आत्मकथा में जीवनगाथा का पुनर्पाठ होता है। व्यक्ति के साथ समाज व परिवेश को भी समेटने की प्रवृत्ति होती है और देशकाल स्वतः आ ही जाती है। वर्तमान में अतीत की अनगिनत स्मृतियों का वर्णन इसमें होता है । इस अकाल्पनिक विधा में जीवन की खट्टी-मिट्ठी स्मृतियों का धधकता इतिहास छिपा रहता है।

दलित आत्मकथाओं में उत्पीड़न की अनंत गाथाएँ भरी पड़ी हैं। विद्रोह और आक्रोश का स्वर व्यवस्था के प्रति देख सकते है। स्वाभिमान को जगाने के साथ सामाजिक विंसगतियों को उभारना भी दलित आत्मकथा का उद्देश्य है। दलित के जीवन की जय-पराजय, आशा-आशंकाएँ, संघर्ष, सत्रांस तथा घुटन इसके केंद्र में है। अंबेडकर की आत्मकथा 'मी कसा झाला' (मैं कैसे बना) से दलित लेखक काफी प्रेरित हुए थे। हिन्दी में पहली दलित आत्मकथा 'अपने अपने पिंजरे' 1995 में लिखी गयी है। लेकिन मराठी में 1978 में पहली आत्मकथा दया पवार की 'अछूत' (बलूत) प्रकाशित होती है। सानेकांबले की 'यादों के पंछी' (आठवर्णाचे पक्षी), बेबी कांबले की 'जीवन हमारा' (जीर्ण आमुयं), लक्ष्मण गायकवाड की 'उठाईगीर' (उचलया),

शरणकुमार लिंबाले की 'दोगला' (अक्करमाशी), लक्ष्मण माने की 'पराया' (उपरा) आदि इसी परंपरा में आनेवाली चर्चित आत्मकथाएँ हैं, जिसने दलित समाज के प्रति नये सिरे से सोचने के लिए भारतीय समाज को प्रेरित किया है। श्योराजसिंह बेचैन ने कहा है कि दलित साहित्यकार ने जिस पीड़ा को भोगा है उसे वह जब मुखर अभिव्यक्ति देता है तो एक नयी चेतना जन्म लेती है।

हिन्दी में मोहनदास नैमिशराय की अपने-अपने पिजरे (1995) (दो भागों में दूसरा भाग 2000 में) से लेकर सुशीला टाकभौरे की 'शिकंजे का दर्द' (2011) तक अब दलित आत्मकथा की परपरा फैली हुई है। भगवानदास ने 1981 में 'मै भगी हूँ' नामक कृति का प्रकाशन किया पर उसकी चर्चा अध्कितर आत्मकथात्मक उपन्यास के रूप में हुई तो उसे पूर्णतया पहली हिन्दी आत्मकथा का दर्जा प्राप्त नहीं हुआ। बीसवी शती के अंतिम दशक में फिर ओमप्रकाश वाल्मीकि की 'जूठन' (1997), कौशल्या बसंती का दोहरा अभिशाप (1999), डी.आर. जाटव की 'मेरा सफर मेरी मजिल' (2000), कैलाश नाथ की 'जाति-अपराध' (2000) आदि रचनाएँ प्रकाशित हुईं। इक्कीसवीं शती के प्रारंभ में सूरजपाल चौहान की आत्मकथा 'तिरस्कृत' (2002), प्रकाशित हुई। बाद में माताप्रसाद की 'झोंपड़ी से राजभवन' (2002), सीताराम सहयोगी की 'मेरा गाँव और जीवन यात्रा' (2006), श्यामलाल जेदिमा की 'एक भंगी कुलपति की अनकही कहानी' (2008), श्योजराजसिंह बेचैन की 'मेरा बचपन मेरे कंधों पर' (2009), रूपनारायण सोनकर की 'नागफनी' (2009), तुलसीराम की 'मुर्दहिया' (2010) और मणिकर्णिका, धर्मवीर की 'मेरी पत्नी और भेडिया' (2011) और सुशीला टाकभौरे की 'शिकंजे का दर्द' (2011) प्रकाशित हुई। दलित साहित्य की धारा को समृद्ध करने मे इन आत्मकथाओं की देन विशेष गणनीय है शोषण की व्यथा-कथा को अभिव्यक्त करनेवाले इन आत्मवृत्तों ने दलित लेखन को नयी भाव एवं नयी भाषा दी है। एक नये सौंदर्यशास्त्र के निर्माण में इन रचनाओं की भूमिका काफी महत्वपूर्ण रही है।

दलित साहित्य अंबेडकरवादी विचारधाराओं पर केंद्रीत है। अंबेडकर ने 'शिक्षित हो जाओ, संगठित हो जाओ, संघर्ष करो' का नारा लगाया था। शिक्षा से लेकर हमारे समाज में भोगी पीड़ा का हुबहू चित्रण दलित आत्मकथाओं में मिलता है। 'अपने-अपने पिंजरे' के लेखक मोहनदास नौमिशाय का जन्म उ.प्र. के मेरठ में चमार जाति के गरीब परिवार में हुआ था। उन्होंने अभावग्रस्त जीवन जीने की पीडा के साथ अस्पृश्यता के अभिशाप को बड़ी ईमानदारी के साथ आत्मकथा में अभिव्यक्त किया है। उनके जातिवालों का दयनीय जीवन था। सभी घर कच्चे थे, छतें टूटीं हुई, दीवारें बरसात के दिनों में फूज उठतीं। घरों में नहाने के लिए जगह नहीं, नल या बिजली नहीं। लेखक इस गरीबी का वर्णन इस प्रकार करते हैं– 'हमारे लिए दिन और रात एक बराबर थे। हालांकि दिन सफेदहोते थे और

रात काली। हमारे लिए रंगों का कोई मूल्य न था। हमारे तो अपने रंग अलग थे। जिनके संग जीने-मरने का नाता था। वे रंग थे गरीबी और अभव के। वे रंग थे बीमारी और काम न मिलने की तकलीफ के। हमारी इन्हीं रंगों की अलग दुनिया थी। शहर में रहते हुए भी हम शहरी न थे। हमारे आस-पास गाँव जैसा भी कुछ न था। कई जगह वे आर्थिक कठिनाई का वर्णन करते रहते हैं। कर्ज चुकाना भी मुश्किल था। उनके शब्दों में –'दुख, पीड़ा, संताप के बादल हमारे आस-पास घने हो-छाने लगे थे। आर्थिक रूप से जितना हम उबरने के लिए प्रयास करते उतना ही गरीबी की दलदल में और धँसते जा रहे हैं।'

स्कूल के दिन भी बेहतर नहीं थे। जाति का विष हमेशा पीना पड़ता था। वे कहते हैं- 'हमारे स्कूल को बाहर के लोग अक्सर चमारों का स्कूल कहा करते थे। जैसे चमारों का कुआ, चमारों का नल, चमारों का नीम, चमारों की गली, चमारों की पंचायत आदि-आदि, वैसे ही स्कूल के साथ जुड़ी थी हमारी जात। जात पहले आती थी, स्कूल बाद में।' शिक्षा ही भेदभाव को दूर कर सकती हैं, पर अध्यापकों का भी दृष्टिकोण ठीक नहीं है। यही सबसे बड़ा बाधक तत्व है। नैमिशराय के शब्दों में- 'सही बात तो यह थी कि हमारे स्कूल में सवर्ण जाति का कोई अध्यापक आता ही नहीं चाहता था। इसके सीधे-सीधे दो कारण थे। पहला यह कि स्कूल चमारों की बस्ती में था, दूसरा इसमें सभी चमारों के बच्चे पढ़ते थे। हमारी ही बस्ती में हमारी जाति के नाम पर गालियाँ दे बैठते और हम सब सुनते थे।'

नौमिशराय ने अपनी अंतर्व्यथा को इस प्रकार व्यक्त किया है- 'यादों के जंगल में खोजता हूँ तो बचपन से जवान होने तक के सफर में अनगिनत घटनाओं/दुर्घटनाओं के चिंता आँखों के सामने तैर उठने से मेरे भीतर दर्द उठकर आता है। उस दर्द की कसम या तो मैं जानता हूँ या मेरी जान के लोग। उन निर्मम यादों को भूलूँ भी तो भला कैसे!' लेखक का विचार यही है कि समय इतना बदला। पर दलितों की स्थिति में आवश्यक सुधार नहीं हुआ। ऋतुओं का बदलना होता रहता है पर दलितों के दुख दर्द एवं अभाव भरे जीवन का अंत नहीं। उनका जीवन बसंत में नहीं, हमेशा पतझड़ में बीता।

गरीबी ने उन्हें अच्छे कपड़े, अच्छा खाना या अच्छा आवास नहीं दिया। स्वंत्रत भारत में इतने समय बाद भी पूर्ण रूप से इस स्थिति नहीं बदली। एक ओर भूख उन्हें खा रही है तो दूसरी ओर कर्ज के कारण दलितों का जीवन अत्यंत यातनामय हो रहा है। रूढियों के अंधेरे में भी मुक्त होना आसान नहीं था। नौमिशराय के शब्दों में, 'मेरठ छावनी में अधिकांश सफाई कर्मचारी कर्ज से दबे थे। साथ ही कुरीतियों और परंपराओं का बोझा भी ढो रहे थे। उनके आसपास अंधेरा था, वे अंधेरे की दल-दल में धँसते जाते थे।'

'अपने-अपने पिंजरे' से स्पष्ट है कि वर्ण व्यवस्था के तले दलित वर्ग एकदम

रौंदे हुए थे। जातिगत भेदभाव उन्हें मानसिक तौर पर हमेशा तंग करता रहा। स्कूलों, दफ्तरों से लेकर समाज के विविध खुले मंचों में यह प्रकट होता रहा। दूसरी बात यहं है कि अस्पृश्य मानकर इनको मंदिरों में प्रवेश निषेध कर दिया गया। इसलिए हर दृष्टि से मुनष्यता का निषेध किया गया। समाज के अमानीव क्रूर व्यवहारों का दुख आत्मकथा में अत्यंत प्रकट है। साथ ही वर्ण व्यवस्था की उपजातियों की वजह से जिस तरह दलितों के बीच-आपसी समरसता का अभाव रहा उसका जिक्र भी लेखक ने किया है। नौमिशराय के लिए प्रेरणा पुरुष बाबासाहब आंबेडकर ही है। शिक्षा, संगठन, संघर्ष के आहूवान से वे प्रेरित रहे। नौमिशराय की आत्मकथा से पता चलता है कि स्वतंत्र भारत में तक दलितों की सामाजिक आर्थिक तथा राजनीतिक स्थिति हमेशा निम्नस्तर की ही रही है। उससे उभारने तथा समय को पहचानने की प्रेरणा इससे मिलती है। साथ ही एक व्यक्ति या नागरिक या मनुष्य के रूप में दलितों की अस्मिता का सवाल लेखक उठाते हैं।

इसी तरह दलित साहित्य में अत्यधिक चर्चित एक कृति है- ओमप्रकाश वाल्मीकि की 'जूठन'। यह दलित जीवन की जुझारू जिन्दगी की बहुमुखी समस्याओं को अभिव्यक्त करनेवाली कृति है। जूठन को दलित समाज के व्यापक कैनवास में विश्लेषित किया जाता है। दलित उत्पीड़न तथा अभाव के साथ समकालीन आर्थिक, सामाजिक, साहित्यिक तथा राजनीतिक बिंदुओं को प्रस्तुत कृति अभिव्यक्त करती है। परंपरागत सामाजिक तथा सांस्कृतिक दासता की बेड़ियों से मुक्ति की राह तलाशनेवाली कृति है 'जूठन'।

'जूठन' शीर्षक से ही अन्याय और भेदभाव की व्यवस्था स्पष्ट होती है। प्रस्तुत व्यवस्था पर दुख है, विरोध है, विद्रोह है, सर्वोपरि समता एवं परिवर्तन का आग्रह है। एक व्यक्ति की आत्मकथा होकर भी यह कृति पूरे दलित जीवन की नरक यातना का दस्तावेज बन जाती है। इमसें अतीत की पीड़ाएँ हैं, वर्तमान का ज्वलंत यथार्थ है और भविष्य के सपने हैं। उच्च-नीच के भेदभाव पर वाल्मीकि के वाक्य हैं– 'अस्पृश्यता का ऐसा माहौल कि कुत्ते, बिल्ली, गाय, भैंस को छूना बुरा नहीं था, लेकिन यदि चूहड़े का स्पर्श हो जाये तो पाप लग जाता था। सामाजिक स्तर पर इंसानी दर्जा नहीं था। वे सिर्फ जरूरत के वस्तु थे, काम पूरा होते ही उपयोग खत्म, इस्तेमाल करो, दूर फेंको।' घर के बाहर ही नहीं, सकूल में अध्यापकों से भी अपमान सहना पड़ता है । सवर्ण गुरु दलित बच्चे से इस प्रकार कहते थे- 'अब चूहडे के दूर हट, बदबू आ रही है।' इस प्रकार दलित जीवन अधिकतर अपमान एवं अवहेलना में बीत जाता है। कभी गाली या जातिवाचक संबोधन होता है तो कभी हेडमास्टर मैदान में झाडू लगवाता है। इस तरह छात्र अपने आपको हेड समझने लगता है। ऐसे अपमान को सहने के लिए वाल्मीकि के पिता तैयार नहीं है। वह क्रुद्ध होता है और विद्रोह का स्वर निकालता है- 'कौन सा मास्टर है तो

द्रोणाचार्य की औलाद जो मेरे लड़के से झाडू लगवाते है.....।' यानी पिताजी के स्वर में सामाजिक बराबरी की माँग है। लेकिन उच्चवर्ग की मानसिकता एक सी रहती है। जमींदार से मास्टर के बारे में बताने जाता तो हमेशा करनेवाला जवाब मिलता है-'क्या करोगे स्कूल भेज के या कौन सी कबी हंस बाण सके' 'तुम कह दिया तो कौन सा जुल्म हो गया' या फिर झाडू ही तो लगवाई है द्रोणाचार्य की तरह गुरु दक्षिणा में अंगूठा तो नहीं माँगा।'

'जूठन' में क्रांति का स्वर प्रबल है। स्त्री जागरण एवं अस्मिता की बात वाल्मीकि की माँ की द्वारा बतायी है। दलित शक्ति के साथ स्त्री शक्ति भी यहाँ स्पष्ट होती है। सुखदेव सिंह के घर विवाह के दिन में माँ ईमानदारी से काम करती है। लेकिन उसके बदले सिर्फ जूठन ही दिया जाता है। लेकिन तभी वह स्त्री सुखदेव सिंह पर टूट पड़ती है। 'जूठे' खाने को वह फेंक देती है और कहती है- 'इस ठाके अपने घर में धर ले। कल तड़के बारातियों को नाश्ते में खिला देता.....।' यह जवाब एक परंपरा का अंत है। दलितों के इतिहास में स्त्री की प्रस्तुत प्रतिक्रिया युगांतकारी है। 'जूठन' स्त्रियों द्वारा शिक्षा का आग्रह तथा रूढियों का विरोध दिखाया है। स्त्री जागरण का सच्चा चित्र जूठन में मिलता है। असमानता, अन्याय, जातिवाद, धार्मिक कट्टरता, अंधविश्वास, रूढ़ियाँ आदि का जो बोझ दलितों पर युगों से पड़ा हुआ है, वह 'जूठन' में स्पष्ट होता है। धोबी के पास स्कूली ड्रेस इस्त्री करने जाता है तो लेखक को यही जवाब धोबी से मिलता है– 'हम चूहड़े चमारों के कपड़े नहीं धोने, नहीं इस्त्री करते हैं। जो मेरे कपड़ों में इस्त्री कर देंगे तो तगा हमसे कपड़े न धुलवायेंगे, म्हरी तो रोजी-रोटी चली जा गी.....।'

कंवल भारती ने 'जूठन' पर लिखा है- 'यह आत्मकथा वास्तव में पीठ में अंकित महाकाव्य है, जो मास्टर ने नहीं व्यवस्था ने अंकित किया है। यह व्यवस्था सवर्ण के लिए स्वर्ग और दलितों के लिए नरक का निर्माण करती है।' लेखक के अनुसार 'समाज में सबके प्रति आवाज उठाने की जरूरत है, चाहे कानून हो या वर्ण-व्यवस्था के संस्थापक पोषक या संचालक। धर्म और ईश्वर जैसी विडंबना की जकड़न से समाज को मुक्त कराना, बालश्रम शोषण के प्रति आवाज उठाना, सामाजिक-सांस्कृतिक चेतना लाना, तर्क और आलोचनापरक सोच को जन्म देना, मानवतावादी संस्कृति एवं विचारधारा की हिमायत करवाना, आत्मसम्मान को बढावा देना, स्वतंत्रता, समानता, भाईचारा और तार्किकता जैसे मूल्यों पर आधारित समाजवादी व्यवस्था को जन्म देना तथा सामाजिक यर्थार्थ को सामने लाना आदि उद्देश्य से दलित साहित्य लिखा जा रहा है।'

'जूठन' में भूख, गरीबी, साधनहीनता, जूठन खाने की विवशता प्रतिकूल स्थिति में पढ़ाई, छुआ-छूत की पीड़ा, सामाजिक भेद-भाव बाल मजदूरी, स्त्री जागरण आदि बहुआयामी मुद्दों को हामरे सामने रखा गया है। यह कृति अस्मिता का संघर्ष है।

जाति भेद से जूझते दलित जीवन का महाकाव्य है। साथ ही परंपरा से, व्यवस्था से रूढ़ियों व अंधविश्वासों से छुटकारा पाने की प्रबल इच्छा है।

'जूठन' में दलित समाज की अनगिनत समस्याओं को अभिव्यक्ति मिली है। दलितों के पिछड़ेपन तथा हीनता भाव से मुक्ति की इच्छा है। वास्तव में दलित समुदाय की आशाओं और आकांक्षाओं की जीवन वास्तविकता है 'जूठन'। इसलिए यह जागृति की कृति है।

कौशल्या बैसंत्री का 'दोहरा अभिशाप' पहली स्त्री दलित आत्मकथा है। जैसे शीर्षक से स्पष्ट है कि दलित स्त्री का जीवन दोहरा अभिशाप से गुजरता है-एक दलित होने का, दूसरा स्त्री होने का । दलित पीड़ा को पहली बार स्त्री दृष्टि से देखने का यह सफल प्रयास है। कौशल्या का जन्म नागपुर की खलाशीलाईन बस्ती में महार जाति से एक गरीब परिवार में हुआ था। इसमें उन्होंने अपने जीवन संघर्ष को यथार्थ ढंग से प्रस्तुत किया है। पुरुष प्रधान समाज में स्त्री के अस्मिता के लिए संघर्ष करना पड़ता है। दलित अस्मिता के साथ स्त्री की अस्मिता भी स्थापित करना चुनौतीपूर्ण काम है।

लेखिका का परिवार आर्थिक विपिन्नता में बीता है। तीन पीढ़ियों की आर्थिक कठिनाई एवं गरीबी का वर्णन आत्मकथा में मिलता है। गरीबी-अमीरी का फासला लेखिका के शब्दों में– 'सड़क के एक ओर गरीबी अशिक्षा और सड़क के दूसरी ओर अमीर पढ़े लिखे। सिर्फ एक सड़क उन्हें विभाजित करती थी। परंतु जमीन आसपास का फरक था दोनों में।' अपनी गरीबी की वजह स्कूली जीवन में लेखिका को हीनता महसूस हुई। अपना बस्ता-खाना आदि पर उन्हें शर्म होता था। अच्छा खाना, अच्छा कपड़ा आदि के बिना अपमान की जिन्दगी वे बिताती थी। गरीबी की वजह भरपेट खाना भी नहीं मिलता था। उनके शब्दों में, 'मेरे अच्छे कपड़े पहनने का मन करता था, परंतु घर की हालात खराब होने से मन मारकर रहना पड़ता था। यहाँ बच्चों के लिए पुराने कपड़े खरीदते थे। माँ-बाप आराम छोड़कर काम करते-करते ही जीविका को आगे ले चलते थे। बस्ती में गंदगी की समस्या, खुले में पाखाना करने की समस्या, सफाई की कमी, नल में पानी की कमी, पानी के लिए झगड़ा आदि कई समस्याएँ होती थीं। अन्य दलित आत्मकथाओं की तरह जाति पाँति की गंभीर समस्या को कौशल्या बैसंत्री ने उजागर किया है। अस्पृश्यता के आचरण के उदाहरण इसमें मिलते हैं। गरीबी और अशिक्षा स्त्रियों के लिए अभिशाप है। इसलिए स्वास्थ्य की भी समस्या होती। दलितों के अंधविश्वासों की ओर लेखिका ने इशारा किया है। मंत्र-तंत्र, टोने-टोटके, झाड़-फूंक, साधु-फकीर आदि सेवा इमसें प्रमुख हैं। तत्कालीन शिक्षा व्यवस्था स्त्री विरोधी है।' 'बहुत कम लोग थे जो अपने बच्चो को पढ़ाई के लिए स्कूल भेजते थे। उसमें भी लड़कियों को पढ़ने के लिए भेजने का समाज में प्रचलन नहीं था।' कौशला बैसंत्री ने स्त्री

जागृति पर इसमें ध्यान दिया है। उनके समय में दलित समाज की पढ़ी लिखी लड़कियाँ समाज कार्य में कम ही भाग लेती थीं। लेखिका छात्रवास में शेड्यूल कास्ट विद्यार्थी संगठन में सक्रिय थीं, इसलिए उनमें प्रगतिशील विचार भी आये। दकियानूसी विचारों तथा सामाजिक कुरीतियों से वे मुक्त होना चाहती हैं। अपनी आत्मकथा में वे स्त्रीपक्षीय चिंतन व्यक्त करती है। जाति के बारे में वे लिखती हैं- 'पत्नी को वह स्वतंत्रता सेनानी भी एक दासी के रूप में ही देखना चाहता था। समता, स्वतंत्रता और न्याय की माँग वह करती है। समाज में दलित मुक्ति के साथ स्त्री मुक्ति भी वे चाहती है। दलित होने तथा स्त्री होने के दोहरे अभिशाप से मुक्त होकर वजूद की रक्षा के लिए होनेवाला संघर्ष ही है 'दोहरा अभिशप'।

'मेरा सफर मेरी मंजिल' में डी.आर.जाटव ने अपने अनुभवों को अंबेडकरवादी परिप्रेक्ष्य में प्रस्तुत किया है। वे यह मानते हैं कि उनकी आत्मकथा का उद्देश्य जीवन ब्योरा प्रस्तुत करना नहीं, बल्कि आंबेडकर ने उन्हें कहाँ तक प्रभावित किया है और उस राह की ओर वे कहाँ तक चल पाये। छुआछूत की विषमता को तथा समाज की कुव्यवस्था को जाटव ने स्पष्ट शब्दों में कहा है- 'अछूतों के रूप में मेरे पूर्वज निर्धनतम लोगों में भी निर्धन थे उनके स्पर्श, छाया तथा दर्शन से समाज के तथाकथित उच्चजातियों के स्त्री-पुरुष अपवित्र हो जाते थे। उनके लिए वे सभी मार्ग बंद थे जो शिक्षा और ज्ञानोदय की दिशा की ओर जाते थे।'

गाँव और शहर में जाति-पाँति की भावना में काफी फरक लेखक को लगा है। उनका कहना है, 'गाँव में मेरे पिताजी ने मुश्किल से ही छुआछूत के कटु अनुभव का सामना किया हो। गाँव में सभी जातियों के लोग रहा करते थे। जाति व्यवस्था के फलस्वरूप लोगों में ऊँच-नीच की भावनाएँ विद्यमान अवश्य थीं। लेकिन शत्रुता नहीं थी। शहर में स्थिति कुछ भिन्न थी। वहाँ ऊँच-नीच की भावनाएँ कहीं अधिक गहरी तथा गंभीर थी। जब मैं दस वर्ष का था तब मैंने अपने पिताजी को अनाज की दूकान पर काम करते हुए देखा था। दूकान का बनिया उनसे घृणा नहीं करता था।..... चूंकि पिताजी परिश्रमी तथा ईमानदार व्यक्ति थे इसलिए कोई भी बनिया या किसान इनसे घृणा नहीं करता था, किंतु शहर में हमारे लोगों पर इतनी स्वतंत्रता का कोई आनंद मुश्किल से ही उठा सकते थे।'

लेखक ने पारिवारिक गरीबी, बाल विवाह आदि का चित्रण इसमें किया है। स्कूल में भी जाति के नाम पर अपमान सहना पड़ा। वे लिखते हैं– 'जातिगत भावनाएँ सबसे व्याप्त थीं। मुझे स्कूल में अजीब सा लगता था। कक्षा के एक कोने की ओर बैठने की वजह मिलती लगभग सबसे अलग।' स्कूल में लेखक को ब्राह्मण शिक्षकों से अमानवीय व्यवहार ही मिला। लेकिन कॉलेज का वातावरण इससे बेहतर लगा था। बाद में आंबेडकर के बारे में पढ़ा तो बेहद प्रभावित हुए। बाद में उन्हीं के समाज दर्शन पर शोध भी किया। बाद में अपनी साहित्यिक यात्रा

के बारे में बताते हैं। आंबेडकर से जुड़ी कई किताबें उन्होंने लिखीं। मोटे तौर पर यह आत्मकथा 'मेरा सफर मेरी मंजिल' अन्य आत्मकथाओं से कुछ भिन्न है।

सूरजपाल चौहान की एक चर्चित आत्मकथा है 'तिरस्कृत'। चौहान भंगी जाति के सदस्य रहे हैं। समाज द्वारा तिरस्कृत दलित जाति का दयनीय चित्र चौहान ने खींचा है। जूठन की संस्कृति को वे अपमानजनक मानते हैं। लेकिन भूख से विवशता होती है जूठन खाने की बचपन में माँ के साथ जूठन उठाने के लिए वे गये थे। उसकी दयनीय स्थिति वे बताते हैं– 'माँ दोनों हाथों से जूठन संकेलने में लगी हुई थी और मैं डंडा लिए होशियार था। कुत्ते मेरे ऊपर गुर्रा रहे थे, लेकिन डंडे की मार से घरा कर दूर खड़े थे। कुत्तों का गुर्राना उचित था, क्योंकि हम उने हिस्से का माल समेट रहे थे।' यहाँ निराला की कविता भिक्षुक की पंक्तियाँ याद आती हैं। अर्थात् पेट के सामने स्वाभिमान का सवाल ही नहीं उठता। नरकतुल्य जीवन बितानेवालों के लिए जूठन भी अनुग्रह है। जूठन कहीं से लाना, मिश्रित अन्न को सुखाना, बच्चों को बनाकर देना यह भी प्रथा है। रोटी बनाने का आटा तक उनके पास नहीं है। इसलिए 'जब जब बसीठों (सवर्णों) के घरों में शादी-ब्याह का कार्यक्रम होता, हमारे भंगी मोहल्लों में त्योहार जैसा माहौल उत्पन्न हो जाता था। ऐसा जान पड़ता था, जैसे हमारे मोहल्ले में ही किसी के यहाँ ब्याह-बारात हो।'

बचपन की यादों में दर्दनाक तस्वीर है। माँ मोहल्ले में पाखाना साफ करने जाता था। लेकिन अच्छा खाना भी नहीं मिलता। इसीलिए माँ की तबीयत भी बिगड़ गयी थी। लेखक ने मनुवादी वर्ण व्यवस्था पर प्रहार किया है। साथ ही दलितों की प्रताड़ना भरे जीवन का सही चित्र भी अंकित किया है। घर की हालत भी दयनीय थी। कीचड़ और गंदगी से भरा परिवेश था, जिसका प्रभाव स्वास्थ्य पर पड़ता है।

दलितों के बच्चे आर्थिक कठिनाई के कारण शिक्षा से वंचित रह जाते हैं। उनका बचपन आनंदमय नहीं रहता। लेखक के शब्दों में, 'पैसा पास न होने के कारण अभावों में जीवन गुजारने की आदत सी हो गयी थी। बचपन में सुअर के यूरिन ब्लैडर से फूँकना बनाकर खेलना हमारी नियति थी।' दूसरी ओर उच्च वर्ण द्वारा हमेशा दलितों के श्रम का शोषण होता रहता है।

शहर और देहात की छुआछूत प्रथा में उन्हें अंतर लगता है। शहर में वे भूल जाते हैं कि गाँव में जाति-पांति की भावना उतनी मजबूत है। जाति भेद कहीं है। स्कूल से दफ्तर तक। उच्च वर्ग का सोचना है, 'यदि देश के सारे चूहड-चमार पढ़ लिख गए तो गली-मोहल्लों की सफाई और जूते बनाने का कार्य कौन करेगा?' दूसरी दुर्दशा यह है कि दलित जाति के अंतर्गत भी ऊँच नीच की भावना कायम थी। चमार, भंगी, वालमीकी आदि में भी यह दृष्टव्य है। चौहान ने 'तिरस्कृत' में विभिन्न आर्थिक, सामाजिक, राजनीतिक मुद्दों को प्रस्तुत किया है।

मानाप्रसाद की 'झोंपड़ी से राजभवन' भी विशेष चर्चित आत्मकथा है। दलित

जीवन के दर्द, राजनीति के अखाड़े में और राजभवन में इन तीन प्रकरणों में विभक्त किया है। यह आत्मकथा प्रमाणित करती है कि किस प्रकार प्रतिकूल परिस्थिति में कोई बनकर उच्च स्थान पर पहुँच सकता है। प्रारंभ में मानाप्रसाद ने उत्तरप्रदेश के देहातों के दलित जीवन की दयनीय स्थितियों में परिचय करवाया है। जमींदारों का तथा अन्य उच्च वर्गों का शोषण प्रमुख है। लेखक के शब्दों में, "फसल चाहे सूखे, बाढ़, ओले से नष्ट हो किंतु किसान को निर्धारित लगान देना पड़ता था। इसके लिए जमींदार के कारिन्दे उन्हें जेठ दुपहरी में मुर्गा बनाने या हँड़िया पर खड़े कराने उनकी पिटाई की जाती। पहले प्रकरण में मुख्य रूप से चमारों के दुख-दर्द भरी जिन्दगी का चित्र प्रस्तुत है। व्यवस्था की अमानवीयता एवं बर्बरता के तले अपने जीवन को नरक बनानेवाले दलितों का चित्र देखने को मिलता है।

चमारों का इतिहास भी माताप्रसाद ने बताया है। इसका संबंध वे आर्य-अनार्य संग्राम से जोड़ते हैं। आर्य विजयी होने पर अनार्य दास बने। कुछ दक्षिण की तरफ और कुछ जंगलों व पर्वतों में भाग गए। आर्य अनार्य को अवर्ण, अधर्म, चंडाल, अत्यंत जैसे कई अपमान जनक शब्दों से पुकारे। शिक्षा व धन से भी इनको दूर रखा गया। इनके कामों से जाति बनी। जैसे चमड़े या मुर्दा पशु उठाने का काम किया गया उन्हें चमार कहा गया।

फिर लेखक तत्कालीन राजनीतिक गतिविधियों का वर्णन करते हैं। वे विधानसभा में पहुँचते हैं। साहित्यिक रुचि के कारण वे कई रचनाएँ भी कीं। बाद में ये अरुणाचल के राज्यपाल बने। उसमें जुड़ी घटनाओं का भी वे वर्णन करते हैं। लेखक समाज की दृष्टि का जिक्र एक घटना से करते हैं। एक बार ट्रेन में प्रथम श्रेणी में जा रहा था। विधायक था, इसलिए कपड़े स्वच्छ थे। उसी में एक तथाकथित उच्च जाति की महिला भी बैठी थी। वे कम पढ़ी लिखी थीं। उन्होंने मेरी जाति पूछी। मैंने कहा 'चमार' हूँ। इस पर उसने कहा आप गलत कह रहे हैं। मैंने कहा सचमुच मैं चमार ही हूँ, किंतु उसने इसका विश्वास ही नहीं किया।..... उसे विश्वास ही नहीं हुआ कि मैं चमार कैसे हो सकता हूँ? स्पष्ट है कि पूर्वग्रह बना हुआ है कि दलित जाति का व्यक्ति कैसा दिखता है। उनका जीवन तथा वेशभूषा किस प्रकार है? माताप्रसाद ने बड़ी बारीकी से भारतीय समाज की मानसिकता को प्रस्तुत आत्मकथा में प्रस्तुत किया है।

सुशीला टाकभौरे की आत्मकथा 'शिकंजे का दर्द' इस परंपरा की अब तक की अंतिम कड़ी है। सुशीला का जन्म मध्यप्रदेश के बानापुर गाँव में हुआ था। यह भी दलित के साथ स्त्री की भी व्यथा कथा है। शिकंजे को पंजा, कठघरा, कसने का यंत्र, कोलू आदि कई अर्थों में प्रयुक्त किया है। लेखिका के शब्दों में 'बचपन से युवावस्था तक मेरे जीवन के दिन अनेक प्रकार के शिकंजों में जकड़े हुए थे।..... जीवन ताकतवर को शिकंजे में जकड़कर उसकी पूरी ताकत को नगण्य

बना दिया जाता है, उसी तरह मुझे भी सामाजिक जीवन की मनुवादी विषमता ने वर्णवादी-जातिवादी समाज व्यवस्था ने शिकंजे में जकड़कर रखा जिसका परिणाम पीड़ा-दर्द, छटपटाहट के सिवा कुछ नहीं है।'

बंधन, अपमान और अंकुश की जिंदगी का जीता जागता चिह्न इस आत्मकथा में मिलता है। 'शिकंजे का दर्द' में संताप है दलित होने का, स्त्री होने का। शोषित, पीड़ित, अपमानित एवं अभावग्रस्त दलित जीवन की व्यथा इसमें है। इस आत्मकथा का उद्देश्य दर्द देनेवाले शिकंजे को तोड़ता है। जन्म से वे जाति एवं लिंगपरक विभेद के शिकार रहीं। समाज लड़कियों को पराये घर की संपत्ति मानता है। पुरुष सत्तात्मक दुहरी नीति पर सुशीला दुखित है। क्षुब्ध भी। स्त्री उत्पीड़न की तरह जाति भेद भी प्रबल रहा। स्कूल से लेकर इसका साक्षात्कार होने लगा। पारिवारिक माहौल भी संतोषजनक नहीं था। घृणा-उपेक्षा, डाँटना-फटकारना, पीटना-रोना, रस्सी से हाथ पैर बांधना, खाना न देना, चाँटा मारना आदि आम बात हो गयी थी। स्कूल में भी सवर्णों का व्यवहार बुरा था।

चुनावी राजनीति के शोषण का भी चित्र इसमें हैं। साथ ही विश्वासों, अंधविश्वासों तथा लोकविश्वासों को भी स्थान मिला है। रक्षाबंधन भी लेखिका की राय में स्त्रियों को कमजोर बनाने का त्योहार है।'

व्यवस्था पर वे आक्रोश करती हैं— 'हिन्दू धर्म में नदी, पहाड़, पेड़, पौधे, गाय, साँप सभी को महत्व और सम्मान दिया जाता है, लेकिन अछूत मनुष्यों को कोई स्थान नहीं, सम्मान नहीं। उनके लिए कोई दया संवेदना नहीं? हिन्दू धर्म के आडंबर में मिट्टी से बने पुतलों को भी भगवान की तरह पूजा जाता है, मगर इंसानों को इंसान नहीं मानने, यह हिन्दू धर्म की विडंबना है, हिन्दू संस्कृति का कलंक है।'

विवाहोत्तर जीवन दूसरा शिकंजा है। पुरुषसत्ता हमेशा स्त्रियों को भयभीत करता है, धमकाकर शासन चलाना। यहाँ स्त्री अस्मिता की माँग भी है। पितृसत्तात्मक भारतीय समाज में स्त्री कभी बराबर नहीं मानी जाती। लेखिका में आस्था है, अटूट विश्वास है। इसलिए प्रतिकूल स्थितियों से जूझकर, नौकरी पाती हैं, लेखिका बन जाती हैं। साहित्यिक-सांस्कृतिक धारा से वे जुड़ी रहती हैं। लेखिका ने सामाजिक जागृति का आह्वान किया है।

मौटे तौर पर दलित आत्मकथाएँ सिर्फ व्यक्ति की नहीं, पूरे समाज की कथा बन जाती हैं। तिरस्कार, अपमान, प्रताड़नाएँ, धार्मिक प्रपंच, अंधविश्वास, रूढ़ियाँ, आस्था विश्वास, परंपराएँ, रीति रिवाज आदि कई मुद्दे इसके केंद्र में हैं। व्यवस्था विरोध, आक्रोश एवं विद्रोह का स्वर इसमें मुखरिन है। सुशीला टाकभौरे के शब्दों में, 'मैं स्वयं तक सीमित नहीं, मैं ... अपने जाति समुदाय तक समिति नहीं हूँ। संपूर्ण विश्व मेरा है। संपूर्ण पृथ्वी पर निवास करनेवाला मानव समाज मेरा कुटुंब है। मेरा हितचिंतन सबके लिए है। मैं सबके लिए न्याय की माँग करती हूँ।

मानवता मेरा धर्म है। मानवाधिकार मेरी माँग है। दलित, शोषित, पीड़ित संपूर्ण मानव समुदाय के लिए में समना, सम्मान, स्वतंत्रता मैत्रीभाव की कामना करती हूँ। यही मेरा लक्ष्य है, यही मेरा मंजिल है।... अंबेडरकवाद दुख और वेदना में हार नहीं मानता, बल्कि संघर्ष करके अपेक्षित उद्देश्यों की ओर बढ़ने का संदेश देता है। मैंने भी यही सीखा है, हिम्मत से ही इंसान आगे बढ़ सकता है। इच्छाशक्ति बलवान हो, उचित अनुचित का ज्ञान हो, सतत् प्रयत्न करते रहने की लगन हो, तब मंजिल स्वयं अपने पास आने लगती है।' मुझे लगता है दलित आत्मकथाओं का यही निष्कर्ष हो सकता है।

❑❑